VERSICHERUNGSRECHTLICHE STUDIEN

HERAUSGEGEBEN VON PROFESSOR DR. GERRIT WINTER

BAND 21

PETER LANG
Frankfurt am Main · Berlin · Bern · New York · Paris · Wien

Der Versicherungsfall in der Bauleistungsversicherung

Dr. THORSTEN HINNEKEUSER

DER VERSICHERUNGSFALL IN DER BAULEISTUNGS-VERSICHERUNG

PETER LANG
Frankfurt am Main · Berlin · Bern · New York · Paris · Wien

Die Deutsche Bibliothek - CIP-Einheitsaufnahme

Hinnekeuser, Thorsten:

Der Versicherungsfall in der Bauleistungsversicherung /
Thorsten Hinnekeuser. - Frankfurt am Main ; Berlin ; Bern ;
New York ; Paris ; Wien : Lang, 1992
(Versicherungsrechtliche Studien ; Bd. 21)
Zugl.: Hamburg, Univ., Diss., 1992
ISBN 3-631-44885-6

NE: GT

Die vorliegende Dissertation wurde vom Fachbereich
Rechtswissenschaft I der Universität Hamburg angenommen.

D 18
ISSN 0178-4382
ISBN 3-631-44885-6

INHALTSVERZEICHNIS

ABKÜRZUNGSVERZEICHNIS

a.A.	anderer Auffassung
ABG	Allgemeine Bedingungen für die Kaskoversicherung von Baugeräten
ABMG	Allgemeine Bedingungen für die Maschinen- und Kasko-Versicherung von fahrbaren Geräten
ABN	Allgemeine Bedingungen für die Bauwesenversicherung von Gebäudeneubauten durch Auftraggeber
Abs.	Absatz
ABU	Allgemeine Bedingungen für die Bauwesenversicherung von Unternehmerleistungen
ADB	Allgemeine Deutsche Binnen-Transportversicherungs-Bedingungen
a.E.	am Ende
AERB	Allgemeine Bedingungen für die Versicherung gegen Schäden durch Einbruchdiebstahl und Raub
a.F.	alte Form
AFB	Allgemeine Feuerversicherungsbedingungen
AFB 1987	Allgemeine Bedingungen für die Feuerversicherung (AFB 1987)
AGB	Allgemeine Geschäftsbedingung(en)
AHB	Allgemeine Versicherungs-Bedingungen für die Haftpflichtversicherung
allg.M.	allgemeine Meinung
Alt.	Alternative
AMB	Allgemeine Maschinenversicherungs-Bedingungen
AMoB	Allgemeine Montageversicherungs-Bedingungen
Anm.	Anmerkung
ARB	Allgemeine Bedingungen für die Rechtsschutz-Versicherung
Arge	Arbeitsgemeinschaft

arg.e.	argumentum ex
AUB	Allgemeine Unfallversicherungsbedingungen
AVB	Allgemeine Versicherungsbedingung(en)
AVB Bauunternehmer	Allgemeine Versicherungsbedingungen für die Bauwesenversicherung der Bauunternehmer
AVB Bw.	Allgemeine Versicherungs-Bedingungen für die Bauwesenversicherung
AVB Vermögen	Allgemeine Versicherungsbedingungen zur Haftpflichtversicherung für Vermögensschäden
AVB Wohngebäude	Allgemeine Versicherungs-Bedingungen für die Bauwesenversicherung von Wohngebäuden
BauR	Baurecht (Zeitschrift)
BAV	Bundesaufsichtsamt für das Versicherungswesen
Bd.	Band
bzw.	beziehungsweise
d.h.	das heißt
DIN	Norm des Deutschen Instituts für Normung e.V.
etc.	et cetera
EzA	Entscheidungssammlung Arbeitsrecht
f./ff.	folgende
FN	Fußnote
GB	Geschäftsbericht des Bundesaufsichtsamts für das Versicherungswesen
GBR	Gesellschaft Bürgerlichen Rechts
Halbs.	Halbsatz
h.L.	herrschende Lehre
h.M.	herrschende Meinung
i.e.S.	im engeren Sinne
i.S.	im Sinne
i.V.m.	in Verbindung mit
lit.	litera
Lit.	Literatur
LZ	Leipziger Zeitschrift für deutsches

	Recht
Mill.	Million(en)
n.F.	neue Form
Nr.	Nummer
Pkt.	Punkt
RAV	Reichsaufsichtsamt für Privatversicherung
Rdnr.	Randnummer
S.	Seite / Satz
Sp.	Spalte
Teils.	Teilsatz
u.a.	und andere(n) / unter anderem
VA	Veröffentlichungen des Bundesaufsichtsamts für das Versicherungswesen
VerAfP	Veröffentlichungen des Reichsaufsichtsamts für Privatversicherung
VersR	Versicherungsrecht (Zeitschrift)
VersRdschau	Versicherungsrundschau (Zeitschrift)
vgl.	vergleiche
VOB	Verdingungsordnung für Bauleistungen
VOB/A	Verdingungsordnung für Bauleistungen Teil A
VOB/B	Verdingungsordnung für Bauleistungen Teil B
VOB/C	Verdingungsordnung für Bauleistungen Teil C
VP	Versicherungspraxis (Zeitschrift)
VVaG	Versicherungsverein auf Gegenseitigkeit
VW	Versicherungswirtschaft (Zeitschrift)
z.B.	zum Beispiel
ZfV	Zeitschrift für Versicherungswesen
Ziff.	Ziffer
zit.	zitiert
ZVersWiss	Zeitschrift für die gesamte Versicherungswissenschaft

In bezug auf die weiteren Abkürzungen wird verwiesen auf: Kirchner, Abkürzungsverzeichnis der Rechtssprache, 3.Auflage, Berlin/New York 1983.

LITERATURVERZEICHNIS

Arge-Kommentar;

Juristische und betriebswirtschaftliche Erläuterungen zum Arbeitsgemeinschaftsvertrag;
bearbeitet von Otto Fahrenschon, Rolf Brodbeck, Hennig Bostelmann u.a.;
2.Auflage, Wiesbaden/Berlin 1982;
zit.: Arge-Kommentar/Bearbeiter

Barth, Theo;

Der Versicherungsfall in der Haftpflichtversicherung
(nach dem Reichsgesetz über den Versicherungsvertrag vom 30.5.1908 und den Normativbedingungen);
Diss. Frankfurt 1934; zit.: Barth

Bartsch, Michael;

Die korrekte Vereinbarung der VOB/B;
in: Betriebsberater 1982, S.1699-1701;
zit.: Bartsch, BB 1982

Bauer, Günter;

Das ABG-Gesetz und seine Auswirkungen auf das Recht der Allgemeinen Versicherungsbedingungen (AVB);
in: Betriebsberater 1978, S.476-480;
zit.: Bauer, BB 1978

Baur, Fritz;

Lehrbuch des Sachenrechts;

15.Auflage, München 1990;
zit.: Baur, Sachenrecht

Beese, Gerhard;

Der Sachschaden
(seine Begriffsbestimmung in der Versicherungswirtschaft);
in: Zeitschrift für Versicherungswesen 1975, S.352-353;
zit.: Beese, ZfV 1975

Beigel, Herbert;

Bauleistungsversicherungen;
in: Baurecht 1987, S.148-157;
zit.: Beigel, BauR 1987

Bergeest, Volker-Joachim;

Die Vertrauensschadenversicherung in ihren modernen Erscheinungsformen
(Eine rechtliche Untersuchung über den Versicherungsschutz gegen die Gefahren des vermögensschädigenden Vertrauensbruches innerhalb vertraglicher Treuebeziehungen und die Gefahren der sogenannten Insiderkriminalität);
Karlsruhe 1982; zit.: Bergeest

Bergmann, Wilhelm;

Der Explosionsbegriff gestern und heute;
in: Zeitschrift für die gesamte Versicherungswissenschaft Bd.60 (1971), S.446-453;
zit.: Bergmann, ZVersWiss 1971

Bickel, Dietrich;

Rechtsgeschäftliche Erklärungen durch Schweigen?;
in: Neue Juristische Wochenschrift 1972, S.607-611;
zit.: Bickel, NJW 1972

Bischoff, Harald;

Versichertes Risiko und materielle Obliegenheiten;
in: Versicherungsrecht 1972, S.799-808;
zit.: H.Bischoff, VersR 1972

Bischoff, Karl;

- Fälle und Grenzfälle eines eigenen Sachwertinteresses an fremder Sache;
  in: Zeitschrift für die gesamte Versicherungswissenschaft Bd.52 (1963), S.193-206;
  zit.: K.Bischoff, ZVersWiss 1963

- Versicherung eines eigenen Sachwertinteresses an fremder Sache (Möglichkeiten und Grenzen);
  in: Versicherungsrecht 1963, S.8-15;
  zit.: K.Bischoff, VersR 1963

Böggering, Peter;

Die Abnahme beim Werkvertrag
(Zur Problematik des zweigliedrigen Abnahmebegriffs);
in: Juristische Schulung 1978, S.512-519;
zit.: Böggering, JuS 1978

Boldt, Hans;

Die Feuerversicherung
(Erläuterungen und Hinweise);

4.Auflage, Karlsruhe 1987;
zit.: Boldt

Booz, Martin;

Verjährungsrechtliche Probleme der Gewährleistungsansprüche des Bauherrn gegen den Bauunternehmer - Versuch einer rechtspolitischen Lösung;
in: Baurecht 1981, S.107-119;
zit.: Booz, BauR 1981

Bornmann, Erich;

Der Eintritt des Versicherungsfalles in der Haftpflichtversicherung;
in: Zeitschrift für die gesamte Versicherungswissenschaft Bd.33 (1933), S.344-351;
zit.: Bornmann, ZVersWiss 1933

Brandt, Dieter;

Die Vollmacht des Architekten zur Abnahme von Unternehmerleistungen;
in: Baurecht 1972, S.69-74;
zit.: Brandt, BauR 1972

Braun, Joachim;

Erstreckt sich der Schutz der Gebäudefeuerversicherung des Bauherrn im Rohbaustadium auf den Bauunternehmer?;
in: Versicherungsrecht 1987, S.1162-1166;
zit.: Braun, VersR 1987

Bruck, Ernst;

- Das Privatversicherungsrecht;
  Mannheim/Berlin/Leipzig 1930;
  zit.: Bruck, Lehrbuch

- Anmerkung zu RG, JW 1926, 1820;
  in: Juristische Wochenschrift 1926, S.1820-1821;
  zit.: Bruck, JW 1926

Bruck/Möller;

Kommentar zum Versicherungsvertragsgesetz
(und zu den Allgemeinen Versicherungsbedingungen unter Einschluß des Versicherungsvermittlerrechtes);
8.Auflage, bearbeitet von Hans Möller, Karl Sieg, Ralf Johannsen, Gerrit Winter u.a.;

- 1.Band (§§ 1-48 VVG);
  Berlin 1961;
- 2.Band (§§ 49-80 VVG);
  Berlin/New York 1980;
- 3.Band (Feuerversicherung);
  Lieferung 1 zur 8.Auflage, Berlin/New York 1985;
- 4.Band
  (Allgemeine Haftpflichtversicherung, §§ 149-158a VVG ohne Kraftverkehrsversicherung und andere Pflichtversicherungen);
  Berlin 1970;
- 5.Band/2.Halbband
  (Lebensversicherung, §§ 159-178 VVG, einschließlich Berufsunfähigkeitsversicherung);
  Berlin/New York 1988;
- 6.Band/1.Halbband
  (Unfallversicherung, §§ 179-185 VVG);
  Berlin/New York 1978;

zit.: Bearbeiter in Bruck/Möller Bd.

Brüggemeier, Gert;

Die vertragsrechtliche Haftung für fehlerhafte Produkte und der deliktsrechtliche Eigentumsschutz nach § 823 Abs.1 BGB
(Zwei Urteile des VI.Zivilsenats des BGH zur sogenannten Schwimmerschalterproblematik);
in: Versicherungsrecht 1983, S.501-511;
zit.: Brüggemeier, VersR 1983

Bunte, Hermann-Josef;

Das Verhältnis der VOB/B zum AGB-Gesetz
(Anmerkungen zum Urteil des BGH vom 16.12.1982, BB 1983, S.599);
in: Betriebsberater 1983, S.732-737;
zit.: Bunte, BB 1983

Capelle/Canaris;

Handelsrecht
(ohne Gesellschafts- und Seehandelsrecht);
bearbeitet von Claus-Wilhelm Canaris;
21.Auflage, München 1989;
zit.: Capelle/Canaris, Handelsrecht

von Craushaar, Götz;

- Bauwerksleistungen im Sinne von § 638 BGB;
  in: Neue Juristische Wochenschrift 1975, S.993-1000; zit.: v.Craushaar, NJW 1975

- Die Verjährung der Gewährleistungsansprüche bei Bauleistungen am fertigen Gebäude;
  in: Baurecht 1980, S.112-117;
  zit.: v.Craushaar, BauR 1980

Creifelds;

Rechtswörterbuch;
bearbeitet von Dieter Guntz, Paul Henssler u.a.;
10.Auflage, München 1990;
zit.: Creifelds, Rechtswörterbuch

Daub, Walter/Piel, Rudolf/Soergel, Carl;

Kommentar zur VOB Band 1
(Teil A der Verdingungsordnung für Bauleistungen:
Allgemeine Vertragsbedingungen für die Vergabe von
Bauleistungen);
Wiesbaden/Berlin 1981;
zit.: Daub/Piel/Soergel VOB/A

Daub, Walter/Piel, Rudolf/Soergel, Carl/Steffani,
Wolfgang;

Kommentar zur VOB Fassung 1973 Bd.2
(Teil B der Verdingungsordnung für Bauleistungen:
Allgemeine Vertragsbedingungen für die Ausführung
von Bauleistungen);
Wiesbaden/Berlin 1976;
zit.: Daub/Piel/Soergel/Steffani VOB/B

Denzinger, Michael;

Die Auswirkungen des AGB-Gesetzes auf die Verdingungsordnung für Bauleistungen unter Berücksichtigung des § 5 AGBG;
in: Betriebsberater 1981, S.1123-1126;
zit.: Denzinger, BB 1981

Deutsch, Erwin;

Versicherungsvertragsrecht
(Ein Grundriß);
2.Auflage, Karlruhe 1988;
zit.: Deutsch

Dietlein, Max Josef/Rebmann, Eberhard;

AGB aktuell
(Erläuterungen zum Gesetz zur Regelung des Rechts der Allgemeinen Geschäftsbedingungen);
Köln 1976; zit.: Dietlein/Rebmann

Domizlaff;

Bemerkungen über den Begriff des "Brandes";
in: Zeitschrift für die gesamte Versicherungswissenschaft Bd.11 (1911), S.527-533;
zit.: Domizlaff, ZVersWiss 1911

Duden;

Der Duden in 10 Bänden
(Das Standardwerk zur deutschen Sprache);
Band 10 (Bedeutungswörterbuch);
2.Auflage, Mannheim/Wien/Zürich 1985;
zit.: Duden

Ebel, Hermann;

Produzentenhaftung und kaufrechtliche Gewährleistung;
in: Neue Juristische Wochenschrift 1978, S.2494-2495; zit.: Ebel, NJW 1978

Ehrenberg, Viktor;

Versicherungsrecht (Erster Band);
(aus der Reihe: Systematisches Handbuch der Deutschen Rechtswissenschaft; herausgegeben von Karl Binding);
Leipzig 1893; zit.: Ehrenberg

Ehrenzweig, Albert;

Deutsches (österreichisches) Versicherungsvertragsrecht;
Wien 1952; zit.: Ehrenzweig

Eichler, Hermann;

Versicherungsrecht;
2.Auflage, Karlsruhe 1976;
zit.: Eichler

Enge, Hans-Joachim;

Transportversicherung
(Recht und Praxis in Deutschland und England);
2.Auflage, Wiesbaden 1987;
zit.: Enge

Erman;

Handkommentar zum Bürgerlichen Gesetzbuch;
bearbeitet von Lutz Aderhold, Rolf Battes u.a.;
8.Auflage, Münster 1989;

- 1.Band (§§ 1-853, AbzG, AGBG, HausTWG);
- 2.Band (§§ 854-2385, EGBGB, WEG, ErbbauVO, SchiffsrechteG, EheG, HausratsVO);

zit.: Erman/Bearbeiter

Esser/Schmidt;

Schuldrecht Band I
(Allgemeiner Teil);
Lehrbuch; bearbeitet von Eicke Schmidt;
6.Auflage, Heidelberg 1984;
zit.: Esser/E.Schmidt

Fenyves, Attila;

Angehörigenklausel im Interessenwiderstreit;
in: Versicherungsrundschau 1976, S.353-378;
zit.: Fenyves, VersRdschau 1976;

Finke, Eberhart;

Handwörterbuch des Versicherungswesens;
Band 1 (Abandon-Liberalisierung);
Darmstadt 1958;
zit.: Bearbeiter in Finke, Handwörterbuch

Fischer, Rudolf;

Die anerkannten Regeln der Technik im Bauvertrags-recht;
Düsseldorf 1985; zit.: Fischer

Flach, Peter;

Zur Anwendbarkeit des § 9 AGBG auf die VOB/B;
in: Neue Juristische Wochenschrift 1984, S.156-158;
zit.: Flach, NJW 1984

Flick, Günter;

Die Schranken der Inhaltskontrolle Allgemeiner Versicherungsbedingungen nach § 8 des Gesetztes zur Regelung des Rechts der Allgemeinen Geschäftsbedingungen;
Hamburg 1984; zit.: Flick

Flume, Werner;

Allgemeiner Teil des Bürgerlichen Rechts;

- 1.Band 1.Teil: Die Personengesellschaft;
  Berlin/Heidelberg/New York 1977;
  zit.: Flume I/1
- 2.Band: Das Rechtsgeschäft;
  3.Auflage, Berlin/Heidelberg/New York 1979;
  zit.: Flume II

Frenz, Rainer;

AGB-Gesetz und Allgemeine Versicherungsbedingungen (Beitrag zum Kommentar von Löwe/Graf von Westphalen/Trinkner);
in: Versicherungsrecht 1979, S.394-397;
zit.: Frenz, VersR 1979

Gärtner, Rudolf;

Der Prämienzahlungsverzug;
2.Auflage, Darmstadt 1977;
zit.: Gärtner

Gerhard/Hagen;

Kommentar zum Deutschen Reichsgesetz über den Versicherungsvertrag;

bearbeitet von Hermann Broecker, Hugo v.Knebel Doeberitz, Stephan Gerhard u.a.;
Berlin 1908; zit.: Bearbeiter in Gerhard/Hagen

von Gierke, Julius;

- Versicherungsrecht
  (unter Ausschluß der Sozialversicherung);
  Zweite Hälfte; Stuttgart 1947;
  zit.: v.Gierke II

- Der Begriff des Brandes in der Feuerversicherung;
  in: Zeitschrift für das gesamte Handelsrecht und Konkursrecht Bd.71 (1912), S.327-359;
  zit.: v.Gierke, ZHR Bd.71

Goldberg, Alfred/Müller, Helmut;

Versicherungsaufsichtsgesetz
(Gesetz über die Beaufsichtigung der privaten Versicherungsunternehmungen),
Bundesaufsichtsgesetz
(Gesetz über die Errichtung eines Bundesaufsichtsamtes für das Versicherungswesen);
Kommentar; Berlin/New York 1980;
zit.: Bearbeiter in Goldberg/Müller

Hager, P./Bruck, E.;

Reichsgesetz über den Versicherungsvertrag nebst dem zugehörigen Einführungsgesetz;
3.Auflage, Berlin 1913; zit.: Hager/Bruck

Haidinger;

Die Kriegsklausel in der Sachversicherung;
in: Versicherungswirtschaft 1947, S.93-96;

zit.: Haidinger, VW 1947

von Halem, Otto;

Kreditversicherung;
Wiesbaden 1964; zit.: von Halem

Heck, Philipp;

Grundriß des Schuldrechts;
Tübingen 1929; zit.: Heck, Schuldrecht

Heiermann, Wolfgang;

Auswirkungen des Gesetzes zur Regelung des Rechts der Allgemeinen Geschäftsbedingungen auf das Bauvertragswesen;
in: Der Betrieb 1977, S.1733-1738;
zit.: Heiermann, DB 1977

Heiermann, Wolfgang/Riedl, Richard/Rusam, Martin/Schwaab, Fritz;

Handkommentar zur VOB (Teile A und B);
5.Auflage, Wiesbaden/Berlin 1989;
zit.: Bearbeiter in Heiermann/Riedl/Rusam/Schwaab

Helm, Johann Georg;

AGB-Gesetz und Allgemeine Versicherungsbedingungen;
in: Neue Juristische Wochenschrift 1978, S.129-133;
zit.: Helm, NJW 1978

Herde, Heinz;

Die Bauwesenversicherung des Bauunternehmers;
Wiesbaden/Berlin 1962; zit.: Herde

Herdt, Armin;

Die mehrfache Kausalität im Versicherungsrecht
(und ihre Beurteilung bei Vorliegen von Klarstel-
lungen und Ausschlußklauseln);
Diss. Hamburg, Karlsruhe 1978;
zit.: Herdt

Hochstein, Reiner/Jagenburg, Walter;

Der Arbeitsgemeinschaftsvertrag
(Kommentar unter besonderer Berücksichtigung des
Mustervertrages 1971 der Deutschen Bauindustrie);
Düsseldorf 1974; zit.: Hochstein/Jagenburg

Hofmann, Edgar;

Privatversicherungsrecht;
2.Auflage, München 1983;
zit.: Hofmann

Horn, Heinz-Dieter;

Sozial- und Wirtschaftsrisiken im Privatversiche-
rungsrecht
(Möglichkeiten und Grenzen einer rechtlichen Dif-
ferenzierung);
Hamburg 1983; zit.: H.-D.Horn

Hübner, Ulrich;

Verhaltensabhängige Risikoausschlüsse und verhüllte Obliegenheiten;
in: Versicherungsrecht 1978, S.981-988;
zit.: Hübner, VersR 1978

Hueck, Götz;

Gesellschaftsrecht
(Studienbuch);
19.Auflage, München 1991;
zit.: Hueck, Gesellschaftsrecht

Ingenstau, Heinz/Korbion, Hermann;

VOB
(Verdingungsordnung für Bauleistungen - Teile A und B - DIN 1960/61 (Fassung 1988));
Kommentar; 11.Auflage, Düsseldorf 1989;
zit.: Ingenstau/Korbion

Ipsen, Knut;

Völkerrecht
(Ein Studienbuch)
3.Auflage, München 1990;
zit.: Bearbeiter in Ipsen

Jakobs, Horst Heinrich;

Die Abnahme beim Werkvertrag;
in: Archiv für die civilistische Praxis Bd.183 (1983), S.145-188;
zit.: Jakobs, AcP 1983

Jescheck, Hans-Heinrich:

Lehrbuch des Strafrechts
(Allgemeiner Teil);
4.Auflage, Berlin 1988;
zit.: Jescheck, Strafrecht AT

Josef, Eugen;

- Vormittag und Nachmittag bei der Versicherung;
  in: Leipziger Zeitschrift für Handels-, Konkurs- und Versicherungsrecht 1910, Sp.285/286;
  zit.: Josef, LZ 1910

- Anmerkung zu RG, JW 1925, 952;
  in: Juristische Wochenschrift 1925, S.2450-2451;
  zit.: Josef, JW 1925

Kaiser, Gisbert;

Das Mängelhaftungsrecht in Baupraxis und Bauprozeß
(Ein systematisches Handbuch);
6.Auflage, Heidelberg 1989;
zit.: Kaiser, Mängelhaftung

Kisch. Wilhelm;

- Handbuch des Privatversicherungsrechts;
  2.Band: Die Lehre von der Versicherungsgefahr;
  München/Berlin/Leipzig 1920; zit.: Kisch II

- Grundsätzliches zum Begriff des Versicherungsfalles;
  in: Zeitschrift für die gesamte Versicherungswissenschaft Bd.35 (1935), S.83-88;
  zit.: Kisch, ZVersWiss 1935

Klingmüller, Ernst;

- Aktuelle Probleme in der Bauwesenversicherung; in: Schriftenreihe der Deutschen Gesellschaft für Baurecht e.V. Band 4 (Pauschalpreisprobleme, Bauwesenversicherung und Baupreisrecht) (Mainz 1974), S.29-45; zit.: Klingmüller, Schriftenreihe Bd.4

- Die Gestaltung von Risikoausschlüssen mit Hilfe subjektiver Momente (Ein Beitrag zur Lehre von den verhüllten Obliegenheiten); in: Festschrift für Reimer Schmidt (1976), S.753-769; zit.: Klingmüller, R.Schmidt FS

- Zur versicherungsrechtlichen Wertung kumulativer Schadenursachen; in: Versicherungsrecht 1977, S.201-202; zit.: Klingmüller, VersR 1977

Koch, Eckhart/Stübing, Jürgen;

Allgemeine Geschäftsbedingungen (Kommentar zum Gesetz zur Regelung des Rechts der Allgemeinen Geschäftsbedingungen); Neuwied/Darmstadt 1977; zit.: Koch/Stübing

Korbion, Hermann/Hochstein, Reiner;

VOB-Vertrag (Handbuch zum System der VOB-Vertragsbedingungen); 5.Auflage, Düsseldorf 1991; zit.: Korbion/Hochstein

Kortlang, Hans;

Die Versicherung der Bauwagnisse (Leistungswagnis-

se) durch die Bauwesenversicherung;
in: Beiträge zur Privatversicherung (Festschrift für Emil Bebler zum 70.Geburtstag) (Berlin 1953), S.225-265; zit.: Kortlang, Bebler FS

Larenz, Karl;

- Allgemeiner Teil des deutschen Bürgerlichen Rechts;
  7.Auflage, München 1989;
  zit.: Larenz AT

- Lehrbuch des Schuldrechts, Erster Band (Allgemeiner Teil);
  14.Auflage, München 1987;
  zit.: Larenz I

- Lehrbuch des Schuldrechts, Zweiter Band (Besonderer Teil), 1.Halbband;
  13.Auflage, München 1986;
  zit.: Larenz II/1

- Lehrbuch des Schuldrechts, Zweiter Band (Besonderer Teil);
  12.Auflage, München 1981;
  zit.: Larenz II

- Methodenlehre der Rechtswissenschaft;
  5.Auflage, Berlin/Heidelberg/New York/Tokyo 1983;
  zit.: Larenz, Methodenlehre

Lencer, Rudolf/Riebesell, Paul;

Deutsche Versicherungswirtschaft
(Ein Unterrichts- und Nachschlagewerk);
Bd. V (Die Besonderheiten der Sachversicherung);
Berlin 1936-1939;
zit.: Bearbeiter in Lencer/Riebesell

Lieb, Manfred;

Arbeitsrecht;
4.Auflage, Heidelberg 1989;
zit.: Lieb, Arbeitsrecht

Littbarski, Sigurd;

Haftungs- und Versicherungsrecht im Bauwesen
(Erläuterungen für Wissenschaft und Praxis);
Düsseldorf 1986; zit.: Littbarski

Locher, Horst;

- Das private Baurecht
  (Juristisches Kurzlehrbuch für Studium und Praxis);
  4.Auflage, München 1988;
  zit.: Locher, Privates Baurecht

- Die VOB und das Gesetz zur Regelung des Rechts der Allgemeinen Geschäftsbedingungen;
  in: Baurecht 1977, S.221-224;
  zit.: Locher, BauR 1977

- Das AGB-Gesetz und die Verdingungsordnung für Bauleistungen;
  in: Neue Juristische Wochenschrift 1977, S.1801-1804; zit.: Locher, NJW 1977

Locher, Horst/Koeble, Wolfgang;

Baubetreuungs- und Bauträgerrecht;
4.Auflage, Düsseldorf 1985;
zit.: Locher/Koeble

Lötsch, Harald;

Die Risikobeschränkungen;
Diss. Hamburg 1935; zit.: Lötsch

Löwe, Walter/Graf von Westphalen, Friedrich/Trinkner, Reinhold;

Großkommentar zum AGB-Gesetz
(Gesetz zur Regelung des Rechts der Allgemeinen Geschäftsbedingungen);

- Band II (§§ 10-30);
  2.Auflage, Heidelberg 1983;
- Band III (Einzelklauseln und Klauselwerke);
  2.Auflage, Heidelberg 1985;

zit.: Bearbeiter in Löwe/Graf von Westphalen/Trinkner Bd.

van de Loo, Oswald;

Die Angemessenheitskontrolle Allgemeiner Versicherungsbedingungen nach dem AGB-Gesetz
(Eine problemorientierte Darstellung aus der Sicht des AGB-Gesetzes);
Karlsruhe 1987; zit.: van de Loo

Lotter, Lando;

Haftpflicht- und Bauwesenversicherungsschutz im Baugewerbe;
Darmstadt/Berlin 1973; zit.: Lotter

Luttmer, Gerhard;

Einige Gedanken zur Versicherung politischer Risiken;
in: Versicherungswirtschaft 1971, S.145-149, 208-213; zit.: Luttmer, VW 1971

Maenner, Rolf;

Theorie und Praxis der Rückwärtsversicherung;
Diss. Hamburg, Karlsruhe 1985;
zit.: Maenner

Marburger, Peter;

Die Regeln der Technik im Recht;
Köln/Berlin/Bonn/München 1979;
zit.: Marburger

Martin, Anton;

- Sachversicherungsrecht
  (Kommentar zu den Allgemeinen Versicherungsbedingungen für Hausrat (VHB 74 und VHB 84), Wohngebäude (VGB), Feuer (AFB), Einbruchdiebstahl und Raub (AERB), Leitungswasser (AWB), Sturm (AStB) einschließlich Sonderbedingungen und Klauseln);
  2.Auflage, München 1986;
  zit.: Martin, Sachversicherungsrecht

- Montageversicherung
  (Kommentar zu den Allgemeinen Montageversicherungs-Bedingungen (AMoB));
  München 1972; zit.: Martin, Montageversicherung

- Montage- und Bauunternehmer-Versicherung - Sparten der Sach- oder der Haftpflichtversicherung?;
  in: Versicherungswirtschaft 1971, S.89-94, 150-

153; 214–218; zit.: Martin, VW 1971

– "Einlösungsklausel" in den Zweigen der technischen Versicherung;
in: Versicherungsrecht 1971, S.189–193;
zit.: Martin, VersR 1971

– Bauleistungs- und Baugeräteversicherung: Neue AVB und Klauseln;
in: Versicherungswirtschaft 1974, S.993–998, 1052–1057, 1130–1136, 1192–1196;
zit.: Martin, VW 1974

– "Diebstahl" des eigenen Werks durch den Unternehmer – Versicherungsschutz für den Bauhherrn?;
in: Versicherungswirtschaft 1975, S.104–107;
zit.: Martin, VW 1975

– Verspätete "Annahme" von Versicherungsverträgen;
in: Zeitschrift für die gesamte Versicherungswissenschaft Bd.65 (1976), S.549–564;
zit.: Martin, ZVersWiss 1976

– Inhaltskontrolle von Allgemeinen Versicherungsbedingungen (AVB) nach dem AGBG
(Zugleich Anmerkung zum Urteil des BGH vom 9.5. 1984 (IVa ZR 176/82) VersR 84, 830);
in: Versicherungsrecht 1984, S.1107–1119;
zit.: Martin, VersR 1984

Maunz/Dürig/Herzog;

Grungesetz (Kommentar);
bearbeitet von Theodor Maunz, Günter Dürig, Roman Herzog, Rupert Scholz u.a.;
Band I (Präambel–Art.12 GG);
28.Lieferung, München 1990;
zit.: Bearbeiter in Maunz/Dürig/Herzog

Medicus, Dieter;

- Bürgerliches Recht
  (Eine nach Anspruchsgrundlagen geordnete Darstellung zur Examensvorbereitung);
  15.Auflage, Köln/Berlin/Bonn/München 1991;
  zit.: Medicus BR

- Besitzschutz durch Ansprüche auf Schadensersatz;
  in: Archiv für die civilistische Praxis Bd.165 (1965), S.115-149;
  zit.: Medicus, AcP 165

Meyer, Klaus Dieter;

Frostschäden in der Bauleistungsversicherung;
in: Versicherungswirtschaft 1981, S.316-325;
zit.: Meyer, VW 1981

Meyer-Kahlen, Walter;

- Eine neue AHB-Regelung zur Kündigung des Versicherungsnehmers im Schadenfall und im Fall der Prämienangleichung;
  in: Versicherungspraxis 1976, S.126-142;
  zit.: Meyer-Kahlen, VP 1976

- AGB-Gesetz und Allgemeine Versicherungsbedingungen;
  in: Versicherungspraxis 1977, S.81-87;
  zit.: Meyer-Kahlen, VP 1977

Möller, Hans;

- Versicherungsvertragsrecht;
  Wiesbaden 1971; zit.: H.Möller, Lehrbuch

- Verhüllte Obliegenheiten;

in: Versicherungsrundschau 1970, S.329-341;
zit.: H.Möller, VersRdschau 1970

- Internationale Grundprinzipien des Versicherungsrechts;
in: Versicherungsrundschau 1976, S.342-352;
zit.: H.Möller, VersRdschau 1976

Möller, H.-Heinz;

Aktuelle Probleme der Bauleistungsversicherung;
in: Versicherungswirtschaft 1979, S.1138-1141, 1214-1217; zit.: H.-H.Möller, VW 1979

Moldenhauer;

Der Begriff "Brandereignis" in der neueren Rechtsprechung;
in: Leipziger Zeitschrift für Handels-, Konkurs- und Versicherungsrecht 1911, Sp.584-593;
zit.: Moldenhauer, LZ 1911

Motzke, Gerd;

Haftung im Bauwesen - Risiken und Absicherungsmöglichkeiten für Architekten, Bauunternehmer, Sonderfachleute und Bauherren
(Ein praktischer Ratgeber mit einer Fülle von Beispielen, Verhaltensempfehlungen und Checklisten);
Kissing 1980; zit.: Motzke

Müller, Klaus;

Versicherungsschutz bei Nichtbeachtung von Verschlußvorschriften in der Sachversicherung
(Abgrenzungsproblem zwischen Risikoabgrenzung und verhüllter Obliegenheit);

in: Der Betrieb 1980, S.2069–2073;
zit.: K.Müller, DB 1980

von Münch;

Grundgesetz-Kommentar;
bearbeitet von Brun-Otto Bryde, Manfred Gubelt, Ulfried Hemmrich u.a.;
Band 1 (Präambel bis Art.20);
3.Auflage, München 1985;
zit.: Bearbeiter in v.Münch;

Münchener Kommentar zum Bürgerlichen Gesetzbuch;

bearbeitet von Börries von Feldmann, Hermann Förschler, Johann Wilhelm Gerlach u.a.;

- Band 1 (Allgemeiner Teil, §§ 1–240, AGB-Gesetz);
  2.Auflage, München 1984;
- Band 2 (Schuldrecht Allgemeiner Teil, §§ 241–432);
  2.Auflage, München 1985;
- Band 3, 1.Halbband (Schuldrecht Besonderer Teil, §§ 433–651k, HausTWG, AbzG, MHG);
  2.Auflage, München 1988;
- Band 3, 2.Halbband (Schuldrecht Besonderer Teil, §§ 652–853);
  2.Auflage, München 1986;
- Band 4 (Sachenrecht, §§ 854–1296, WEG, ErbbauVO);
  2.Auflage, München 1986;

zit.: Münchener Komm./Bearbeiter

Mugdan, Benno;

Die gesamten Materialien zum Bürgerlichen Gesetzbuch für das Deutsche Reich;
II.Band (Recht der Schuldverhältnisse);

Nachdruck der Ausgabe Berlin 1899, Aalen 1979;
zit.: Mugdan

Neuenfeld, Klaus;

- Bauversicherungen
  (Hinweise für Architekten, Stadtplaner, Garten- und Landschaftsarchitekten, Innenarchitekten, Sonderfachleute, Bauherren, Unternehmer);
  Stuttgart 1976;
  zit.: Neuenfeld, Bauversicherungen

- Handbuch des Architektenrechts
  (Loseblattsammlung);
  14.Lieferung, Stuttgart/Berlin/Köln/Mainz 1986;
  zit.: Neuenfeld, Handbuch

Nicklisch, Fritz/Weick, Günter;

VOB
(Verdingungsordnung für Bauleistungen - Teil B);
2.Auflage, München 1991;
zit.: Bearbeiter in Nicklisch/Weick

Oertmann, Paul;

Kommentar zum Bürgerlichen Gesetzbuch und seinen Nebengesetzen;
2.Buch: Recht der Schuldverhältnisse;
3./4.Auflage, Berlin 1910;
zit.: Oertmann

Otto;

Bauwesenversicherung beim Absinken von Gebäuden;
in: Versicherungspraxis 1978, S.166;
zit.: Otto, VP 1978

Palandt;

Bürgerliches Gesetzbuch
(Kommentar);
bearbeitet von Peter Bassenge, Uwe Diederichsen,
Wolfgang Edenhofer u.a.;
51.Auflage, München 1992;
zit.: Palandt/Bearbeiter

Peters, Frank;

Die vorbehaltlose Annahme der Schlußzahlung und das
AGB-Gesetz;
in: Neue Juristische Wochenschrift 1983, S.798-804;
zit.: Peters, NJW 1983

Petersen, A.;

Entscheidungen auf dem Gebiet des privaten Versicherungswesens;
in: Zeitschrift für die gesamte Versicherungswissenschaft Bd.15 (1915), S.338-357;
zit.: Petersen, ZVersWiss 1915

Planck's Kommentar zum Bürgerlichen Gesetzbuch;

bearbeitet von E.Brodmann, L.Busch, J.Ebbecke u.a.;
II.Bd., 2.Hälfte (Recht der Schuldverhältnisse -
Besonderer Teil);
4.Auflage, Berlin/Leipzig 1928;
zit.: Planck/Bearbeiter

Platen, Dietrich;

- Handbuch der Versicherung von Bauleistungen
  (nach ABN und ABU);
  - 1.Auflage, Karlsruhe 1977;

zit.: Platen, Handbuch, 1.Auflage
- 2.Auflage, Karlsruhe 1982;
zit.: Platen, Handbuch

- 50 Jahre Bauwesenversicherung;
in: Versicherungswirtschaft 1984, S.508-509;
zit.: Platen, VW 1984

Pohl, Rainer/Keil, Wolfram/Schumann, Uwe;

Rechts- und Versicherungsfragen im Baubetrieb;
2.Auflage, Düsseldorf 1985;
zit.: Pohl/Keil/Schumann

Prölss/Martin;

Versicherungsvertragsgesetz
(Kommentar zum VVG mit Erläuterungen zu den wichtigeren Versicherungsbedingungen - unter Berücksichtigung österreichischer Rechtsprechung -);

- 21.Auflage, München 1977;
zit.: Prölss/Martin, 21.Auflage
- 24.Auflage, München 1988;
bearbeitet von Ulrich Knappmann, Jürgen Prölss, Anton Martin und Wolfgang Voit;
zit.: Bearbeiter in Prölss/Martin

Prölss/Schmidt/Frey;

Versicherungsaufsichtsgesetz
(Bundesaufsichtsgesetz, Kartellrecht der Versicherungswirtschaft (§ 102 GWB) und andere Nebengesetze);
bearbeitet von Reimer Schmidt und Peter Frey;
10.Auflage, München 1989;
zit.: Bearbeiter in Prölss/Schmidt/Frey

Raiser, Rolf;

Kommentar der Allgemeinen Feuerversicherungs-Bedingungen;
2.Auflage, Berlin 1937;
zit.: Raiser

Recken, Heinz;

Streitfragen zur Einwirkung des AGBG auf das Bauvertragsrecht;
in: Baurecht 1978, S.417-426;
zit.: Recken, BauR 1978

Rehm, Rolf Bernd;

Bauwesenversicherung
(Kommentar zu den ABU und zu den ABN);
- 1.Auflage, Berlin/Wiesbaden 1977;
  zit.: Rehm, 1.Auflage
- 2.Auflage, Berlin/Wiesbaden 1989;
  zit.: Rehm

Reichsgerichtsräte-Kommentar (RGRK);

Das Bürgerliche Gesetzbuch
(mit besonderer Berücksichtigung der Rechtsprechung des Reichsgerichts und des Bundesgerichtshofes);
Kommentar; bearbeitet von Kurt Herbert Johannsen, Gerda Krüger-Nieland u.a.;
Band II 4.Teil (§§ 631-811);
12.Auflage, Berlin/New York 1978;
zit.: RGRK/Bearbeiter

Reinicke, Dietrich/Tiedtke, Klaus;

Das Anwartschaftsrecht des Auflassungsempfängers

und die Formbedürftigkeit der Aufhebung eines Grundstückskaufvertrages;
in: Neue Juristische Wochenschrift 1982, S.2281-2288; zit.: Reinicke/Tiedtke, NJW 1982

Richter, Stefan;

Schadensersatz des Werkunternehmers aus Besitzverletzung;
in: Neue Juristische Wochenschrift 1985, S.1450-1452; zit.: Richter, NJW 1985

Sblowski, Wolfgang;

Der Brandbegriff - ein halbes Jahrhundert / Zeitgemäßer Begriff im Wandel der Zeit?;
in: Zeitschrift für Versicherungswesen 1981, S.493-497; zit.: Sblowski, ZfV 1981

Schaefer, Frithjof;

Inhaltskontrolle nach dem AGB-Gesetz bei Allgemeinen Versicherungsbedingungen?
(Zugleich Anmerkung zu LG Frankfurt/M. vom 11.10. 1976 VersR 77, 351 und zu LG München I vom 11.2. 1977 VersR 77, 711);
in: Versicherungsrecht 1978, S.1-13;
zit.: Schaefer, VersR 1978

Scheerbarth, Walter;

Das allgemeine Bauordnungsrecht
(unter besonderer Berücksichtigung der Landesbauordnungen);
2.Auflage, Köln 1966;
zit.: Scheerbarth

Schermin, Hans;

Die Rückwärtsversicherung in den AVB;
in: Versicherungswirtschaft 1957, S.330;
zit.: Schermin, VW 1957

Scherzberg, Max;

Die Kriegsklausel in der Seeversicherung (unter Mitberücksichtigung des englischen und französischen Rechts);
Hamburg 1954; zit.: Scherzberg

Schirmer, Helmut;

- Zur Versicherbarkeit des Sachersatzinteresses in der Sachversicherung;
  in: Zeitschrift für die gesamte Versicherungswissenschaft Bd.70 (1981), S.637-743;
  zit.: Schirmer, ZVersWiss 1981

- Besprechung von Martin, Anton, Sachversicherungsrecht (Kommentar zu den VHB 74, VGB, AFB, AERB, AWB, AStB einschließlich Sonderbedingungen und Klauseln / C.H.Beck'sche Verlagsbuchhandlung München 1982, XLVI, 1164 S.);
  in: Zeitschrift für die gesamte Versicherungswissenschaft Bd.73 (1984), S.553-591;
  zit.: Schirmer, ZVersWiss 1984

Schlosser, Peter/Coester-Waltjen, Dagmar/Graba, Hans-Ulrich;

Kommentar zum Gesetz zur Regelung des Rechts der Allgemeinen Geschäftsbedingungen;
Bielefeld 1977;
zit.: Bearbeiter in Schlosser/Coester-Waltjen/Graba

Schmalzl, Max;

Zum Begriff der "Bauleistung" i.S. des § 7 Ziff.1 VOB/B;
in: Baurecht 1972, S.276-279;
zit.: Schmalzl, BauR 1972

Schmidt, Friedrich;

§ 13 VOB/B im Bauträgervertrag;
in: Baurecht 1981, S.119-128;
zit.: F.Schmidt, BauR 1981

Schmidt, Karsten;

- Handelsrecht;
  3.Auflage, Köln/Berlin/Bonn/München 1987;
  zit.: K.Schmidt, Handelsrecht

- Gesellschaftsrecht;
  2.Auflage, Köln/Berlin/Bonn/München 1991;
  zit.: K.Schmidt, Gesellschaftsrecht

Schmidt, Reimer;

- Die Obliegenheiten
  (Studien auf dem Gebiet des Rechtszwangs im Zivilrecht unter besonderer Berücksichtigung des Privatversicherungsrechts);
  Karlsruhe 1953; zit.: R.Schmidt, Obliegenheiten

- Die Verhütung der Gefahrverwirklichung und des Schadens im Versicherungsrecht (II.Teil);
  in: Zeitschrift für die gesamte Versicherungswissenschaft Bd.57 (1968), S.81-95;
  zit.: R.Schmidt, ZVersWiss 1968

Schmidt-Salzer, Joachim;

- Allgemeine Geschäftsbedingungen;
  2.Auflage, München 1977;
  zit.: Schmidt-Salzer, AGB

- Die Bedeutung der Rechtsprechung zu den Allgemeinen Geschäftsbedingungen für Bauunternehmer, Architekten, Bauherren und insbesondere für die öffentliche Hand;
  in: Betriebsberater 1973, Beilage 1, S.1-11;
  zit.: Schmidt-Salzer, BB 1973, Beilage 1

Schönke/Schröder;

Strafgesetzbuch Kommentar;
bearbeitet von Theodor Lenckner, Peter Cramer, Albin Eser und Walter Stree;
24.Auflage, München 1991;
zit.: Schönke/Schröder/Bearbeiter

Sieg, Karl;

- Allgemeines Versicherungsvertragsrecht;
  2.Auflage, Wiesbaden 1988;
  zit.: Sieg, Lehrbuch

- Zur französischen Kausalitätslehre im Zivilrecht (Ein Vergleich mit dem deutschen Recht);
  in Versicherungsrecht 1959, Beiheft 2, S.66-68;
  zit.: Sieg, VersR 1959, Beiheft 2

- Sicherungsmöglichkeiten des Anzahlungsgläubigers durch Versicherung;
  in: Betriebsberater 1964, S.17-18;
  zit.: Sieg, BB 1964

Siegburg, Peter;

Anerkannte Regeln der Bautechnik - DIN-Normen;
in: Baurecht 1985, S.367-388;
zit.: Siegburg, BauR 1985

Soergel;

Bürgerliches Gesetzbuch mit Einführungsgesetz und Nebengesetzen;
bearbeitet von Jürgen Baur, Jürgen Damrau u.a.;

- Band 1 (Allgemeiner Teil, §§ 1-240, HaustürWiderrufG);
  12.Auflage, Stuttgart/Berlin/Köln/Mainz 1988;
- Band 2 (Schuldrecht I, §§ 241-432);
  12.Auflage, Stuttgart/Berlin/Köln 1990;
- Band 3 (Schuldrecht II, §§ 433-515, AGB-Gesetz, AbzG, EAG, EKG, UN-Kauf-Abk);
  12.Auflage, Stuttgart/Berlin/Köln 1991;

zit.: Soergel/Bearbeiter

Staudinger;

J.von Staudingers Kommentar zum Bürgerlichen Gesetzbuch mit Einführungsgesetz und Nebengesetzen;
bearbeitet von Hermann Amann, Peter Bader u.a.;

Zweites Buch (Recht der Schuldverhältnisse):
- Einleitung zu §§ 241 ff.; §§ 241, 242; Gesetz zur Regelung des Rechts der Allgemeinen Geschäftsbedingungen;
  12.Auflage, Berlin 1980-1983;
- §§ 620-651k;
  12.Auflage, Berlin 1991;
- §§ 823-832;
  12.Auflage, Berlin 1986;

zit.: Staudinger/Bearbeiter

Stein, Ekkehart;

Staatsrecht;
12.Auflage, Tübingen 1990;
zit.: Stein, Staatsrecht

Stübing, Jürgen;

Tatsachenbestätigungen und Fiktionen in AGB;
in: Neue Juristische Wochenschrift 1978, S.1606-1611; zit.: Stübing, NJW 1978

Systematischer Kommentar zum Strafgesetzbuch;

bearbeitet von Hans-Joachim Rudolphi, Eckhard Horn und Erich Samson;
Band II: Besonderer Teil (§§ 80-358);
29.Lieferung zur 4.Auflage; Neuwied/Frankfurt 1991;
zit.: SK/Bearbeiter

Taylor, Robert;

Die Bauwesen-Versicherung;
in: Versicherungspraxis 1953, S.167-170;
zit.: Taylor, VP 1953

Thürmann, Dagmar;

Der Sachschadenbegriff in der Bauleistungsversicherung
(insbesondere in Abgrenzung zum Leistungsmangel);
Karlsruhe 1988; zit.: Thürmann

Ulmer, Peter;

Die Gesellschaft bürgerlichen Rechts
(Systematischer Kommentar der §§ 705-740 BGB);
München 1980; zit.: Ulmer, GBR

Ulmer/Brandner/Hensen;

AGB-Gesetz
(Kommentar zum Gesetz zur Regelung des Rechts der Allgemeinen Geschäftsbedingungen);
bearbeitet von Peter Ulmer, Hans Erich Brandner, Horst-Diether Hensen und Harry Schmidt;

- 5.Auflage, Köln 1987;
  zit.: Bearbeiter in Ulmer/Brandner/Hensen, 5.Auflage
- 6.Auflage, Köln 1990;
  zit.: Bearbeiter in Ulmer/Brandner/Hensen

Ursprung, Heinrich;

Die Bauleistung
(Begriffsbestimmung am § 7 VOB/B);
in: Baurecht 1973, S.341-348;
zit.: Ursprung, BauR 1973

Voß, Georg;

Die Abgrenzung zwischen Obliegenheit und Risikobeschränkung in der ED- und Beraubungsversicherung;
in: Versicherungsrecht 1961, S.866-869;
zit.: Voß, VersR 1961

Vossen, Otto;

Technische Probleme in der Feuerversicherung;

in: Zeitschrift für die gesamte Versicherungswissenschaft Bd.57 (1968), S.505-520;
zit.: Vossen, ZVersWiss 1968

Vygen, Klaus;

Bauvertragsrecht nach VOB und BGB
(Handbuch des privaten Baurechts von der Vergabe nach der neuen VOB/A über die Vertragsgestaltung unter Berücksichtigung des AGB-Gesetzes bis zur Abwicklung des Bauvertrages);
2.Auflage, Wiesbaden/Berlin 1991;
zit.: Vygen

Wälder, Johannes;

Das fragwürdige Merkmal Feuer im Brandbegriff der Feuerversicherung;
in: Zeitschrift für die gesamte Versicherungswissenschaft Bd.60 (1971), S.657-686;
zit.: Wälder, ZVersWiss 1971

Wäldner, Ulrich F.A.;

Funktionale Grundbegriffe der Bauleistungsversicherung im Hinblick auf moderne Unternehmereinsatzformen;
Diss. Köln, Karlsruhe 1981; zit.: Wäldner

Wahle, Karl;

Ist § 2 Absatz 2 VVG abdingbar?;
in: Versicherungsrecht 1966, S.999-1005;
zit.: Wahle, VersR 1966

Werber, Manfred;

Die Bedeutung des AGBG für die Versicherungswirtschaft;
in: Versicherungsrecht 1986, S.1-7;
zit.: Werber, VersR 1986

Werber, Manfred/Winter, Gerrit;

Grundzüge des Versicherungsvertragsrechts;
Heidelberg 1986; zit.: Werber/Winter

Weyers, Hans-Leo;

Versicherungsvertragsrecht;
Frankfurt 1986; zit.: Weyers

Wilcke, Walter;

Zur Rechtsnatur der Schweißschadenklausel in der allgemeinen Haftpflichtversicherung
(Eine Erwiderung auf Stelzer VersR 68, 719 und zugleich ein Beitrag zur Lehre von den "verhüllten Obliegenheiten");
in: Versicherungsrecht 1969, S.8-15;
zit.: Wilcke, VersR 1969

Wille, Hans;

Sonderrechte öffentlich-rechtlicher "Wettbewerbsanstalten" auf dem Gebiet der Gebäude-Feuerversicherung im Lichte von Gesetz, Rechtsprechung und Praxis;
in: Zeitschrift für Versicherungswesen 1986, S.240-245; zit.: Wille, ZfV 1986

Winter, Gerrit;

Konkrete und abstrakte Bedarfsdeckung in der Sachversicherung;
Göttingen 1962; zit.: Winter, Bedarfsdeckung

Wolf, Ernst;

- Allgemeiner Teil des bürgerlichen Rechts (Lehrbuch);
  3.Auflage, Köln/Berlin/Bonn/München 1982;
  zit.: E.Wolf AT

- Lehrbuch des Sachenrechts;
  2.Auflage, Köln/Berlin/Bonn/München 1979;
  zit.: E.Wolf, Sachenrecht

Wolf, Manfred/Horn, Norbert/Lindacher, Walter F.;

AGB-Gesetz
(Gesetz zur Regelung des Rechts der Allgemeinen Geschäftsbedingungen); Kommentar;
2.Auflage, München 1989;
zit.: Bearbeiter in Wolf/Horn/Lindacher

Wriede, P.;

Anmerkung zu OLG Hamburg, VersR 1964, 34;
in: Versicherungsrecht 1964, S.177-178;
zit.: Wriede, VersR 1964

Wussow, Hansjoachim;

- Rechtslexikon für das Bauwesen;
  2.Auflage, Köln/Berlin/Bonn/München 1975;
  zit.: Hj.Wussow, Rechtslexikon

- Ist die Bauwesenversicherung eine Sachversicherung?;
  in: Versicherungsrecht 1964, S.570-575;
  zit.: Hj.Wussow, VersR 1964

Wussow, Werner;

Feuerversicherung
(Kommentar zu den AFB und den §§ 1127-1130 BGB, 97-107c VVG);
2.Auflage, Dornheim 1975;
zit.: W.Wussow

Wussow, Werner/Ruppert, Heinrich;

Montageversicherung
(Kommentar zu den Allgemeinen Montage-Versicherungsbedingungen (AMoB) nebst Klauseln (VerBAV 1972, 82));
2.Auflage, Frankfurt 1972;
zit.: Wussow/Ruppert

Zöllner, Wolfgang;

Arbeitsrecht
(Studienbuch);
3.Auflage, München 1983;
zit.: Zöllner, Arbeitsrecht

1.Kap.: Einführung in die ABU und ABN

Die Bauleistungsversicherung ist ein Zweig der sogenannten technischen Versicherungen und gewährt - wie schon der Name sagt - Versicherungsschutz gegen die Risiken bei Bauleistungen. Die Versicherung wird in der Bundesrepublik betrieben nach folgenden Vertragswerken:

- Allgemeine Bedingungen für die Bauwesenversicherung von Unternehmerleistungen (ABU)

- Allgemeine Bedingungen für die Bauwesenversicherung von Gebäudeneubauten durch Auftraggeber (ABN).

Beide Konditionsmuster enthalten jeweils 18 Paragraphen und zusätzlich die für sie gemeinsam geltenden Klauseln 50-61 und 74-77. Die ABU umfassen darüberhinaus die Zusatzbedingungen 62 für Jahresverträge, die aus 11 Paragraphen bestehen, und die Klauseln 63-66. Die ABN beinhalten neben dem Grundwerk die Zusatzbedingungen 67 für Jahresverträge, die 8 Paragraphen aufweisen, und die Klauseln 68-71.

Diese beiden Vertragswerke sollen in dieser Arbeit dargestellt und auf ihre Vereinbarkeit mit dem Gesetz zur Regelung des Rechts der Allgemeinen Geschäftsbedingungen (AGB-Gesetz) hin untersucht werden.

§ 1: Die Geschichte der ABU und ABN

A) Die Rechtslage vor der Einführung der ABU und ABN

Das Problem der Haftung für Bauschäden war bereits in der Antike bekannt (1). Dennoch gab es bis in die dreißiger Jahre des zwanzigsten Jahrhunderts in Deutschland keine entsprechende Versicherungsmöglichkeit. Es wurden zwar einige "Bauversicherungen" angeboten. So schützte z.B. die "Baubeschränkungsversicherung" gegen Schäden des Grundeigentümers aus einer behördlichen Begrenzung der Nutzbarkeit des Grundstücks beim Wiederaufbau, die "Baulastenversicherung" richtete sich an Pächter, die für den Wiederaufbau von durch Elementarereignissen zerstörten Gebäuden Aufwendungen zu machen hatten, und die "Baunotversicherung" - eine Schöpfung der Inflationszeit - gewährte eine vollständige Gebäudesteuerversicherung auch bei steigenden Baupreisen (2).

Keine dieser Versicherungen deckte jedoch das typische Baurisiko. Um einen Schutz gegen die Haftung aus entsprechenden Schäden zu haben, betrieb die Bauwirtschaft eine Art "Selbstversicherung": Zum einen schlossen sich einzelne Betriebe in Gruppen zusammen (und bildeten so eine Gefahrengemeinschaft), zum anderen stellten viele Unternehmen in ihren Bilanzen Mittel zum Ausgleich für eventuelle Schadensfälle zurück.

Die Bildung von Finanzreserven brachte allerdings steuerliche Nachteile mit sich. Zudem unter-

---

1) Nachweis bei Platen, Handbuch S.1.

2) Vgl. Cuntz in Lencer/Riebesell, Versicherungswirtschaft Bd.V S.320.

sagte seit Beginn der dreißiger Jahre die staatliche Baupreisverordnung im großen und ganzen die Bildung von Rücklagen. Im übrigen erschwerte der wachsende Konkurrenzdruck in der Bauwirtschaft die Möglichkeit, mit Hilfe von Zuschlägen auf die Baupreise die Baurisiken abzufangen (1). Daraufhin wandten sich die betroffenen Unternehmen der Bauindustrie an die Versicherungswirtschaft, damit diese eine entsprechende Versicherung anböte. Die Allianz-Versicherungs-Aktiengesellschaft, ein führendes Unternehmen auf dem Gebiet der technischen Versicherungen, trat deshalb an die zuständigen Behörden und Verbände heran und erstellte mit deren Unterstützung ein Bedingungswerk (2). Das Reichsaufsichtsamt für Privatversicherung (RAV) prüfte die Vorschläge eingehend und versuchte, den Interessen aller beteiligten Kreise - Versicherer, Bauunternehmer und Bauherrn - gerecht zu werden (3). Es entstand ein Vertragsmuster, das unter der Bezeichnung "Allgemeine Versicherungs-Bedingungen für die Bauwesenversicherung" (AVB Bw.) am 16.4.1934 verkündet wurde (4).

Inhaltlich wiesen die AVB Bw. viele Parallelen zu den in der Praxis schon erprobten Maschinen- und Montageversicherungen auf (5). Aber die Bauwesenversicherung deckte nicht nur Schäden an noch zusammenzubauenden bzw. fertiggestellten Anlagen. Vielmehr erfaßte sie die gesamten Bauleistungen "im Umfange des Bauvertrages" (vgl. § 1 Nr.1 S.1 AVB Bw.) - vom Baubeginn bis zur Abnahme - unter Einschluß der Baustelleneinrichtung und der eingesetzten Geräte (vgl. § 1 Nr.1 S.2 lit.c) AVB Bw.) (6). Die Reichweite der Einstandspflicht bemaß sich mit-

---

1) Vgl. Platen, Handbuch S.1.
2) Vgl. Herde S.11.
3) Vgl. VerAfP 1935, 117 ff..
4) Vgl. Platen, Handbuch S.1.
5) Vgl. Herde S.11.
6) Vgl. Cuntz in Lencer/Riebesell, Versicherungswirtschaft Bd.V S.321.

hin danach, welche Gefahren nach dem zugrundeliegenden Bauvertrag der Unternehmer zu tragen hatte. Dieses richtete sich weitgehend nach dem Werkvertragsrecht des BGB, da abweichende Bedingungen zu damaliger Zeit üblicherweise noch nicht vereinbart wurden. Folglich haftete der Hersteller bis zur Abnahme durch den Auftraggeber sogar für Zufall (vgl. § 644 Abs.1 BGB) (1). Entsprechend groß war das Risiko des Versicherers, leistungspflichtig zu werden. Erwähnt werden sollte noch, daß §§ 1, 2 AVB Bw. die versicherten Objekte, Gefahren und Schäden nicht durch eine Generalklausel, sondern mittels einer enumerativen Aufzählung bezeichneten (2).

In der beschriebenen Form wurde die Bauwesenversicherung seit 1935 am Markt angeboten (3). Dabei erwirtschafteten die Versicherungsunternehmen keine Gewinne. Dies beruhte vor allem auf dem zu relativ günstigen Prämien gewährten nahezu lückenlosen Versicherungsschutz. Zudem konnten die Auftraggeber die Gefahrtragung der versicherten Bauunternehmer immer weiter zu ihren Gunsten verändern, weil letztere – gedeckt durch ihre Versicherung – diesem Ansinnen nicht energisch entgegentraten (4). Im übrigen führte die Vielfalt der im Umlauf befindlichen Bauverträge zu Divergenzen bezüglich des Versicherungsumfangs, was eine sorgfältige Kalkulation der Prämien verhinderte.

Die negative wirtschaftliche Entwicklung der Bauwesenversicherung legte schon bald eine Reform der Bedingungen nahe. Außerdem wollten die zuständigen Stellen der bereits 1926 geschaffenen (5) "Verdin-

---

1) Vgl. Platen, Handbuch S.1; Herde S.12; Vandrey in Finke, Handwörterbuch Sp.236.
2) Vgl. Wäldner S.8.
3) Vgl. Kortlang, Bebler FS S.229.
4) Vgl. Platen, Handbuch S.1; Herde S.12; Wäldner S.8.
5) Vgl. Vandrey in Finke, Handwörterbuch Sp.236.

gungsordnung für Bauleistungen" (VOB) als Grundlage für Bauverträge zum Durchbruch verhelfen, was eine Abstimmung der AVB Bw. auf die VOB notwendig machte. Daher wurde das Vertragswerk von 1934 überarbeitet. Ende 1937 genehmigte das RAV die neuen Bedingungen unter der Bezeichnung "Allgemeine Versicherungsbedingungen für die Bauwesenversicherung der Bauunternehmer" (AVB Bauunternehmer) (1). Ab Januar 1938 gewährten die Versicherer Deckung aufgrund dieses neuen Vertragswerks (2). 1941 wurde es dann für allgemein verbindlich erklärt (3).

Auch die AVB Bauunternehmer lehnten sich inhaltlich eng an die Montageversicherung an (4). Wie bei den AVB Bw. von 1934 konnten auch nach den neuen Bedingungen "Bauleistungen" (vgl. § 1 lit.a) AVB Bauunternehmer) und die "Baustelleneinrichtung" nebst Baugeräten (vgl. § 1 lit.b) AVB Bauunternehmer) versichert werden. Es führten jedoch nur noch die Gefahren und Schäden zur Einstandspflicht des Versicherers, welche der Hersteller "nach der VOB oder den gemäß VOB DIN 1960 § 10 zulässigen Besonderen Vertragsbedingungen zu vertreten hat(te)". Weitere Eingrenzungen erfolgten nicht, da die VOB als hinreichend klar galt (5). Spezialrisiken - wie z.B. bei Altbauten - konnten nur aufgrund von Sonderabsprachen übernommen werden. Ausgeschlossen waren Vermögenseinbußen aus Gewährleistung, Vertragsstrafen und Verstößen gegen anerkannte Regeln der Technik, gesetzliche oder polizeiliche Vorschriften (6).

---

1) Vgl. RAV, VerAfP 1938, 122 ff..

2) Vgl. Herde S.12.

3) Vgl. Platen, Handbuch S.2;
Vandrey in Finke, Handwörterbuch Sp.236.

4) Dazu auch Martin, Montageversicherung Einl I Rdnr. 1.6.

5) Vgl. Wäldner S.9.

6) Vgl. Vandrey in Finke, Handwörterbuch Sp.236.

Die AVB von 1937 wandten sich ausschließlich an Bauunternehmer. Die nach der VOB dem Auftraggeber zufallenden Gefahren konnten nicht versichert werden. Dies erwies sich zunächst als unschädlich, weil als Bauherr hauptsächlich der Staat auftrat und dieser sein Wagnis selbst zu tragen pflegte. Nach dem 2. Weltkrieg begann jedoch der Wiederaufbau. Im Bereich des Straßen- und Brückenbaus oblag - wie bisher - dem Staat die Baulast. Dagegen wurde der Wohnungsbau vor allem von privater Seite vorangetrieben, und diese Auftraggeber wollten vor allem das knappe Baukapital vor Verlust schützen (1). Deshalb stellte die Allianz-Versicherungs-Gesellschaft Spezialbedingungen auf, die die zuständigen Aufsichtsämter 1947/48 mit Wirkung vom 1.1.1949 unter dem Titel "Allgemeine Versicherungs-Bedingungen für die Bauwesenversicherung von Wohngebäuden" (AVB Wohngebäude) genehmigten (2). Auch diese Versicherung umfaßte "Bauleistungen" (vgl. § 1 Nr.1 lit.a) AVB Wohngebäude) und Baustelleneinrichtungen samt Geräten (vgl. § 1 Nr.1 lit.c) AVB Wohngebäude). Sie deckte "alle dem Bauherrn, Bauunternehmer, den Bauhandwerkern und beauftragten Architekten erwachsenden Schäden durch unvorhergesehene Ereignisse, die zu einer Zerstörung oder Beschädigung der versicherten Leistungen und Sachen (§ 1) führen" (vgl. § 2 AVB Wohngebäude). Indem die Bedingungen den Kreis der versicherten Personen derart weit zogen, machten sie in versicherungsrechtlicher Hinsicht die mitunter schwer zu beantwortende Frage obsolet, ob der Bauherr oder der Unternehmer nach der VOB das jeweilige Risiko zu tragen hatte (3).

Wegen der zusätzlichen Deckung des Auftraggeberwagnisses eroberten die AVB Wohngebäude nach und nach auch Märkte außerhalb des Wohnungsbaus. Nur

---

1) Vgl. Taylor, VP 1953, S.169.

2) Vgl. BAV, VA 1969, 13;
Platen, Handbuch S.2;
Vandrey in Finke, Handwörterbuch Sp.237.

3) Vgl. Taylor, VP 1953, S.169.

wenige Versicherungsunternehmen erarbeiteten für diese Fälle "Besondere Vereinbarungen". Veränderungen der Bautechnik wirkten auf den Versicherungsschutz zurück, indem dieser durch zahlreiche Klauseln u.ä. erweitert, ergänzt, aber auch eingeschränkt wurde. Dabei gingen die Versicherer isoliert vor, so daß mit der Zeit völlig unterschiedliche Vertragswerke am Markt angeboten wurden. Das Bundesaufsichtsamt für das Versicherungswesen (BAV) nahm auf die Entwicklung der AVB Bauunternehmer bzw. Wohngebäude nur geringen Einfluß (1). Bis zur Einführung der ABU und ABN gab es aufgrunddessen folgende Muster für die Bauwesenversicherung:

- AVB Wohngebäude
- Besondere Vereinbarungen zum Wohngebäude-Jahresvertrag
- AVB Bauunternehmer
- Besondere Vereinbarungen zum Umsatz-Jahresvertrag
- Besondere Vereinbarungen zur Baugeräteversicherung
- Klauseln 301-305 zu den AMB
- eine Vielzahl vom BAV geduldeter, ungenehmigter Ergänzungen des Geschäftsplans (2).

B) Die Entstehung der ABU und ABN

Die Vielfalt der auf dem Markt befindlichen Bauwesenversicherungen machte es dem Kunden nahezu unmöglich, sich einen Überblick bezüglich der Angebote zu verschaffen. Aus diesem Grunde forderte das BAV mit Schreiben vom 2.7.1965 den Fachausschuß Technische Versicherungen auf, die bestehenden Vertragswerke gründlich zu überarbeiten und zu verein-

---

1) Vgl. z.B. BAV, GB 1954/55, 34 und VA 1955, 112 und VA 1969, 13; dazu auch Wäldner S.10 FN 44.

2) Vgl. BAV, VA 1974, 284.

heitlichen (1). Die vom Fachausschuß eingesetzte Kommission hielt dies nach eingehender Prüfung jedoch für unzureichend und entwickelte in jahrelanger Arbeit völlig neue Versicherungsbedingungen. Ende 1974 schließlich konnten diese dem BAV zugeleitet werden. Die Aufsichtsbehörde untersuchte sie sorgfältig und erteilte sodann die erforderlichen Genehmigungen (2). Die AVB erhielten die Bezeichnungen:

- Allgemeine Bedingungen für die Bauwesenversicherung von Unternehmerleistungen (ABU)

- Allgemeine Bedingungen für die Bauwesenversicherung von Gebäudeneubauten durch Auftraggeber (ABN).

Laut BAV sollten die Neuschöpfungen die bislang gültigen Vertragsmuster verbessern und die "Markttransparenz" wiederherstellen (3). Als gravierendste Reform ist hervorzuheben, daß der Schutz der Baugeräte künftig nicht mehr von der Bauwesen-, sondern von der Maschinenversicherung besorgt wurde (vgl. ABG, ABMG), weil letztere dafür als sachnäher galt (4). Dem BAV zufolge handelt es sich deswegen nicht mehr um eine "Bauwesen"-, sondern um eine reine "Bauleistungs"-Versicherung" (5). Dennoch behielt man - wohl wenig einleuchtend - den Ausdruck "Bauwesenversicherung" als prägenden Teil der Überschriften zu den neuen Bedingungen bei. Mit Beginn des Jahres 1975 legten die Versicherer den neu abzuschließenden Vereinbarungen ausschließlich die ABU bzw. ABN zugrunde. Die bis dahin verwandten Texte behielten aber zunächst für die Altverträge

---

1) Nachweis bei Platen, Handbuch S.3.
2) Vgl. BAV, VA 1974, 284.
3) Vgl. BAV, GB 1974, 57.
4) Vgl. BAV, VA 1974, 284;
Wäldner S.3; Pohl/Keil/Schumann S.119.
5) Vgl. BAV, VA 1974, 284.

ihre Wirksamkeit. Erst nach und nach wurden auch diese umgestellt (1).

Das Grundwerk von 1974 erfuhr in der Folgezeit noch einige Veränderungen und Ergänzungen. 1977 wurden die §§ 2 Nr.3 lit.a) ABU, 2 Nr.4 lit.a) ABN, nach denen Frostschäden nicht gedeckt sind, (unwesentlich) abgewandelt und die Klauseln 74-76 betreffend den Selbstbehalt hinzugefügt (2). Ein Jahr später kam es zur Einführung der Klausel 77 (Versicherung von Glasbruchschäden) (3). 1984 paßten die zuständigen Stellen das in §§ 8 Nr.4 ABU, 8 Nr.5 ABN geregelte Recht der Kündigung nach einem Versicherungsfall an das seit 1977 geltende AGB-Gesetz an (4). 1986 wurden die §§ 15 ABU, 15 ABN (Sachverständigenverfahren) auf das AGB-Gesetz abgestimmt (5), die Klausel 50 geschaffen, die den Begriff der "Unvorhersehbarkeit" des Schadens in §§ 2 Nr.1 ABU, 2 Nr.1 ABN neu eingrenzte (6), und schließlich die den Versicherungsort reglementierenden §§ 4 ABU, 4 ABN erweitert (7). In dieser Form wird die Bauleistungsversicherung zur Zeit gewährt.

§ 2: Einführender Vergleich der ABU und ABN

In einer ersten Analyse soll untersucht werden, inwieweit der Wortlaut der ABU und ABN übereinstimmen. Die inhaltlichen Konsequenzen sind später zu behandeln.

---

1) Vgl. Martin, VW 1974, S.993.
2) Vgl. BAV, VA 1977, 418.
3) Vgl. BAV, VA 1978, 159.
4) Vgl. BAV, VA 1984, 389.
5) Vgl. BAV, VA 1986, 100(103).
6) Vgl. BAV, VA 1986, 312.
7) Vgl. BAV, VA 1987, 175.

A) Das Motiv für die Zweiteilung

Das Motiv für die Zweiteilung der Bedingungen in eine Bauleistungsversicherung für Bauunternehmer und eine für Auftraggeber beruht auf folgenden Überlegungen: Bei nahezu jedem Bauvorhaben gibt es Auftraggeber und Unternehmer. Da diese zwei Parteien unterschiedliche Interessen bezüglich des Baus haben, müssen die Versicherungsbedingungen auf die speziellen Bedürfnisse beider Personenkreise zugeschnitten werden. Hätten die Verfasser der AVB ein einziges Grundwerk geschaffen, so wären die Versicherer gezwungen, die Versicherungsverträge durch Vereinbarung von Zusatzklauseln auf die Belange des jeweiligen Kunden - Bauherr oder Unternehmer - abzustimmen. Dieses Verfahren führte zur Unübersichtlichkeit der Übereinkunft und machte es deswegen für den Versicherungsnehmer - oft ein juristischer Laie - sehr schwer, die Abmachung zu verstehen.

Im Bereich von Tiefbauten können nun allerdings die ABU durch die Klausel 65 zu einer Auftraggeberversicherung ausgestaltet werden. Diese Möglichkeit haben die Verfasser einmal deswegen geschaffen, weil hier meistens rechtlich versierte Großunternehmen und öffentlich-rechtliche Körperschaften die Objekte erstellen lassen. Zum anderen fällt noch folgender Gesichtspunkt ins Gewicht: Im Hochbau müssen neben Rohbau- auch zahlreiche Ausbauleistungen erbracht werden. Dabei sind oft verschiedene Unternehmen zuständig. Die von diesen genommenen Versicherungen laufen jeweils mit der betreffenden Abnahme aus. Folglich sind die einzelnen ABU-Versicherungen zu verschiedenen Zeitpunkten beendet. Bei einer Auftraggeberversicherung bedeutet dagegen erst die Fertigstellung des gesamten Baus den Schlußpunkt des Versicherungsverhältnisses. Dieses Charakteristikum tritt auch im Tiefbau auf, weil dort oft ein einziger Betrieb das ganze Objekt errichtet.

All diese Parallelen zwischen Versicherungen

des Auftraggebers von Tiefbauten und solchen des Bauunternehmers rechtfertigen die Klausel 65 zu den ABU (1).

B) Der Wortlautvergleich

I) Die Grundwerke

Sowohl die ABU als auch die ABN bestehen aus 18 Paragraphen. Die Überschriften zu den jeweils unter derselben Nummer geführten Vertragsnormen sind nahezu identisch. Die einzige Ausnahme findet sich in § 10: Im Rahmen der ABU wählte man die Fassung "Kosten ... in eigener Regie d e s V e r s i c h e r u g s n e h m e r s", während die ABN von "Kosten in eigener Regie e i n e s v e r s i c h e r t e n U n t e r n e h m e r s" sprechen. Trotz dieser nicht allzu schwerwiegenden Differenz sind die beiden Grundwerke parallel aufgebaut.

Die Wortlaute der einander entsprechenden Bestimmungen sind bei folgenden Paragraphen völlig identisch:

- § 4 (Versicherungsort)
- § 7 (Beginn der Haftung)
- § 12 (Unterversicherung)
- § 16 (Zahlung der Entschädigung)
- § 18 (Agentenvollmacht).

Für § 12 muß jedoch festgehalten werden, daß ein Verweis auf § 5 Nr.1, 2 ABU/ABN bzw. auf §§ 9-11 ABU/ABN erfolgt und diese Vertragspunkte nicht kongruent formuliert sind.

Bei einigen Bedingungen ergibt sich eine so

---

1) Vgl. Martin, VW 1974, S.994 f..

große Parallelität, daß man von einer "Beinahe-Identität" sprechen kann. Dies gilt für:

- § 6 (Prämie)
- § 13 (Grenze der Entschädigung)
- § 15 (Sachverständigenverfahren).

Die Unterschiede liegen nur in den jeweiligen Verweisen auf andere Vorschriften (vgl. dazu § 6 Nr.4, 5 ABU/ABN, § 13 ABU/ABN und § 15 Nr.7 ABU/ABN). Dabei sind die in Bezug genommenen Normen, soweit sie den gleichen Regelungskomplex betreffen, im wesentlichen sogar inhaltsgleich. Deshalb weichen die §§ 6, 13, 15 ABU/ABN kaum voneinander ab.

Die anderen Bestimmungen differieren in mehr oder minder großem Umfang. Im Ergebnis läßt sich mithin festhalten: Die beiden Grundwerke zeigen neben einem parallelen Aufbau auch eine relativ große Übereinstimmung im Wortlaut.

II) Die Klauseln und Zusatzbedingungen

Die Klauseln 50-61 und 74-77 beziehen sich sowohl auf die ABU als auch auf die ABN. Dagegen lassen die Klauseln 63-66 zu den ABU und 68-71 zu den ABN weder in Überschrift noch Wortlaut eine nennenswerte Kongruenz erkennen. Die einzige Gemeinsamkeit bildet der Umstand, daß die Klauseln 66 und 68 beide die Frage des Verzichts des Versicherers auf den Rückgriff gegen Dritte ansprechen.

Die Zusatzbedingungen für Jahresverträge zu den ABU und ABN weisen einige gleich formulierte Überschriften auf:

- Versicherte Gefahren (jeweils § 1 der Zusatzbedingungen)
- Prämie (§§ 6 ABU-Zusatzbedingungen, 4 ABN-Zusatzbedingungen)
- Beginn der Haftung (jeweils § 7)

- Ende der Haftung (jeweils § 8)

Vom Wortlaut her betrachtet, sind die Bestimmungen bezüglich der versicherten Gefahren nahezu identisch. Gleiches muß man von der Regelung der Prämie sagen (dabei ist jedoch dem § 6 ABU-Zusatzbedingungen der § 4 ABN-Zusatzbedingungen in Verbindung mit § 5 ABN-Zusatzbedingungen gegenüberzustellen).

Insgesamt offenbart sich, daß die Klauseln und Zusatzbedingungen - im Gegensatz zu den Grundwerken - in nur geringem Umfang übereinstimmen.

2.Kap.: Die Vertragsbeteiligten

§ 3: Der Versicherer

Versicherer ist derjenige, welcher den Versicherungsschutz gewährt. Das Spektrum reicht grundsätzlich von privatrechtlichen deutschen Versicherern über Niederlassungen ausländischer Gesellschaften (vgl. §§ 105, 106 VAG) bis hin zu öffentlich-rechtlichen Unternehmen (1). Da die Bauleistungsversicherung der Aufsicht nach dem VAG unterliegt (vgl. § 1 VAG), dürfen private Unternehmungen auf diesem Gebiet nur in der Rechtsform der AG oder des VVaG betrieben werden (vgl. § 7 VAG).

H.-H.Möller hat anläßlich eines Vortrags vor der Deutschen Gesellschaft für Baurecht e.V. im Jahre 1979 (2) zur wirtschaftlichen Situation der deutschen Bauleistungsversicherer Stellung genommen. Einige seiner Ausführungen sollen hier beispielhaft wiedergegeben werden. 1978 boten 55 Gesellschaften eine Bauwesenversicherung an und nahmen Prämien in Höhe von 116 Mill. DM ein (3). Dabei versicherte die Bauindustrie Ende der siebziger Jahre nur ca. 20 % des gesamten Auftragsvolumens (insbesondere Auslandsvorhaben, Teile des öff. Wohnungsbaus und 90 % der U-Bahn- und Küstenwasserbauten). Als problematisch erwies sich vor allem, daß

---

1) Vgl. Werber/Winter Rdnr.53; Hofmann S.23 f..

2) Abgedruckt in VW 1979, S.1138 ff., 1214 ff..

3) Vgl. H.H.Möller, VW 1979, S.1140.
Aktualisierte Zahlen finden sich bei Platen, VW 1984, S.509, der für das Jahr 1983 von etwa 90 Anbietern mit einem Beitragsvolumen von ca. 140 Mill. DM ausgeht.

die jährliche Schadensquote durchschnittlich etwa 90 % der verdienten Beiträge ausmachte (1), der scharfe Wettbewerb unter den Versicherern Erhöhungen der Prämien verhinderte (2) und ein Trend zu Großschäden über 100000 DM zu verzeichnen war (3). Einer der bedeutendsten Versicherungsfälle in der Geschichte der deutschen Bauleistungsversicherung ereignete sich im März 1979 in einem Hotel in Jeddah (Saudi Arabien), in dem Innenausbauten vorgenommen wurden. Die Versicherungssumme betrug 45,1 Mill. DM, der versicherte Schaden belief sich auf 23 Mill. DM, wovon deutsche Unternehmen ca. 15 Mill. DM zu zahlen hatten (4).

Zum Abschluß bedarf es noch einiger Ausführungen aus versicherungstechnischer Sicht. Gemäß Anlage 1 zu den Richtlinien für die Aufstellung des zu veröffentlichenden Rechnungsabschlusses von Versicherungsunternehmen (RVVU) gehört die Versicherung von Bauleistungen zu dem mit der Kennziffer 17 versehenen Zweig "Technische Versicherungen" und wird unter der Nummer 17.6 geführt. Zu den Technischen Versicherungen zählen daneben noch die Maschinen-, Elektronik-, Montage-, Haushaltsgeräte-, Maschinen-Garantie- und die Technische Betriebsunterbrechungsversicherung sowie einige nicht aufgegliederte kleinere technische Versicherungen (5). Die Bedeutung der Bauleistungsversicherung darf nicht un-

---

1) Ab einer Schadensquote von ca. 70 % arbeiten die Unternehmen nicht mehr kostendeckend; vgl. H.H.Möller, VW 1979, S.1215.
2) Vgl. H.H.Möller, VW 1979, S.1215. Der scharfe Wettbewerb bestand auch Mitte der 80er Jahre noch; vgl. Platen, VW 1984, S.509.
3) 1978 waren es 71 mit einem Gesamtaufwand von etwa 16 Mill. DM; vgl. H.H.Möller, VW 1979, S.1215.
4) Vgl. H.H.Möller, VW 1979, S. 1215 f..
5) Vgl. Branchenschlüssel in Versicherungsreport 1987/88, S.1027.

terschätzt werden. 1978 z.B. erwirtschafteten die Versicherer in diesem Bereich immerhin 11,5 % des gesamten in den Technischen Versicherungen erzielten Prämienvolumens (1).

§ 4: Der Versicherungsnehmer und der Versicherte

Vertragspartner des Versicherers ist der Versicherungsnehmer; er hat die aus dem Schuldverhältnis entspringenden Rechte und Pflichten. Als Versicherten bezeichnet man dagegen die Person, der das geschützte Interesse zusteht (2). Versicherungsnehmer und Versicherter können verschiedene Rechtssubjekte sein. Es liegt dann eine Versicherung für fremde Rechnung i.S. der §§ 74 ff.VVG vor (3). Im folgenden muß geklärt werden, wer eine Übereinkunft aufgrund der ABU bzw. ABN schließen kann und wessen Interessen versichert sind.

A) Die ABU

I) Einführung

§ 3 Nr.1 ABU erklärt grundsätzlich den Unternehmer zum Versicherungsnehmer. Eine Ausnahme bilden Tiefbauten. Bei solchen wird auch dem Auftraggeber die Möglichkeit eingeräumt, eine Vereinbarung zu treffen, der die ABU zugrunde liegen (vgl. Klausel 65 zu den ABU). Der Zweck dieser Regelung wurde schon

---

1) Vgl. H.H.Möller, VW 1979, S.1140.
2) Vgl. Werber/Winter Rdnr.54.
3) Vgl. Werber/Winter Rdnr.55;
Prölss in Prölss/Martin Vor § 74 Anm.1.

offengelegt (vgl. S.10 f.). Darüberhinaus erlauben nur Sonderabsprachen, den Bauwilligen mit einer ABU-Versicherung zu schützen (vgl. § 3 Nr.5 lit.b) ABU i.V.m. Klausel 64 zu den ABU). Trägt dabei der Unternehmer - wie von § 644 BGB vorgesehen - grundsätzlich alle Gefahren des Bauvertrages, so ist er allein als Versicherter einzustufen. Wenn dagegen die Risiken verteilt sind (so heute wohl der Normalfall, vgl. § 7 VOB/B), handelt es sich um eine Auftraggebereigen- und Unternehmerfremdversicherung (1).

Im Regelfall schließt der Unternehmer die ABU-Versicherung ab. Daher ist zunächst zu untersuchen, welche Charakteristika diese Person auszeichnen; dies erfordert einen Blick auf die zivilrechtlichen Grundlagen des Baurechts.

II) Zivilrechtliche Grundlagen

1) Allgemeines

Basis eines jeden Bauvorhabens ist der von den Parteien geschlossene Bauvertrag. In ihm verpflichtet sich der eine Teil zur Durchführung eines bestimmten Projekts und der andere zur Zahlung des verabredeten Entgelts. Diese Vereinbarung stellt rechtssystematisch gesehen einen Werkvertrag i.S. der §§ 631 ff.BGB dar (2). Das Bürgerliche Gesetzbuch bezeichnet den Auftraggeber als "Besteller" und den Werkverpflichteten als "Unternehmer" (vgl. § 631 Abs.1). Als Bauunternehmer läßt sich damit jede Person qualifizieren, die die Verbindlichkeit

---

1) Vgl. Schirmer, ZVersWiss 1981, S.731 f..
2) Vgl. Palandt/Thomas Einf v § 631 Rdnr.3; Erman/Seiler Vor § 631 Rdnr.17; Larenz II/1 § 53 IV (S.377 f.).

trifft, Bauleistungen zu erbringen; ob der Schuldner dabei Erfüllungsgehilfen einsetzt, bleibt für seine Unternehmereigenschaft außer Betracht (1).

Nun ist der Begriff "Unternehmen" - vor allem in neuerer Zeit - Gegenstand handelsrechtlicher Untersuchungen. Die Autoren dieser Abhandlungen definieren dieses als eine selbständige, planmäßig betriebene und auf Dauer angelegte organisierte Wirtschaftseinheit, welche eine anbietende und entgeltliche rechtsgeschäftliche Tätigkeit am Markt entfaltet (2). Zwar wird der Auftragnehmer im Regelfall seine Vertragspflicht nicht erfüllen können, wenn ihm kein solcher Apparat zur Verfügung steht. Deshalb ist davon auszugehen, daß nur die Inhaber von Wirtschaftsunternehmen Bauarbeiten übernehmen. Trotzdem kommt es für das Tatbestandsmerkmal "Unternehmer" in § 631 BGB einzig darauf an, ob die betreffende Person das Anfertigen eines Werkes schuldet; eine bestimmte Strukturen aufweisende Organisation braucht nicht zu existieren. Die Bauwirtschaft hat mehrere rechtliche Möglichkeiten entwickelt, mit denen Vorhaben realisiert werden können. Diese verschiedenen Unternehmereinsatzformen sind im folgenden kurz zu erläutern.

2) Der Generalunternehmer

Der Begriff "Generalunternehmer" bedingt, daß der Bauherr sämtliche zur Errichtung eines Bauwerks gehörenden Arbeiten einer einzigen Person überantwortet (3). Dabei braucht der Pflichtige nicht das ganze Objekt tatsächlich selbst zu bauen. Läßt er

---

1) Vgl. Palandt/Thomas § 648 Rdnr.2; Erman/Seiler § 648 Rdnr.3.
2) Vgl. K.Schmidt, Handelsrecht § 4 I 2; vgl. auch Capelle/Canaris, Handelsrecht S.28.
3) Vgl. BGH, BauR 1974, 134(135); Pohl/Keil/Schumann S.105 f..

alle Bauleistungen durch Dritte fertigstellen, so wird er als "Generalübernehmer" bezeichnet (1).

3) Der Alleinunternehmer

Alleinunternehmer ist, wer die ihm auferlegten Aufgaben selbst erfüllt. Es muß sich keineswegs um eine einzelne natürliche Person handeln; vielmehr kommt auch eine Kapital- oder Personenhandels-Gesellschaft in Betracht (2). Zudem braucht der Betrieb nicht zum Bau des gesamten Werks verpflichtet zu sein. Sind mehreren voneinander unabhängigen Herstellern jeweils Teilleistungen (sogenannte Lose, vgl. § 4 VOB/A) anvertraut worden, so bildet jeder von ihnen einen Alleinunternehmer; eine Gesamtschuldnerschaft besteht nicht (3).

4) Der Haupt- und Nebenunternehmer

Wenn ein Hersteller die Fertigung bestimmter Bauarbeiten verspricht und außerdem weitere notwendige Lose namens und für Rechnung seines Auftraggebers an einen Dritten vergibt, wird ersterer Haupt- und der andere Nebenunternehmer genannt (4). Beide sind Auftragnehmer desselben Bestellers, nämlich des Bauwilligen.

5) Der Haupt- und Sub- (Nach-) Unternehmer

Von der eben besprochenen Gestaltung scharf ge-

---

1) Vgl. Vygen Rdnr.19.
2) Vgl. Ingenstau/Korbion VOB/A Anh. Rdnr.3.
3) Vgl. Ingenstau/Korbion VOB/A Anh. Rdnr.2, 4.
4) Vgl. Ingenstau/Korbion VOB/A Anh. Rdnr.161.

trennt werden muß der Fall, daß ein Unternehmer Teile der ihm obliegenden Pflichten im eigenen Namen auf einen anderen überträgt. Letzteren bezeichnet man als Sub- bzw. Nachunternehmer; er schuldet dem Hauptunternehmer als seinem Vertragspartner die Leistung. Im Verhältnis zum Bauherrn ist er Erfüllungsgehilfe i.S. des § 278 BGB (1).

6) Die Arbeitsgemeinschaft (Arge)

Bei der Arbeitsgemeinschaft (Arge) geht es um einen Zusammenschluß von Bauunternehmern mit dem Zweck, ein Projekt gemeinsam auszuführen. Diese Vereinigungen sind regelmäßig als Gesellschaften Bürgerlichen Rechts (GBR) i.S. der §§ 705 ff.BGB anzusprechen (2), können ausnahmsweise aber auch Handelsgesellschaften sein (3). Es liegt eine echte Gesamthandsgemeinschaft mit gesamthänderisch gebundenem Vermögen, gemeinsamer Vertretung und äußerer Organisation vor. Die einzelnen Mitglieder haften für die eingegangenen Verbindlichkeiten als Gesamtschuldner mit dem Gesellschafts- und ihrem Eigenvermögen (4).

Im Normalfall errichten die beteiligten Hersteller den Bau zusammen. Das entstandene Werk kann dann - etwa bezüglich der Mängelhaftung - nur einheitlich beurteilt werden. Manchmal erfolgt jedoch eine Aufteilung des Vorhabens in Lose (vgl. § 4 Nr. 2 VOB/A), so daß jeder Unternehmer einen abgrenzbaren Teil der Aufgaben erfüllt. Er soll sich - so die h.M. - in einer Art Doppelstellung befinden,

---

1) Vgl. BGH, BauR 1974, 134; Pohl/Keil/Schumann S.109.
2) Vgl. BGHZ 23, 307(313); K.Schmidt, Gesellschaftsrecht § 58 III 3.
3) Vgl. Arge-Kommentar/Brodbeck/Bostelmann Präambel Rdnr.2.
4) Vgl. dazu § 3 S.2 Arge-Mustervertrag 1979.

nämlich als Gesellschafter und als Subunternehmer der Arge (1). Jedenfalls haftet er in seiner Eigenschaft als Mitglied der GBR gesamtschuldnerisch auch für die Werke seiner Partner (2).

III) Die versicherungsrechtliche Lage

1) Der Generalunternehmer

a) Die versicherungsrechtliche Lage des Unternehmers

Grundsätzlich ermöglichen die ABU jedem Bauunternehmer den Abschluß der Versicherung, wie der insoweit einschränkungslose Wortlaut des § 3 Nr.1 ABU zeigt. Martin meint allerdings, dem Generalunternehmer ständen allein die ABN zur Verfügung (3). Es trifft zu, daß die ABN in diesem Fall besser passen, da nach § 1 Nr.1 ABN die einzelnen Bauleistungen nicht im Versicherungsschein aufgeführt zu werden brauchen, während die ABU dies verlangen (vgl. § 1 Nr.1 ABU). Andererseits erfassen die ABN nur den Bereich des Gebäudebaus (vgl. § 1 Nr.1 ABN); Generalunternehmer treten aber auch im Rahmen anderer Vorhaben auf (4). Schon deswegen verdient Martins Ansicht keine Zustimmung. Auch dem Generalunternehmer steht das Recht offen, eine Übereinkunft auf der Basis der ABU zu schließen.

---

1) Vgl. Hochstein/Jagenburg Einl. Rdnr.31 ff.; Pohl/Keil/Schumann S.110 f..
2) Vgl. Hochstein/Jagenburg Einl. Rdnr.35, 36.
3) Vgl. Martin, VW 1974, S.1052.
4) Vgl. Wäldner S.77.

b) Die versicherungsrechtliche Lage der Arbeitnehmer

Es bleibt die Frage nach der Möglichkeit eines auf § 67 VVG gestützten Rückgriffs des einstandspflichtigen Versicherers gegen etwaige schadenstiftende Arbeitnehmer des versicherten Unternehmers. Unzweifelhaft gehört die hier angesprochene Personengruppe weder zu den Versicherungsnehmern noch zu den Versicherten, weswegen das Problem an dieser Stelle eigentlich unerörtert bleiben könnte. Da jedoch wirtschaftlich betrachtet eine gewisse Sachnähe besteht, soll das Thema hier aufgegriffen werden.

Arbeitnehmer sind Dritte i.S. des § 67 VVG, und die ABU schließen insoweit auch einen Regreß nicht aus. Die Gesetzesvorschrift erfordert aber einen Ersatzanspruch des Versicherungsnehmers gegen den Schädiger. Nun haben arbeitsrechtliche Praxis und Literatur solche Ausgleichsverlangen des Arbeitgebers seit langem mit Hilfe der Rechtsfigur der "gefahrengeneigten Tätigkeit" dem Grunde und der Höhe nach beschränkt. Arbeiten, die mit großer Wahrscheinlichkeit selbst bei sorgfältigen Dienstverpflichteten irgendwann zu Fehlern führen, begründen danach nur eine dem Grad des Verschuldens nach abgestufte Haftung (1). Laut der ursprünglich ganz h.M. schuldete der Arbeitnehmer bei leichter Fahrlässigkeit anteiligen und bei grober Fahrlässigkeit sowie Vorsatz vollen Ersatz, während er bei sogenannter leichtester Fahrlässigkeit frei ausging (2). Der VII. Senat des BAG hat später eine Einstandspflicht nur noch anerkannt, soweit der Betreffende zumindest grob fahrlässig gehandelt hat (3). Der beim BAG nunmehr für das Schadenser-

---

1) Grundlegend BAGE 5, 1(7) und 7, 290(297); aus der Lit.: Zöllner, Arbeitsrecht S.209 f..

2) Vgl. Zöllner, Arbeitsrecht S.209.

3) Vgl. BAG, DB 1983, 1207.

satzrecht zuständige VIII. Senat hat diesen Ansatz in der Folge indes wieder verworfen (1). Wegen Rücknahme der Revision nicht befunden worden ist im übrigen über einen am 12.2.1985 ergangenen Vorlagebeschluß des III. Senats an den Großen Senat, in welchem angefragt worden war, ob die Haftungsbegrenzung künftig nicht auch bei ungefährlichen Arbeiten einsetzen solle (2).

Der Versicherer darf bei Arbeitnehmern nur dann Regreß nehmen, wenn im konkreten Fall das beschriebene Schutzinstitut nicht greift (3). Dieser Grundsatz gilt bei jeder der verschiedenen Unternehmereinsatzformen. Damit kann es bezüglich dieses Komplexes sein Bewenden haben.

2) Der Alleinunternehmer

Der Alleinunternehmer kann eine Versicherung nach den ABU nehmen und so seine Interessen schützen. Versicherungsrechtliche Schwierigkeiten treten bei dieser Form der Unternehmerschaft nicht auf.

3) Der Haupt- und Nebenunternehmer

Das Angebot der ABU-Versicherung richtet sich auch an den Hauptunternehmer. Zweifelhaft bleibt, ob dann Schäden des Nebenunternehmers mit gedeckt sind. Versichertes Interesse und Versicherungssumme bestimmen sich gemäß § 3 Nr.1, 2 ABU und § 5 Nr.1

---

1) BAG, EzA Nr.17 zu § 611 BGB Gefahrgeneigte Tätigkeit.
2) Abgedruckt in BAGE 49, 1; vgl. weiter Lieb, Arbeitsrecht S.31 FN 57.
3) Vgl. Wäldner S.61 f.; Prölss in Prölss/Martin § 67 Anm.3; Klingmüller, Schriftenreihe Bd.4, S.36.

ABU allein nach den Bauleistungen, die der Versicherungsnehmer erbringen muß; darunter fallen die dem Nebenunternehmer obliegenden Arbeiten nicht. Folglich ist er kein Versicherter i.S. der §§ 74 ff.VVG, sondern muß eine eigene Bauleistungsversicherung abschließen (1).

4) Der Haupt- und Subunternehmer

a) Die versicherungsrechtliche Lage des Hauptunternehmers

Die Versicherung nach den ABU steht - entsprechend den bislang herausgearbeiteten Grundsätzen - dem Hauptunternehmer zur Verfügung. Gemäß § 3 Nr.2 ABU leistet der Versicherer auch dann Entschädigung, wenn die von dem Subunternehmer erbrachte Arbeit Schaden nimmt (2). Folgerichtig gehen diese Werke ebenfalls in die Versicherungssumme ein (vgl. § 5 Nr.1 ABU).

Damit löst sich allerdings noch nicht das Problem, ob der Versicherungsnehmer geschützt ist, wenn der von ihm eingesetzte Erfüllungsgehilfe einen weiteren (sog. mittelbaren) Nachunternehmer beauftragt. Hierbei geht es bereits um den Umfang des versicherten Interesses. Andererseits gehört möglicherweise der mittelbare Nachunternehmer auch zu den Beteiligten des Versicherungsvertrages. Wegen des damit dokumentierten Sachzusammenhanges soll die Frage nach dem Versicherungsschutz des Hauptunternehmers bereits an dieser Stelle beantwortet werden.

---

1) Vgl. Wäldner S.63 ff.; Rehm S.50.
2) Vgl. Wäldner S.65 f.; Littbarski Rdnr.687; Platen, Handbuch S.44.

Die Vermögenseinbußen des Versicherungsnehmers sind auszugleichen, sofern er den Bau selbst errichtet oder durch e i n e n Nachunternehmer anfertigen läßt (vgl. § 3 Nr.2 ABU). Bei der in Rede stehenden Sachlage werden nun nicht ein, sondern m e h r e r e Betriebe tätig (1). Wäldner vertritt die Ansicht, der Versicherer sei dem Hauptunternehmer dennoch zum Ausgleich verpflichtet. Dies lasse sich zunächst einmal auf § 3 Nr.4 ABU und § 5 Nr.1 ABU stützen, die bei der Regelung von Versicherungssumme und Rückgriff des Versicherers ganz allgemein von " N a c h u n t e r n e h m e r n " sprächen. Zum zweiten verändere sich die im Bauvertrag festgelegte Risikoverteilung und damit das versicherte Interesse nicht (2).

In bezug auf das angesprochene Problem sollte weniger der unzureichend durchdachte Wortlaut der ABU als vielmehr die Interessenlage der Parteien entscheiden. Die Anzahl der subjektiven Risikofaktoren steigt, je mehr Betriebe sich an einem Bau beteiligen (3). Auch könnte die schlechte Ertragslage der Versicherungswirtschaft in dieser Sparte (oben S.14 f.) möglicherweise eine Unausgewogenheit der gegenseitigen Rechte und Pflichten indizieren. Auf der anderen Seite erhöht sich das Risiko der Einstandspflicht für den Versicherer durch den Einsatz eines mittelbaren Subunternehmers nicht, da die von diesem getane Arbeit so oder so angefallen wäre. Zudem handelt es sich bei diesen unterbeauftragten Geschäften oft um Spezialisten für den ihnen übertragenen Teilbereich. Dadurch nimmt die Gefahr von Schäden eher ab. Die Interessen des Versicherers werden also nicht beeinträchtigt. Deshalb ist der Hauptunternehmer auch für die von mittelbaren Nachunternehmern geschaffenen Werke versichert. Diese Lösung paßt sich in das Konzept der ABU ein, da es letztlich auch insoweit um Leistungen geht,

---

1) Dieses Bedenken findet sich bei Wäldner S.66.

2) So Wäldner S.66.

3) Vgl. Rehm S.50.

zu denen der Versicherungsnehmer bauvertraglich verpflichtet ist und für die er die Versicherungsvereinbarung geschlossen hat.

b) Die versicherungsrechtliche Lage des Subunternehmers

aa) Ausgangspunkt und Problem

Selbstverständlich kann der Nachunternehmer seine Bauleistung selbst versichern. Zweifelhaft erscheint dagegen, ob er bei einer vom Hauptunternehmer genommenen Versicherung Mitversicherter i.S. der §§ 74 ff.VVG ist. Die Basis der folgenden Überlegungen bilden die in § 3 Nr.3, 4 ABU getroffenen "Rückgriffs"-Regelungen. Das Problem stellt sich dabei überhaupt nur, wenn folgende Grundvoraussetzungen zusammentreffen:

- der Schaden muß im Verhältnis zum Bauherrn zu Lasten des Hauptunternehmers gehen (1);
- dem Hauptunternehmer gegenüber muß der Subunternehmer zur Beseitigung verpflichtet sein (2).

Es zeigt sich folgendes Bild: Richtet der Nachunternehmer Schäden an Bauleistungen seines Auftraggebers bzw. anderer Unterbeauftragter an oder beschädigt er vorhergesehenerweise (vgl. § 2 Nr.1 ABU i.V.m. Klausel 50) sein eigenes Werk, so kann der Versicherer laut § 3 Nr.3 ABU gegen ihn Regreß neh-

---

1) Sonst ist kein versichertes Interesse betroffen (vgl. dazu § 3 Nr.1 ABU).

2) Sonst kann kein Anspruch vom Versicherten auf den Versicherer übergehen, so daß sich Fragen des Rückgriffs nicht stellen.

men. Dann liegt folglich keine Mit- (Fremd-) Versicherung vor (1). Dagegen erfaßt § 3 Nr.3 ABU nicht den Fall, daß der Nachunternehmer die von ihm selbst erstellte Arbeit beeinträchtigt, ohne diese Folge vorhergesehen zu haben. Die rechtliche Behandlung wirft daher insoweit Zweifel auf.

bb) Meinungsstand

Im Schrifttum werden bezüglich der angeschnittenen Frage zwei Lösungen angeboten. Einige Stimmen meinen, der Subunternehmer sei für diese Gefahr gemäß § 3 Nr.4 ABU mitversichert; die Gegenansicht legt die besagte Vertragsnorm enger aus, nämlich als einen bloßen Ausschluß des Rückgriffs (2).

aaa) Die praktische Bedeutung des Problems

Die Auswirkungen der Kontroverse liegen in folgendem: Bei einer echten Fremdversicherung sind die §§ 74 ff.VVG anwendbar. Dem Unterbeauftragten ständen also ebenfalls Rechte aus dem Versicherungsvertrag zu (vgl. § 75 VVG). Zwar könnte über diese § 16 Nr.1 ABU zufolge nur der Versicherungsnehmer verfügen, aber dieser hätte in der Regel die Pflicht, die Entschädigung für den Dritten einzuziehen und an ihn weiterzuleiten (3). Andererseits träfen nach h.M. den Subunternehmer die gleichen

---

1) Vgl. Wäldner S.71; Littbarski Rdnr.693; Schirmer, ZVersWiss 1981, S.734. Allerdings kann der Versicherer auf den Regreß verzichten (vgl. Klausel 66 zu den ABU).
2) Nachweise vgl. unten S.28 f..
3) Der Rechtsgrund für diese Pflicht ist umstritten; vgl. Werber/Winter Rdnr.327; Prölss in Prölss/Martin § 77 Anm.1 A.

gesetzlichen und vertraglichen Obliegenheiten wie den Versicherungsnehmer (1). Einige Autoren meinen darüber hinaus sogar, in diesem Fall sei die Rechtsposition des nachgeschalteten Auftragnehmers im Verhältnis zum Versicherer unabhängig davon, ob der Hauptunternehmer den Schadensfall vorhergesehen (vgl. § 2 Nr.1 ABU) habe (2). Nimmt man dagegen nur eine Regreßsperre an, so würde der Subunternehmer nicht in der geschilderten Weise in das Versicherungsverhältnis einbezogen. Der Frage kommt mithin durchaus Relevanz zu.

bbb) Die Argumentation der h.M.

Die überwiegende Auffassung sieht in § 3 Nr.4 ABU lediglich den Ausschluß der Regreßmöglichkeit des Versicherers. Sie beruft sich dabei vor allem auf den Wortlaut der AVB-Bestimmung. Wirtschaftlich könne sich die dort angeordnete Regreßsperre zwar wie eine Versicherung für fremde Rechnung auswirken, juristisch führe dieses Rechtsinstitut jedoch zu keinem eigenen Entschädigungsanspruch des Dritten. Fürderhin ergebe das Zusammenspiel der Nr.1-4 des § 3 ABU, daß ausschließlich das Interesse des Hauptunternehmers geschützt sein solle. Andernfalls würde auch § 2 Nr.1 ABU bez. der Voraussicht der Gefahr nicht allein auf die Person des Versicherungsnehmers (bzw. seiner Repräsentanten) abheben (3). Im übrigen sei § 3 Nr.4 ABU mit § 3 AMoB und § 3 Nr.1 ABN zu vergleichen (4). Nach dem insoweit eindeutigen Wortlaut der Montage- und Gebäu-

1) Vgl. Prölss in Prölss/Martin § 75 Anm.3.
2) So wohl Martin, VW 1974, S.1052 i.V.m. FN 35. Diese These ist allerdings im Hinblick auf § 79 Abs.1 VVG bedenklich; vgl. Sieg in Bruck/Möller Bd.II § 79 Anm.17.
3) Vgl. Wäldner S.73 f..
4) Vgl. Martin, VW 1974, S.1052 i.V.m. FN 35.

deneubautenversicherung sei der nachgeschaltete Betrieb mitversichert. Die völlig andere Fassung der ABU lasse einen Umkehrschluß zu.

ccc) Die ABU-spezifischen Konsequenzen der h.M.

Bevor eine Diskussion des Für und Wider im Hinblick auf die h.M. erfolgt (1), soll ein Blick auf die Folgen geworfen werden, die diese Auffassung - neben den bereits beschriebenen allgemeinen versicherungsrechtlichen Auswirkungen - gerade in der Bauleistungsversicherung zeitigt. Wäldner, ein Vertreter dieser Mehrheitsmeinung, hat die Situation folgendermaßen skizziert (2): Die Einstandspflicht des Versicherers bedinge entsprechende Kosten auf seiten des Hauptunternehmers (vgl. § 9 Nr.1 ABU). Die Last der Wiederherstellung liege aber letztlich bei dem Subunternehmer (vgl. oben S.26). Komme dieser seiner Pflicht nach, brauche der Versicherer nicht zu leisten. Denn der Versicherungsnehmer erleide keinen ersatzfähigen Schaden und der finanziell belastete Unterbeauftragte genieße keinen Versicherungsschutz. In diesem Fall erwerbe der Versicherer natürlich auch keine Rückgriffsforderung, so daß der Ausschluß in § 3 Nr.4 ABU dem Erfüllungsgehilfen insoweit nichts nütze. Dieser gelange nur dann in den Genuß der Vertragsnorm, wenn er seine Beseitigungspflicht mißachte. Wäldner räumt selbst ein, daß die Verfasser der Versicherungsbedingungen dieses (seltsam anmutende) Ergebnis "wahrscheinlich nicht beabsichtigt" haben (3). Vielmehr sei faktisch die Einführung einer Versicherung für fremde Rechnung geplant gewesen. Ein

---

1) Gegen die h.M. z.B. Rehm, 1.Auflage, S.46; Platen, Handbuch, 1.Auflage, S.42 (zurückhaltender in der 2.Auflage; vgl. dort S.44 f.).
2) Vgl. Wäldner S.74 f..
3) Vgl. Wäldner S.74.

Indiz dafür finde sich auch in § 11 Nr.1 lit.b) Zusatzbedingungen 62 für Jahresverträge nach den ABU, wonach keine Deckung erfolge, "soweit das Interesse des Versicherungsnehmers für einzelne Bauleistungen versichert ist nach den ABU durch den Versicherungsvertrag eines Unternehmers, der den Versicherungsnehmer des vorliegenden Jahresvertrages mit den Bauleistungen beauftragt hat" (vgl. § 11 der Zusatzbedingungen 62). Dennoch will Wäldner dem Subunternehmer nur ausnahmsweise über die Grundsätze von Treu und Glauben helfen und empfiehlt im übrigen die Vereinbarung einer Mitversicherungsklausel (1).

Die aufgezeigten Konsequenzen nähren Zweifel am Sinngehalt der h.M.. Es muß deshalb geprüft werden, ob nicht auch ohne Sonderabmachungen eine Fremdversicherung zugunsten des Nachunternehmers gegeben ist.

cc) Stellungnahme

aaa) Methodische Grundlagen der Auslegung Allgemeiner Geschäftsbedingungen

AVB sind rechtstechnisch betrachtet AGB i.S. des § 1 AGBG (2). Bezogen auf das Problem der Interpretation dieser rechtsgeschäftlichen Regeln verfechten Rechtsprechung und h.L. die Theorie von der sogenannten "objektiven Auslegung". Der Rechtsanwender habe sich am Wortlaut des Bedingungswerks zu orientieren. Es komme dabei entscheidend auf das typische Verständnis redlicher Vertragspartner un-

---

1) Vgl. Wäldner S.75.

2) Allg.M.; vgl. Hofmann S.12;
Prölss in Prölss/Martin Vorbem I 6 A.

ter Abwägung der Interessen der an Geschäften dieser Art normalerweise beteiligten Kreise an. Die maßgebliche Leitlinie folge aus § 157 BGB. Da der Kunde auf die Vertragsgestaltung keinen Einfluß ausübe, bleibe für eine den jeweiligen Einzelfall berücksichtigende Betrachtung i.S. des § 133 BGB kein Raum (1). Dem halten einige Autoren entgegen, daß zwar vom Grundsatz der auf den Durchschnittskonsumenten abzielenden Deutung auszugehen sei, aber auch individuelle Umstände des betreffenden Vertragsschlusses das Ergebnis beeinflußten (2). Beide Ansichten gehen im Ansatz konform. Insoweit erübrigt sich eine Auseinandersetzung. Ob darüber hinaus Besonderheiten des Einzelfalles mitbestimmend sind, ist eine Frage aus dem Bereich des AGB-Rechts, die in dieser versicherungsrechtlich orientierten Arbeit außen vor bleiben soll.

Gewinnbringender erscheint es, die Kriterien zu ermitteln, mit deren Hilfe AGB zu interpretieren sind. Dem BGH zufolge kommt es neben dem Wortlaut auf den wirtschaftlichen Sinn und Zweck eines Vertragspunktes (3), seine systematische Stellung (4) und die Interessenlage der Parteien (5) an. Ein Teil der Lehre äußert das Bedenken, auf diese Weise würden unklar formulierte Vertragspassus entgegen §§ 5, 9-11 AGBG aufrechterhalten. Deshalb dürften Zweck-, System- und Interessengesichtspunkte nicht herangezogen werden (6).

---

1) So BGHZ 22, 90(98); 84, 268(272);
OLG Hamburg, ZIP 1982, 1421(1422);
Larenz AT § 29a II (S.558).
Prölss in Prölss/Martin Vorbem III A 8 a spricht von "gesetzesähnlicher Auslegung".
2) So Staudinger/Schlosser § 5 AGBG Rdnr.22;
Lindacher in Wolf/Horn/Lindacher § 5 Rdnr.6.
3) Vgl. BGHZ 22, 109(113); 49, 84(88).
4) Vgl. BGHZ 49, 84(88); BGH, NJW 1985, 320(326).
5) Vgl. BGHZ 49, 84(88); BGH, BB 1981, 452.
6) So Ulmer in Ulmer/Brandner/Hensen § 5 Rdnr.21.

Der Wortlaut eines Rechtsgeschäfts kann oft nur schwerlich so klar gefaßt werden, daß er aus sich heraus eindeutig ist. Viele Ausdrücke umfassen mehrere Begriffsinhalte, so daß eine Vielzahl von Deutungsmöglichkeiten besteht. Die Auslegung braucht notwendig weitere Anhalte, um zu rationalen Ergebnissen zu gelangen. Die Unklarheitenregelung in § 5 AGBG kann erst eine Stufe später greifen, nämlich wenn die Interpretation die bestehenden Zweifel nicht auszuräumen vermag. Deshalb verdient der BGH Zustimmung.

bbb) Der Wortlaut der ABU

Was bedeutet das nun für § 3 Nr.4 ABU? Die Vertragsnorm spricht vom Ausschluß des "Rückgriff(s)" des Versicherers. Rückgriff ist ein Ausdruck der juristischen Fachsprache und meint technisch verstanden das Recht einer Person, für eine an einen anderen erbrachte Leistung von einem Dritten Ersatz zu verlangen (1). Ein Versicherungsschutz ist damit - wie schon gesagt - nicht verbunden. Verbreitet wird die Ansicht vertreten, in AGB verwandten rechtswissenschaftlichen Begriffen sei grundsätzlich ihre Fachbedeutung zu belassen (insbesondere bei Übernahme der Gesetzessprache) (2). Dies stellt sich jedoch als zu einseitige Sichtweise dar. Nach den unter aaa) dargestellten Grundlagen der Auslegung Allgemeiner Geschäftsbedingungen kommt es auf das Verständnis beider Vertragspartner an. Mithin ist einem juristisch vorgeprägten Begriff nur dann seine Fachbedeutung beizulegen, wenn

---

1) Vgl. Creifelds, Rechtswörterbuch Stichwort "Rückgriff" (S.957) i.V.m. Stichwort "Regreß" (S.932).
2) So Palandt/Heinrichs § 5 AGBG Rdnr.7; Staudinger/Schlosser § 5 AGBG Rdnr.20. Vgl. auch BGHZ 5, 365(367).

auch der Verkehrskreis des Kunden von dieser ausgeht bzw. diese Kenntnis dort typischerweise erwartet werden kann (1). Infolgedessen muß man bei der Konkretisierung von AVB auf den durchschnittlichen Versicherungsnehmer ohne versicherungsrechtliches Spezialwissen abheben (2).

Als Interessenten der ABU-Versicherung treten in der Regel Bauunternehmer, also Geschäftsleute auf. Als solche dürften sie auch mit einigen rechtlichen Grundprinzipien vertraut sein. Die Kenntnisse beziehen sich vor allem auf bau-, handels- und eventuell noch arbeitsrechtliche Fragen, nicht aber auf das Versicherungsrecht, welches eine mit vielen Besonderheiten ausgestattete Teilmaterie des Zivilrechts bildet. Die Unterschiede zwischen einem Regreßausschluß und einer echten Fremdversicherung sind gemeinhin kaum geläufig, da beide wirtschaftlich häufig das gleiche Ergebnis zeitigen (3). Dieses Faktum ermöglicht es, den in § 3 Nr.4 ABU vorgesehenen Ausschluß des "Rückgriffs" von seinem technischen Inhalt zu lösen und weiter zu fassen (4). Ob einer solchen Interpretation tatsächlich das Wort zu reden ist, hängt von den weiteren für diese maßgeblichen Kriterien ab.

---

1) Vgl. BGH, NJW 1981, 867(868);
Ulmer in Ulmer/Brandner/Hensen § 5 Rdnr.23;
Lindacher in Wolf/Horn/Lindacher § 5 Rdnr.13.

2) Vgl. BGH, VersR 1982, 841(842);
OLG München, VersR 1986, 881(882);
Lindacher in Wolf/Horn/Lindacher § 5 Rdnr.12.

3) Vgl. Sieg in Bruck/Möller Bd.II
Vor §§ 74-80 Anm.13; Wäldner S.73.

4) Sogar Martin, ein entschiedener Vertreter der h.M., bekennt, daß ein "Regreßverzicht" als volle Mitversicherung ausgelegt werden kann; vgl. Martin, Sachversicherungsrecht J I Rdnr.12, J II Rdnr.17.

ccc) Systematische Auslegung

Der "Regreß" ist im Zusammenhang mit den versicherten Interessen in § 3 ABU geregelt. Es fragt sich, ob dies systematisch korrekt ist. Daran bestehen keine Zweifel, sofern man § 3 Nr.4 ABU als eine echte Versicherung für Rechnung des Nachunternehmers i.S. des § 74 VVG deutet. Schwieriger gestaltet sich die Antwort von der Basis der h.M. aus. Das Resultat hängt davon ab, inwieweit ein juristisch verstandener Rückgriffsverzicht auch das Interesse des potentiellen Regreßschuldners einschließt. Martin hält dies für eine "teilweise Mitversicherung" des Interesses, da der Schädiger zwar keine eigenen Ansprüche erheben, der Versicherer aber auch nicht gegen ihn vorgehen könne (1). Wie schon mehrfach erwähnt, führen Rückgriffssperre und Versicherung für fremde Rechnung oft zu gleichen wirtschaftlichen Ergebnissen. Jedoch sollte der rechtliche Gehalt des Begriffes "Versicherte Interessen" (2) nicht aufgeweicht werden. Versicherbar sind eigene und fremde Belange. In jedem Fall stehen der versicherten Person Rechte aus dem Versicherungsverhältnis zu (3). Wenn der Betreffende keine Begehren gegen das Versicherungsunternehmen geltend machen kann, so sind seine Interessen nicht versichert. Zwischen einer Versicherung für fremde Rechnung und einem Regreßverzicht ist juristisch streng zu unterscheiden (4). Demnach fügt sich § 3 Nr.4 ABU – genau wie § 3 Nr.3 ABU – nur schwer in den Kontext des § 3 ABU ein, wenn man der h.M. folgt. Wird im Gegensatz dazu eine Mitversicherung bejaht, so befindet sich der Vertragspunkt an der systematisch richtigen Stelle. Im Zusammenspiel mit

1) Vgl. Martin, Sachversicherungsrecht J I Rdnr.12.
2) Vgl. die Überschrift zu § 3 ABU.
3) Vgl. Werber/Winter Rdnr.55.
4) So auch Schirmer, ZVersWiss 1984, S.561.

§ 3 Nr.3 ABU ergibt dies eine abgeschlossene Regelung des versicherten Interesses des Subunternehmers.

Auch die Überschrift zu § 3 ABU spricht für die Mindermeinung. Die dort gewählte Pluralform "Versicherte Interessen" deutet darauf hin, daß die Interessen mehrerer Personen erfaßt werden können. Geht man von einem bloßen Regreßverzicht aus, genösse immer nur der Versicherungsnehmer Schutz. Eine Mehrheit von Versicherten wäre in der Regel ausgeschlossen.

Ferner muß § 11 Nr.1 lit.b) Zusatzbedingungen 62 zu den ABU für Jahresverträge beachtet werden. Diese Vertragsbestimmung geht – wie Wäldner richtig bemerkt (vgl. oben S.29 f.) – erkennbar davon aus, daß der Subunternehmer in gewissem Umfang nach den ABU mitversichert ist, und will insoweit eine Doppelversicherung vermeiden. Dieser Vertragspunkt wäre weitgehend überflüssig, wenn die ABU-Versicherung Schäden des Nachunternehmers nicht deckte.

Dagegen verfängt der von der h.M. angeführte Hinweis auf die gänzlich andere Fassung des eine echte Mitversicherung bringenden § 3 ABN nicht. Zum einen erscheint es nicht angängig, andere Versicherungswerke als Vergleich heranzuziehen, denn der Konsument kennt diese oft nicht (1). Zum anderen weisen ABU und ABN gerade in der Frage des versicherten Interesses erhebliche Unterschiede auf, so daß § 3 ABU und § 3 ABN nur schwer vergleichbar sind. Im Ergebnis kann sich mithin allein die Minderansicht auf die systematische Auslegung berufen.

ddd) Zweckorientierte Auslegung und Interessenlage

Selbst manche Vertreter der überwiegend vertretenen Auffassung räumen ein, daß die Verfasser der ABU

---

1) Vgl. BGHZ 79, 76(83); BGH, VersR 1987, 68(69); Prölss in Prölss/Martin Vorbem III A 5.

wohl faktisch eine Fremdversicherung einführen wollten (vgl. oben S.29). Die seltsamen Ergebnisse der h.M. sind schon herausgestellt worden (vgl. oben S.29). Es kann nicht Sinn der Vertragsbestimmung sein, dem Nachunternehmer die Vorteile der "Rückgriffssperre" nur für den Fall zu verschaffen, daß er sich seinem Auftraggeber gegenüber vertragswidrig verhält (vgl. dazu oben S.29). Erträgliche Resultate bringt allein die Annahme einer Versicherung für Rechnung des Unterbeauftragten. Der Versicherer müßte in jedem Fall zahlen, und zwar an den, der den Schaden tatsächlich beseitigt hat. Das Versicherungsunternehmen kann im Gegenzug den Versicherungsschutz des Erfüllungsgehilfen bei der Kalkulation der Prämie berücksichtigen.

eee) Ergebnis

Aus alledem folgt, daß der Nachunternehmer über eine ABU-Versicherung seines Auftraggebers mitversichert wird. Der Umfang der dem ersteren zu gewährenden Deckung ergibt sich aus § 3 Nr.3, 4 ABU.

fff) Die versicherungsrechtliche Lage mittelbarer Subunternehmer

Auch wenn der mitversicherte Nachunternehmer den Auftrag weitervergibt und dieser Auftragnehmer Schäden anrichtet, leistet der Versicherer dem Versicherungsnehmer Ersatz (vgl. oben S.24 f.). Es lassen sich keine relevanten Unterschiede zu dem Fall erkennen, daß der unmittelbare Subunternehmer Bauleistungen beeinträchtigt. Deshalb hat der mittelbar unterbeauftragte Hersteller gleichfalls die Position eines Versicherten inne.

5) Die Arbeitsgemeinschaft (Arge)

Es bleibt zu erörtern, wie sich im Falle der Arbeitsgemeinschaft (Arge) die versicherungsrechtliche Situation darbietet. Dabei muß differenziert werden, ob sich die Arge insgesamt oder nur ein an ihr beteiligtes Mitglied versichern will.

a) Die ABU-Versicherung durch die Arge insgesamt

aa) Das Problem

Die Arge kann die ihr obliegende Bauleistung mit Hilfe der ABU schützen (1). Fraglich bleibt, wessen Interessen in diesem Fall erfaßt sind und wer die Rechte und Pflichten aus dem Vertrag hat. Zum einen könnten dies "die Arge" als Ganzes, zum anderen aber auch die einzelnen Partner in ihrer Verbundenheit sein. In der baurechtlichen Literatur wird oft die schlichte Behauptung aufgestellt, die Arge als GBR sei nicht rechtsfähig und könne auch im Rechtsverkehr - anders als die Personalhandelsgesellschaften (vgl. § 124 HGB für die oHG und §§ 161 Abs.2, 124 HGB für die KG) - nicht als Einheit auftreten (2). Die Richtigkeit dieser These ist zu hinterfragen.

---

1) Vgl. Wäldner S.89 f..

2) Vgl. Arge-Kommentar/Brodbeck/Bostelmann Exkurs Rdnr.6; Wäldner S.58; Hochstein/Jagenburg Einl. Rdnr.24; Ingenstau/Korbion VOB/A Anh. Rdnr.51.

bb) Dogmatische Grundlagen

Das aufgezeigte Problem bildet einen Ausschnitt der Frage, ob der bürgerlich-rechtlichen Gesellschaft eine eigene Rechtspersönlichkeit zukommt. Darüber besteht im gesellschaftsrechtlichen Schrifttum ein heftiger Streit. Die Kontroverse soll an dieser Stelle - in der gebotenen Kürze - aufgenommen und entschieden werden, um festzustellen, wem der Versicherer im Falle der Arge Deckung gewährt.

Ein Teil der modernen Literatur vertritt den Standpunkt, die GBR als solche könne Trägerin von Rechten und Pflichten sein. Es handele sich bei diesem Rechtsinstitut nicht nur um ein gesamthänderisch gebundenes Sondervermögen der Gesellschafter, sondern um einen eine "Wirkungseinheit" (1) bildenden Personenverband (2). Dadurch erhält - so diese Ansicht - die Gesellschaft Bürgerlichen Rechts dieselbe Struktur, wie sie das Gesetz für die Personalhandelsgesellschaft ausdrücklich vorsieht (vgl. §§ 124, 161 Abs.2 HGB). Dies sei folgerichtig, weil sich die GBR unter Wahrung ihrer Identität in eine oHG bzw. KG verwandele, sofern das von ihr betriebene Gewerbe zu einem Handelsgeschäft heranwachse (vgl. §§ 105 Abs.1, 161 Abs.1 HGB) (3).

Dagegen erkennt die traditionelle Auffassung in der von §§ 705 ff. BGB geregelten Rechtsfigur kein Rechtssubjekt. Es liege - anders als bei oHG und KG - kein nach außen einheitlich auftretender Personenverband, sondern nur ein gesamthänderisch gebundenes Sondervermögen der Gesellschafter, also

1) Der Ausdruck findet sich bei Flume I/1 § 5 (S.69).
2) Flume spricht von einer "Gruppe"; vgl. Flume I/1 § 4 II.
3) So Flume I/1 §§ 4, 5; Ulmer, GBR § 705 BGB Rdnr.109 ff., § 714 BGB Rdnr.5 f.; K.Schmidt, Gesellschaftsrecht § 8 III 4 d.

eine besondere Haftungsmasse vor. Trete im Rechtsverkehr "die Gesellschaft" auf, so handele es sich um die einzelnen Mitglieder in ihrer Gesamtheit. Dies zeige schon der Wortlaut des § 714 BGB, wonach bei Geschäften "die Gesellschafter" und nicht der Verband vertreten würden. Das Gesetz gehe vom Leitbild der Gelegenheitsgesellschaft aus, die einer Verselbständigung nicht fähig sei. Der Gesetzgeber habe daher im BGB bewußt auf eine dem § 124 HGB entsprechende Vorschrift verzichtet (1).

Das moderne Schrifttum versucht, GBR und Handelsgesellschaften auf eine dogmatische Grundlage zu stellen. Sie stößt dabei auf die Schwierigkeit, daß das BGB diesem Bemühen entgegensteht, wie u.a. aus § 714 BGB deutlich hervorgeht. Dies stellt kein Versehen des Gesetzgebers dar, sondern lag in seiner Absicht (2). OHG und KG werden deshalb vom Gesetz als ein Ganzes betrachtet, weil ihr Zweck, der "Betrieb eines Handelsgewerbes", ein einigendes Band ergibt. Dadurch erscheinen eine gewisse Dauerhaftigkeit und Festigkeit garantiert. Demgegenüber grenzt § 705 BGB den Zweck einer bürgerlich-rechtlichen Gesellschaft nicht näher ein. Diese kann genausogut ein kurzfristiger Zusammenschluß wie ein Unternehmensträger sein. Eine Angleichung an die Struktur der Handelsgesellschaften rechtfertigt sich überhaupt nur dann, wenn die Vereinigung ähnlich fest ist. Bei Betrieb eines wirtschaftlichen "Unternehmens" könnte diese Bedingung durchaus erfüllt sein. Die Vorzugswürdigkeit dieses Denkansatzes kann im Rahmen der vorliegenden Arbeit indes dahinstehen. Denn die Arge dient nur der praktischen Umsetzung eines speziellen Bauprojekts und

---

1) So BGHZ 23, 307(313) (speziell für die Arge) und 80, 222(227); RGRK/v.Gamm Vor § 705 Rdnr.4; Larenz II § 60 III b, IV c; Hueck, Gesellschaftsrecht S.42, 61 ff..

2) Nachweis bei K.Schmidt, Gesellschaftsrecht § 8 III 4 d (S.174).

ist nicht auf Dauer angelegt. Deshalb fehlt es an einem "Unternehmen" im technischen Sinne (dazu oben S.18) (1). BGB-Gesellschaften dieser Art stellen keine Rechtssubjekte dar.

cc) Folgen für die Arge und die Gesellschafter

Entsprechend den soeben herausgearbeiteten dogmatischen Grundlagen hat man die Arge nur als eine besondere Haftungsmasse einzustufen. Wenn "die Gemeinschaft" eine Bauleistungsversicherung nimmt, sind die beteiligten Mitglieder in ihrer Verbundenheit versichert.

Besonderheiten zeigen sich bei Aufteilung des Bauauftrags in Lose (vgl. oben S.20). Da jeder Partner auch für die Erfüllung der den anderen übertragenen Teilleistungen einzustehen hat, unterscheidet sich seine haftungsrechtliche Situation nicht von der bei einer normalen Arge. Folglich erstreckt sich sein Interesse wie dort auf die Verrichtungen der restlichen Beteiligten. Versichert sind deshalb alle Gesellschafter gemeinsam, und zwar jeder für die Gesamtbauleistung (2).

Nun soll jeder Teilhaber einer Los-Arge zusätzlich die Position eines Subunternehmers inne haben (vgl. oben S.20 f.). Heißt das, daß er über § 3 Nr.1 ABU versichert und über § 3 Nr.4 ABU mitversichert ist (3)? Wäldner hält bei dieser Kon-

---

1) K.Schmidt, ein Vertreter der neueren Literaturmeinung, hält es allerdings für zweifelhaft, ob die Arge ein Unternehmen ist; vgl. K.Schmidt, Gesellschaftsrecht § 58 III 3 i.V.m. FN 34.
2) Vgl. Wäldner S.91.
Insoweit besteht kein Unterschied zur "normalen" Arge.
3) Zum Fremdversicherungscharakter von § 3 Nr.4 ABU oben S.30 ff..

stellation § 3 Nr.4 ABU für "nicht anwendbar", weil nur auf diese Weise der besonderen "gesellschafts- und bauvertraglichen Situation der Arge-Partner bei der Los-Arge" Rechnung getragen werden könne. Die aus dem Gesellschaftsvertrag entspringenden besonderen Treue- und Sorgfaltspflichten überlagerten gleichsam das Subunternehmerverhältnis (1). Das von Wäldner gefundene Resultat, § 3 Nr.4 ABU auszuschalten, erscheint plausibel (zumal der Umfang des Versicherungsschutzes in § 3 Nr.1 ABU und § 3 Nr.3, 4 ABU unterschiedlich ist). Angreifbar bleibt allerdings die Begründung. Der Hinweis auf die spezielle rechtliche Lage der Arge läßt sich methodisch nicht fassen. Wie bereits dargelegt, sind AGB mit Hilfe ihres Wortlauts sowie Zweck- und Systemgesichtspunkten zu konkretisieren (vgl. oben S.32). § 3 ABU gewährt in Nr.1 dem Unternehmer Versicherungsschutz und definiert ihn durch einen Klammerzusatz als den Versicherungsnehmer. Bei einer Arge ist dies - wenn auch im Verein mit anderen - das einzelne Mitglied selbst, da "die Arge" nicht versichert sein kann. Die sich in § 3 Nr.2 ABU findende Begriffsbestimmung des Nachunternehmers geht erkennbar davon aus, daß Versicherungsnehmer und Nachunternehmer verschiedene Personen sind. Dies legt die Schlußfolgerung (2) nahe, daß zumindest im Rahmen der Bauleistungsversicherung das Mitglied einer Los-Arge nicht als Subunternehmer anzusehen ist.

b) Die ABU-Versicherung durch einen Gesellschafter

Auch der einzelne Arge-Partner vermag sich mittels

---

1) Vgl. Wäldner S.90 f..
   Dabei ist unerheblich, daß Wäldner § 3 Nr.4 ABU nur für einen Regreßausschluß hält.
2) Zur Logik als Mittel der Vertragsauslegung vgl. Flume II § 16, 3 b (S.309).

der ABU zu versichern. Denn § 5 Nr.1 ABU verpflichtet nur zur Versicherung "im Umfang seiner Beteiligung". Das bedeutet, daß sein prozentualer Anteil zur Deckung gebracht wird. Er allein ist dann Versicherungsnehmer (1).

6) Zusammenfassung

Die ABU-Versicherung ist für den Bauunternehmer konzipiert. Nur bei Tiefbauten bzw. auf Sondervereinbarung hin kann auch der Auftraggeber eine solche nehmen.

Die Möglichkeit zum Abschluß eines Vertrages nach den ABU steht jedem Bauunternehmer offen (dies gilt auch für den Generalunternehmer). Die Arbeitnehmer des Versicherten sind dem Rückgriff des Versicherers ausgesetzt, sofern nicht ihre Haftung nach den Grundsätzen der gefahrengeneigten Tätigkeit ausgeschlossen ist.

Der Nebenunternehmer wird durch eine Versicherung des Hauptunternehmers nicht geschützt.

Schaltet der Versicherte einen Subunternehmer ein, so deckt die Versicherung auch die von dem Beauftragten angerichteten Schäden (dies gilt auch für Schäden durch vom Subunternehmer eingesetzte Erfüllungsgehilfen). Der Subunternehmer selbst ist im vom § 3 Nr.3, 4 ABU gesteckten Rahmen mitversichert.

Bei der Arbeitsgemeinschaft sind die einzelnen beteiligten Partner in ihrer gesamthänderischen Verbundenheit Versicherte. Die Gesellschafter sind niemals Nachunternehmer i.S. von § 3 ABU. Sie können die ABU-Versicherung auch jeweils für sich allein nehmen.

---

1) Vgl. Wäldner S.93; Rehm S.57.

B) Die ABN

Versicherungsnehmer im Rahmen der ABN können laut der in § 3 Nr.1 ABN enthaltenen Klammerdefinition "Bauherr oder sonstige(r) Auftraggeber" sein. Was darunter zu verstehen ist, bedarf der näheren Eingrenzung.

I) Der Bauherr

1) Das Öffentliche Recht

Der Begriff des Bauherrn stammt aus dem öffentlichen Recht. So ist nach den Bauordnungsgesetzen der Länder Bauherr, wer ein Bauwerk selbst oder durch Dritte im eigenen Namen für eigene oder fremde Rechnung wirtschaftlich vorbereitet und durchführt (1). Auch das Gewerberecht kennt den Bauherrn und definiert ihn als denjenigen, welcher im eigenen Namen für eigene oder fremde Rechnung ein Vorhaben vorbereitet oder durchführt und dazu Vermögenswerte von Erwerbern u.ä. benutzt (2). Damit ist zwar der öffentlich-rechtliche Anwendungsbereich der Rechtsfigur noch nicht erschöpft (3), aber dennoch soll es damit sein Bewenden haben. Es fragt sich, ob diese Begriffsbestimmungen für das zivile Vertragsrecht fruchtbar gemacht werden können. Das private Baurecht, also vor allem VOB und BGB, benutzt nämlich den Ausdruck "Bauherr" nicht (4).

---

1) Vgl. z.B. § 77 Abs.1 S.1 Bremische BauO.

2) Vgl. § 34c Abs.1 S.1 Nr.2 lit.a) GewO.

3) Weitere Beispiele finden sich u.a. im Steuerrecht; vgl. BFH, BB 1980, 1137.

4) Vgl. Vygen Rdnr.9.

Ein Teil der privatrechtlichen Literatur versucht eine Lösung vom öffentlichen Recht her (1). Dieses Vorgehen begegnet Bedenken. Kritik regt sich zunächst deshalb, weil die sich in den öffentlich-rechtlichen Gesetzen findenden Definitionen des Bauherrn nicht homogen sind. So setzt etwa die GewO in § 34c den Einsatz fremder Vermögenswerte voraus. Ein derartiges Erfordernis enthalten die LBauOen nicht. Wenn jedoch das öffentliche Recht insoweit keinen einheitlichen Begriff anbietet, vermag es dem Privatrecht keine Hilfestellung zu leisten. Dieser Befund wird noch durch einen weiteren Umstand erhärtet: Die einzelnen Definitionen sind auf den jeweiligen Gesetzeszweck ausgerichtet. So bestimmen die LBauOen denjenigen zum Bauherrn, der gegenüber den Behörden in Erscheinung tritt (2). Dies ermöglicht dem Staat, den Adressaten ordnungsrechtlicher Maßnahmen festzulegen. Demgegenüber will § 34c GewO durch Einführung eines Erlaubniszwangs für den Bauherrn gewährleisten, daß die zur Verfügung gestellten Baugelder nicht mißbräuchlich verwandt werden (3). Das private Vertragsrecht - egal ob im Bereich des Bau- oder des Versicherungsrechts - will dagegen interessengerechte Ergebnisse für die Vertragsparteien erreichen. Dies verlangt eine den Notwendigkeiten des Zivilrechts angepaßte Begriffsbestimmung. Aus diesen Gründen helfen die Normen des öffentlichen Rechts nicht weiter.

---

1) So wohl Daub/Piel/Soergel/Steffani VOB/B ErlZ 0.27.

2) Vgl. Ingenstau/Korbion VOB/A Vor § 2 Rdnr.3.

3) Vgl. BGH, NJW 1978, 1054(1055).

2) Der Begriff des Bauherrn im Zivilrecht

a) Meinungsstand

Die Erörterung um die inhaltliche Ausgestaltung der Rechtsfigur findet im wesentlichen für den Bereich der VOB statt. Die dabei zutage tretenden Auffassungen und Argumente betreffen jedoch genauso die Bauleistungsversicherung, da das Bau- und das Bauversicherungsrecht zwei sich ergänzende Materien bilden. Deswegen soll die Diskussion in die Untersuchung der ABN mit einbezogen werden.

Eine Meinung sieht jeden als Bauherrn an, der die Ausführung der Bauleistung für seine Rechnung in Auftrag gibt und die dafür zu entrichtende Vergütung schuldet. Darunter fielen auch General- und Hauptunternehmer, die Erfüllungsgehilfen einsetzten und Bauverträge im eigenen Namen schlössen. Im Endeffekt bedeute mithin "Bauherr" dasselbe wie "Auftraggeber" (1).

Diese Ansicht ist auf Widerstand gestoßen. Als Bauherr sei einzustufen, wer das Bauvorhaben im eigenen Namen für eigene oder fremde Rechnung durchführe und als Herr des gesamten Baugeschehens auftrete. Letzteres bedinge weitgehende Weisungsbefugnisse gegenüber den beauftragten Unternehmern (2). Da der General- und der Hauptunternehmer keinen solchen gestaltenden Einfluß ausübten und auch das sogenannte Bauherrnrisiko nicht trügen, könne man sie nicht als Bauherrn ansprechen (3).

---

1) So Ingenstau/Korbion VOB/A Vor § 2 Rdnr.3; wohl auch Hj.Wussow, Rechtslexikon Stichwort "Bauherr" (S.52).
2) So Vygen Rdnr.9; Locher/Koeble Rdnr.8.
3) Vgl. BGH, NJW 1978, 1054(1055); Daub/Piel/Soergel/Steffani VOB/B ErlZ 0.27.

b) Stellungnahme

Bei der Abwägung der gegenteiligen Standpunkte ist im Rahmen der Bauleistungsversicherung zunächst der Wortlaut des § 3 ABN heranzuziehen. Die Versicherungsbedingungen sprechen von "Bauherr oder sonstigem Auftraggeber". Offensichtlich betrachtet das Vertragswerk "Auftraggeber" als den Ober- und "Bauherr" als einen Unterbegriff. Diese Erkenntnis stützt eine unterschiedliche Auslegung der beiden Merkmale, darf aber nicht überbewertet werden. Denn vor Einführung der ABU und ABN fehlten Regelungen des versicherten Interesses in den entsprechenden Vertragsmustern der Bauwesenversicherung, so daß bei der Formulierung des § 3 ABN keine einschlägigen Erfahrungen verfügbar waren (1).

Ein weiteres Wortlautargument liefert der Ausdruck "Bau-Herr". Die Silbe "Herr" läßt darauf schließen, daß es bei dieser Person nicht um irgendeinen Auftraggeber geht, sondern um den, der das Geschehen be"herr"scht. Die Semantik spricht dafür, nur Beteiligte mit Einflußmöglichkeiten bezüglich der Baugestaltung als Bauherrn zu qualifizieren. Der Begriff würde überdehnt, wollte man in jedem Hauptunternehmer - sei sein Beitrag zu dem Vorhaben auch noch so gering - einen Bauherrn sehen, nur weil er einen Subunternehmer unterbeauftragt hat. Deswegen verdient die zuletzt dargestellte einschränkende Interpretation Zustimmung.

c) Ergebnis

Merkmale des Bauherrn sind demnach:

- Handeln im eigenen Namen;
- Handeln für eigene oder fremde Rechnung;
- ein beherrschender Einfluß auf das Baugeschehen.

---

1) Vgl. Martin, VW 1974, S.1130.

Bauherr kann folglich überhaupt nur der Vertragspartner des Auftragnehmers sein. Er muß das typische Bauherrnrisiko tragen, also den Unternehmern für ihre Werklohnansprüche haften (1). Ob jemand für sich oder in fremdem Namen abschließt, beurteilt sich nach den Regeln des allgemeinen Zivilrechts (vgl. etwa § 164 BGB) und braucht hier nicht vertieft zu werden.

Da der Bauherr für eigene und für fremde Rechnung tätig werden kann, wird sowohl das Eigengeschäft als auch die mittelbare Stellvertretung erfaßt (2).

Als entscheidendes Kriterium erweist sich, ob der Besteller das Vorhaben "in der Hand hat" und es entsprechend seinem Willen lenken kann.

d) Der beherrschende Einfluß auf das Baugeschehen

Der BGH hat in einem Urteil aus dem Jahre 1978 (3) einige Aspekte angeführt, die für die Bauherreneigenschaft eine Rolle spielen. Einen beherrschenden Einfluß auf das Projekt übe aus, wer

- bestimme, daß und wo gebaut werde;
- aus dem Typenprogramm des Bauunternehmers ein Objekt auswähle;
- einen Architekten mit der Planung, Bauleitung und Bauaufsicht beauftrage;
- den Bauunternehmer wechsele.

Bei dem "beherrschenden Einfluß des Bauherrn" geht es um ein Kriterium normativer Natur, d.h. es bedarf einer wertenden Betrachtung, um den Begriff mit Inhalt zu füllen (4). Die Entscheidung des BGH

1) Vgl. BGH, BauR 1980, 262(265).

2) Zu diesem Begriff vgl. Larenz AT § 30 I b 1.

3) Vgl. BGH, NJW 1978, 1054.

4) Den Gegensatz bilden sinnlich Wahrnehmbares beschreibende – also deskriptive – Merkmale.

gibt einige Anhaltspunkte. Dennoch erscheint es nötig, übergreifende Gesichtspunkte herauszuarbeiten und zu präzisieren, um die im Einzelfall zu treffende Entscheidung durchschaubarer zu machen.

aa) Die Grundsatzentscheidungen

Auslösendes Moment eines jeden Bauvorhabens ist der Entschluß, überhaupt zu bauen. Diesen muß der Bauherr fassen. Es ändert dabei nichts, wenn andere Personen den entsprechenden Wunsch in ihm wecken, ihn quasi "anstiften". Es bleibt letztlich seine Entscheidung.

Ferner obliegt es in aller Regel ihm, den Bauplatz auszuwählen. Natürlich wirken seine wirtschaftlichen Verhältnisse und das bestehende Angebot beschränkend. Dennoch ist das Produkt der Überlegungen ein Ausdruck der Absichten des Bauwilligen, denn jedes Urteil wird mehr oder minder vom Umfeld mitbeeinflußt.

Zu guter Letzt hat der Bauherr - sofern er das Projekt nicht selbst verwirklichen will - den geeigneten Unternehmer für das Projekt auszusuchen. Es dürfte selten der Realität entsprechen anzunehmen, der Baubetrieb wende sich an den Auftraggeber. Überspitzt formuliert könnte man deshalb sagen, daß sich der Bauherr "einen Unternehmer nimmt".

All diese Entscheidungen im Vorfeld des eigentlichen Baus sind ein Charakteristikum des Bauherrn und bilden von daher ein starkes Indiz.

bb) Die Finanzierung

Nur ausnahmsweise vermag der Bauwillige heutzutage einen Bau noch aus eigener Kraft zu finanzieren, zumeist benötigt er fremde Mittel. Die dafür notwendigen Gespräche mit öffentlichen und privaten

Kreditanstalten ist in der Regel Sache des Bauherrn. Er muß die Rahmenbedingungen dafür schaffen, daß der Bauvertrag auch von seiner Seite aus erfüllt werden kann. Ohne die entsprechenden Gelder gibt es keinen Baufortschritt. Da also die Stellung als "Herr des Bauvorhabens" zumindest auch an sein wirtschaftliches Engagement gekoppelt ist (1), stellt dieses ein Merkmal zur Ermittlung der Bauherreneigenschaft dar.

cc) Die Gestaltung des Bauwerks

Der Bauherr hat in jeder Phase des Projekts in bestimmtem Umfang die Möglichkeit, seine Ideen bezüglich der Gestaltung des Werks einzubringen. Dies gilt sowohl für die vorbereitenden Gespräche als auch - allerdings in schwächerem Maße - dann, wenn die Bauarbeiten schon begonnen haben. Selbstverständlich bestehen hier gleichfalls den Entscheidungsspielraum begrenzende Faktoren wie etwa bauordnungsrechtliche Vorschriften, Gesetze der Statik und die Sicherheit der Arbeitnehmer. Zudem dürfte es eine Rolle spielen, ob der Bauherr die Planung durch einen von ihm konsultierten Architekten hat anfertigen lassen oder ob es sich um einen bestimmten Bautyp aus der Angebotspalette seines Bauunternehmers handelt. "Ultima ratio" ist in jedem Fall der Wechsel des eingeschalteten Unternehmers. Auf diese Weise wird der maßgebliche Einfluß des Bauherrn auf das Endprodukt sichergestellt.

dd) Zusammenfassung

Der Idealtypus des Bauherrn erfüllt all diese Punkte in seiner Person. Ist dem nicht so, bedarf

1) Vgl. Vygen Rdnr.9.

es eines sorgsam abwägenden Urteils. Es gilt insbesondere zu bedenken, welches quantitative Verhältnis zwischen vorhandenen und nicht vorhandenen Kriterien besteht und wie schwer das Fehlen bestimmter Merkmale qualitativ gesehen wiegt. Eine feststehende Formel, die alle denkbaren Einzelfälle berücksichtigt, gibt es nicht.

3) Formen der Bauherrenschaft

Grundsätzlich steht jedem das Recht zu, als Bauherr aufzutreten. Versicherungsrechtliche Komplikationen ergeben sich nicht, wenn eine einzige Person - sei es eine natürliche, sei es eine juristische - ein Vorhaben in Auftrag gibt; diese kann dann Versicherungsnehmer und Versicherter einer nach den ABN geschlossenen Übereinkunft sein. Bei den Personen-Handelsgesellschaften handelt es sich ebenfalls nur um ein versichertes Subjekt, nämlich die Gesellschaft (vgl. §§ 124, 161 Abs.2 HGB). Anders gestaltet sich die Lage im Falle einer BGB-Gesellschaft (1). Schließen alle Mitglieder gemeinsam den Versicherungsvertrag ab, so werden - ähnlich der Arge (dazu oben S.39 f.) - wegen des regelmäßig nicht dauerhaften Zwecks dieser Vereinigung nicht "die Gesellschaft", sondern die Partner in ihrer Verbundenheit versichert.

Liegt eine Personen-Gesellschaft - also GBR, oHG oder KG - vor, so bleibt fraglich, ob auch der einzelne, persönlich haftende Gesellschafter eine ABN-Versicherung zu nehmen vermag. § 5 ABN gestattet es (anders als § 5 ABU) nicht, die Versicherungssumme auf ein bestimmtes Maß zu beschränken; sie muß vielmehr das gesamte Bauvorhaben umfassen (2). Von

---

1) Ein Beispiel für eine solche Bauherrengemeinschaft bietet der Fall BGH, BauR 1980, 262.
2) Vgl. Wäldner S.92; Rehm S.145.

dieser Bedingung kann auch ein Mitglied einer Bauherrengemeinschaft nicht freigestellt werden. Dies nötigt zur Untersuchung des Problems, ob es dem Gesellschafter erlaubt ist, das vollständige Projekt mit Hilfe der ABN zu versichern (1).

Das im Versicherungsrecht geltende Bereicherungsverbot soll verhindern, daß die geschützten Personen durch den Eintritt des Versicherungsfalles einen Gewinn erzielen. Deshalb gleicht der Versicherer lediglich den tatsächlich angefallenen Schaden aus (vgl. § 55 VVG). § 9 ABN beschränkt den Ersatz nicht auf die Einbußen, welche der Versicherungsnehmer erlitten hat. Hält man das Versicherungsunternehmen dennoch für verpflichtet, nur die seinem Vertragspartner entstehenden Kosten zu ersetzen, so entstände ein unausgewogenes Versicherungsverhältnis: Der Versicherer bekäme eine Prämie, welche sich gemäß § 6 Nr.2 ABN i.V.m. § 5 ABN immer an der Versicherungssumme für das gesamte Projekt orientierte. Andererseits hätte er aber nur einen Teil der Entschädigung zu zahlen, die bei einer Versicherung durch sämtliche Auftraggeber anfiele. Diese Lösung überzeugt nicht.

Eine Einstandspflicht des Versicherers auch für die restlichen unter § 9 ABN fallenden Schäden hätte zur Folge, daß die übrigen Mitglieder der Gemeinschaft an der Versicherungsleistung partizipierten; diese Personen wären folglich Versicherte i.S. der §§ 74 ff.VVG. Der § 3 Nr.1 ABN spricht nach seinem Wortlaut nur den "beauftragten Unternehmer(n)" eine solche Rechtsstellung zu. Eine erweiternde Auslegung ließe sich nur vertreten, wenn Sinn und Zweck bzw. die Interessenlage der Beteiligten dies rechtfertigten. Daran fehlt es bei der beschriebenen Sachlage. Die Bauherren haben in ihrer Gesamtheit die Möglichkeit, das Objekt unter Versicherungsschutz zu bringen. Lehnen es einige von ihnen ab, eine Bauleistungsversicherung zu neh-

---

1) Inwieweit dies für ihn betriebswirtschaftlich sinnvoll ist, kann dahinstehen.

men, so müssen diese ihre Verluste selbst tragen und dürfen sich nicht auf ihre versicherungswilligen Mitgesellschafter verlassen. Deshalb scheidet hier die Annahme einer Fremdversicherung i.S. der §§ 74 ff.VVG aus.

Im Ergebnis können die Partner einer Personen-Gesellschaft nur gemeinsam das Bauvorhaben nach den ABN versichern. Dem Einzelnen bleibt, seinen Anteil des Gesamtrisikos über Sonderkonditionen abzudekken.

II) Der sonstige Auftraggeber

1) Sonstige Auftraggeber als Versicherungsnehmer

Laut § 3 Nr.1 ABN kommen neben dem Bauherrn auch "sonstige Auftraggeber" als Versicherungsnehmer in Betracht. Unter dieses Merkmal fällt der Generalunternehmer, der Erfüllungsgehilfen einsetzt. Dieser kann mit Hilfe des Bedingungswerks das gesamte von ihm übernommene Bauprojekt versichern; die ihm obliegenden einzelnen Arbeiten brauchen im Versicherungsschein nicht aufgeführt zu werden (vgl. § 1 Nr.1 ABN) (1). Dies gilt auch für die Arbeitsgemeinschaft, sofern die Errichtung des ganzen Gebäudes geschuldet wird (2).

Demgegenüber bieten die ABN keinen Schutz für solche einen Subunternehmer einschaltenden Werkverpflichteten, denen nur Teilleistungen obliegen. Entsprechend der für den Bauherrn ermittelten Grundsätze (vgl. S.52 oben) dürfen diese Hersteller

---

1) Vgl. Martin, VW 1974, S.994, 1052; Rehm S.140; Pohl/Keil/Schumann S.122; Wäldner S.78.

2) Vgl. Wäldner S.89.
Das bezieht sich auch auf die Los-Arge; vgl. Wäldner S.92.

weder für ihre Lose noch für den gesamten Bau eine Auftraggeberversicherung abschließen; insoweit sind Spezialbedingungen (oder die ABU) zu verwenden.

2) Die versicherungsrechtliche Lage des Bauherrn

Nimmt der Bauherr die ABN-Versicherung, so deckt diese neben dessen Interesse auch das der von ihm beauftragten Unternehmer ab, vgl. § 3 Nr.1 a.E. ABN. Dagegen geht aus der Klausel nicht hervor, ob umgekehrt eine vom Generalunternehmer getroffene Übereinkunft zusätzlich den Bauherrn mitversichert. Die Frage nach dem Kreis der durch die ABN geschützten Personen tauchte bereits bei der Konstellation auf, daß nur ein Mitglied einer Bauherrengemeinschaft sich versichern will (vgl. oben S.51 f.). Dort wurde mangels schutzwürdiger Belange eine Einstandspflicht des Versicherers für Schäden der übrigen Partner abgelehnt. Das nötigt zu prüfen, ob bezüglich des jetzt angesprochenen Problems eine abweichende Entscheidung gerechtfertigt erscheint.

Der ganz überwiegenden Auffassung in der Literatur zufolge gilt eine nach den ABN geschlossene Versicherung des Generalunternehmers auch für Rechnung des Bauherrn. Die Bedingungen stellten in § 3 Nr.1 "Auftraggeber" und "beauftragte Unternehmer" gegenüber. Damit beziehe sich die Vorschrift stillschweigend auf den Bauvertrag. Dieser wiederum regele alle Schäden; wer sie letztlich zu tragen habe, bleibe ohne Belang. Mithin seien die Risiken des Bauherrn gleichfalls gedeckt (1).

Zutreffend nimmt die h.M. an, daß die ABN mit den von ihnen gewählten Ausdrücken "Auftraggeber" und "beauftragter Unternehmer" auf den Bauvertrag abheben und die Werkvereinbarung unter anderem die Schäden des Bauherrn beschreibt. Nicht zwingend ist

---

1) So Rehm S.141; Martin, VW 1974, S.1130; wohl auch Pohl/Keil/Schumann S.122.

allerdings die Schlußfolgerung, auch der Versicherungsvertrag müsse deswegen die Verluste des letzteren erfassen. Die Fassung des § 3 Nr.1 ABN deutet eher auf das Gegenteil, weil der Vertragspunkt den Bauherrn nur als Versicherungsnehmer und nicht darüber hinaus als Versicherten erwähnt (vgl. bereits oben S.51). Es muß daher nach anderen Gesichtspunkten gesucht werden, die etwas zur Antwort auf die Frage beisteuern.

Versagt man dem Bauherrn den Deckungsschutz, so ist er gezwungen, selbst eine Versicherung nach den ABN zu nehmen. Diese erstreckte sich dann zudem auf die dem Generalunternehmer drohenden Gefahren (vgl. § 3 Nr.1 ABN), wodurch dessen Interesse doppelt versichert wäre. Ferner richten sich die ABN laut Überschrift an alle "Auftraggeber". Zwar soll nach der in § 3 Nr.1 ABN enthaltenen Klammerdefinition nur entweder der Bauherr oder sonstige Auftraggeber als Versicherungsnehmer auftreten (1). Dennoch betrachtet das Vertragswerk beide Personengruppen in gleicher Weise als geschützte Subjekte. Daher bietet es sich an, beide rechtlich gleich zu behandeln. Wenn demnach das Interesse des Generalunternehmers durch eine Bauherrn-Versicherung mitgedeckt wird, so ist der Kreis der Versicherten bei einem Vertragsschluß durch den ersteren ebensoweit zu ziehen.

III) Der beauftragte Unternehmer

Die vom Versicherungsnehmer mit der Durchführung des Baus betrauten Unternehmer sind Versicherte

---

1) Demgegenüber sind die Mitglieder einer Bauherrengemeinschaft nicht alternativ, sondern nur gemeinsam in ihrer Verbundenheit Adressat der ABN, weswegen es insoweit keine Mitversicherung gibt (vgl. oben S.52).

i.S. der §§ 74 ff.VVG (vgl. § 3 Nr.1 ABN) (1). Dies gilt auch für sogenannte mittelbare Subunternehmer (2). Diese Auslegung ergibt sich aus der Fassung des § 3 Nr.1 ABN ("oder eines d e r beauftragten Unternehmer") und der der Vertragsnorm zugeordneten Klausel 68 (vgl. den 1.Halbs.: "versicherte Unternehmer und Nachunternehmer").

IV) Zusammenfassung

Versicherungsnehmer können nach den ABN Bauherrn und sonstige Auftraggeber sein. Der Ausdruck "Bauherr" findet sich in öffentlich-rechtlichen Gesetzen. Dennoch muß ein zivilrechtlicher Begriff des Bauherrn entwickelt werden. Merkmale desselben sind das Handeln im eigenen Namen - sei es auch für fremde Rechnung - und der beherrschende Einfluß auf das Baugeschehen. Den Bau beherrscht, wer die notwendigen Grundsatzentscheidungen fällt, für die Finanzierung Sorge trägt und das Werk gestaltet. Gibt es mehrere Bauherrn, so kann ein einzelner weder einen Teil noch das gesamte Bauvorhaben versichern.

Als sonstiger Auftraggeber kommt nur der Generalunternehmer in Betracht. Nimmt er die Versicherung, so gilt diese auch für Rechnung des Bauherrn.

Die beauftragten Unternehmer (auch mittelbare Nachunternehmer) stellen Versicherte i.S. der §§ 74 ff.VVG dar.

---

1) Vgl. Rehm S.141; Platen, Handbuch S.18; Littbarski Rdnr.690; Martin, VW 1974, S.1131; Schirmer, ZVersWiss 1981, S.738.

2) Vgl. Rehm S.141; Martin, VW 1974, S.1131; Schirmer, ZVersWiss 1981, S.734.

3.Kap.: Der versicherte Gegenstand

§ 5: Die Bauleistung

A) Einführung

Die geschützten Gegenstände der Versicherung gehen aus § 1 ABU bzw. § 1 ABN hervor. Prägendes Merkmal ist das der "Bauleistung". Das BGB kennt diesen Ausdruck nicht; dagegen findet er sich in der sogenannten Verdingungsordnung für Bauleistungen (VOB). Aus diesem Vertragswerk haben die Verfasser der ABU/ABN den Begriff entlehnt (1). Es erscheint deshalb angezeigt, zunächst zu klären, was die VOB unter "Bauleistungen" versteht.

B) Der Begriff der "Bauleistung" in der VOB

I) Das Wesen der VOB

Bauverträge unterfallen dem Werkvertragsrecht des BGB (vgl. oben S.17). Schon frühzeitig stellte man jedoch fest, daß die §§ 631 ff.BGB die besonderen Bedürfnisse der Bauwirtschaft nicht in ausreichendem Maße berücksichtigen. Deshalb wandte sich der

---

1) Vgl. Martin, VW 1974, S.995; Wäldner S.17. Dies galt bereits für die alten AVB Bauunternehmer von 1938; vgl. Herde S.15.

deutsche Reichstag an den Reichsverdingungsausschuß mit der Bitte, ein entsprechendes Spezialwerk zu konzipieren. Daraufhin stellte letzterer in den Jahren 1921-1926 einen Katalog von Normen auf, die den Eigenheiten des Baugewerbes Rechnung trugen, und veröffentlichte ihn unter der Bezeichnung "Verdingungsordnung für Bauleistungen". Diese VOB erfuhr dann in der Folgezeit zahlreiche Überarbeitungen und Reformen, damit sie dem Wandel und Fortschritt der Baupraxis gerecht werden konnte. Im Juli 1990 wurde das Werk schließlich vom Deutschen Verdingungsausschuß für Bauleistungen (DVA) völlig neu ausgegeben und unter die Überschrift "Ausgabe Juli 1990" gestellt.

Inhaltlich gliedert sich das Werk in drei Teile: Teil A ist mit "Allgemeine Bestimmungen über die Vergabe von Bauleistungen" überschrieben und regelt die Vorgehensweise der Beteiligten in der Phase bis zum Abschluß des Bauvertrages (z.B. die Ausschreibung, das Angebotsverfahren). Teil B enthält "Allgemeine Bestimmungen für die Ausführung von Bauleistungen" (vgl. die Überschrift zur VOB/B) und stellt die materiell-rechtlichen Bedingungen der zwischen Auftraggeber und Bauunternehmer getroffenen Übereinkunft zusammen (z.B. die Leistungsbeschreibung, die Vergütung, die Gefahrtragung). Im Teil C finden sich "Allgemeine Technische Vorschriften für Bauleistungen"; nach diesen Normen bestimmt sich, wie das Vorhaben technisch durchzuführen ist (die sogenannten "Regeln der Baukunst") (1).

Die Rechtsnatur der VOB erscheint bis heute nicht eindeutig geklärt. Einigkeit besteht darüber, daß sie weder materielles Gesetz noch Rechtsverordnung ist (2). Ebensowenig gilt sie kraft Gewohnheits-

---

1) Vgl. Riedl in Heiermann/Riedl/Rusam/Schwaab Einl. Rdnr.9 ff..

2) Vgl. Locher, Privates Baurecht Rdnr.67.

rechts oder Handelsbrauchs, weil auch heutzutage noch vielen Bauverträgen das BGB zugrunde gelegt wird (1).

Nach ganz h.M. stellt die VOB/B Allgemeine Geschäftsbedingungen dar. Denn die Regelungen dieses Teils der Verdingungsordnung erfüllen die in § 1 AGBG gegebene Definition des Rechtsinstituts; außerdem geht § 23 Abs.2 Nr.5 AGBG erkennbar von dieser rechtssystematischen Einordnung aus (2).

Die technischen Normen der VOB/C unterliegen einer Ansicht zufolge gleichfalls dem AGBG, da sie nach § 1 Nr.1 S.2 VOB/B zum Bauvertrag gehörten und § 23 Abs.2 Nr.5 AGBG sie nicht aus dem Anwendungsbereich des AGBG ausnehme (3). Andere Autoren meinen, Regeln der Technik könnten nicht der aus §§ 8 ff.AGBG folgenden Inhaltskontrolle unterworfen werden; diese erfasse nur Rechtssätze. Deshalb handele es sich nicht um AGB (4).

Ebenso geteilt sind die Auffassungen über die Rechtsnatur der VOB/A. Einige halten das AGBG für unanwendbar, weil die Bestimmungen dieses Teils das Vergabeverfahren ausgestalteten und nicht in die Vereinbarung eingingen (5). Die Gegenseite betont, daß die VOB/A in § 1 den Begriff "Bauleistungen" festlege und in § 9 eine Leistungsbeschreibung aufstelle; dadurch werde der Bauvertrag maßgeblich geprägt (6).

Die Bewertung der VOB/B als AGB i.S. des § 1 AGBG kann mittlerweile als gesicherte Erkenntnis gelten. Auf die Rechtsnatur der beiden anderen Teile soll in dieser Arbeit nicht näher eingegangen werden. Versicherungsrechtlich bewendet es bei dem

---

1) Vgl. Locher, Privates Baurecht Rdnr.67.
2) Vgl. Ingenstau/Korbion VOB/A § 10 Rdnr.46 ff..
3) So Locher, Privates Baurecht Rdnr.80.
4) So Heiermann in Heiermann/Riedl/Rusam/Schwaab VOB/A § 10 Rdnr.62.
5) So Heiermann in Heiermann/Riedl/Rusam/Schwaab VOB/A § 10 Rdnr.61.
6) Vgl. Locher, Privates Baurecht Rdnr.80.

Hinweis, daß die VOB ein baurechtliches Sonderwerk bildet, welches Regelungen über die Vergabe von Bauleistungen, den Inhalt des Bauvertrages und die technische Realisierung des Projekts umfaßt.

II) Der Ausgangspunkt der Auslegung

Der Ausdruck "Bauleistung" läßt sich zerlegen in die Teile "Bau" und "Leistung". Eine gewichtige Rolle spielt der Begriff der "Leistung" im Recht der ungerechtfertigten Bereicherung (vgl. §§ 812 ff.BGB). Dort definiert ihn die heute herrschende Zivilrechtslehre als eine bewußte und zweckgerichtete Vermehrung fremden Vermögens (1). Die VOB versteht hingegen sowohl in der Ausgabe 1990 als auch in ihren vorherigen Fassungen unter "Bauleistungen" bauliche "Arbeiten", wie sich aus dem jeweiligen § 1 des Teils A ergibt; das Normenwerk setzt also "Leistung" mit "Arbeiten" gleich und hebt sich damit erkennbar von der für das Bereicherungsrecht des BGB entwickelten Dogmatik ab. Es muß geklärt werden, was die Verdingungsordnung mit den Termini "Bauleistung" bzw. "Arbeiten" meint.

Dabei basieren die nachfolgenden Ausführungen auf der Form, die der § 1 VOB/A bis zur VOB-Ausgabe Oktober 1979 Fassung 1988 gehabt hat. Zwar ist der Text der Bestimmung in der aktuell gültigen Ausgabe 1990 geändert worden (2). Die dadurch abgelöste Definition für die "Bauleistung" bestand aber schon zu der Zeit, als die ABU und ABN formuliert wurden; da deren Verfasser sich auf eben diese damalige

---

1) Vgl. BGHZ 40, 272(277);
Larenz II § 68 I a (S.524).
Dieser Leistungsbegriff ist freilich in der Wissenschaft umkämpft; ablehnend z.B. Münchener Komm./Lieb § 812 Rdnr.23 ff.. Diese Kontroverse zu entscheiden, ist hier nicht der Ort.

2) Vgl. dazu Korbion/Hochstein Rdnr.90 ff..

VOB-Regelung bezogen haben (vgl. oben S.56), soll die letzte Reform hier unbeachtet bleiben.

III) Der Begriff "Arbeiten"

Das Wort entstammt nicht der juristischen, sondern der Alltagssprache (1). Dem "Duden" zufolge kann es sowohl eine körperliche bzw. geistige Tätigkeit als auch ein Erzeugnis beschreiben (2). Daraus schließt Wäldner, daß unter Bauleistungen i.S. des § 1 VOB/A nicht nur Werke, sondern auch Handlungen fallen (3). Demgegenüber sehen die meisten Autoren des baurechtlichen Schrifttums nur das Produkt des Handelns als "Arbeit" i.S. der Vorschrift an, nicht dagegen die vom Erfolg unabhängige Dienstleistung. Als Begründung wird der Werkvertragscharakter der VOB-Übereinkunft angeführt (4).

Es entspricht der wohl einhelligen Auffassung, daß sich der Anwendungsbereich der §§ 631 ff.BGB auf den Bauvertrag erstreckt (vgl. oben S.17). Die VOB ändert an dieser dogmatischen Einordnung nichts. Das Recht des Werkvertrags aber stellt auf den Erfolg eines Tuns ab. Anders verhält es sich bei Dienstverträgen; dort werden Tätigkeiten geschuldet. Mit Rücksicht darauf muß das in § 1 Nr.1 VOB/A enthaltene Merkmal "Arbeiten" dahin interpretiert werden, daß es die Produkte des Bauens meint. Die h.M. verdient Zustimmung.

---

1) So Wäldner S.13 für "Bauarbeiten".
2) Vgl. Duden Bd.10 unter Stichwort "Arbeit" (S.68).
3) Vgl. Wäldner S.13.
Einschränkend hält Martin nur Tätigkeiten für unter § 1 VOB/A subsumierbar;
vgl. Martin, VW 1971, S.152 i.V.m. FN 64.
4) So Ingenstau/Korbion VOB/A § 1 Rdnr.3;
Locher/Koeble Rdnr.341 f.;
F.Schmidt, BauR 1981, S.119 ff..

IV) Die "Bau"-Arbeiten

Die VOB schränkt nun den Kreis der möglichen Werke auf "Bau"-Arbeiten ein; es muß daher abgegrenzt werden, was alles zum "Bau" zählt. Unter diesen Begriff fallen alle Leistungen, mit deren Hilfe ein Bauwerk errichtet wird oder die - vgl. § 13 Nr.4 VOB/B - Arbeiten an einem Grundstück darstellen (1).

1) Das Bauwerk

Das Hauptinteresse gilt bauwerksbezogenen Leistungen. Der Ausdruck "Bauwerk" entstammt der Alltagssprache; seine Auslegung wird folglich durch die Verkehrsanschauung mitbestimmt (2). Der Begriff beschreibt eine unbewegliche, durch Einsatz von Arbeit und Material in Verbindung mit dem Erdboden hergestellte Sache. Dies erfaßt Immobilien über und unter der Erde, also sowohl Hoch- als auch Tiefbauten (3). Es reicht jedoch nicht aus, wenn der Unternehmer lediglich den Boden umgestaltet (4). Es handelt sich um eine jeweils im Einzelfall zu treffende Entscheidung. Beispiele für Bauwerke sind Gebäude, Brücken, Straßen, Kanäle, Baudenkmäler, in das Erdreich eingelassene Schwimmbecken und sogar Bahngleise (5).

---

1) Vgl. Daub/Piel/Soergel VOB/A ErlZ 1.14(1); Vygen Rdnr.126 (zum neuen § 1 VOB/A 1990).

2) Vgl. BGHZ 19, 319(324); Rusam in Heiermann/Riedl/Rusam/Schwaab VOB/A § 1 Rdnr.5.

3) Vgl. RGZ 56, 41(43); BGH, MDR 1964, 742 und NJW 1971, 2219; Ingenstau/Korbion VOB/A § 1 Rdnr.4, 6.

4) Vgl. Münchener Komm./Soergel § 638 Rdnr.20.

5) Vgl. Münchener Komm./Soergel § 638 Rdnr.23.

2) Die das Bauwerk herstellenden Verrichtungen

Der nächste klärungsbedürftige Punkt liegt darin festzustellen, welche Maßnahmen bauwerksbezogene Arbeiten hervorbringen. Von solchen Tätigkeiten kann man sprechen, wenn mit ihrer Hilfe der Bau unmittelbar geschaffen, erhalten oder verändert wird (1). Dieser Grundsatz verlangt eine nähere Betrachtung.

a) Die "eigentlichen" Baumaßnahmen

aa) Problem und Meinungsstand

Bei den "eigentlichen" Baumaßnahmen geht es um den Kernbereich von Aktivitäten, die unmittelbar zum Entstehen der Bausubstanz beitragen (z.B. die Grundsteinlegung). Da laut § 1 Nr.1 VOB/A Bauarbeiten "jeder Art" zu den Bauleistungen zählen, muß der Hersteller nicht unbedingt ein völlig neues Objekt schaffen; vielmehr genügt es, wenn ein bereits bestehendes Bauwerk erneuert oder verändert wird. Auch die Errichtung von Teilbauten fällt in den Anwendungsbereich der VOB (unabhängig davon, ob das Teilwerk einen äußerlich hervortretenden, in sich abgeschlossenen Teil des Gesamtbaus bildet) (2).

Es stellt sich nun das Problem, welche Verrichtungen zu in die Bausubstanz eingehenden Werken

---

1) Vgl. BGH, NJW 1973, 368;
Ingenstau/Korbion VOB/A § 1 Rdnr.4;
Vygen Rdnr.305 (zum neuen § 1 VOB/A 1990).

2) Vgl. RGZ 57, 377(380); BGHZ 19, 319(321) und 53, 43(45) (jeweils zu § 638 BGB);
Ingenstau/Korbion VOB/A § 1 Rdnr.10 ff.; Herde S.15; Vygen Rdnr.306 (zum neuen § 1 VOB/A 1990).

führen. So fragt sich z.B., ob man darunter sämtliches Tun fassen kann, mit dessen Hilfe nach Fertigstellung des Fundaments Baumaterial und Immobilie verbunden werden (1). Es erscheint einsichtig, daß nicht jede noch so geringfügige Maßnahme - sei es beim Neubau, sei es bei der Reparatur - als Arbeit an einem Bauwerk eingestuft werden kann.

Die Spezialliteratur zur VOB sieht alles das als Bautätigkeit i.e.S. an, was für die Konstruktion, den Bestand und die Erhaltung des Bauwerks von wesentlicher Bedeutung ist und darüber hinaus die Bauteile mit dem Bauwerk fest, d.h. eng und dauerhaft verbindet (2). Die Autoren berufen sich dabei für ihre Auffassung auf die Rechtsprechung des RG und des BGH (3).

Eine Analyse der vom Schrifttum angeführten Gerichtsentscheidungen ergibt nun, daß diese größtenteils zum Tatbestandsmerkmal "Bauwerke" in der verjährungsrechtlichen Vorschrift des § 638 Abs.1 S.1 BGB ergangen sind (4). Insbesondere v.Craushaar hat sich mit dieser Judikatur kritisch auseinandergesetzt und im Hinblick auf § 638 BGB einen eigenen Lösungsvorschlag entwickelt (5): Indem der BGH für eine bauwerksbezogene Tätigkeit eine feste Verknüpfung von Bauteilen und Bauwerk verlange, greife er auf die speziellen Kriterien des § 94 Abs.1 BGB zurück. Die Verjährungsvorschrift des § 638 BGB verfolge aber einen ganz anderen Zweck als die dem Sachenrecht entstammende Norm des § 94 BGB. Deswegen könne letztere keinen Beitrag zur Lösung des anstehenden Problems leisten. Dies lasse auch die

---

1) Fragestellung von v.Craushaar, NJW 1975, S.994.
2) So Ingenstau/Korbion VOB/A § 1 Rdnr.14, 15; Vygen Rdnr.306 (zum neuen § 1 VOB/A 1990).
3) Vgl. Ingenstau/Korbion VOB/A § 1 Rdnr.14, 15.
4) Vgl. z.B. BGHZ 19, 319; 53, 43; NJW 1974, 136; MDR 1984, 221; 1987, 834.
5) Vgl. v.Craushaar, BauR 1980, S.112 ff..

Rechtsprechung des BGH erkennen. Denn in neuerer Zeit bejahe das Gericht Bauwerksarbeiten selbst dann, wenn die Gegebenheiten des § 94 BGB nicht vorlägen (1). Es stütze seine Entscheidung in diesen Fällen auf andere Gesichtspunkte. So hebe der BGH etwa bei der Fertigstellung eines Daches darauf ab, daß das Gebäude ohne dieses unvollständig sei (2); damit ziehe das Gericht die Kriterien des § 94 Abs.2 BGB zu Rate.

Bei der zweiten Voraussetzung für bauwerksbezogene Verrichtungen - die wesentliche Bedeutung des daraus entstehenden Werks - bleibe unklar, welchen Bezugspunkt die Prüfung habe. Manchmal frage das Gericht nach der Wichtigkeit für die Konstruktion, den Bestand und die Erneuerung (3), in anderen Fällen hebe es nur auf die Erneuerung und den Bestand ab (4) und in wieder anderen auf die Benutzbarkeit des Gebäudes (5).

Diese Rechtsprechung - so v.Craushaar - sei insgesamt verfehlt. Der Gesetzgeber habe bei Arbeiten an einem Bauwerk deshalb längere Verjährungsfristen vorgesehen, weil diesen typischerweise die Gefahr von Spätschäden anhafteten. Dementsprechend müßten all die Leistungen als bauwerksbezogen gelten, bei denen sich im Normalfall Mängel erst nach geraumer Zeit zeigten (6).

---

1) Vgl. v.Craushaar, BauR 1980, S.113.
2) Vgl. BGHZ 19, 319(326).
3) So BGHZ 19, 319(325).
4) So BGHZ 53, 43(45).
5) So BGH, NJW 1974, 136.
6) So v.Craushaar, BauR 1980, S.113.
Zusätzlich fordert der Verfasser allerdings, daß die Arbeit von wesentlicher Bedeutung für "das Gebäude oder einen Teil des Gebäudes" ist (vgl. a.a.O. S.117).
Vgl. weiter Booz, BauR 1981, S.109, nach dem es jedoch nur auf das Späterkennungsrisiko ankommt.

bb) Stellungnahme

v.Craushaar leitet seinen Standpunkt aus dem Regelungszweck des § 638 BGB ab. Der VOB liegen jedoch umfassendere Absichten zugrunde als nur die Bestimmung einer angemessenen Verjährungsfrist (sie normiert z.B. daneben die Bauvergabe). Dieser Umstand läßt als zweifelhaft erscheinen, ob die Theorie dieses Autors für die Auslegung des § 1 VOB/A fruchtbar gemacht werden kann. Jedenfalls dürfte kaum abstrahierbar sein, wann welche Arten von Mängeln offen zutage treten, weil dies auch von wechselhaften Faktoren abhängt (etwa der Witterung). Dies läuft auf eine Entscheidung im Einzelfall hinaus. Gegenüber dem von der Rechtsprechung geforderten Merkmal der festen Verbindung bringt dies keinen Gewinn an Rechtssicherheit.

Ferner setzt der von v.Craushaar angeführte Einwand, § 94 BGB gebe bezüglich der anstehenden Frage keinen Anhalt, ungeprüft voraus, daß dieser Rechtssatz die Basis für das Vorgehen des Gerichts bildet. Die Ausführungen des BGH bergen in der Tat die Gefahr von Mißverständnissen. Die wohl überwiegende Anzahl der Urteile läßt § 94 BGB unerwähnt und spricht auch nicht von "wesentlichen Bestandteilen" (1). In einigen Entscheidungen ist dies zwar anders (2), jedoch zeigen verschiedene Urteile recht deutlich, daß sich der BGH nicht an die Grenzen der dem Allgemeinen Teil des BGB zugehörigen Vorschrift gebunden fühlt (ist z.B. ein Gebäude nur Scheinbestandteil eines Grundstücks gemäß § 95 BGB, weil der Bauherr den Boden nur gemietet hat, so hindert dies der Rechtsprechung zufolge die Annahme von Bauarbeiten nicht (3)). Folglich kommt es nicht entscheidend auf § 94 BGB an. Es genügt eine Verbindung, die im tatsächlichen Sinne hinrei-

1) Vgl. z.B. BGHZ 53, 43; NJW 1974, 136.

2) So in BGH, MDR 1984, 221(222).

3) Vgl. BGH, NJW 1976, 1539.

chend fest ist (1).

Der zweite Kritikpunkt von v.Craushaar besteht darin, daß die Judikatur die wesentliche Bedeutung einer Arbeit anhand divergierender Kriterien festlege. Die aufgezeigten Abweichungen beruhen hauptsächlich auf sprachlichen Ungenauigkeiten. Die unsaubere Terminologie der Praxis erschwert allerdings den Versuch herauszufiltern, worin der maßgebliche Prüfungspunkt zu sehen ist. Den Stellenwert eines Gegenstands kann man sinnvoll nur ermessen, wenn man ihn in den ihm zugeordneten Gesamtrahmen einbettet. Erst der Vergleich sowohl mit anderen Teilstücken als auch mit dem Ganzen ermöglicht insoweit ein Urteil. Infolgedessen kommt es bei Baumaßnahmen darauf an, wie wertvoll das entstandene Werk für den gesamten Bau ist (2). Bei dieser Untersuchung müssen die einzelnen Faktoren wie Konstruktion, Bestand, Sicherheit und Benutzbarkeit des Objekts berücksichtigt werden. Dabei können je nach Sachlage verschiedene Gewichtungen vorgenommen werden. In der Regel genügt es, sofern das Werk nur dem Erhalt eines der Elemente dient.

Im Ergebnis bedingt damit eine Bautätigkeit i.e.S. Handlungen, die eine feste Verbindung der eingebauten Stoffe mit dem Bauwerk bewirken, sofern das Produkt von wesentlicher Bedeutung für das Bauwerk als Ganzes ist.

b) Die notwendigen Begleitmaßnahmen

aa) Problem und Meinungsstand

Bei jedem Bau gibt es neben solchen Maßnahmen, die

---

1) Vgl. Ingenstau/Korbion VOB/A § 1 Rdnr.17.

2) So auch v.Craushaar, BauR 1980, S.116.

der unmittelbaren Errichtung des Bauwerks dienen, begleitende Aktivitäten an der Baustelle. Es handelt sich dabei um den Bau vorbereitende Vorgänge sowie um die Verkehrssicherung der Baustelle (z.B. das Aufstellen des Gerüsts, das Anlegen von Kranbahnen, das Sichern der Baugrube) (1). Es wird die Meinung vertreten, daß diese Dinge nicht unter § 1 VOB/A subsumiert werden könnten. Die Verdingungsordnung wolle nur das als Bauleistung gelten lassen, was abgenommen werden könne und damit der Gewährleistung zugänglich sei. Die in Rede stehenden Tätigkeiten führten dagegen nicht zu in die Bausubstanz eingehenden, abnahmefähigen Arbeiten (2).

Die überwiegende Ansicht widerspricht dem. Zu den Bauleistungen i.S. von § 1 VOB/A gehörten auch solche Werke, die auf vorbereitenden und den Bau schützenden Verrichtungen beruhen. Es existiere ein untrennbarer Zusammenhang zwischen den "eigentlichen" und den begleitenden Baumaßnahmen. Zudem würden beide unter denselben äußeren Umständen erbracht (3).

bb) Stellungnahme

Die Auslegung der h.M. hält sich noch im Rahmen des möglichen Sinngehalts des Wortes "Bauarbeiten" (4) und zeitigt auch ein vernünftiges Ergebnis, weil Vorbereitungen und Sicherungen an der Baustelle vom Bauprozeß her gesehen in einem kaum zu trennenden Zusammenhang mit dem "eigentlichen" Bau stehen. Im übrigen enthält die VOB nicht nur gewährleistungs-

---

1) Vgl. Schmalzl, BauR 1972, S.277 f..
2) So BGH, NJW 1973, 368(369) (zu § 7 VOB/B); Schmalzl, BauR 1972, S.277 f..
3) So Ingenstau/Korbion VOB/A § 1 Rdnr.27; Rusam in Heiermann/Riedl/Rusam/Schwaab VOB/A § 1 Rdnr.14; Vygen Rdnr.307 (zu § 1 VOB/A 1990).
4) Dies gibt auch Schmalzl, BauR 1972, S.278 zu.

rechtliche Regeln (vgl. nur die Teile A und C), so daß die Bedenken der Mindermeinung nicht durchschlagen. Aus diesen Gründen ist der mehrheitlich vertretenen Auffassung beizutreten. Auch durch Vorbereitungs- und Schutzmaßnahmen entstehen Bauarbeiten i.S. von § 1 VOB/A.

Nach Daub/Piel/Soergel soll dies allerdings nicht gelten, sofern diese Aufgaben an einen Unternehmer vergeben werden, der keinen Anteil an den Baumaßnahmen i.e.S. hat (1). Auch in diesem Fall bleiben die Begleitverrichtungen jedoch notwendiger Bestandteil des Baus. Außerdem erfordert die VOB nicht, daß ein Unternehmer ganz bestimmte Werke erstellen muß. Somit erscheint die beschriebene Ausnahme inkonsequent und muß abgelehnt werden (2).

c) Die Produktion von Bauteilen

Die bloße Lieferung von Bauteilen ist keine Werkleistung, sondern ein reiner Veräußerungsvorgang. Infolgedessen bleibt die VOB hier außer Anwendung (vgl. § 1 Nr.1 a.E. VOB/A). Anders verhält es sich, wenn ein Betrieb darüber hinaus das Material für ein bestimmtes Bauwerk zupaßt (z.B. eine Tür zuschneidet) oder herstellt (z.B. eine Sonderanfertigung). Dieses Tun bringt zwar keine feste Verbindung der Sachen mit der Immobilie, bedeutet aber eine unverzichtbare Grundvoraussetzung für den Bau und kann auch - anders als die Serienproduktion - einem konkreten Vorhaben zugeordnet werden. Mit Rücksicht darauf stellt das Resultat dieser Tätigkeit eine Bauarbeit dar (3). Dabei bleibt ohne Belang, ob der zugrunde liegende Auftrag isoliert er-

1) Vgl. Daub/Piel/Soergel VOB/A ErlZ 1.14(3).

2) So auch OLG Celle, BauR 1976, 365(366).

3) Vgl. BGH, BauR 1979, 54(55) ; NJW 1980, 2081 (jeweils zu § 638 BGB);
Vygen Rdnr.306 (zum neuen § 1 VOB/A 1990).

teilt wird oder ob der Unternehmer zusätzlich den Einbau schuldet.

d) Die Planung des Baus

Zur Planung eines Projekts gehören Architekten-, Ingenieur- und Statikerleistungen. Diese Tätigkeiten liegen auf einer anderen Ebene als die bislang besprochenen. Ging es dort mehr oder minder um praktische Arbeiten, so hat man es hier mit dem theoretischen Teil des Baus zu tun. Auf diesen ist die VOB nicht zugeschnitten, wie schon ihr Inhalt zeigt (vgl. etwa § 4 VOB/B, der die Bauausführung reglementiert). Daher kann die Planung nicht als Bauarbeit i.S. der Verdingungsordnung angesprochen werden (1). Dieser Grundsatz gilt selbst dann, wenn der Betreffende neben planerischen Aufgaben zusätzlich Bauleistungen übernimmt (2).

Einige Autoren ziehen dies allerdings für den Fall in Zweifel, daß die Planung mit dem eigentlichen Bau in einem unmittelbaren und untrennbaren Zusammenhang stehe. Davon könne man sprechen, sofern der den Plan erstellende Auftragnehmer sein Werk in nicht unerheblichem Maße selbst praktisch umzusetzen habe (3). Auch bei dieser Konstellation passen die Bestimmungen der VOB indes für die theoretischen Vorarbeiten nicht. Zudem erscheint es durchaus möglich, die Aufgaben des Unternehmers danach aufzuteilen, ob es sich um praktische Tätigkeiten handelt oder nicht. Die Anwendbarkeit der VOB kann keinesfalls auf die Planung ausgedehnt werden.

---

1) Vgl. Ingenstau/Korbion VOB/A § 1 Rdnr.30; Vygen Rdnr.127 (zum neuen § 1 VOB/A 1990).
2) So auch Vygen Rdnr.130 (zu § 1 VOB/A 1990).
3) So Ingenstau/Korbion VOB/A § 1 Rdnr.27; Vygen Rdnr.307 (zum neuen § 1 VOB/A 1990).

3) Die nicht an einem Bauwerk erbrachten Bauarbeiten

Bislang wurden Leistungen behandelt, die der Errichtung von Bauwerken dienen. Bauarbeiten können aber auch grundstücksbezogen sein (vgl. die Definition S.61). Entsprechend den bisherigen Ausführungen zählen auch hier alle auf praktischen Baumaßnahmen beruhenden Werke zu den Bauleistungen, während die Planung außen vor steht.

Es bleibt damit zu erläutern, was man unter Arbeiten an einem Grundstück zu verstehen hat. Solche sind einmal dann gegeben, wenn Verrichtungen an Grund und Boden vorgenommen werden, die nicht mit einem Bauwerk zusammenhängen und die Veränderung der Erde als Endziel haben (z.B. für sich genommene Arbeiten mit dem Bagger und Planierungen) (1). Im Grenzbereich zwischen Arbeiten an einem Grundstück und solchen an einem Bauwerk liegen Ausschachtungen für eine im Rahmen eines Gebäudebaus ausgehobene Baugrube. Der BGH erblickt darin schon eine bauwerksrelevante Maßnahme (2). Dem Problem kommt lediglich für die Frage der Verjährung Gewicht zu (vgl. § 13 Nr.4 VOB/B); der Anwendungsbereich von § 1 VOB/A wird dadurch nicht berührt (3). Deshalb soll dahinstehen, ob der Rechtsprechung zu folgen ist.

Ein grundstücksbezogenes Werk liegt ferner dann vor, wenn eine Leistung sich auf ein Bauwerk bezieht und es ihr an der wesentlichen Bedeutung für dasselbe fehlt (4). Allerdings muß die Arbeit auch hier eine feste Verknüpfung mit der Immobilie

---

1) Vgl. Ingenstau/Korbion VOB/B § 13 Rdnr.251.
2) Vgl. BGHZ 68, 208(210).
3) Vgl. auch Rusam in Heiermann/Riedl/Rusam/ Schwaab VOB/A § 1 Rdnr.4, 6 f..
4) Vgl. Nicklisch in Nicklisch/Weick § 13 Rdnr.76.

aufweisen, weil sonst das Grundstück nicht betroffen ist (1). Damit ergibt sich im Spannungsfeld zwischen Arbeiten an einem Grundstück und an einem Bauwerk folgende Abstufung: Beide erfordern eine feste Verbindung mit der unbeweglichen Sache; stellt sich das Werk als wesentlich dar, handelt es sich um ein bauwerks-, andernfalls um ein grundstücksbezogenes.

V) Randmarkierungen

1) Die Lieferung von Stoffen oder Bauteilen

Gemäß § 1 Nr.1 a.E. VOB/A hängt das Vorliegen einer Bauleistung nicht davon ab, ob der Auftragnehmer Stoffe oder Bauteile mitliefert. Stoffe sind Materialien, die im Rahmen des Bauverfahrens be- oder verarbeitet werden (z.B. Kalk, Stahl, Sand) (2). Bauteile werden definiert als Sachen, welche aus Stoffen bestehen und einen in sich abgeschlossenen oder fertiggestellten Körper darstellen, der nach dem Einbau eine selbständige Einzelfunktion in dem Bauwerk hat (z.B. Eisenträger, Waschbecken) (3). Unter einer Lieferung versteht man, daß der Unternehmer seinem Bauherrn die Gegenstände verschafft; Eigentum braucht der Auftraggeber nicht zu erwerben (4). Eine Person, die nur Materialien anliefert, erbringt kein Werk und damit keine Bauleistung (vgl. oben S.68).

---

1) Vgl. BGH, NJW 1970, 942(943) (Verlegung von Teppichboden).
2) Vgl. Ingenstau/Korbion VOB/A § 1 Rdnr.53.
3) Vgl. Ingenstau/Korbion VOB/A § 1 Rdnr.54.
4) Vgl. Duden Bd.10 unter Stichwort "liefern" (S.419); Ingenstau/Korbion VOB/A § 1 Rdnr.56.

2) Die Lieferung und Montage maschineller Einrichtungen

§ 1 Nr.2 VOB/A nimmt die Lieferung und Montage maschineller Einrichtungen aus dem Anwendungsfeld der Verdingungsordnung generell aus (1). Der Begriff "maschinelle Einrichtungen" beschreibt eine Sache, die einer anderen körperlich hinzugefügt wird und nach ihrer Beschaffenheit geeignet ist, mit Hilfe eines Antriebmittels Kraft zu erzeugen, zu übertragen oder zu Arbeitsleistung zu verwerten (2). Was "Lieferung" meint, wurde schon offengelegt (vgl. oben S. 68). "Montage" bedeutet, daß der Unternehmer einen Gegenstand aufstellt, zusammenbaut und mit dem Standort fest verbindet. Auch das Verlegen von Anschlüssen fällt hierunter, wenn das Gerät dadurch mit den Zu- und Ableitungen verbunden wird. Bedingt der Betrieb der Maschine weitere Vorkehrungen (z.B. die Errichtung eines Bodensockels), so sind diese keine Bauleistungen, wenn bereits vorher eine fertige, vom Zweck der Einrichtung unabhängige bauliche Anlage bestand (3).

Die Rechtsnatur dieser Regelung wirft Zweifel auf. Einigen Stimmen zufolge kommt § 1 Nr.2 VOB/A nur ein klarstellender Charakter zu, da sowohl Lieferung als auch Montage maschineller Einrichtungen von vornherein keine Bauleistungen seien (4). Wird

---

1) Dagegen grenzt der in der Ausgabe 1990 enthaltene § 1 Nr.2 VOB/A die Lieferung und Montage maschineller Einrichtungen nur insoweit aus, als sie der Instandhaltung oder Änderung einer baulichen Anlage dienen;
vgl. Korbion/Hochstein Rdnr.97 ff..
2) Vgl. Ingenstau/Korbion VOB/A § 1 Rdnr.62;
Rusam in Heiermann/Riedl/Rusam/Schwaab VOB/A § 1 Rdnr.33.
3) Vgl. Ingenstau/Korbion VOB/A § 1 Rdnr.60, 61.
4) Nachweis bei Daub/Piel/Soergel VOB/A ErlZ 1.32.

eine Sache montiert, so ist sie an dem Bauwerk befestigt. Je nachdem, ob ihr wesentliche Bedeutung für die Immobilie zukommt, liegen nach § 1 Nr.1 VOB/A bauwerks- oder grundstücksbezogene Bauarbeiten vor (vgl. oben S.66, 70). Zumindest für den Bereich der Montage schränkt folglich § 1 Nr.2 VOB/A den Begriff "Bauleistungen" wieder ein (1).

VI) Zusammenfassende Definition des in § 1 VOB/A verwandten Begriffs "Bauleistungen"

Bauleistungen sind das Ergebnis von an Bauwerken oder Grundstücken vorgenommenen Verrichtungen mit Ausnahme der Montage maschineller Einrichtungen. Ein Werk richtet sich dann auf ein Bauwerk, also eine unbewegliche, durch Arbeit und Material in Verbindung mit dem Erdboden hergestellte Sache, wenn es zu den praktischen, vorwiegend an der Baustelle erbrachten Arbeiten zählt; dazu gehört die feste Verknüpfung von wesentlichen Teilen mit dem Bau, Vorbereitungen und Sicherungen an der Baustelle und die Produktion der passenden Bauteile für ein konkretes Projekt. Grundstücksbezogene Arbeiten verlangen entweder nicht mit einem Bauwerk zusammenhängende Veränderungen des Erdreichs oder zu einem Bau rechnende Werke, die ohne wesentliche Bedeutung für diesen sind.

---

1) So im Ergebnis wohl auch Daub/Piel/Soergel VOB/A ErlZ 1.32.

C) Der Begriff der "Bauleistung" in den ABU

§ 1 VOB/A enthält eine Begriffsbestimmung der "Bauleistungen", die grundsätzlich für die gesamte Verdingungsordnung Gültigkeit beansprucht (1). Dies ergibt sich daraus, daß das Normenwerk den Ausdruck in seinen sämtliche Teile umspannenden Titel aufgenommen und in seiner Eingangsvorschrift, die ähnlich einer Legaldefinition wirkt (2), konkretisiert hat. Im folgenden muß untersucht werden, was damit für die Bauleistungsversicherung gewonnen ist.

I) Der versicherte Gegenstand beim Bau auf einem nicht dem Unternehmer gehörenden Grundstück

1) Allgemeines

Wie bereits dargelegt, erachtet die VOB nicht die Tätigkeiten, sondern die Erfolge derselben als "Leistungen". Es bedarf der Klärung, ob dieser Befund auch für die Bauleistungsversicherung zutrifft.

In aller Regel schließt der Unternehmer die ABU-Versicherung ab (vgl. oben S.17). Erstellt er den Bau auf dem Grundstück des Bauherrn, so erwirbt nicht er als Versicherungsnehmer, sondern sein Auf-

---

1) Dies schließt nicht aus, daß in einzelnen Bestimmungen der VOB der Begriff weiter bzw. enger gefaßt werden muß;
vgl. Schmalzl, BauR 1972, S.278 f..
2) Es handelt sich um keine Legaldefinition, da die VOB nicht die Qualität eines Gesetzes hat; vgl. Daub/Piel/Soergel VOB/A ErlZ 1.9 i.V.m. FN 7.

traggeber das Werk gemäß § 946 BGB i.V.m. § 94 Abs. 1, 2 BGB zu Eigentum. Dieser Umstand läßt fragen, welchen Gegenstand der Hersteller in diesem Fall versichert (z.B. den Bau als Sache, seine eigenen Bautätigkeiten etc.).

2) Meinungsstand

Aufgrund der beschriebenen Unsicherheit entstand eine - vor allem bezüglich der alten AVB Bauunternehmer sehr kontrovers geführte - Diskussion über das Objekt der Versicherung von Bauleistungen. Mehrheitlich sieht man die im Werden begriffene bauliche Anlage als geschützt an, andere befürworten eine Versicherung der Werklohnforderung, während einige Autoren eine Passiven- bzw. Haftpflichtversicherung annehmen.

a) Die Bauleistung als versicherte Sache

Die heute ganz überwiegende Meinung erkennt in der Bauleistung als Werk den Gegenstand des Vertrages. Eine Versicherung derselben sei demnach eine Sachversicherung für eigene Rechnung des Auftragnehmers. Der Versicherungsnehmer könne auch ein eigenes Interesse an fremden Sachen schützen (1). Ein solches habe der Unternehmer an den dem Grundeigen-

1) So Martin in Prölss/Martin Teil II lit.N unter "Bauleistungsversicherung" Anm.1 und in VW 1974, S.995; Littbarski Rdnr.650; Wäldner S.18; Schirmer, ZVersWiss 1981, S.729 f..
Diese Auffassung war bereits für die alten AVB Bauunternehmer bzw. Wohngebäude herrschend; vgl. BGHZ 75, 50(55);
Martin, VW 1971, S.150 ff.; Herde S.59 f.; Hj.Wussow, VersR 1964, S.571 ff..

tümer gehörenden Bauleistungen, weil ersterer im Schadensfalle werkvertraglich verpflichtet sei, noch einmal zu leisten; zudem hänge auch seine Vergütung von der mängelfreien Fertigstellung des Baus ab. In der Person des Herstellers bestehe also ein auf obligatorischen Grundlagen beruhendes Sacherhaltungsinteresse (1). Ferner übe er als Besitzer der Baustelle die tatsächliche Sachgewalt über den Bau aus. Nach alledem sei er zumindest als ein wirtschaftlicher Eigentümer einzustufen (2).

Ein zweites Argument für die These von der Sachversicherung folge aus dem Wortlaut der ABU. § 1 ABU sei mit den Worten "Versicherte Sachen" überschrieben. Auch § 1 Nr.1 ABU betrachte die Bauleistung als Sache, wenn er eine Gleichstellung mit Baustoffen und -teilen vornehme ("einschließlich aller ... Baustoffe und Bauteile"). Die in § 2 Nr.1 S.1 ABU gewählte Formulierung "Schäden an versicherten Bauleistungen" stütze diese Erkenntnis, da es Schäden "an" einer Tätigkeit begrifflich nicht gebe (3). Im übrigen knüpften die AVB Versicherungssumme und Prämie an den Wert des Werkes. Ein solcher Zusammenhang stelle einen typischen Wesenszug der Sachversicherung dar (4).

Dagegen könnten die ABU nicht als Versicherung des Werklohnanspruches oder als Passivenversicherung qualifiziert werden, weil dies nicht mit dem Wortlaut des Bedingungswerkes in Einklang zu bringen sei. Gegen die Annahme einer Haftpflichtversicherung i.S. der §§ 149 ff.VVG spreche darüber hinaus, daß die ABU - anders als von § 149 VVG vorgesehen - einen Zahlungs- und keinen Befreiungsanspruch des Versicherten begründeten. Aufgrunddessen

---

1) Vgl. Martin, VW 1971, S.94;
Schirmer, ZVersWiss 1981, S.729 f..
2) Vgl. Hj.Wussow, VersR 1964, S.572.
3) Vgl. Martin, VW 1974, S.995; Wäldner S.17 f..
4) Vgl. Martin, VW 1971, S.153 zu den AVB Bauunternehmer. Die ABU haben diese Regelung übernommen (vgl. § 5 Nr.2 lit.a) ABU, § 6 Nr.2 ABU).

seien die ein Freistellungsbegehren voraussetzenden §§ 154, 155 VVG unanwendbar (1); im übrigen paßten auch die anderen Bestimmungen des 6.Titels des VVG auf die Versicherung von Bauleistungen nicht (2).

b) Die Werklohnforderung des Unternehmers als versicherter Gegenstand

Es gibt - vorwiegend noch unter der Herrschaft der alten AVB laut gewordene - Stimmen im Schrifttum, die der These von der Versicherung des Werkes für Rechnung des Herstellers ablehnend gegenüberstehen, weil dieser kein Eigentum an dem Bau habe. Ihm falle jedoch laut § 644 BGB, § 7 VOB/B die Gefahr der Beschädigung des Werkes zur Last. Damit drohe ihm das Erlöschen seines Entgeltanspruchs. Gegen diese Einbuße wolle sich der Unternehmer schützen. Daher müsse sein Zahlungsbegehren als versichertes Objekt erachtet werden. Von der Dogmatik her handele es sich also um eine Forderungsversicherung (3).

Sieg schien sogar - allerdings noch unter der Herrschaft des § 187 Abs.1 VVG a.F. - von einer Kreditversicherung i.S. dieser damaligen Gesetzesbestimmung auszugehen (4). Denn seiner Ansicht nach dürften die Bauleistungsversicherer entsprechend der geübten kreditversicherungsrechtlichen Aufsichtspraxis keine anderen Versicherungszweige betreiben (5); andererseits fänden die vom VVG

---

1) Vgl. Martin, VW 1971, S.150 ff. zu § 3 Nr.5 und § 11 Nr.1 AVB Bauunternehmer, denen § 9 Nr.1 und § 16 Nr.2 ABU insoweit gleichen.
2) Vgl. Martin, VW 1971, S.150 ff..
3) So Sieg, BB 1964, S.18 zu den alten AVB; ähnlich auch K.Bischoff, ZVersWiss 1963, S.206.
4) Vgl. Sieg, BB 1964, S.18.
5) Zur Kreditversicherungsaufsicht vgl. Goldberg in Goldberg/Müller § 6 Rdnr.11, § 8 Rdnr.37.

aufgestellten Beschränkungen der Vertragsfreiheit wegen § 187 VVG a.F. keine Anwendung.

Hält man mit der hier wiedergegebenen Ansicht den auf die Bauleistung zu erbringenden Lohn für den versicherten Gegenstand , so beschreibt der Ausdruck "Bauleistung" in § 1 ABU wohl das vom Hersteller geschaffene Werk und nicht etwa die dafür notwendigen Handlungen. Insoweit deckt sich diese Auffassung mit der h.M..

c) Das Vermögen des Unternehmers als versicherter Gegenstand

Einige Autoren vertreten - vor allem für die alten AVB Bauunternehmer - die Meinung, der Werkverpflichtete nehme die Versicherung, um Vermögensschäden aus der Entstehung von Passiva auszugleichen. Ausgangspunkt dieser Theorie ist - wie bei der unter unter b) dargetanen - das Fehlen eines dinglichen Rechts des Versicherungsnehmers an der Bauleistung; ein nur auf der Verteilung der Gefahr gegründetes und damit rein schuldrechtliches Interesse rechtfertige keine Sachversicherung. Allerdings bestehe das Risiko des Unternehmers baurechtlich auch nicht im Erlöschen seiner Forderung, sondern darin, auf eigene Kosten noch einmal leisten zu müssen. Vor dieser Einbuße könne sich der Unternehmer mit Hilfe der Bauwesenversicherung schützen. Dies bedeute für ihn eine Vermögens-, sprich Passivenversicherung (1). Wo der Wortlaut der Vertragsbedingungen die Annahme einer Sachversicherung na-

---

1) So Klingmüller, Schriftenreihe Bd.4, S.31 f. zu den AVB Wohngebäude;
K.Bischoff, ZVersWiss 1963, S.193 ff., 205 f. spricht von einer "Vermögensversicherung, die aktive Forderungs- und Passiveninteressen" erfasse (vgl. S.206 (zu den alten AVB)).

helege, fingiere er die Sacheigenschaft der Bauleistung (1).

H.Möller geht noch einen Schritt weiter. Er erkennt in der Pflicht des Herstellers zur nochmaligen Leistung eine Vertragshaftung, für die er Deckung erlangen wolle. Folglich handele es sich um eine spezielle Form der Haftpflichtversicherung (demgegenüber leiste die allgemeine Haftpflichtversicherung bei gesetzlich begründeten Verbindlichkeiten Ersatz) (2).

Bejaht man eine Passiven- oder Haftpflichtversicherung, so läßt sich der Begriff "Bauleistung" in § 1 ABU als eine Tätigkeit auffassen (3). Damit wäre er nicht identisch mit dem, den die VOB gebraucht (vgl. oben S.74).

d) Zwischenergebnis

Die Auswertung der Literatur zeigt, daß die von der h.M. abweichenden Standpunkte ganz überwiegend zu einer Zeit vertreten wurden, als sich noch die alten AVB Bauunternehmer im Umlauf befanden. Das in neuerer Zeit veröffentlichte Schrifttum beurteilt das Problem als zugunsten der Mehrheitsmeinung gelöst (4); kritische Stellungnahmen fehlen. Dies dürfte wesentlich auf den Wortlaut der ABU zurückzuführen sein, der – in größerem Maße als die vor-

---

1) So K.Bischoff, ZVersWiss 1963, S.206.
2) So H.Möller in Bruck/Möller Bd.II § 49 Anm.74 f., 104 zu den alten AVB.
3) Vgl. Martin, VW 1971, S.214; K.Bischoff, ZVersWiss 1963, S.205; Voit in Prölss/Martin Vor § 149 Anm.1.
4) Vgl. Littbarski Rdnr.650 i.V.m. FN 7, der dies als "Allgemeine Auffassung" bezeichnet. Schirmer, ZVersWiss 1981, S.729 f. zufolge haben sich die gegenteiligen Ansichten "nicht durchsetzen können".

herigen Versicherungsbedingungen - auf die Natur der Bauleistung als Sache zugeschnitten ist (1). Nun beziehen sich die Minderansichten auf wirtschaftliche und dogmatische Erwägungen; der Wortlaut des Vertragswerks, der ja nur ein Kriterium der Auslegung Allgemeiner Geschäftsbedingungen bildet (vgl. oben S.32), wird nicht zur Argumentation herangezogen. Es läßt sich daher mit Fug zweifeln, ob das Problem des Objekts der Versicherung von Bauleistungen mit der grundlegenden Reform von 1974 wirklich gelöst wurde. Deshalb soll die Frage in dieser Arbeit noch einmal aufgenommen werden.

3) Stellungnahme

a) Einführung

Die dogmatischen Erklärungsversuche reichen von der Sach- über die Forderungs- bzw. Kredit- bis hin zur Passiven- und Haftpflichtversicherung. Die Bauleistungsversicherung dient dazu, dem Bauunternehmer die Vermögensverluste zu kompensieren, welche er aufgrund von Schäden an dem von ihm erstellten Werk erleidet. Zu Beginn der Stellungnahme ist infolgedessen herauszuarbeiten, ob und inwieweit eine so strukturierte Versicherung überhaupt Sach-, Forderungs-, Kredit-, Passiven- und Haftpflichtinteressen berühren kann. So läßt sich feststellen, unter welchen Versicherungsarten die Verfasser der ABU bei der Konzeption des Bedingungswerks wählen konnten. Dieses Vorgehen erfordert zunächst eine Klärung der dogmatischen Grundlagen der angesprochenen Versicherungen.

---

1) So lautet die Überschrift zu § 1 ABU z.B. "Versicherte Sachen" im Gegensatz zu "Gegenstand der Versicherung" in § 1 AVB Bauunternehmer.

b) Dogmatische Grundlagen

aa) Die Forderungs- und die Kreditversicherung

aaa) Das Verhältnis von Forderungs- und Kreditversicherung

Sowohl Forderungs- als auch Kreditversicherung sind Zweige der Aktivenversicherung, weil Ansprüche des Versicherten gegen Dritte Inhalt seines Interesses sind (1). Forderungsrechte - gleich welcher Art - bergen zwei Risiken: das des rechtlichen Untergangs und das der wirtschaftlichen Uneinbringlichkeit (2). Die Abgrenzung der Forderungs- von der Kreditversicherung erscheint problematisch.

Der § 187 Abs.1 VVG a.F. stellte die "Kreditversicherung" von den Beschränkungen des Gesetzes weitgehend frei, ohne sich mit derselben näher zu beschäftigen. Aufgrunddessen bestand über ihren Anwendungsbereich keine Einigkeit. Nach einigen Autoren diente die Kreditversicherung dem Schutz aller denkbaren Ansprüche. Grundtypus derselben sei die Forderungsversicherung gewesen; sie habe bei Darlehen zur Verfügung gestanden. Daneben hätten sich weitere Unterarten wie die Warenkreditversicherung entwickelt (3).

Ein anderer Teil der Wissenschaft meint, sämtliche Verlangen hätten unter die Forderungs-

---

1) Vgl. Hofmann S.124; Sieg, Lehrbuch S.41.
2) Vgl. H.Möller, Lehrbuch S.34 und in Bruck/Möller Bd.II Vor §§ 49-80 Anm.14.
3) So Eichler S.229, 238, 343 f.; ähnlich v.Halem S.30 ff.; wohl auch Weyers S.50.

versicherung gebracht werden können. Dagegen sei die Kreditversicherung enger gefaßt gewesen und habe allein Kaufpreisbegehren aus Warenlieferungen, also den sogenannten Warenkredit, geschützt (1).

Seit dem 1.7.1990 befindet sich der auf eine EG-Koordinierungsrichtlinie zurückgehende § 187 VVG n.F. in Kraft. Laut dieser neuen Vorschrift bleiben die im VVG vorgesehenen Grenzen der Vertragsfreiheit bei solchen Großrisiken außer Ansatz, die in Art.10 Abs.1 EGVVG aufgeführt sind. Der letztgenannte Rechtssatz erstreckt sich über die von ihm in Verweis genommene Anlage Teil A zum VAG auf die Kreditversicherungen für allgemeine Zahlungsunfähigkeit, Ausfuhrkredit, Abzahlungsgeschäfte, Hypothekendarlehen und landwirtschaftliche Darlehen (vgl. Art.10 Abs.1 S.2 Nr.2 EGVVG i.V.m. Anlage Teil A zum VAG Nr.14). Auf der Basis der neuen, differenzierten gesetzlichen Regelung erscheint als überzeugendstes Lösungskonzept, die Forderungsversicherung als das allgemeine Instrument der Deckung von Ansprüchen und die Kreditversicherung als eine Spezialform, mit deren Hilfe Großrisiken i.S. des EGVVG geschützt werden, zu begreifen. Danach unterliegen Kreditversicherungen - anders als reine Forderungsversicherungen - den (halb-) zwingenden Vorgaben des VVG nicht. Diese Aufgliederung orientiert sich am Gesetz und begründet eine die unterschiedliche versicherungsrechtliche Behandlung offenbarende Terminologie.

bbb) Anwendung dieser Grundsätze auf die Versicherung von Bauleistungen

Vorrangig ist zu klären, ob dem Bauunternehmer

---

1) So Hofmann S.124, 180; Deutsch Rdnr.248, 287; Sieg, Lehrbuch S.41.

durch den Bau Gefahren drohen, die eine Kreditversicherung aufzufangen vermag. Dafür muß eines der Tatbestandsmerkmale der Nr.14 der Anlage Teil A zum VAG erfüllt sein. In Frage kommt zunächst einmal eine Versicherung gegen allgemeine Zahlungsunfähigkeit des Bauherrn (vgl. Nr.14 lit.a) der Anlage). Das Risiko fehlender wirtschaftlicher Durchsetzbarkeit ist jedoch nicht bauspezifischer Natur und ergäbe daher im Rahmen einer Bauleistungsversicherung einen Fremdkörper (1). Da die letztere darüberhinaus weder einen Ausfuhrkredit noch ein Hypothekendarlehen noch ein landwirtschaftliches Darlehen zum Gegenstand hat, könnte eine Kreditversicherung allenfalls vorliegen, wenn ein "Abzahlungsgeschäft" i.S. der Nr.14 lit.c) der Anlage versichert würde. Der zitierte Rechtsbegriff beschreibt eine Vereinbarung, bei der der eine Vertragsteil seine Leistung nicht auf einmal, sondern in Raten erbringt; beispielhaft erwähnt sei der im Verbraucherkreditgesetz geregelte Abzahlungskauf. Viele Bauvorhaben werden heute - entgegen dem gesetzlichen Leitbild des Werkvertrags (vgl. § 641 Abs.1 S.1 BGB) - nach Baufortschritt in mehreren Teilbeträgen bezahlt. Das aus dem Wesen eines Abzahlungsgeschäfts entspringende versicherbare Risiko liegt darin, daß die in Vorleistung getretene Vertragspartei ihre vom Schuldner ratenweise zu begleichende Forderung wegen Insolvenz desselben nicht mehr zu realisieren vermag. Diese Gefahr ist indes gerade nicht Inhalt der Bauleistungsversicherung (vgl. soeben). Damit scheidet eine Konstruktion als Kreditversicherung aus.

Zu prüfen bleibt die Möglichkeit einer allgemeinen Forderungsversicherung. Diese deckt neben dem Insolvenzrisiko auch jenes aus dem rechtlichen Erlöschen eines Anspruchs (vgl. oben S.81). Mithin könnte sie gegen Verluste aus dem Untergang des Werklohnbegehrens schützen. Ein Blick auf das Werk-

---

1) Vgl. Martin, VW 1971, S.94.

vertragsrecht soll erhellen, wann dieser Fall eintritt.

Den Unternehmer trifft die Pflicht, ein mangelfreies Objekt zu liefern (vgl. §§ 631 Abs.1, 633 Abs.1 S.1 BGB). Treten Fehler auf oder fehlen zugesicherte Eigenschaften, so hat der Auftraggeber grundsätzlich die Wahl zwischen einer Nachbesserung (vgl. § 633 Abs.2 S.1 BGB) und einer völligen Neuherstellung (1). In beiden Fällen braucht er die dadurch anfallenden Mehrkosten nicht zu tragen, muß aber die Gegenleistung erbringen (2). Die Forderung des Werkverpflichteten erlischt von Gesetzes wegen nur, sofern die ordnungsgemäße Erfüllung unmöglich ist (vgl. auch § 644 Abs.1 S.1 BGB). Selbst wenn einem Bauvertrag die VOB zugrundeliegt, ändert sich an dieser Rechtslage grundsätzlich nichts (vgl. §§ 7, 12 Nr.6 VOB/B). Der Hersteller geht also nur ausnahmsweise das Risiko, sein Entgeltverlangen zu verlieren (z.B. auch, wenn dies für bestimmte Fallgestaltungen besonders vereinbart worden ist). In der Regel droht ihm die Pflicht, das Werk auf seine Kosten noch einmal errichten zu müssen. Diese Schadensmöglichkeit vermag eine Forderungsversicherung nicht zu erfassen. Eine als solche angelegte Bauleistungsversicherung käme demnach sehr selten zur Anwendung.

---

1) So die heute h.M.;
vgl. Münchener Komm./Soergel § 633 Rdnr.103.
Dagegen lehnte die früher mehrheitlich vertretene Meinung mangels gesetzlicher Regelung einen Neuherstellungsanspruch ab;
vgl. Planck/Oegg § 633 Anm.2 a.

2) Vgl. Larenz II/1 § 53 III a (S.363 f.).

bb) Die Haftpflicht- und die Passivenversicherung

aaa) Das Verhältnis von Haftpflicht- und Passivenversicherung

Es kann bis heute als nicht abschließend geklärt gelten, wie Haftpflicht- und Passivenversicherung zueinander stehen. Der BGH und die h.L. betrachten die Passivenversicherung als eine Abmachung, aufgrund derer dem Versicherten Verluste aus Passiva jeder Art (gegen ihn gerichtete Ansprüche, notwendige Aufwendungen etc.) ausgeglichen werden. Die Haftpflichtversicherung i.S. der §§ 149 ff.VVG sei ein Unterfall dieses Rechtsinstituts, weil sie lediglich Einbußen aus Pflichten zum Schadensersatz decke. Irrelevant bleibe dabei, ob diese Verbindlichkeiten sich auf Vertrag oder Gesetz gründeten. Allerdings würden vertragliche Schulden dann nicht von der Haftplichtversicherung erfaßt, wenn sie an die Stelle von Erfüllungsplichten träten (z.B. der Schadensersatz wegen Nichterfüllung in § 635 BGB). Denn in diesem Fall liege kein ungewisses Ereignis vor, sondern der Versicherte habe durch seine mangelhafte Leistung den Schaden vorhersehbar herbeigeführt. Verursache dagegen neben diesem Verhalten ein weiteres, außervertragliches Moment den Ersatzanspruch des Dritten, so könne eine Haftpflichtversicherung Abhilfe schaffen (1).

Einen von der h.M. abweichenden Standpunkt nehmen das RG und ein Teil der Literatur ein. Der Anwendungsbereich der Haftpflichtversicherung umfasse - wie schon der insoweit offene Wortlaut des § 149 VVG nahelege - nicht nur das Risiko des Versicherten, schadensersatzpflichtig zu werden. Viel-

1) So BGH, VersR 1964, 230;
Voit in Prölss/Martin § 149 Anm.6.

mehr könne man diese Versicherung grundsätzlich für sämtliche rechtlich denkbaren Verbindlichkeiten einsetzen. Dies gelte insbesondere bezüglich der Haftung aus der Verletzung primärer Vertragspflichten (sogenannte Vertragshaftung; z.B. die werkvertragliche Nachbesserung) (1). Nur die ursprüngliche Erfüllungspflicht sei in der Regel kein ungewisses Ereignis und damit nicht versicherbar, da der Schuldner ihren Grund, den Vertragsschluß, vorherzubestimmen vermöge. Anders verhalte es sich wiederum bei Schulden aus Geschäften mit aleatorischem Charakter (z.B. Bürgschaft, Rückversicherung). H.Möller erachtet hier allerdings die Haftpflichtversicherung für nicht einschlägig; insoweit handele es sich um einen Fall der allgemeinen Passivenversicherung (2).

Das VVG kennt zwar die Haftpflicht-, nicht aber die Passivenversicherung. Es erscheint daher angezeigt, das Verhältnis der beiden Versicherungszweige von der Haftpflichtversicherung her zu bestimmen und dabei vom Gesetz auszugehen. Das VVG verwendet den Ausdruck "Haftpflichtversicherung" in der Überschrift zu seinem 6.Titel. Der Terminus verdeutlicht die dem Versicherten abgenommene Gefahr: die potentielle "Pflicht zur Haftung". Das Zivilrecht legt dem Wort "Haftung" mehrere Bedeutungen bei. Im engeren Sinne meint es die Pflicht einer Person, wegen eigener oder fremder Handlungen Schadensersatz zu leisten (3). Faßt man den Begriff weiter, so unterfällt ihm jede aus einem Schuldverhältnis herrührende Haftung (4). Der Ausdruck "Haft-

---

1) So RGZ 86, 1(4);
Johannsen in Bruck/Möller Bd.IV Anm.B 8;
Eichler S.397.

2) So H.Möller in Bruck/Möller Bd.II
Vor §§ 49-80 Anm.19, § 49 Anm.73 ff., 77.

3) Vgl. Larenz I § 2 IV (S.22).

4) Vgl. Creifelds, Rechtswörterbuch unter
Stichwort "Haftung" (S.537).

pflicht" läßt also sowohl die Auslegung der h.M. als auch die der Minderansicht zu.

Nächster Anknüpfungspunkt für die Lösung des Problems ist die Vorschrift des § 149 VVG, die den Umfang der Haftpflichtversicherung festlegt. Nach dieser Bestimmung ersetzt der Versicherer die "Leistung", die der Versicherte "an einen Dritten zu bewirken hat". Diese Formulierung stützt eine Beschränkung auf Schadensersatzpflichten nicht. Als notwendige Ursache der Verbindlichkeit gibt die Norm eine "Verantwortlichkeit für eine während der Versicherungszeit eintretende Tatsache" an. Eine "Verantwortlichkeit" im Rechtssinne wird nicht nur durch ein schadensersatzrechtlich relevantes Vertreten-Müssen, sondern z.B. auch durch Geschäftsfähigkeit begründet (1). Weiterhelfen könnte, daß das entscheidende Ereignis nach dem Wortlaut des § 149 VVG "während der Versicherungszeit" eingetreten sein muß. Dieses Tatbestandsmerkmal beschränkt nach Martin das Anwendungsfeld der Haftpflichtversicherung auf Schadensersatzverbindlichkeiten. Denn Erfüllungspflichten wie die zur Nachbesserung in § 633 BGB folgten bereits aus dem schuldrechtlichen Vertrag und nicht erst aus der fehlerhaften Leistung (2). Nun gehört zwar die Mängelbeseitigung zumindest im Werkvertragsrecht noch zur primären Schuld (3). Dennoch erwächst der konkrete auf Ausbesserung gerichtete Anspruch erst aus der unzureichenden Leistung. Martins Beweisführung ist deshalb nicht zwingend. Der Wortlaut des § 149 VVG bietet keinen Anhalt dafür, die Haftpflichtversicherung auf Schadensersatzpflichten zu begrenzen. Im übrigen legen auch die §§ 150 ff.VVG nicht fest, welche Rechtsnatur die Schuld des Versicherten haben muß; die sich in den Überschriften zu §§ 156, 157 VVG

---

1) Vgl. Creifelds, Rechtswörterbuch unter Stichwort "Verantwortlichkeit" (S.1194).

2) So Martin, VW 1971, S.93.

3) Heute ganz h.M.; vgl. Larenz II/1 § 53 II a.

findende Bezeichnung des Dritten als "des Geschädigten" gibt kein Indiz, da die Überschriften zu den einzelnen Paragraphen des Gesetzes nicht zum amtlichen Text zählen. Im Ergebnis spricht der Wortlaut des VVG für die Minderansicht.

Ein Blick auf die inhaltliche Regelung der §§ 149 ff.VVG zeigt folgendes Bild: Die §§ 156, 157 VVG stärken die Rechtsstellung des Dritten, indem sie Verfügungen über die Versicherungsforderung ihm gegenüber für unwirksam erklären und ihm zusätzlich bei Konkurs des Versicherten ein Absonderungsrecht an dem Entschädigungsanspruch gewähren. Der Gesetzgeber hat damit anerkannt, daß in der Haftpflichtversicherung auch die Belange des Dritten zu berücksichtigen sind. Dessen Schutzwürdigkeit hängt aber nicht vom Inhalt seines Verlangens ab. Sie liegt bei Zahlungsforderungen gegen einen versicherten Bürgen genauso vor wie bei Schadensersatzbegehren. Folglich sind sämtliche Übereinkünfte als Haftpflichtversicherungen anzusprechen, die dem Ausgleich von Vermögensschäden durch Belastungen mit Schulden dienen. Die Rechtsnatur der Verbindlichkeit bleibt sich gleich. Für Erfüllungspflichten gilt dies jedoch nur, wenn sie auf Vertragsverletzungen oder aleatorischen Abreden beruhen; andernfalls stellen sie kein ungewisses Ereignis dar und sind dann einer Versicherung überhaupt nicht zugänglich (1).

Damit wird die Rechtsfigur der Passivenversicherung nicht obsolet. Ihr bleibt ein eigener Anwendungsbereich in all den Fällen, wo das Vermögen der versicherten Person vor Verlusten aus solchen Passiva geschützt wird, die nicht auf Rechtspflichten basieren. Dies trifft etwa zu bezüglich der Versicherungen gegen notwendige Aufwendungen (2).

---

1) Für die Rückversicherung, die von der Dogmatik her auch eine Haftpflichtversicherung ist, gelten allerdings die §§ 149 ff.VVG wegen der Ausnahmevorschrift des § 186 VVG nicht.

2) Vgl. Werber/Winter Rdnr.49; Hofmann S.126.

bbb) Anwendung dieser Grundsätze auf die Versicherung von Bauleistungen

Dem Bauunternehmer entstehen durch eine Pflicht zur Mängelbeseitigung bzw. Neuherstellung Mehrkosten, die ihm der Besteller nicht ersetzt (vgl. oben S. 84). Eine diese Nachteile ausgleichende Versicherung könnte als Haftpflichtversicherung konstruiert werden. Allerdings ergriffe diese nicht solche Schäden des Herstellers, die ihre Ursache ausnahmsweise im Erlöschen des Werklohnanspruches haben. Insoweit wäre nur eine Forderungsversicherung in der Lage, Abhilfe zu schaffen (vgl. oben S.84).

cc) Die Sachversicherung

aaa) Meinungsstand

Die Sachversicherung dient dazu, einen Ausgleich für Schäden an körperlichen Gegenständen zu verschaffen. Dagegen ist es nicht Aufgabe des Versicherers, den Verlust oder die Beschädigung der Objekte zu verhindern. Infolgedessen bildet nach heute ganz h.M. nicht die Sache selbst den Inhalt des Versicherungsschutzes, sondern das Interesse, welches der Versicherte an der Sache besitzt (1).

---

1) Vgl. schon RGZ 86, 392(393);
OLG Celle, VA 1932, 325(326);
aus der Lit.: H.Möller in Bruck/Möller Bd.II § 49 Anm.34 f.; Sieg, Lehrbuch S.39 f.; Martin, Sachversicherungsrecht A I Rdnr.3; K.Bischoff, ZVersWiss 1963, S.193.
Ein Gegner dieser Interessenlehre ist z.B. Ehrenzweig S.199 ff..

Unter einem Interesse im versicherungsrechtlichen Sinne versteht man die Wertbeziehung eines Rechtssubjekts zu einem bestimmten Gut, kraft derer ein Vermögensnachteil entstehen kann (1).

Ausgehend von dieser Lehre stellt sich die Frage, wie geartet dieses Verhältnis zwischen versicherter Person und Objekt sein muß, damit dogmatisch betrachtet die Annahme einer Sachversicherung gerechtfertigt erscheint. Eine solche Versicherung liegt selbstverständlich grundsätzlich vor, wenn jemand Gegenstände versichern will, die in seinem Eigentum stehen. In Ausnahmefällen bereitet es allerdings Schwierigkeiten zu beurteilen, wer eine auf das Eigentum gestützte Sachversicherung abzuschließen vermag. Als typische Beispiele seien die Veräußerung unter Eigentumsvorbehalt und die Sicherungsübereignung genannt. Hier erhebt sich das Problem, ob das wirtschaftlich nicht vollwertige Eigentumsrecht des Vorbehaltsverkäufers bzw. des Sicherungsnehmers versicherungsfähig ist. Die Rechtsprechung und ein Teil der Lehre rekurrieren bezüglich beider Fragen auf die sachenrechtliche Lage (sogenannte formal-sachenrechtliche Theorie). Dies habe zur Folge, daß der Eigentümer trotz dem minderen Wert seines Rechts eine auf demselben beruhende Sachversicherung nehmen könne (2). Die Gegenauffassung löst sich von dieser rein rechtlich orientierten Betrachtungsweise. Wirtschaftlich gesehen seien der Vorbehaltskäufer bzw. der Sicherungsgeber Eigentümer der Güter. Diese Personen hätten zwar keine "Eigentums-", wohl aber "Eigentümer-Interessen", für die eine Sachversicherung zur Verfügung stehe (3).

---

1) Vgl. RGZ 169, 368(369);
H.Möller in Bruck/Möller Bd.II § 49 Anm.48;
Werber/Winter Rdnr.119.

2) Grundlegend RGZ 84, 409(411);
BGH, VersR 1963, 516; Deutsch Rdnr.248.

3) So H.Möller, Lehrbuch S.34 und in
Bruck/Möller Bd.II Vor §§ 49-80 Anm.13.

Trotz der geschilderten Kontroverse bildet das Eigentumsrecht das eindeutigste Beispiel für ein Sachinteresse. An dieser Stelle ist die versicherungsrechtliche Wissenschaft jedoch nicht stehengeblieben. Man fragte sich, ob darüber hinaus andere Rechte den Abschluß einer Sachversicherung erlauben. Die daraus entstandene Diskussion betrifft die Fälle, in denen entweder dingliche Teilrechte (z.B. Pfandrechte) oder schuldrechtliche Vereinbarungen (z.B. Miete) eine Wertbeziehung zu einer Sache schaffen. Die h.M. geht sehr weit. Eine Sachversicherung sei möglich sowohl für alle dinglichen Rechte als auch dann, wenn der Inhaber eines obligatorischen Rechts aufgrund des Schuldvertrags Schäden an einer Sache zu ersetzen oder die Gefahr ihres Untergangs zu tragen habe (1). Die Richtigkeit dieser These folge für die beschränkten Sachenrechte aus § 105 VVG, wonach der Hypothekengläubiger eine Gebäude-Feuerversicherung für eigene Rechnung nehmen könne (2). Im Falle schuldrechtlicher Gefahrtragung bzw. Schadensersatzpflicht habe der Betreffende ein Interesse am unversehrten Bestand der Gegenstände und damit ein der Sachversicherung unterfallendes "Sachersatzinteresse" (3); ein solches komme beispielsweise dem Bauunternehmer zu, weil ihm bis zur Abnahme grundsätzlich das Risiko für die von ihm erbrachten Bauleistungen zur Last falle (4).

Eine von der überwiegenden Ansicht abweichende Haltung findet sich bei K.Bischoff. Zwar bejaht auch er eine eigene Sachversicherung desjenigen, welchem

---

1) Beispiele aus der Rechtsprechung:
RG, LZ 1917, 207; BGHZ 33, 97(100);
aus der Lit.: Martin, Sachversicherungsrecht J I Rdnr.6; Hj.Wussow, VersR 1964, S.571 ff..

2) Vgl. Martin in Prölss/Martin Vor § 51 Anm.6 A.

3) Vgl. Martin in Prölss/Martin Vor § 51 Anm.6 B-E; Hj.Wussow, VersR 1964, S.571 f..

4) Vgl. Prölss in Prölss/Martin Vor § 51 Anm.6 D.

ein dingliches Teilrecht zusteht. Denn aus der gegen jedermann wirkenden Berechtigung erwachse ein "unmittelbares" vermögenswertes Interesse an dem Objekt (1). Dagegen lehnt der Autor diese Möglichkeit für Träger obligatorischer Rechte ab. Im Rahmen von Schuldverträgen werde das Interesse an der Sache überlagert durch eines, das darauf gerichtet sei, von einer etwaigen Haftung befreit zu werden. Letztere bedrohe dabei das gesamte Vermögen und hänge nur "mittelbar" mit dem Gut zusammen. Deswegen biete insoweit allein die Passivenversicherung Schutz (2).

Noch einen Schritt weiter geht H.Möller. Er erlaubt auch dem Inhaber beschränkter dinglicher Rechte nicht, eine Sachversicherung für eigene Rechnung abzuschließen, weil selbst dann die Sache kein "beziehungsverknüpftes Gut" bilde. Vielmehr werde das Sachenrecht versichert. Folglich gebe es überhaupt keine Sachinteressen an Dritten gehörenden Dingen (3).

bbb) Eigener Lösungsvorschlag

aaaa) Grundsatz

Der Begriff "Sachversicherung" bedingt, daß eine Sache Gegenstand des versicherten Interesses ist. Unstreitig ist dies der Fall, wenn dem Versicherten das Eigentum an dem Vertragsobjekt zukommt. Schwieriger gestaltet sich die Lage bei den beschränkt dinglichen Rechten. Diese weisen dieselbe Struktur

---

1) Vgl. K.Bischoff, ZVersWiss 1963, S.195-199.

2) Vgl. K.Bischoff, ZVersWiss 1963, S.193 f., 203 f. und VersR 1963, S.13 f..

3) Vgl. H.Möller in Bruck/Möller Bd.II § 49 Anm.58; so offensichtlich auch Deutsch Rdnr.248.

wie das Eigentum auf: Sie haften der Sache selbst an und wirken gegen jeden Dritten. Dingliches Voll- und Teilrecht unterscheiden sich mithin allein im Umfang der Befugnisse, die sie ihrem Träger verleihen. Dennoch lehnt H.Möller bei den beschränkten Rechten ein Sachinteresse ab, weil hier nicht die Sache selbst, sondern das Recht Gegenstand der Vereinbarung sei. Zu dieser Argumentation ist wie folgt Stellung zu beziehen: Der Schaden an einem Gut verursacht niemals eo ipso eine Minderung des Vermögens einer Person. Ein Subjekt erleidet erst dadurch eine Einbuße, daß es in bezug auf das Objekt ein bestimmtes Recht inne hat. Denn letzteres verliert wegen der Beschädigung der Sache an Wert und vermittelt seinem Inhaber diesen Verlust. Daher nimmt der Betreffende die Versicherung niemals wegen der Gefahr der Wertminderung der Sache, sondern immer wegen der Gefahr der Wertminderung des Rechts. Folglich ergibt dieses - egal ob Eigentum oder dingliches Teilrecht - auch den Inhalt des versicherten Interesses. H.Möllers Begründung erweist sich als unzutreffend; die beschränkten Sachenrechte stützen infolge ihrer Eigentumsähnlichkeit ein Sachinteresse.

Die h.M. weitet darüberhinaus das Feld der Sachversicherung auf solche Wertbeziehungen aus, die ihren Grund in schuldrechtlichen Verträgen haben, und spricht von sogenannten "Sachersatzinteressen". Im Mittelpunkt obligatorischer Vereinbarungen steht die vom Verpflichteten zu erbringende Erfüllungshandlung. Dem Gläubiger kommt kein Anteil "an" dem Gegenstand zu, sondern er hat nur einen Anspruch "auf" denselben (z.B. im Fall der Miete auf Gebrauchsüberlassung). Das Rechtsgeschäft tangiert Dritte - anders als bei "Sachen"-Rechten - nicht. Erkennt man trotzdem ein Sachinteresse an, so könnten mit Hilfe der Sachversicherung auch solche Belange versichert werden, bei denen das Gut nicht mehr im Mittelpunkt steht. Dem Inhaber eines sich aus einer obligatorischen Übereinkunft ergebenden

"Sachersatzinteresses" geht es beim Abschluß des Versicherungsvertrages nicht um den Schutz seiner Rechtsbeziehung zu der Sache. Vielmehr bezweckt er einen Ausgleich für eine etwaige Inanspruchnahme durch seinen Vertragspartner. Damit diente die "Sachversicherung" - untechnisch gesprochen - nicht mehr der "Versicherung von Sachen".

In diesem Zusammenhang ist noch ein weiteres zu berücksichtigen: Die h.M. bejaht nur dann die von ihr sogenannten "Sachersatzinteressen", wenn die entsprechenden Forderungen gegen den Versicherten auf vertraglicher Basis beruhen. Warum soll aber das deliktische Haftungsrisiko aus der Beschädigung von Gegenständen nicht gleichfalls mittels einer Sachversicherung abgedeckt werden können? Zwingende Gründe für eine abweichende versicherungsrechtliche Behandlung ergeben sich nicht. Konsequenterweise hält daher ein Teil der Mehrheitsauffassung sogar dieses für theoretisch konstruierbar (1). Damit greift sie in den durch §§ 149 ff. VVG abgesteckten Bereich der Haftpflichtversicherung ein. Dies mag zwar rechtlich zulässig sein, widerspricht aber einer klaren versicherungsrechtlichen Dogmatik, da der Begriff "Sachversicherung" sämtliche Konturen verlöre.

Aus diesen Gründen muß der überwiegend verfochtenen Ansicht entgegengetreten werden. Ein Sachinteresse liegt grundsätzlich nur vor, wenn der Betreffende in einer dinglichen Beziehung zu der Sache steht.

bbbb) Abgrenzung der versicherbaren dinglichen Positionen im Hinblick auf die ABU

Als Grundlage für ein Sachinteresse dienen grundsätzlich dingliche Rechte. Der Kreis der in Frage

---

1) Vgl. Martin in Prölss/Martin Vor § 51 Anm.6 E b.

kommenden Positionen ist damit noch nicht abschließend geklärt. Selbstverständlich sind sämtliche vom BGB geregelten Sachenrechte wie Eigentum, (Fahrnis- und Grund-) Pfandrechte und dingliche Nutzungsrechte erfaßt. Baut der Unternehmer auf fremdem Grund, so ergibt sich folgendes Bild: Das Eigentum an dem Werk steht wegen §§ 946, 94 BGB dem Bauherrn zu. Der Hersteller kann zwar die Eintragung einer Sicherungshypothek zu seinen Gunsten verlangen (vgl. § 648 Abs.1 BGB). Da er aber auch dann eine Bauleistungsversicherung zu nehmen vermag, wenn er von dieser Befugnis keinen Gebrauch gemacht hat, bildet dieses Recht offensichtlich nicht den Inhalt des versicherten Interesses. Die sich im Gesetz findenden dinglichen Rechte helfen nicht weiter.

Man könnte erwägen, ein Sachinteresse aus dem von der allgemeinen Zivilrechtswissenschaft herausgearbeiteten Anwartschaftsrecht zu filtern. Einer Person kommmt nach ganz h.M. ein derartiges Recht zu, wenn sie bei einem zeitlich gestreckten Verfahren für die Übertragung eines Rechts - etwa einem Kauf unter Eigentumsvorbehalt - zwar noch nicht das Vollrecht erworben hat, wohl aber bereits eine Position besitzt, die der Veräußerer nicht mehr einseitig zerstören kann (1). Ein Großteil der Lehre hält schon diese Vorstufe für ein dingliches Recht (2). Der Bauunternehmer hat allerdings weder an dem Grundstück noch an dem Werk ein Anwartschaftsrecht. Deshalb soll die Frage nach dem Charakter des Rechtsinstituts nicht vertieft werden.

Nach den bislang gewonnenen Erkenntnissen fehlt dem Hersteller in bezug auf den Bau ein Sachinteresse.

---

1) Zu diesem Rechtsinstitut
vgl. Palandt/Bassenge § 929 Rdnr.26 f.;
Münchener Komm./Quack § 929 Rdnr.22 ff..

2) So z.B. Erman/Hagen § 925 Rdnr.44;
ablehnend allerdings der BGH;
vgl. BGHZ 10, 69(72).

Nun übt er möglicherweise während der Arbeiten den Besitz an dem Projekt aus; auf diesem Umstand könnte die Annahme einer Sachversicherung fußen. Allerdings sind Stimmen laut geworden, die nicht den Unternehmer, sondern allein den Grundeigentümer als Inhaber der tatsächlichen Gewalt über den Bau erachten (1). Diese Auffassung vermag jedoch nicht zu erklären, wie der Auftragnehmer seine Werkleistung erbringen soll, ohne das Objekt seiner Verrichtungen zu beherrschen. Da er ein selbständiger und gleichberechtigter Vertragspartner des Bauherrn ist, verbietet sich die Annahme einer bloßen Besitzdienerschaft i.S. des § 855 BGB (2). Vielmehr hat der Hersteller während der Bauphase die Sachgewalt im Hinblick auf den Baustellenbereich und das im Entstehen begriffene Werk (3). Dieser Besitz könnte durch eine Beschädigung seines Bezugsobjekts, des Bauwerks, an Wert verlieren. Mithin ist zu klären, ob das Rechtsinstitut "Besitz" die Konstruktion einer Sachversicherung erlaubt.

Nach traditioneller Sicht stellt die in §§ 854 ff.BGB geregelte Sachherrschaft kein Recht, sondern ein rein tatsächliches Verhältnis einer Person zu einem körperlichen Gegenstand dar (4); als Begründung wird hauptsächlich der Wortlaut des § 854 BGB herangezogen. Dagegen ordnet eine vordringende Meinung in der Literatur das Institut den Rechten zu (5). Solche lägen immer vor, wenn die Rechts-

---

1) So OLG Hamburg, MDR 1974, 668; Staudinger/Schäfer § 823 Rdnr.102.

2) Vgl. Erman/Werner § 855 Rdnr.13.

3) So BGH, NJW 1984, 2569(2570); Ingenstau/Korbion VOB/B § 7 Rdnr.34; ebenso für den unberechtigten Bau auf fremdem Grund BGHZ 41, 157(159) und Baur, Sachenrecht § 11 C IV 1.

4) So Palandt/Bassenge Überbl v § 854 Rdnr.1; Münchener Komm./Joost Vor § 854 Rdnr.10; Baur, Sachenrecht § 3 II 1 a.

5) So z.B. E.Wolf, Sachenrecht S.43 ff..

ordnung einem Subjekt eine besondere Willensmacht verleihe. Dies beziehe auch die tatsächliche Gewalt über Sachen ein.

Dazu ist folgendes zu sagen: Das Eigentum zeichnet sich durch eine negative Ausschluß- und eine positive Nutzungsfunktion aus (vgl. § 903 BGB). Genauso verhält es sich beim berechtigten Besitz (1), da auch dessen Inhaber Störungen abwehren (vgl. §§ 861 f.BGB) und die Sache für seine Zwecke einsetzen darf (2). Ferner gibt es nicht nur den Besitz als tatsächliche Herrschaft, sondern es treten daneben "vergeistigte" Formen der Rechtsfigur auf (z.B. der Erben- und der mittelbare Besitz, vgl. §§ 857, 868 BGB). Diese Strukturmerkmale lassen es zu, den Besitz als eigentumsähnlich zu qualifizieren. Folgerichtig wird er wie das dingliche Vollrecht im 4.Buch des BGB behandelt. Zudem hält das Gesetz mit § 1007 einen dem § 985 BGB entsprechenden Herausgabeanspruch des befugten Besitzers bereit. Im übrigen erfaßt § 823 Abs.1 BGB auch den berechtigten Besitz als ein dem Eigentum vergleichbares "sonstiges Recht" (3). Die zivilrechtsdogmatische Frage, ob er tatsächlich ein Recht darstellt, braucht an dieser Stelle nicht beantwortet zu werden. Es genügt insoweit die Feststellung, daß er aufgrund der nachgewiesenen Parallelen den dinglichen Rechten jedenfalls wesensgleich ist.

Nun verbinden sich mit dem Besitz für dessen Inhaber Nutzungs- und Haftungsinteressen (4). Ein Haftungsschaden entsteht dem Besitzer, wenn er we-

---

1) Die folgenden Ausführungen beziehen sich allein auf den berechtigten Besitz; die widerrechtliche Sachgewalt bleibt außer Betracht.

2) Vgl. Medicus BR Rdnr.607.

3) Vgl. zu § 823 BGB BGH, NJW 1974, 1189(1190); Palandt/Thomas § 823 Rdnr.13; Erman/Schiemann § 823 Rdnr.43.

4) Vgl. zum folgenden Münchener Komm./Mertens § 823 Rdnr.124; Medicus, AcP 165, S.120 ff..

gen einer Beschädigung des Objekts einem Dritten (z.B. dem Eigentümer) einstandspflichtig wird; hier ist ein von der h.M. sogenanntes "Sachersatzinteresse" gegeben, weswegen allein eine Haftpflichtversicherung abzuhelfen vermag. Dagegen liegt das Nutzungsinteresse in den Gebrauchsvorteilen des Gegenstands, wobei sich deren konkreter Inhalt jeweils nach der rechtlichen Position des Besitzers zu dem Gut richtet (z.B. als Entleiher, Mieter, Werkunternehmer). Diese aus der tatsächlichen Gewalt entspringende Möglichkeit, das Objekt für bestimmte Zwecke zu verwenden, bildet die Basis für ein Sachinteresse. Deshalb können Schäden aus einer Beeinträchtigung der Sachnutzung mittels einer Sachversicherung abgedeckt werden; in diesem Umfang begründet der Besitz ein Sachinteresse. Terminologisch sollten wegen der Kontroverse, ob der Besitz zu den dinglichen Rechten zählt (oben S.96 f.), die mit der Sachversicherung erfaßbaren Interessen als "dingliche Positionen" tituliert werden.

cccc) Anwendung dieser Rechtsrundsätze auf die ABU

Übertragen auf die ABU bedeutet das: Der Hersteller übt, wie erwähnt, die Sachherrschaft über das Werk aus. Thematisiert werden muß jedoch, ob ihm ein durch die Beschädigung der Leistung beeinträchtigtes Nutzungsinteresse zukommt, da er das Objekt - anders als z.B. ein Mieter oder Pächter - allein im Interesse eines Dritten - des Bauherrn - zu besitzen scheint. Es findet sich die Auffassung, der Besitz habe für den Werkunternehmer überhaupt keinen unmittelbaren Wert. Deshalb entstehe aus einer Verletzung der Rechtsposition auch kein Schaden; vielmehr beruhe der Vermögensverlust nur auf der aus § 631 BGB abgeleiteten Erfüllungspflicht in Verbindung mit der Regelung des § 644 BGB (1). Andere

1) So Richter, NJW 1985, S.1451.

Verfasser erkennen zwar einen Besitzschaden an, erachten ihn aber wegen der besagten werkrechtlichen Gesetzesnormen als einem Haftungsschaden gleichstehend (1); damit läge ein "Sachersatz-", also ein Haftpflichtinteresse vor.

Der Auftragnehmer vermag seiner vertraglichen Schuld lediglich dann nachzukommen, wenn er den Gegenstand seines Schaffens tatsächlich beherrscht. Allein der Besitz erlaubt es, die Arbeit fertigzustellen und so den Werklohn zu verdienen. Der Hersteller hat also durchaus - wenn auch zeitlich begrenzt - ein eigenes Interesse an der Ausübung der Obhut; hier offenbart sich deutlich die Nutzungsfunktion seiner Sachgewalt (2).

Ein Vergleich soll diesen Befund untermauern: Mietet eine Person ein Kraftfahrzeug, das sie laut Vereinbarung nur zur gewerblichen Beförderung fremder Güter und nicht zusätzlich für private Fahrten einsetzen darf, so gebraucht dieser Mieter die Sache ebenfalls nur als "Mittel zum Zweck". Denn sein Interesse besteht einzig darin, die jeweiligen Frachtforderungen fällig zu stellen; die angesteuerten Zielorte sind für ihn ohne unmittelbare Bedeutung. Dennoch kann hier die Nutzungsfunktion der Objektgewalt schlecht geleugnet werden. Konsequenterweise sollte dies dann jedoch auch nicht geschehen, wenn es um den Besitz des Werkverpflichteten geht.

Wird nun der Bau beschädigt, so befindet sich die Leistung des Herstellers wieder auf einer schon überwunden geglaubten Fertigungsstufe. Dadurch erleidet der in dem Besitz verkörperte Gebrauchsvorteil einen Rückschlag und nimmt mithin Schaden. Der finanzielle Nachteil kann dabei summenmäßig in den Mehrkosten einer Mängelbeseitigung oder in dem Erlöschen des Werklohnbegehrens liegen. In jedem Fall

---

1) So Münchener Komm./Mertens § 823 Rdnr.124.

2) So ausdrücklich Medicus BR Rdnr.607; in dieselbe Richtung weist BGH, NJW 1984, 2569.

erscheint das Nutzungsinteresse beeinträchtigt, so daß eine diese beiden Schadensmöglichkeiten auffangende Versicherung dogmatisch gesehen als Sachversicherung konstruierbar ist.

dd) Zwischenergebnis

Der Blick auf die Versicherungsdogmatik sollte offenlegen, welche versicherbaren Interessen des Unternehmers grundsätzlich berührt werden, wenn dieser Bauleistungen auf einem fremden Grundstück erbringt. Im Rahmen dieser Untersuchung ergab sich, daß insoweit zwei Gefahren drohen: zum einen die Pflicht kostenloser Nachbesserung bzw. Neuherstellung, zum anderen der Untergang des Zahlungsbegehrens. Eine Forderungsversicherung könnte lediglich das erste, eine Haftpflichtversicherung nur das zweite Risiko umfassen. Eine Sachversicherung wäre in der Lage, beide Schadensmöglichkeiten abzudecken; den Anknüpfungspunkt einer solchen Versicherung bildete der berechtigte Besitz des Herstellers an dem Werk. Es bleibt zu klären, welche der denkbaren Lösungen die Verfasser der ABU gewählt haben.

c) Wortlaut und Konzeption der ABU

Die ABU regeln den Gegenstand der Versicherung in ihrem § 1. Die Vertragsnorm trägt die Überschrift "Versicherte Sachen" und stellt unter Nr.1 die Bauleistungen neben Baustoffe, Bauteile, Hilfsbauten und Bauhilfsstoffen, die allesamt zweifelsfrei Sachen darstellen. Ebenso kommt den von § 1 Nr.2, 3 ABU erwähnten Objekten ohne Ausnahme Sachcharakter zu (z.B. Baugrund, Baugeräte). Dies legt die Vermutung nahe, daß das Bedingungswerk die Bauleistung in gleicher Weise als einen körperlichen Gegenstand begreift. In dieselbe Richtung weist § 2 Nr.1 ABU, der von Schäden "an" Bauleistungen spricht (1), und § 5 Nr.1 ABU, demzufolge der Versicherungsnehmer verpflichtet ist, "die ... Bauleistungen ... zu versichern". Dagegen führt das Vertragsmuster die Werklohnforderung mit keinem Wort an. Genausowenig enthält es ein Indiz für einen Schutz gegen eine eventuelle Haftpflicht des Versicherten. Die ABU gewähren von ihrem Wortlaut her eindeutig eine Sachversicherung. Trotzdem bringt dies keinen sämtliche Zweifel ausräumenden Beweis. K.Bischoff beispielsweise erachtet die Gleichsetzung von Bauleistung und Sache als Fiktion (2). Deshalb darf die Erörterung an dieser Stelle nicht stehenbleiben, sondern muß die materiell-rechtliche Konzeption der Versicherungsbedingungen bedenken.

Die dem Werkverpflichteten drohende Vermögenseinbuße liegt in aller Regel darin, daß er den Bau neu zu errichten bzw. Mängel zu beseitigen hat, ohne ein Anrecht auf eine höhere Gegenleistung zu erhalten; ausnahmsweise kann jedoch auch der Verlust des Lohnverlangens eintreten (vgl. oben S.84). Beide Arten von Schäden sind durch eine Sachversicherung erfaßbar (vgl. oben S.99). Demgegenüber fangen Forderungs- und Haftpflichtversicherung nur jeweils einen Teilaspekt des in den ABU beschriebenen Risikos auf (vgl. oben S.100); allein in der Addition sind sie imstande , das gesamte von dem Bedingungswerk geschützte Interesse einzubeziehen (3). Damit brächten die ABU eine gemischte Forderungs- und Haftpflichtversicherung. Diese Konstruktion führte zu unangenehmen Konsequenzen. So wären die §§ 149 ff.VVG im Hinblick auf die Haftpflichtinteressen einschlägig, während der die Entgeltforderung sichernde Teil der Abmachung anderen rechtlichen Re-

---

1) Schäden "an" einer Tätigkeit gibt es nicht; vgl. Wäldner S.18.
2) Vgl. K.Bischoff, ZVersWiss 1963, S.206.
3) Ein in diese Richtung weisendes Ergebnis vertritt K.Bischoff, ZVersWiss 1963, S.206.

geln unterläge. Die Versicherung der auf fremden Grundstücken erstellten Bauleistungen erforderte somit eine differenzierende juristische Behandlung. Dagegen erlaubt die Einstufung als Sachversicherung grundsätzlich eine der Rechtsklarheit dienende einheitliche Lösung. Dieser Umstand stützt die mehrheitlich vertretene Meinung.

Im übrigen regelt § 9 Nr.1 ABU die Höhe des Entschädigungsanspruchs dahingehend, daß der Versicherer die Kosten für die Aufräumung der Schadenstelle und die Wiederherstellung des vorherigen technischen Zustands zu erstatten hat. Um exakt diese Wertfaktoren ist das dem Besitz des Werkunternehmers innewohnende Nutzungsinteresse gemindert (vgl. oben S.99 f.). Das spricht ebenfalls für die Richtigkeit der These von der Sachversicherung.

Als Zwischenresultat ergibt sich, daß die ABU sowohl vom Wortlaut her als auch bezüglich der inhaltlichen Konzeption des Deckungsumfangs auf die Einräumung einer Sachversicherung ausgerichtet sind. Deshalb tragen diese Entscheidungskriterien die heute ganz überwiegend befürwortete Qualifikation der Bauleistungsversicherung. Allerdings geht der Begründungsansatz der h.M. - das sogenannte "Sachersatzinteresse" - fehl.

d) Bauleistungsversicherung und §§ 149 ff.VVG

Wie gesehen, streift die Versicherung von Bauleistungen in der Person des Unternehmers Interessen, welche mittels einer Haftpflichtversicherung gedeckt werden könnten. Läge eine solche vor, wären die §§ 149 ff.VVG anwendbar. Diese Normen sind gemäß § 158a VVG zum Teil halbzwingender Natur. Damit erhebt sich die Frage, ob sie gesetzwidrig außer Kraft gesetzt werden, sofern man die Bauleistungs- nicht als Haftpflicht-, sondern als Sachversicherung ansieht. Martin hat sich mit diesem Problem beschäftigt und folgende Lösung entwickelt:

Die §§ 149 ff.VVG nötigten nur dann zur Ausgestaltung eines Versicherungsverhältnisses als Haftpflichtversicherung, wenn dies von der Natur der Sache her am nächsten liege. Sei diese Kautele – wie im Fall der Bauleistungsversicherung – nicht erfüllt, so verstoße die Wahl anderer Konzeptionen nicht gegen den 6.Titel des VVG. Dies gelte unabhängig davon, ob sich dadurch die Stellung des Versicherungsnehmers oder etwaiger Dritter verschlechtere (1).

In der vorliegenden Arbeit klang der Gedanke einer Umgehung der §§ 149 ff.VVG bereits bei der dogmatischen Abgrenzung des Anwendungsfelds der Sachversicherung an (vgl. oben S.94); mit Rücksicht auf diese Gefahr sind dort auf obligatorischen Rechtsbeziehungen beruhende, von der h.M. sogenannte "Sachersatzinteressen" als der Sachversicherung nicht zugänglich erachtet worden. Vielmehr begründen – entgegen der h.M. – nur Sachenrechte und vergleichbare Positionen ein Sachinteresse. Schränkt man die Sphäre der Sachversicherung derart ein, so kann diese kaum dazu dienen, die §§ 149 ff. VVG widerrechtlich zu übergehen. Eine dingliche Position schafft eine enge Wertbeziehung zu einer Sache, die zumindest gleichwertig neben ein etwaiges Haftpflichtinteresse tritt. Von einer größeren Sachnähe des letzteren kann bei dieser Konstellation nicht die Rede sein. Dies gilt bei der Bauleistungsversicherung umso mehr, als die Haftpflichtversicherung nur einen Teil der Interessen des Herstellers ergreift. Die §§ 149 ff.VVG zwingen in einem solchen Falle keineswegs dazu, die Versicherungsbedingungen in die Form einer Haftpflichtversicherung zu gießen. Es braucht an dieser Stelle nicht allgemein erörtert zu werden, wann ein Haftpflichtinteresse in so starkem Maße dominiert, daß es notwendig zum Gegenstand des Versicherungsverhältnisses zu machen ist. Das Gesetz gestattet eine

---

1) Vgl. Martin, VW 1971, S.94.

Einordnung der ABU unter die Sachversicherungen.

e) Ergebnis

Baut der Unternehmer auf fremdem Grundstück, so vermag er mit Hilfe der ABU das im Entstehen begriffene Werk zu versichern. Es handelt sich um eine für eigene Rechnung genommene Sachversicherung. Die für eine solche erforderliche dingliche Position des Versicherten folgt aus dem berechtigten Besitz des Herstellers. Der sich in § 1 Nr.1 ABU findende Ausdruck "Bauleistungen" ist dementsprechend als Sache und nicht als Tätigkeit auszulegen. Insoweit stimmen die in der VOB und in den ABU verwandten Begriffe der Bauleistungen überein.

II) Der versicherte Gegenstand beim Bau auf einem Grundstück des Unternehmers

Wenn der Hersteller das Werk auf ihm selbst gehörendem Grund errichtet, so fallen die Bauleistungen laut §§ 946, 94 BGB in sein Eigentum. Daraus folgt, daß auch in diesem Fall die bauliche Anlage den Inhalt des versicherten Interesses bildet und damit eine Sachversicherung vorliegt (1). Im Ergebnis beschreiben die ABU mit dem Ausdruck "Bauleistungen" abgehoben von den Eigentumsverhältnissen Sachen.

---

1) Vgl. Martin, VW 1971, S.89.
Dieses Ergebnis erkennen auch diejenigen an, welche in der Versicherung fremder Bauleistungen keine Sachversicherung des Herstellers sehen; vgl. K.Bischoff, ZVersWiss 1963, S.205.

III) Die versicherte "Bau"-Leistung

1) Allgemeines

Die bisherigen Ausführungen bezogen sich auf die Frage, welchen grundsätzlichen Charakter - Sache oder Tätigkeit - die "Bauleistungen" i.S. der ABU haben. Ziel der nun folgenden Untersuchung ist festzustellen, ob die Versicherungsbedingungen den Kreis der von dem Merkmal eingeschlossenen Sachen gleich weit ziehen wie die VOB.

Zu Beginn sei kurz die Definition des in § 1 VOB/A gebrauchten Ausdrucks "Bauleistungen" in Erinnerung gerufen. Die Verdingungsordnung erfaßt bauwerks- und grundstücksbezogene Arbeiten. Dies gilt für:

- den "eigentlichen" Bau, also das durch feste Verbindung der Materialien mit der Immobilie entstandene Werk sowie Arbeiten am Erdreich;
- die Vorbereitung und Sicherung der Baustelle;
- die spezielle Produktion von Bauteilen für ein konkretes Vorhaben.

Dagegen gehören zu dem Begriff nicht:
- die bloße Lieferung von Stoffen oder Bauteilen;
- die Lieferung und Montage maschineller Einrichtungen;
- die Planung des Projekts.

Im Rahmen der Interpretation des sich in § 1 Nr.1 ABU findenden Ausdrucks "Bauleistungen" muß beachtet werden, daß es Versicherungssparten gibt, die der Bauleistung ähnliche Gegenstände schützen. Diese verwandten Versicherungen könnten die Auslegung der ABU beeinflussen.

2) Der "eigentliche" Bau

Grundsätzlich gehört das aus der festen Zusammenfügung von Bauteilen und Immobilie hergestellte Werk zu den Bauleistungen i.S. der ABU. Das wohl überwiegende Schrifttum vertritt allerdings die Ansicht, die besagten Versicherungsbedingungen gälten lediglich für Rohbauarbeiten im Bereich des Hoch-, Ingenieur-, Tief- und (Wasser-) Straßenbaus. In bezug auf Gebäudeneubauten und die allein dort anfallenden Ausbaugewerke seien die ABN als spezielleres Vertragsmuster einschlägig (1).

Auf diese Differenzierung hin ist folgendes anzumerken: Der Rohbau besteht aus sämtlichen vom Bauunternehmer fertiggestellten Erd-, Mauer- und Betonarbeiten. Dagegen gehören dem Ausbau handwerklich geprägte Leistungen an, die das Gebäude für seinen gewöhnlichen Zweck funktionsfähig machen (z.B. die Installationen für Wasser, Gas, Strom und Heizung, die Schreiner- und Malerarbeiten). Der § 1 Nr.1 ABU legt als versicherte Sachen "die in dem Versicherungsschein bezeichneten Bauleistungen" fest, läßt also keine Beschränkung erkennen. Es muß der h.M. zwar zugegeben werden, daß Ausbauarbeiten nur im Gebäudebau auftreten und für diesen wiederum mit den ABN ein besonderes Bedingungswerk am Markt ist (vgl. § 1 Nr.1 ABN). Der Versicherungsnehmer braucht dieses jedoch nicht zu kennen. Da es bei der Auslegung Allgemeiner Geschäftsbedingungen auch auf das Verständnis des Konsumenten ankommt (vgl. oben S.30 f.), erscheint es methodisch sehr zweifelhaft, ob die ABU mit Hilfe eines solchen "lex specialis"-Gedankens (2) konkretisiert werden dürfen. Zudem kann der Bauunternehmer durchaus ein Interesse daran haben, Gebäudebauten über die ABU zu

1) So Platen, Handbuch S.42; Martin, VW 1974, S.1132; Schirmer, ZVersWiss 1981, S.730.

2) Zur "lex specialis" bei der Gesetzesauslegung vgl. Larenz, Methodenlehre Kap.2, 4 (S.256 f.).

versichern. Denkbar ist etwa der Fall, daß der Bauherr eine Versicherung des Projekts ablehnt und der Hersteller sich selbst schützen muß; da die ABU - anders als die ABN - das Auftraggeberrisiko nicht auffangen (vgl. § 3 ABU und § 3 ABN), dürfte die Unternehmerversicherung günstigere Prämiensätze zeitigen. Aus diesen Gründen verdient eine weite Auslegung des § 1 Nr.1 ABU den Vorzug. Die Vertragsnorm erfaßt auch den Gebäudeneu- sowie den damit zusammenhängenden Ausbau (1).

Ein zweites Problem stellt sich bei Montageleistungen. Die nach den "Allgemeine(n) Montageversicherungs-Bedingungen" (AMoB) angebotene Montageversicherung deckt Schäden an "Konstruktionen aller Art" (vgl. § 1 Nr.2 lit.a) AMoB). Der Literatur zufolge fallen unter diese Formulierung Gebilde aus Metall, Holz, Keramik oder Kunststoff. Demgegenüber seien Werke aus Stein, Zement, Beton und ähnlichen Materialien über die ABU zu versichern (2). Abgrenzungsfragen stellten sich im Rahmen von Stahlbauten. Im Grundsatz gelte, daß bei Objekten aus reinem Stahl die AMoB und bei solchen aus Stahlbeton die ABU eingriffen (3). Träfen Stahlkonstruktionen und Steinbauweise zusammen, so stehe dem Unternehmer eine gemischte Bauleistungs- und Montageversicherung zur Verfügung (4).

Diese Ausführungen treffen prinzipiell zu. Jedoch bleibt hervorzuheben, daß unter § 1 AMoB subsumierbare Montagen, bei denen zusätzlich alle Kriterien des Begriffs "Bauleistungen" vorliegen, auch mittels der ABU geschützt werden können. Dies folgt aus dem insoweit keine Begrenzung enthaltenden

---

1) So auch Wäldner S.60 f. i.V.m. FN 229.

2) Vgl. Martin, Montageversicherung § 1 Rdnr. 3.3.1, 3.5.1; Neuenfeld, Handbuch Teil IX Rdnr.167; Littbarski Rdnr.653.

3) Vgl. Littbarski Rdnr.653.

4) Vgl. Martin, Montageversicherung § 1 Rdnr. 3.5.2.

Wortlaut des § 1 Nr.1 ABU und entspricht dem Ergebnis, welches sich bereits soeben für das Verhältnis von ABU und ABN als richtig erwiesen hat (vgl. oben S.106 f.). Im übrigen kann auch – abweichend von der Rechtslage in der VOB (dazu oben S.72 f.) – die Installation maschineller Einrichtungen eine Bauleistung im Sinne der Versicherungsbedingungen sein (1), weil letztere keine dem § 1 Nr.2 VOB/A vergleichbare Ausnahmevorschrift kennen.

3) Die übrigen Arbeiten

Entsprechend den im Hinblick auf die VOB herausgearbeiteten Grundsätzen (vgl. oben S.67, 68) erfordert die Einbeziehung der aus den übrigen Maßnahmen entstandenen Werke in den Anwendungsbereich der Bauleistungsversicherung, daß diese Leistungen wie der "eigentliche" Bau zur praktischen Ausführung eines konkreten Vorhabens rechnen und für den Baufortschritt unerläßlich sind. Dies trifft einmal zu auf die Vorbereitung und Absicherung der Baustelle. Darüber hinaus erfüllt auch der Unternehmer, welcher Materialien auf ein bestimmtes Projekt zuschneidet, diese Bedingungen.

Demgegenüber unterfällt die bloße Lieferung von Serienbauteilen in der Regel dem Kaufrecht und weist keinen werkvertraglichen oder bauspezifischen Charakter auf; deshalb handelt es sich insoweit nicht um eine Bauleistung. In bezug auf die Planung des Baus gilt folgendes: Diese Arbeiten sind nicht praktischer, sondern theoretischer Natur. Aus diesem Grunde bilden sie keine Bauleistung. Architekten und Bauingenieure sind dadurch nicht schutzlos gestellt, weil es für diese Personen eine nach den "Besondere(n) Bedingungen für die Berufshaft-

---

1) Vgl. zum Charakter dieser Arbeiten als Bauleistung oben S.72.

pflichtversicherung von Architekten und Bauingenieuren" (BHB) (Fassung 1977) angebotene Haftpflichtversicherung gibt; die BHB decken Schäden aus den im Versicherungsschein beschriebenen Tätigkeiten, wozu auch die Bauplanung zählt (1). Im übrigen wendet sich diese Versicherung an alle freiberuflich tätigen Architekten und Ingenieure und nicht nur an solche, die diese Bezeichnungen laut Berufsrecht tragen dürfen (2).

4) Ergebnis

Der Begriff "Bauleistung" i.S. des § 1 ABU umfaßt den "eigentlichen" Bau, seine Vorbereitung und Sicherung sowie die speziell auf das Vorhaben abgestimmte Produktion von Bauteilen. Die von der VOB und den ABU zugrundegelegten Sinngehalte des Ausdrucks erscheinen daher im wesentlichen deckungsgleich. Ausnahmen bestehen lediglich im Bereich der Montage maschineller Einrichtungen; die Verdingungsordnung ist hier nicht einschlägig (vgl. oben S.72), während die Versicherungsbedingungen grundsätzlich auch solche Leistungen zu erfassen vermögen (vgl. oben S.108). Die weitgehende Kongruenz beider Werke entspricht dem oben dargelegten Ausgangspunkt, daß die Verfasser der AVB das Merkmal aus der Verdingungsordnung entlehnt haben (vgl. oben S.56).

---

1) Vgl. Neuenfeld, Handbuch Teil IX Rdnr.51; Motzke Rdnr.84.
2) Vgl. Neuenfeld, Handbuch Teil IX Rdnr.40.

D) Der Begriff der "Bauleistung" in den ABN

I) Der Gegenstand der Bauleistungsversicherung nach den ABN

Die ABN schützen gemäß § 1 Nr.1 Bauleistungen für den Roh- und Ausbau von Gebäuden. Es bedarf der Klärung, ob das versicherte Interesse auch hier den Bau als Sache beinhaltet. Schließt der Bauherr die Versicherung ab, so gilt folgendes: Im Regelfall ist er Eigentümer des Grundstücks, so daß ihm das dingliche Vollrecht an dem Werk zukommt (vgl. §§ 946, 94 BGB). Es liegt dann eine Sachversicherung vor. Schwieriger gestaltet sich die Rechtslage, wenn der Bauherr auf fremdem Boden baut. Hat er letzteren gekauft und bereits die Auflassungserklärung des Veräußerers (vgl. § 925 BGB) empfangen sowie den Antrag auf Eintragung im Grundbuch (vgl. § 873 BGB) gestellt, so besitzt er der Rechtsprechung zufolge ein Anwartschaftsrecht an der unbeweglichen Sache (1). Ebenso ist nach Meinung des BGH bei einer Auflassungsvormerkung (vgl. § 883 BGB) im Grundbuch zugunsten des Käufers zu entscheiden (2). Ein solches Anwartschaftsrecht wäre als Basis eines Sachinteresses zu erwägen (vgl.

---

1) So BGHZ 49, 197(200);
aus der Lit.: Erman/Hagen § 925 Rdnr.42;
a.A. Reinicke/Tiedtke, NJW 1982, S.2281 ff.: Anwartschaftsrecht schon mit der Auflassung;
a.A. Münchener Komm./Wacke § 873 Rdnr.43: Bei der Veräußerung von Grundstücken gibt es kein Anwartschaftsrecht.

2) So BGHZ 83, 395(399);
Münchener Komm./Kanzleiter § 925 Rdnr.34;
a.A. auch hier die oben in FN 1 zitierten abweichenden Stimmen.

schon oben S.95). Über die Existenz dieses Rechts wird jedoch – gerade im Grundstücksrecht – gestritten (1). Des weiteren stützt diese Konstruktion nur ausnahmsweise die Annahme einer Sachversicherung des Bauherrn. Ungelöst bleiben die Fälle, wo der Veräußerungsvorgang noch nicht begonnen hat oder zumindest nicht weit genug fortgeschritten ist. Das zwingt zur Suche nach anderen Auswegen.

Eine Möglichkeit könnte – wie auch bei den ABU – im Besitz zu finden sein, weil aus diesem ein Sachinteresse folgt (vgl. oben S.98). Der Bauherr steuert das Baugeschehen. Ihm obliegt es, das Projekt nach seinen Wünschen zu beeinflussen und die ihm genehmen Lösungen anzustreben. Diese Funktion vermag er nur auszufüllen, wenn er die Baustelle – unabhängig davon, wem das Grundstück gehört – jederzeit betreten (vgl. dazu § 4 Nr.1 Abs.2 VOB/B) und Anordnungen erteilen (vgl. dazu § 4 Nr.1 Abs.3 VOB/B) darf. Aus diesen Gründen muß man ihm einen Teil der tatsächlichen Sachgewalt an dem Bau zusprechen. Er ist unmittelbarer Mitbesitzer. Zudem wird das Gebäude letztendlich in seinem Interesse errichtet und soll in sein Vermögen übergehen. Damit hat auch der Bauherr ein Sachinteresse.

Nimmt der Generalunternehmer die ABN-Versicherung, so handelt es sich gleichfalls um eine Sachversicherung. Denn dieser übt ebenso zumindest den (Mit-) Besitz an dem Werk aus. Im Ergebnis folgt daraus: Da sowohl der Bauherr als auch der Generalunternehmer eine Vereinbarung nach den ABN zu treffen vermag und in beiden Fällen jeweils sämtliche Auftraggeber und Auftragnehmer versichert sind (vgl. S.43 ff.), hat man es immer mit einer Sachversicherung für eigene Rechnung des betreffenden Versicherungsnehmers und für fremde Rechnung der anderen Baubeteiligten zu tun.

---

1) Nachweis auf S.110 FN 1.

II) Die Bauleistungen "für den Roh- und Ausbau eines Gebäudes"

§ 1 Nr.1 ABN engt den Kreis der versicherbaren Bauleistungen auf die zu einem Gebäude gehörenden Roh- und Ausbauarbeiten ein. Die Parteien des Versicherungsvertrages legen die geschützten Gewerke fest, indem sie das zu errichtende Gebäude im Versicherungsschein bezeichnen (vgl. § 1 Nr.1 ABN). Anders als bei einer Abmachung, der die ABU zugrundeliegen, werden die notwendigen Arbeiten also nicht einzeln aufgeführt. Sowohl der Roh- als auch der Ausbau zählen zu den in die Bausubstanz eingehenden Bauleistungen.

Die Begriffe Roh- und Ausbau sind bereits definiert worden (vgl. oben S.106). Als Gebäude läßt sich ein Bauwerk einstufen, welches von Menschen betreten werden kann, eine räumliche Umfriedung aufweist und bis zu einem gewissen Grad gegen äußere Einflüsse schützt (z.B. Büro-, Verwaltungs- und Wohngebäude, Kirchen, Museen, Universitäten) (1). Martin meint allerdings, das Merkmal "Gebäude" in § 1 ABN umschreibe lediglich den normalen Hochbau, nicht dagegen den Tiefbau einschließlich des Ingenieur-Hochbaus. Projekte der zuletzt genannten Art seien vom Auftraggeber über die ABU i.V.m. Klausel 65 zu versichern (2).

Die früher gültigen AVB ergriffen nur Wohngebäude (vgl. die Überschrift zu den alten AVB Wohngebäude und § 1 Nr.1 lit.b) AVB Wohngebäude). Die ABN haben von ihrem Wortlaut her weder diese Begrenzung übernommen noch eine andere eingeführt, sondern sprechen allgemein von "Gebäuden" (vgl. die Überschrift zu den ABN und § 1 Nr.1 ABN). Nun hal-

---

1) Def. von Martin in Prölss/Martin § 88 Anm.1; Bsp. von Platen, Handbuch S.58; Rehm S.175.

2) So Martin, VW 1974, S.995, 1130.

ten zwar bei bestimmten Vorhaben die ABU i.V.m. Klausel 65 für den Auftraggeber eine Versicherungsmöglichkeit bereit. Dies zwingt jedoch nicht dazu, die ABN für insoweit unanwendbar zu erklären. Eine Auslegung der ABN mittels der ABU begegnet denselben methodischen Bedenken wie das umgekehrte Verfahren (vgl. dazu oben S.106 f.). Ebensowenig folgt eine einschränkende Interpretation des § 1 ABN aus der Tatsache, daß § 1 Nr.2 lit.a) Zusatzbedingungen 67 zu den ABN für Jahresverträge Silos und Fernsehtürme ausdrücklich nicht zu den Gebäuden rechnet, obwohl diese Bauten nach der eingangs gegebenen allgemeinen Definition Gebäude darstellen. Diese Regelung in den Zusatzbedingungen bezweckt, aus dem Anwendungsfeld der Jahresverträge alle Bauwerke auszunehmen, die ein besonderes Risiko beinhalten und deswegen eine auf den Einzelfall abgestimmte Kalkulation der Prämie erfordern (1). Um dieses Ziel zu erreichen, setzt die besagte Vertragsnorm mit überdurchschnittlichen Gefahren behaftete Gebäudebauten solchen Projekten gleich, die keine Gebäude sind und damit von vornherein nicht unter die ABN fallen. Man könnte dies methodisch als eine Art "vertragliche Fiktion" einordnen; d.h. es wird in § 1 Nr.2 Zusatzbedingungen 67 ein Sachverhalt angenommen, der der Wirklichkeit nicht entspricht (2). Dieser Gedankengang kann für die Auslegung des § 1 ABN nicht fruchtbar gemacht werden. Denn diese Bestimmung tritt nur in Einzelverträgen auf, und hier kalkulieren die Versicherer grundsätzlich jedes Versicherungsobjekt gesondert durch. Deshalb umfaßt der Begriff "Gebäude" i.S. des § 1 ABN alle Bauwerke – auch Tief- und Ingenieur-Hochbauten –, in die Menschen eindringen können und die für einen gewissen Schutz sorgen.

---

1) Vgl. Wäldner S.20;
ähnlich wohl auch Platen, Handbuch S.58 f..
2) Zum Begriff "Fiktion" vgl. Creifelds, Rechtswörterbuch unter Stichwort "Fiktion" (S.403).

§ 6: Nebenbestimmungen zum versicherten Gegenstand

A) Die ABU

I) Die grundsätzlich mitversicherten Sachen

1) Allgemeines

§ 1 Nr.1 ABU führt unter lit.a, b) Sachen auf, die im Rahmen einer Bauleistungsversicherung grundsätzlich mitgedeckt werden. Die dogmatische Einordnung der Versicherung dieser Objekte erfolgt unabhängig davon, ob sie im Eigentum des Versicherungsnehmers, also des Bauunternehmers, stehen. Denn dieser hat sie zumindest in Besitz und gebraucht sie, um den Bau fertigzustellen. Diese Position reicht – wie nachgewiesen (vgl. oben S.98) – zur Begründung einer Sachversicherung aus.

2) Die versicherten Sachen im einzelnen

"Baustoffe" (vgl. § 1 Nr.1 lit.a), 1.Alt.ABU) sind Materialien, welche der Betrieb für den Bau be- oder verarbeitet (z.B. Kalk, Sand) (1). Das Merkmal "Bauteile" (vgl. § 1 Nr.1 lit.a), 2.Alt.ABU) meint aus Stoffen produzierte körperliche Gegenstände, die dem Bauwerk eingefügt werden und innerhalb desselben eine besondere Funktion erfüllen

1) Vgl. Platen, Handbuch S.42 i.V.m. S.8. § 1 VOB/A 1988 benutzt den Ausdruck "Stoffe" (oben S.71).

(z.B. Waschbecken) (1). Als "Hilfsbauten" (vgl. § 1 Nr.1 lit.b), 1.Alt.ABU) bezeichnet man solche aus Einzelteilen zusammengesetzte Konstruktionen, welche die Arbeiten erleichtern und sichern sollen, ohne zur Bausubstanz beizutragen (z.B. die Abdekkung der Baugrube) (2). Einem ähnlichen Zweck dienen "Bauhilfsstoffe" (vgl. § 1 Nr.1 lit.b), 2.Alt. ABU), da diese Materialien nur die praktische Ausführung des Vorhabens ermöglichen und nicht zum Bestandteil des Baus werden (z.B. Schmierstoffe, Öle, Fette) (3).

Abschließend bleibt festzuhalten, daß die soeben beschriebenen "Hilfsbauten" als "Bauleistungen" zu qualifizieren sind und ihre gesonderte Aufzählung in § 1 ABU daher nur deklaratorischen Charakter hat (4). Für maßangefertigte "Bauteile" gilt dasselbe. In den übrigen Fällen wirken die lit.a, b) konstitutiv.

II) Die im Einzelfall mitversicherten Sachen

Der § 1 Nr.2 ABU hält eine Sachversicherung für bestimmte Dinge bereit, die nur unter gewissen Voraussetzungen in das versicherte Interesse eingehen. Die Vertragsnorm nennt den "Baugrund" und die "Bodenmassen". Unter dem "Grund" versteht man den Boden (5), d.h. die nutzbare Schicht der Erde (6). "Masse" ist ein nicht näher konkretisierter Stoff

---

1) Vgl. Platen, Handbuch S.42 i.V.m. S.8.
   Die VOB verwendet diesen Ausdruck in § 1 VOB/A 1988 mit gleichem Sinngehalt (vgl. oben S.71).
2) Vgl. Platen, Handbuch S.42 i.V.m. S.10.
3) Vgl. Platen, Handbuch S.42 i.V.m. S.10; Rehm S.30.
4) So auch Rehm S.30.
5) Vgl. Duden Bd.10 Stichwort "Grund" (S.313).
6) Vgl. Duden Bd.10 Stichwort "Boden" (S.153).

bzw. ein Material (1). Damit bildet der "Baugrund" die Bodenunterlage, auf der der Auftragnehmer das Werk erstellt, während es sich bei "Bodenmassen" um das vorhandene Erdreich als Substanz handelt.

Eine Möglichkeit der Mitversicherung dieser Sachen besteht einmal im Abschluß einer entsprechenden Sondervereinbarung (vgl. § 1 Nr.2, 2.Alt. ABU i.V.m. Klausel 63 zu den ABU). Darüber hinaus ergreift der Vertrag Baugrund und Bodenmassen, sofern diese als "Bestandteil der Bauleistungen" zu erachten sind (vgl. § 1 Nr.2, 1.Alt.ABU). Dies bedingt, daß die besagten Objekte dem Körper des Baus einverleibt werden (so z.B. bei Anschüttung einer Terrassenerhöhung). Die bloße Bearbeitung der Erdoberfläche – wie etwa der Aushub einer Baugrube – genügt nicht (2). Die Regelung des § 1 Nr.2, 2. Alt.ABU hat im übrigen lediglich eine klarstellende Funktion, weil die Bauleistungen samt all ihrer Teile bereits über § 1 Nr.1 ABU in das Rechtsverhältnis einbezogen sind.

III) Die nicht mitversicherten Sachen

§ 1 Nr.3 ABU stellt einen Katalog von Sachen auf, die nicht in die Sphäre der ABU fallen. Die meisten dieser Gegenstände werden mit Hilfe anderer Bedingungswerke versichert. Als wichtigster Ausschluß ist der für Baugeräte (Baumaschinen wie Kräne, Bagger u.ä.) nebst Zusätzen anzusehen (vgl. § 1 Nr.3 lit.a) ABU). Eine Deckung von Schäden an diesen Sachen bringt allein die Baugeräteversicherung (vgl. § 1 Nr.2 lit.a, b) ABG und § 1 Nr.2 lit.a, b) ABMG). Die vor der Einführung der ABU gültigen AVB Bauunternehmer umfaßten demgegenüber die Baugeräte noch (vgl. § 1 lit.b) AVB Bauunternehmer), was aber

---

1) Vgl. Duden Bd.10 Stichwort "Masse" (S.433).

2) Vgl. Martin, VW 1974, S.996;
Platen, Handbuch S.43 i.V.m. 10.

einer sauberen Trennung der Versicherungssparten widersprach. Denn insoweit gewährten die Versicherer keine Bau-, sondern eine Maschinenversicherung (vgl. schon oben S.8). Deshalb haben die Verfasser der ABU diese unsystematische Verbindung verschieden gearteter Versicherungen beseitigt (1). Trotzdem können maschinelle Hilfsinstrumente im Einzelfall als Begleit-Bauleistungen über die ABU bzw. ABN mitversichert sein. Dies bedingt allerdings, daß das Einsatzmittel als Funktionseinheit erst entsteht, nachdem der Unternehmer - wie bei Hilfsbauten - die notwendigen Einzelteile montiert und damit ein Werk gefertigt hat. Dies ist z.B. gegeben bei einer aus Brunnen, Pumpen, Rohrleitungen und anderen Elementen zusammengesetzten Wasserhaltungsanlage, welche zum Bau einer U-Bahn benötigt wird (2).

Die Baugeräteversicherung fängt ferner auch die Risiken der in § 1 Nr.3 lit.c, d) ABU ausgeschlossenen Sachen - vor allem technische Hilfsmittel - auf (vgl. § 1 Nr.2 lit.c-e) ABG). Dagegen werden Kleingeräte und Handwerkzeuge weder von der Bauleistungs- (vgl. § 1 Nr.3 lit.b) ABU) noch von der Baugeräteversicherung geschützt (3).

Fahrzeuge gehören deswegen nicht zu den versicherten Sachen der ABU (vgl. § 1 Nr.3 lit.e) ABU), weil sich insoweit die KFZ- (Haftpflicht- und Kasko-) Versicherung als einschlägig erweist (4). Für einen versicherungsrechtlichen Schutz von Akten, Zeichnungen und Plänen (vgl. § 1 Nr.3 lit.f) ABU) besteht wegen der heutzutage angebotenen Vervielfältigungsmöglichkeiten kein Bedarf (5).

---

1) Vgl. BAV, VA 1974, 284;
Wäldner S.3; Pohl/Keil/Schumann S.119.
2) Vgl. BGH, BauR 1985, 349(351);
wohl auch Beigel, BauR 1987, S.150.
3) Vgl. Platen, Handbuch S.43 i.V.m. S.11.
4) Vgl. Platen, Handbuch S.43 i.V.m. S.12.
5) Vgl. Platen, Handbuch S.43 i.V.m. S.12.

Zu guter Letzt sei noch erwähnt, daß der Katalog in § 1 Nr.3 ABU überwiegend deklaratorischer Natur ist, weil die Mehrzahl der dort aufgeführten Sachen weder unter die Nr.1 noch die Nr.2 des § 1 ABU subsumiert werden können. Eine Ausnahme ergibt sich für Stahl- und Spezialgerüste bzw. für Stahlschalungen (vgl. § 1 Nr.3 lit.d) ABU); diese stellen Bauleistungen dar, so daß sie an sich über § 1 Nr.1 ABU versichert wären.

B) Die ABN

I) Die grundsätzlich mitversicherten Sachen

Baustoffe und Bauteile sind aufgrund § 1 Nr.1 ABN mitversichert. Es ergeben sich keine Besonderheiten gegenüber den ABU.

Die "als wesentliche Bestandteile einzubauenden Einrichtungsgegenstände" werden gemäß § 1 Nr.1 lit.a) ABN in den Schutzbereich der Übereinkunft einbezogen. Als Einrichtungsgegenstände gelten die Geräte, welche man zur bestimmungsgemäßen Nutzung eines Gebäudes benötigt (z.B. sanitäre Anlagen, Gardinen, Waschmaschinen, Klimaanlagen, Aufzüge, Filmvorführgeräte) (1).

Dem Ausdruck "wesentlicher Bestandteil" wohnt ein rechtstechnischer Sinngehalt inne, welcher sich nach §§ 93, 94 BGB bestimmt. Wie schon betont (vgl. S.32 f.), kann in AGB gebrauchten juristischen Termini nur dann ihre Fachbedeutung belassen werden, wenn diese auch der Verständnismöglichkeit des Konsumenten entspricht. Dem BGB zufolge bedingt der

---

1) Vgl. Duden Bd.10 unter Stichwort "Einrichtung" (S.208) i.V.m. Stichwort "Möbel" (S.447); Beispiele von Platen, Handbuch S.9; Rehm S.119.

Begriff "wesentlicher Bestandteil", daß die betreffende Sache nicht ohne Zerstörung bzw. Wesensveränderung von einer anderen trennbar ist (vgl. § 93) oder mit einem Grundstück fest verbunden wird (vgl. § 94 Abs. 1) oder der Herstellung eines Gebäudes dient (vgl. § 94 Abs.2). Das Gesetz beschreibt damit Gesichtspunkte, auf die insoweit auch der "Normalverbraucher" abhebt. Zudem richtet sich die im Rahmen der §§ 93, 94 BGB zu fällende Entscheidung nach der Verkehrsauffassung (1) unter Berücksichtigung wirtschaftlicher Überlegungen (2). Diese Umstände erlauben es, die ABN in dem vom BGB vorgegebenen Sinne auszulegen.

Für die Zerstörung bzw. Wesensveränderung gemäß § 93 BGB kommt es darauf an, ob man die Sache nach der Trennung noch in der bisherigen Weise - sei es auch, indem man sie mit einem anderen Gegenstand verknüpft - wirtschaftlich zu nutzen vermag (3). Als mit einem Grundstück fest verbunden i.S. des § 94 Abs.1 BGB erscheinen Dinge, welche nicht ohne Schäden oder nur mit unverhältnismäßigen Schwierigkeiten von der Immobilie gelöst werden können (4). Gemäß § 94 Abs.2 BGB zur Herstellung eines Gebäudes eingefügt sind Sachen, ohne die dieses gemessen an seinem Zweck als unfertig zu erachten ist (5).

Nur solche Einrichtungsgegenstände, welche zumindest eine dieser Voraussetzungen erfüllen, sind nach den ABN versicherbar. Damit scheiden beispielsweise Gardinen, Waschmaschinen und nicht eingepaßte Teppiche als Schutzobjekte aus (6). Im

---

1) Vgl. BGHZ 36, 46(50); 53, 324(325);
Palandt/Heinrichs § 93 Rdnr.3, § 94 Rdnr.2 ff..
2) Vgl. BGHZ 36, 46(50).
3) Vgl. BGHZ 18, 226(229); 61, 80(81).
4) Vgl. Palandt/Heinrichs § 94 Rdnr.2.
5) Vgl. BGH, NJW 1979, 712;
Einzelfallnachweise für §§ 93, 94 BGB
bei Palandt/Heinrichs § 93 Rdnr.5 ff..
6) Vgl. Platen, Handbuch S.9.

übrigen stellen diese als wesentliche Bestandteile einzubauenden Sachen "Bauteile" i.S. des § 1 Nr.1, 1.Teil ABN dar, so daß die lit.a) der Vertragsnorm nur eine deklaratorische Bedeutung hat.

Des weiteren sind gemäß § 1 Nr.1 lit.b) ABN die Außenanlagen mitversichert. Hierbei geht es um die Gestaltung der das Gebäude umgebenden Grundstücksflächen (z.B. Hofbefestigung, Park- und Spielplätze, Schwimmbecken, Hauskläranlagen) (1). Diese Werke ergeben zwar Bauleistungen, gehören aber von Ausnahmen abgesehen nicht zum unmittelbaren Gebäudebau. Deshalb hat lit.b) konstitutiven Charakter. Auf Gartenanlagen und Pflanzungen erstreckt sich der Anwendungsbereich der ABN nicht (vgl. lit.b) a.E.), weil hier lebende Sachen mit dem Erdboden verbunden werden und dies keine technische Bauleistung, sondern biologischer Anbau ist.

II) Die im Einzelfall mitversicherten Sachen

Sondervereinbarungen ermöglichen die Einbeziehung bestimmter, in § 1 Nr.2 ABN aufgeführter Sachen. Dazu zählen medizinisch-technische Geräte (vgl. § 1 Nr.2 lit.a) ABN). Darüber hinaus gilt dies für Stromerzeugungs- und selbständige elektronische Anlagen (vgl. § 1 Nr.2 lit.b) ABN); unselbständige Apparaturen, also in Einrichtungsgegenstände integrierte elektronische Funktionseinheiten (z.B. die Fahrstuhlelektronik), werden dagegen über § 1 Nr.1 ABN grundsätzlich unter Versicherungsschutz gestellt (2). Ferner vermögen die Parteien Bestandteile von hohem Kunstwert durch besondere Absprache in das Versicherungsverhältnis aufzunehmen (vgl. § 1 Nr.2 lit.c) ABN). Der Begriff "Kunst" beschreibt darstellende Schöpfungen des menschlichen

1) Vgl. Platen, Handbuch S.9.
2) Vgl. Platen, Handbuch S.10.

Geistes (z.B. Malerei) (1).

Die von § 1 Nr.2 lit.a-c) ABN ergriffenen Gegenstände verkörpern oft wesentliche Einrichtungsgegenstände i.S. des § 1 Nr.1 lit.a) ABN. Dennoch fordert das Versicherungswerk für ihren Schutz eine besondere Übereinkunft (vgl. auch § 1 Nr.1 lit.a) a.E. ABN). Dies beruht darauf, daß insoweit spezielle AVB bestehen (2) und es zudem um sensible Objekte von relativ hohem Wert geht, für die den Bauleistungsversicherer nur bei zusätzlicher ausdrücklicher Übernahme eine Ersatzpflicht treffen soll.

Neben den bislang aufgeführten Sachen bedarf im Rahmen der ABN auch die Einbeziehung von Hilfsbauten und Bauhilfsstoffen (3) einer speziellen Abrede (vgl. § 1 Nr.2 lit.d) ABN). Demgegenüber versichern die ABU diese nicht in die Bausubstanz eingehenden Mittel prinzipiell mit (vgl. § 1 Nr.1 lit.b) ABU). Der Grund für diese unterschiedliche Behandlung ist folgender: Die ABU wenden sich vorwiegend an den Bauunternehmer und schützen all das, was diesen besonders betrifft, wozu auch seine Hilfsbauten und Werkzeuge gehören. Die ABN richten sich auch an den Bauherrn, und dessen Interesse beinhaltet lediglich das Gebäude und all die Dinge, welche die Bausubstanz bilden.

Abschließend seien noch Baugrund und Bodenmassen als im Einzelfall versicherbare Objekte genannt (vgl. § 1 Nr.2 lit.e) ABN). Die Regelung ist der in den ABU kongruent (vgl. dazu oben S.116).

III) Die nicht mitversicherten Sachen

§ 1 Nr.3 ABN enthält einen Katalog von Sachen, die nicht zum Gegenstand einer Bauleistungsversicherung

1) Vgl. Duden Bd.10 Stichwort "Kunst" (S.401).

2) Vgl. Platen, Handbuch S.9 f..

3) Zu diesen Begriffen vgl. oben S.115.

gemacht werden können. Die in lit.c–h) sich findenden Bestimmungen entsprechen § 1 Nr.3 lit.a–f) ABU und nötigen daher zu keinen weiteren Überlegungen (vgl. insoweit oben S.116 ff.). Die in § 1 Nr.3 lit.a) ABN erwähnten maschinellen Einrichtungen für Produktionszwecke dienen nicht der allgemeinen Funktion eines Gebäudes, sondern einem darüber hinausgehenden speziellen Zweck (z.B. die Hebebühne in einer KFZ-Werkstatt) (1). Auf diese Geräte ist an sich § 1 Nr.1 ABN anwendbar, weswegen es sich bei Nr.3 lit.a) um einen konstitutiven Ausschluß handelt.

Ebenfalls von der ABN-Versicherung ausgenommen sind bewegliche und sonstige nicht als wesentliche Bestandteile einzubauende Einrichtungsgegenstände, vgl. § 1 Nr.3 lit.b) ABN. Dieser Vertragspunkt spricht Objekte an, die in keinem Kontext mit Bauleistungen stehen und auch nicht zu den sonstigen in § 1 Nr.1 ABN beschriebenen Sachen zählen. Folglich liegt hier nur eine Klarstellung vor.

---

1) Vgl. Platen, Handbuch S.11.

4.Kap.: Die versicherten Gefahren und Schäden

§ 7: Der Schaden

A) Grundlagen

I) Die dogmatische Einordnung der Bauleistungsversicherung im Hinblick auf den versicherten Schaden

Die Bauleistungsversicherung stellt, vom Gegenstand des versicherten Interesses her betrachtet, eine Sachversicherung dar (vgl. oben S.74 ff.). Neben der Einteilung der Versicherungsverhältnisse nach dem Objekt der gedeckten Wertbeziehung ist auch eine solche nach der Art der zu ersetzenden Schäden möglich. Die Versicherungsrechtslehre differenziert insoweit heute anhand des Inhalts der Leistung des Versicherers nach den Kategorien "Schadensversicherung" und "Summenversicherung". Die Schadensversicherung wird in den §§ 49 ff. geregelt und in § 1 Abs.1 S.1 VVG definiert. Danach bedingt der Anspruch des Versicherten einen konkret entstandenen Vermögensschaden, der die Einstandspflicht des Versicherungsunternehmens begründet und der Höhe nach begrenzt, vgl. § 55 VVG (1).

---

1) Vgl. BGHZ 52, 350(353);
Werber/Winter Rdnr.47; Eichler S.228.

Die Summenversicherung bildet eine von der Wissenschaft herausgearbeitete und im VVG nicht erwähnte Rechtsfigur. Hier zahlt der Versicherer bei Eintritt des Versicherungsfalles eine im Versicherungsvertrag ziffernmäßig genau festgelegte Geldsumme aus, ohne daß ein konkreter Vermögensverlust nachgewiesen sein muß. Vielmehr wird ein abstrakter Bedarf gedeckt; der einen Teilaspekt des versicherungsrechtlichen Bereicherungsverbots normierende § 55 VVG findet keine Anwendung (1).

Nach h.M. ist nur die Verletzung der körperlichen Integrität des Menschen (Gesundheit, Leben) wertmäßig abstrakt, so daß allein Personenschäden nach dem Prinzip der Summenversicherung ersetzt werden könnten. Sämtliche anderen Schäden bezögen sich auf Güter, an denen nur konkret bezifferbare Wertverluste aufträten (z.B. Sachen, Forderungen, allgemeines Vermögen) (2).

Gegen diese Thesen wenden sich einige Autoren des neueren Schrifttums, die eine abstrakte Bedarfsdeckung in gewissem Umfang auch außerhalb des Bereichs der Personenversicherung - z.B. in der Sachversicherung - für denkbar und zulässig erachten (3). Andererseits sei jeder Versicherungszweig - auch Personenversicherungen - als Schadensversicherung konstruierbar. Denn auch Personenschäden riefen regelmäßig weitere, konkrete Vermögensschäden hervor (z.B. Arzt- und Krankenhauskosten) (4).

Die Bauleistungsversicherung sagt dem Versicherten im Versicherungsfall keine bestimmte

---

1) Vgl. BGHZ 52, 350(353);
Prölss in Prölss/Martin § 1 Anm.2 A b;
Werber/Winter Rdnr.47; Eichler S.1.

2) Vgl. BGHZ 52, 350(353);
Prölss in Prölss/Martin § 1 Anm.2 A b;
H.Möller in Bruck/Möller Bd.I § 1 Anm.26.

3) Vgl. z.B. Winter, Bedarfsdeckung.

4) Vgl. auch BGHZ 52, 350(353);
Prölss in Prölss/Martin § 1 Anm.2 A b.

Geldsumme zu, sondern bemißt die Leistung des Versicherers nach den tatsächlich entstandenen Kosten (vgl.§§ 2, 3, 9 ff.ABU bzw. §§ 2, 3, 9 ff.ABN). Es liegt damit eine Schadensversicherung vor; die Kontroverse über das Anwendungsfeld des Summenprinzips kann auf sich beruhen. Der in den ABU und ABN verwandte Schadensbegriff ist im folgenden zu erarbeiten.

II) Der Gang der Untersuchung

Rechtsprechung und Lehre charakterisieren die Bauleistungsversicherung als eine sogenannte "Allgefahrenversicherung" (1). Diese Rechtsfigur beschreibt Versicherungsverhältnisse, welche nicht nur die aus speziellen Ereignissen – etwa Feuer – stammenden Schäden, sondern grundsätzlich alle denkbaren Risikofaktoren erfassen. Das Merkmal der "Gefahr" erscheint allerdings – gerade auch im Versicherungsrecht – außerordentlich vieldeutig (2). So kann es z.B. die ungewisse Möglichkeit eines die Leistungspflicht des Versicherers auslösenden Ereignisses bezeichnen (3). Der Umfang der so verstandenen "Gefahr" ist in den Versicherungsbedingungen zwingend festzulegen; geschieht dies nicht, so handelt es sich keinesfalls um einen Versicherungsvertrag (4). Im Rahmen der Bauleistungsversicherung erfüllen im wesentlichen die §§ 1–3 ABU und §§ 1–3 ABN diese Funktion.

Nun findet sich im Schrifttum auch die Gleich–

---

1) Vgl. BGH, VersR 1983, 821(822);
OLG Celle, VersR 1982, 457(458);
Rehm S.32, 124; Klingmüller, VersR 1977, S.202.

2) Vgl. zu den verschiedenen Deutungsmöglichkeiten im Versicherungsrecht Kisch II S.1 ff..

3) Vgl. Kisch II S.7 f.; ähnlich H.Möller in Bruck/Möller Bd.II Vor §§ 49–80 Anm.22.

4) Vgl. Hofmann S.64.

setzung von "Gefahr" und schadenstiftender Ursache (1). Daran trifft zunächst zu, daß jede potentielle Schadensursache ein Schadensrisiko ergibt. Darüber hinaus ebnet dies den Weg zu folgendem Befund: Jeder Schaden enthält die Elemente "Schadensursache" und "Schadenseintritt". Der Versicherungsvertrag muß den Schutzumfang für beide Aspekte eingrenzen. Die Übereinkunft deckt prinzipiell weder alle Kausalereignisse (z.B. Feuer, Sturm) noch alle Schadensarten (z.B. Personen-, Sach-, allgemeine Vermögensschäden) ab. Dies erfordert, die zwei Komponenten getrennt zu untersuchen. Zunächst erfolgt eine Darstellung der von der Bauleistungsversicherung zu ersetzenden Schäden; in § 8 schließt sich dann eine Untersuchung der versicherten Ursachen an.

B) Die versicherten Schäden in der Bauleistungsversicherung

Der Bauleistungsversicherer haftet für "Schäden (Beschädigungen oder Zerstörungen) an versicherten Bauleistungen oder an sonstigen versicherten Sachen" (vgl. §§ 2 Nr.1 ABU, 2 Nr.1 ABN) (2). Diese Formulierung bezeichnet die relevanten Schäden und konkretisiert sie mittels eines Klammerzusatzes. Dabei kann man "Schäden an ... Bauleistungen oder ... sonstigen ... Sachen" zusammenziehen zu dem Ausdruck "Sachschäden" (3). Der Inhalt dieses Begriffs wird im Versicherungsrecht sehr kontrovers diskutiert. Dieser Streit muß aufgenommen und entschieden werden, um zu einer Basisdefinition des

---

1) Vgl. Martin in Prölss/Martin § 49 Anm.1 A d.
2) Da die ABU und ABN insoweit deckungsgleich sind, erübrigt sich in bezug auf die versicherten Schäden weitgehend eine getrennte Darstellung.
3) Vgl. Thürmann S.125 i.V.m. FN 159.

Rechtsinstituts zu gelangen, von der aus dann die weiteren sich stellenden Probleme zu lösen sind (z.B. die Abgrenzung zum nicht versicherten bloßen "Mangel", vgl. §§ 2 Nr.2 lit.a) ABU, 2 Nr.3 lit.a) ABN).

I) Die Basisdefinition des Begriffs "Sachschaden"

1) Meinungsstand

a) Der Sachschaden als Verletzung der Sachsubstanz

Ein vor allem zu den alten AVB Bauunternehmer bzw. Wohngebäude vertretener Ansatz im Schrifttum greift auf eine Auffassung zurück, die das RG im Rahmen des § 303 StGB (Sachbeschädigung) zum Tatbestandsmerkmal der "Beschädigung" verfochten hat. Danach setzt der Begriff "Sachschaden" stets eine Verletzung der körperlichen Substanz der versicherten Objekte voraus (1); erforderlich ist ein "Bruch", d.h. eine sichtbare oder sichtbar zu machende "(Teil-) Destruktion" (2). Technisch betrachtet, handelt es sich um eine Änderung der die Sachsubstanz bildenden Atom- und Molekülstruktur (z.B. Risse in einem Mauerwerk).

---

1) Vgl. RGSt 13, 27(28); 32, 165(190); Lotter S.9 i.V.m. FN 1.
2) Vgl. dazu Thürmann S.112.

b) Der Sachschaden als Einwirkung auf die Sachsubstanz

aa) Die herrschende Auffassung

Der BGH und die h.L. sehen einen Sachschaden nicht nur bei Verletzung der Sachsubstanz als gegeben an. Es genüge jede Einwirkung auf den Körper, welche die äußere Erscheinung und Form des Objekts verändere und dadurch dessen Brauchbarkeit oder Verkehrswert herabsetze. Deshalb könne auch die ohne jede Verletzung der Substanz vor sich gehende bloße Schiefstellung eines Gebäudes einen Sachschaden darstellen (1).

Thürmann hat sich in ihrer Monographie (2) diesem Standpunkt im wesentlichen angeschlossen und ihn wie folgt begründet (3): Dem heutigen Stand der Technik entsprechend, richteten sich Wert und Gebrauchsfähigkeit einer Sache nicht mehr allein nach ihrer physikalisch-mechanischen Integrität. Von gleicher Bedeutung seien andere naturwissenschaftliche Eigenschaften des Objekts, welche sich an der Materie des Gegenstandes verändernd niederschlügen.

---

1) Vgl. BGH, NJW 1979, 2404(2405).
Das Gericht traf diese Feststellungen zwar im Zusammenhang mit dem Terminus "Beschädigung einer Sache"; es betrachtet aber offensichtlich die Wendungen "Sach-Beschädigung" und "Sachschaden" als Synonyme. Darauf wird noch zurückzukommen sein.
Aus der Lit.: Martin, VW 1974, S.998.

2) Der Sachschadenbegriff in der Bauleistungsversicherung - insbesondere in Abgrenzung zum Leistungsmangel -, Karlsruhe 1988.

3) Vgl. Thürmann S.112 ff..

Dies erfordere allerdings nicht - wie der BGH irrtümlich meine - eine äußerlich erkennbare Beeinträchtigung von Aussehen und Form des Guts; auch innerlich ablaufende Prozesse könnten Sachschäden ergeben. Andererseits blieben jedoch bloße Wandlungen der Umwelt außer Betracht, solange sie die Sache selbst unberührt ließen.

Das darüber hinaus vom BGH aufgestellte Begriffsmerkmal der Minderung von Wert oder Brauchbarkeit des Werks finde - so Thürmann - seine Rechtfertigung darin, daß der Terminus "Sachschaden" nur nachteilige Einwirkungen erfassen und positive Veränderungen - etwa die Folgen einer Reparatur - nicht berücksichtigen dürfe. Der Wert der Sache orientiere sich dabei an ihrem Verkehrswert, über ihre Gebrauchsfähigkeit entscheide die Verkehrsauffassung. Da nicht jedem Bauprojekt ein Verkehrswert zukomme (1), reiche im übrigen die Herabsetzung eines der beiden Kriterien.

bb) Weitere Stimmen in der Literatur

Es gibt Autoren, die im Einklang mit der h.M. die Notwendigkeit einer substanzverletzenden Einwirkung ablehnen, bei den anderen Definitionsmerkmalen jedoch von der überwiegenden Sichtweise abweichen. Vordergründig scheint zunächst Otto einen eigenen Gedanken zu verfolgen, wenn er das vom BGH zitierte Merkmal der "Einwirkung auf die Substanz" als überflüssig erachtet und eine "Einwirkung auf die Sache" für hinlänglich hält, weil auch das Absinken von Bauleistungen bereits zu einem entschädigungspflichtigen Versicherungsfall führe (2). Hier un-

1) So hat eine Hochbelastungsbrücke wegen Fehlens eines entsprechenden Marktes keinen Verkehrswert; vgl. Thürmann S.123.

2) Vgl. Otto, VP 1978, S.166 unter Berufung auf OLG Karlsruhe, VersR 1978, 337(338).

terstellt der Verfasser der Rechtsprechung offensichtlich, einen Sachschaden nur bei Verletzung der körperlichen Substanz anzuerkennen. Diese Annahme trifft indes nicht zu, da das Gericht die Formulierung "Substanz-Einwirkung" nicht als Synonym für Substanzverletzung verwendet. Demnach unterscheidet sich Otto - jedenfalls insoweit - nur terminologisch von der Mehrheitsauffassung.

Zum Teil wird noch die Meinung vertreten, die Einwirkung auf die Sachsubstanz müsse sowohl den Sachwert als auch die Verwendbarkeit des Baus verringern. Nur die kumulative Minderung beider Faktoren begründe einen Sachschaden; beschränke sich der Wertabfall auf einen der Maßstäbe, so helfe die Bauleistungsversicherung nicht (1). Diese Theorie folgt im Grundsatz dem Lösungsvorschlag der h.M., setzt sich von dieser aber im Detail ab.

c) Der Sachschaden als Arbeit und Kosten der Wiederherstellung bzw. als Schadensausgleich

Einen völlig anderen Standpunkt zum Begriff des Sachschadens nimmt Beese ein. Er sieht die Veränderung einer Sache in Form, Struktur oder Funktion als "Beschädigung" an. Aus einer solchen könne auf zweierlei Weise ein "Sachschaden" entstehen: indem der Träger des beeinträchtigten Interesses zur Wiederherstellung des vorherigen technisch-physikalischen Zustandes Geld und/oder Arbeit einsetzen müsse oder indem wegen Unmöglichkeit der Reparatur der Gegenwert in Geld aufzuwenden sei (2). Diese zwischen "Beschädigung" und "Sachschaden" differenzie-

---

1) So Rehm, 1.Auflage, S.31 f., 33 f., 107, 109; Otto, VP 1978, S.166; wohl auch H.H.Möller, VW 1979, S.1214.

2) So Beese, ZfV 1975, S.353.

rende Haltung begründet Beese mit dem Hinweis, daß der erstgenannte Begriff für einen physikalisch-technischen und der letztere für einen wirtschaftlichen Vorgang stehe (1).

2) Stellungnahme

a) Lösungsansätze aus dem allgemeinen Zivilrecht

Das allgemeine Zivilrecht könnte Prinzipien zur Auslegung des Begriffs "Sachschaden" bereithalten. Das BGB teilt die ersatzfähigen Schäden grundsätzlich in materielle (vgl. §§ 249 ff.BGB) und immaterielle (vgl. § 253 BGB) ein und unterscheidet hierbei nicht nach dem Bezugsobjekt des Schadensereignisses. Im Recht der "unerlaubten Handlungen" verlangen einige Vorschriften die Verletzung eines bestimmten Rechtsguts und schließen den Ersatz reiner Vermögensschäden aus; so erfaßt der § 823 Abs.1 BGB beispielsweise die Beeinträchtigung des Eigentums und "sonstiger Rechte" wie dinglicher Teilrechte und (in bestimmtem Umfang) des Besitzes (2). Nun beschreiben diese Rechtspositionen die Wertbeziehungen einer Person zu einer Sache, also das "Interesse" an einem Gegenstand (vgl. dazu bereits oben S.89 f.). Dieses kann auf vielfältige Weise in Mitleidenschaft gezogen werden; neben Veränderungen der Sachsubstanz selbst fallen auch rechtswirksame Verfügungen über das Objekt durch unbefugte Dritte und der bloße Entzug der Sachherrschaft unter das Deliktsrecht (3). Demgegenüber stellt der in §§ 2 Nr.1 ABU, 2 Nr.1 ABN gebrauchte Terminus "Schaden an einer Sache" auf einen dem Gut selbst anhaften-

1) Vgl. Beese, ZfV 1975, S.352.

2) Vgl. Palandt/Thomas § 823 Rdnr.7 ff., 11 ff..

3) Vgl. Palandt/Thomas § 823 Rdnr.8.

den Makel ab und umfaßt damit nur solche Einwirkungen, die die körperliche Substanz in irgendeiner Weise berühren. Verluste und ähnliche Geschehnisse verletzen zwar das an der Sache bestehende Recht, nicht aber die Sache selbst. Deshalb trägt das im BGB geregelte Recht der "unerlaubten Handlungen" nichts zur Lösung des in Rede stehenden Problems bei.

Des weiteren kennt das BGB in § 249 S.2 das Tatbestandsmerkmal "Beschädigung einer Sache" und erlaubt dem Schädiger bei Erfüllung desselben, seine Ersatzleistung in Geld statt als Naturalrestitution zu erbringen. Diese Form des Ausgleichs ist rechtstatsächlich jedoch heutzutage auch dann allgemein üblich, wenn die Voraussetzungen der genannten Gesetzesnorm nicht vorliegen, weshalb letztere kaum noch praktische Bedeutung hat und weitgehend unbeachtet bleibt (1). Zudem herrscht keine Einigkeit darüber, ob "Beschädigung einer Sache" und "Sachschaden" dasselbe meinen (2). Aus diesen Gründen bietet auch der § 249 BGB keine Hilfe für die eingangs gestellte versicherungsrechtliche Frage.

Ebensowenig differenzieren die von der zivilrechtlichen Wissenschaft über den Gesetzeswortlaut hinausgehend entwickelten Schadenstypen nach dem betroffenen Objekt. Vielmehr finden sich hier Gesichtspunkte wie die Unmittelbarkeit des Schadenseintritts (3). Das Versicherungsrecht muß daher bei der Konkretisierung des Rechtsinstituts "Sachschaden" eigene Wege gehen (4).

---

1) Vgl. Thürmann S.97.
2) Dies bestreiten z.B. Thürmann S.129 f. und Beese, ZfV 1975, S.352 f.. Die Frage wird noch zu behandeln sein (vgl. schon oben S.128 FN 1).
3) Vgl. z.B. Larenz I § 27 II b 3.
4) So im Ergebnis auch Thürmann S.96 ff.; Wäldner S.21.

b) Das Bezugsobjekt des Sachschadens

Beese stuft die aufgrund einer Sachbeschädigung im allgemeinen Vermögen des Inhabers eingetretenen Folgen und nicht die unmittelbare Beeinträchtigung der Immobilie als Sachschaden ein (vgl. oben S.130 f.). Gegen diese Ansicht steht schon die semantische Betrachtung des Ausdrucks, da er einen "Schaden an einer Sache" bezeichnet (vgl. bereits oben S.126). Ferner dient die in Rede stehende Rechtsfigur im Versicherungsrecht dazu, die sogenannten reinen Vermögensschäden aus dem Kreis der Versicherungsfälle zu eliminieren (1). Diesem Zweck gehorchend, muß sie auf dem Umstand basieren, der den Sach- von den sonstigen Vermögensschäden trennt: die Einwirkung auf einen Sachkörper. Beese verdient daher keine Gefolgschaft; Sachschaden kann nur die Veränderung des Gegenstandes selbst sein.

c) Die Art der Einwirkung auf die Sache

Sodann gilt es zu klären, ob die Sache in ihrer Substanz verletzt sein muß oder ob jede körperliche Einwirkung auf dieselbe - z.B. auch die bloße Schiefstellung eines Bauwerks - den Tatbestand erfüllt. Die Unversehrtheit der Atom- und Molekularstruktur eines Objektkörpers bildet in der Regel nur eine Voraussetzung für dessen Funktionstüchtigkeit. Mithin ließe eine nur bei Substanzverletzungen entschädigende Bauleistungsversicherung viele den versicherten Baubeteiligten drohende Risiken außen vor. Dies steht im Widerspruch zum Sinn und Zweck dieser Versicherung. Deshalb ist der h.M. zu folgen; der Begriff "Sachschaden" enthält neben Substanzverletzungen auch sonstige Zustandsveränderungen der Sache.

---

1) Vgl. Thürmann S.110; Wäldner S.21.

Dabei muß noch auf folgendes hingewiesen werden: Die im Zusammenhang mit der Bestimmung des Merkmals "Schaden" benutzten Ausdrücke "Verletzung", "Einwirkung" und "Beeinträchtigung" bilden grammatikalisch gesehen Substantivformen der zugehörigen Verben und können sowohl den Vorgang als auch das nachher an der Sache feststellbare Ergebnis des Vorgangs bedeuten (1). Das zu definierende Wort "Schaden" umschreibt jedoch immer einen schon eingetretenen Erfolg. Deshalb sind die an sich doppeldeutigen Termini hier zwingend im zweiten Sinne zu verstehen.

d) Wertmäßige Begrenzung der versicherten körperlichen Einwirkungen

Körperliche Einwirkungen auf ein Bauprojekt können vielfältiger Natur sein. Darunter fallen beispielsweise auch planmäßige Baumaßnahmen und Ausbesserungsarbeiten. Ein Schaden bedingt jedoch eine negative Veränderung der Sache. Daher erscheint das weitere Tatbestandsmerkmal der Minderung von Verkehrswert bzw. Gebrauchstauglichkeit als unverzichtbar. Zweifelhaft ist allein, ob die zwei Wertmesser jeweils kumulativ berührt sein müssen (vgl. oben S.130). Sehr oft wird dies der Fall sein, so daß das Problem keine große praktische Bedeutung zeitigt. Aber schon das Sinken eines der beiden Faktoren bildet eine negative und den Versicherten belastende Konsequenz des Ereignisses und genügt deshalb den Anforderungen. Damit läßt sich der Sachschaden kennzeichnen als eine körperliche Einwirkung auf eine Sache, wodurch der Verkehrs- oder der Gebrauchswert des Objekts abfällt (2).

---

1) Ebenso Thürmann S.129 für die "Beschädigung".
2) Zur wirtschaftlichen Berechnung dieser beiden Wertkriterien vgl. Thürmann S.120 ff..

e) Problemfall: Das Absinken von Gebäuden

Ein in Rechtsprechung und Literatur behandeltes Sonderproblem im Zusammenhang mit dem Sachschaden tritt dann auf, wenn sich ein Bau nachträglich schief stellt. Die rechtliche Bewertung eines derartigen Geschehens hat zu beträchtlichen Meinungsunterschieden geführt. Einigen Stimmen zufolge beschädigt die bloße Neigung eines Gebäudes noch nicht dessen Substanz, so daß ein entschädigungspflichtiger Versicherungsfall erst mit dem Beginn einer etwaigen Rißbildung oder ähnlichen Erscheinungen gegeben sei (1).

Überwiegend wird eine differenzierende Lösung vorgeschlagen. Der BGH erkennt in der Schräglage zwar keine Verletzung der Sachsubstanz, wohl aber eine für einen Sachschaden hinlängliche Einwirkung auf den Körper der Bauleistung. Schwierig zu beurteilen sei allerdings die Frage, ob das Ereignis den Verkehrswert oder die Brauchbarkeit des Projekts herabgesetzt habe. Sei das Vorhaben auf einem von vornherein zu schwachen Grund vollzogen worden, so hafte der Minderwert dem Bau grundsätzlich schon im Entstehungsstadium an; die danach notwendig einsetzenden Senkbewegungen machten diesen Makel nur sichtbar. Deshalb müßten in diesem Fall besondere Umstände existieren, um dennoch einen entschädigungspflichtigen Versicherungsfall befürworten zu können. Diese Bedingung sei z.B. gegeben, wenn die mittlerweile Wirklichkeit gewordene Schiefstellung die vorzunehmende Neugründung verteuere oder aufgrund der zu befürchtenden Rißbildung der Verkehrswert geringer werde (2).

Das Schrifttum folgt mehrheitlich den von der Rechtsprechung geltend gemachten Bedenken gegen das Vorliegen eines Sachschades, divergiert aber teil-

1) So Rehm S.34.

2) So BGH, NJW 1979, 2404(2405); ebenso wohl auch Platen, Handbuch S.12, 43.

weise im Ergebnis. So hält Martin es für schlechthin ausgeschlossen, daß bei einem auf ungeeignetem Boden errichteten Bau das tatsächliche Absinken zu einem weiteren Wertverfall führe; der Bauleistungsversicherer hafte nur, wenn von außen (z.B. durch Blitzschlag) auf einen an sich stabilen Grund eingewirkt werde und die Immobilie sich deshalb neige (1).

Außerdem findet sich noch die Auffassung, eine nachträgliche Schräglage von Gebäuden bilde prinzipiell einen Sachschaden. Denn zumeist stellten sich anschließend auch Risse ein und die Bewohner fühlten sich schon bei der ersten Senkbewegung belastet (2).

Die Stellungnahme zu dem soeben dargelegten Problem hat von den für den Begriff des Sachschadens herausgearbeiteten Merkmalen auszugehen. Die eigentliche Schiefstellung verändert die Atom- und Molekularstruktur des Baukörpers noch nicht, so daß die Materie unverletzt bleibt. Dennoch wandelt sich der Zustand des Objekts, da es in eine neue Lage gerät. Dies bildet eine die Sachsubstanz betreffende Einwirkung; zusätzliche Folgeerscheinungen wie Mauerrisse sind dazu nicht nötig. Insoweit begegnet die Annahme eines Sachschadens keinen Bedenken.

Die wohl h.M. sieht deshalb Schwierigkeiten auch nur in bezug auf die weitere Bedingung, daß das fragliche Ereignis den Wert der Immobilie gemindert haben muß. Nun führt jedes auch noch so geringe Absinken eines Gebäudes zu Änderungen der

---

1) So Martin, VW 1974, S.997 f.;
ähnlich Klingmüller, Schriftenreihe Bd.4, S.39, der jedoch abweichend einen Sachschaden auch befürwortet, soweit bei einem Bau auf zu schwachem Boden die fehlerhafte Berechnung der Gründung von einem selbständigen Architekten und nicht von dem Bauunternehmer selbst stammt.

2) So OLG Karlsruhe, VersR 1978, 337(338);
Otto, VP 1978, S.166.

Spannungsverhältnisse innerhalb des Mauerwerks und birgt damit die konkrete Gefahr von Rißbildungen und anderen Beschädigungen. Allein dieses Risiko drückt bereits den Wert des Objekts. Schwierigkeiten könnte dieses Urteil allenfalls dann bereiten, wenn aufgrund der unzureichenden Bodenverhältnisse mit dem weiteren Geschehen von Anfang an zu rechnen war. Hier muß jedoch zwischen der bloßen Gefahr einer Schiefstellung und dem tatsächlichen Eintreffen der Befürchtung unterschieden werden. Künftige Entwicklungen sind nie vollständig und absolut sicher vorhersehbar, so daß einem Risiko niemals derselbe negative Wertfaktor wie einem bereits realisierten Schaden beizumessen ist. Deswegen sorgen Senkbewegungen immer für einen weiteren Abfall von Verkehrswert oder Gebrauchstauglichkeit des Baus. Auch dieses Erfordernis steht einem Sachschaden nicht entgegen.

Trotzdem läßt sich an dieser Stelle noch kein abschließendes Urteil über die Fälle abgeben, wo der Unternehmer infolge falscher Berechnungen oder sonstiger ihm zurechenbarer betriebsinterner Fehler seine Arbeit auf einem nicht standfesten Grund anfertigt. Denn hier könnte auch ein nach §§ 2 Nr.2 lit.a) ABU, 2 Nr.3 lit.a) ABN ungedeckter Mangel des Bauwerks bestehen. Die Beantwortung dieser Frage bedingt die - noch vorzunehmende - grundlegende Klärung der Beziehung von Sachschaden und Leistungsmangel.

II) Das Verhältnis von Sachschaden und Beschädigung (bzw. Zerstörung)

1) Meinungsstand

Die §§ 2 Nr.1 ABU, 2 Nr.1 ABN stellen dem "Sachschaden" das Tatbestandsmerkmal "Beschädigungen" (bzw. "Zerstörungen") zur Seite. Die ganz h.M. beurteilt die genannten Begriffe als Synonyme, ohne das Verhältnis derselben zu problematisieren (1). Nur vereinzelt sind kritische Stimmen laut geworden. So subsumieren Wussow/Ruppert nur solche Vorgänge unter die "Sachbeschädigung", die in den Verantwortungsbereich von Personen fielen. Naturereignisse blieben insoweit außen vor und könnten allein mit Hilfe der Rechtsfigur "Sachschaden" erfaßt werden (2).

Thürmann hat sich sehr intensiv mit dem angeschnittenen Thema beschäftigt und folgende These entwikkelt: Die "Beschädigung" stehe nach allgemeinem Sprachgebrauch üblicherweise mit Unfällen, menschlichem Verhalten oder plötzlichen Ereignissen in Verbindung. Die von dieser Definition nicht beschriebenen Einflußnahmen auf den Herstellungsprozeß sowie die innere Entwicklung der Bauleistung seien nur mit dem Terminus "Sachschaden" darstellbar (3). Demnach setzten die §§ 2 Nr.1 ABU, 2 Nr.1 ABN mit ihrem Klammerzusatz zwei nicht kongruente Begriffe gleich. Der darin liegende Widerspruch lasse sich auch durch das Mittel der Auslegung nicht beseitigen, so daß gemäß § 5 AGBG die kundenfreundlichere Lösung zum Tragen komme. Der Versicherungsschutz richte sich nach der Rechtsfigur mit dem größerem Anwendungsbereich, also dem "Sach-

---

1) So z.B. Martin, VW 1974, S.996 und in Prölss/Martin Teil II lit.N "Maschinenversicherung" Nr.2 AMB Anm.2 (mit dem Hinweis, daß die Kongruenz der Definitionen für das gesamte Recht der Sachversicherung gelte).
Von dieser These geht offensichtlich auch der BGH aus, da er die Termini "Beschädigung", "Sachbeschädigung" und "Sachschaden" wechselweise benutzt; vgl. z.B. BGH, NJW 1979, 2404(2405).
2) So Wussow/Ruppert § 2 AMoB Anm.2 (S.66).
3) Vgl. Thürmann S.129 f..

schaden" (1).

2) Stellungnahme

a) Lösungsansatz aus dem Strafrecht

Das StGB verwendet den Ausdruck "Sachbeschädigung" in den Überschriften sowohl zu seinem 26.Abschnitt als auch zu den §§ 303, 304 StGB. Strafrechtliche Bestimmungen wollen den Rechtsgüterschutz gewährleisten, indem sie den Adressaten zu rechtstreuem Verhalten anhalten (2). Die Sanktionen bedingen damit notwendig eine Handlung des Betreffenden (3), weshalb auch der Tatbestand der "Sachbeschädigung" sich auf von Menschen verursachte Folgen beschränkt (4).

Nun deckt sich die Funktion des Strafrechts nicht mit der des Versicherungsrechts. Das letztere regelt einen schuldrechtlichen Vertragstyp, welcher bezweckt, dem Konsumenten das Risiko von Verlusten aus bestimmten Vorkommnissen abzunehmen (5). Dies erfordert nicht notwendig ein mitwirkendes Verhalten von Personen bei der Schadensverursachung. Vielmehr kommt es entscheidend auf die an dem versicherten Interesse feststellbare Beeinträchtigung an. Diese unterschiedliche Zielrichtung verwehrt dem Versicherungsrecht, sich am Strafrecht zu

---

1) Vgl. Thürmann S.179 ff..
2) Vgl. Jescheck, Strafrecht AT § 1 III 2.
3) Vgl. Jescheck, Strafrecht AT § 23 I.
4) Auf diesem strafrechtlichen Ansatz basiert offensichtlich die von Wussow/Ruppert verfochtene Ansicht (vgl. oben S.138).
5) Zu den einzelnen Erklärungstheorien für die Rechtsnatur der Versicherung vgl. Prölss in Prölss/Martin § 1 Anm.1 A.

orientieren.

b) Versicherungsrechtlicher Lösungsansatz

Einen speziell auf das Versicherungswesen zugeschnittenen Vorschlag hat Thürmann gemacht, indem sie den Begriff "Sachbeschädigung" - dem vermeintlichen allgemeinen Sprachgebrauch folgend - auf räumlich von außen herrührende Einwirkungen an den Gegenständen begrenzt (vgl. oben S.138 f.). Es erscheint sehr zweifelhaft, ob die Sprachlehre diese These wirklich stützt. Die Verfasserin selbst gibt zu, daß der Ausdruck auch in einem weiteren Sinne benutzt werden könne und dann dasselbe meine wie "Sachschaden" (1). Eben diese Wortbedeutung erklärt die Bauleistungsversicherung für maßgeblich, wenn sie die besagten Termini in §§ 2 Nr.1 ABU, 2 Nr.1 ABN nebeneinander verwendet. Zwar bezeichnen diese Klauseln den in einem völligen Verlust von Brauchbarkeit oder Verkehrswert bestehenden "Sachschaden" als "Zerstörung" und nicht bloß als "Beschädigung"; dies hat aber keine materielle Bedeutung, weil die "Zerstörung" lediglich eine Extremform der "Beschädigung" ist. Infolgedessen verdient die von der Begriffskongruenz ausgehende h.M. Zustimmung.

III) Das Verhältnis von Sachschaden und Mangel

Aufgrund §§ 2 Nr.2 lit.a) ABU, 2 Nr.3 lit.a) ABN tritt der Versicherer nicht ein für "Mängel der versicherten Bauleistungen oder sonstiger versicherter Sachen". Damit erhebt sich das Problem, wie Sachschäden und Mängel voneinander zu trennen sind. Mit dieser Thematik setzen sich Rechtspre-

1) Vgl. Thürmann S.130.

chung und Literatur seit langem auseinander, ohne bislang eine einheitliche Leitlinie herausgearbeitet zu haben. Zunächst soll auch hier der Streitstand kurz nachgezeichnet werden.

1) Meinungsstand

a) Die Rechtsprechung

Anders als die ABU und ABN gewährten die früheren Vertragswerke und Spezialbedingungen der Bauwesenversicherung Deckung für "Sachschäden" (vgl. § 2 Nr.1 AVB Bw.) bzw. "Schäden" (vgl. §§ 2 Nr.1 AVB Bauunternehmer, 2 Nr.1 AVB Wohngebäude), ohne eine Haftung für "Mängel" ausdrücklich auszuschließen. Trotzdem gingen die Gerichte schon unter der Herrschaft der alten AVB ganz überwiegend davon aus, daß der in der Bauwesenversicherung gebrauchte Begriff des Sachschadens den Leistungsmangel nicht enthalte (1). Insofern ist bei der Konzeption der heute gültigen Versicherungsbedingungen nur auf bereits verfügbare Erkenntnisse zurückgegriffen worden. Die von der Rechtsprechung befürworteten Abgrenzungskriterien sind im folgenden zu skizzieren (2).

Ursprünglich nahm die Praxis eine zeitlich ausgerichtete Differenzierung vor: Ein Sachschaden erfordere die Verschlechterung eines schon vorhande-

---

1) Vgl. BGH, NJW 1979, 2404; 1979, 2406(2407). OLG Bremen, VersR 1953, 318 und BGH, NJW 1954, 1846 haben für die AVB Bauunternehmer dieses Ergebnis aus dem dort in § 2 Nr.1 enthaltenen Merkmal "Bauunfälle" hergeleitet.
2) Eine sehr detaillierte Aufarbeitung der Judikatur findet sich bei Thürmann S.15 ff..

nen Bauzustandes. Demgegenüber führe die von vornherein falsche Herstellung einer Bauleistung zu einem Objekt, das niemals fehlerfrei existiert habe und daher einen Mangel aufweise (1).

In einer späteren Entscheidung hielt der BGH zwar verbal an diesem Ansatz fest (2), führte im Laufe seiner Argumentation jedoch neue Gesichtspunkte ein. Der Mangel hafte der Arbeit unmittelbar an und bilde einen integralen Bestandteil derselben; schon die Art und Weise der Bauausführung beeinträchtige hier das Werk. Ein Sachschaden bedinge dagegen, daß der Bau von außen verändert werde. Bei dieser Abgrenzung sei nicht notwendig auf die Gesamtbauleistung abzuheben; auch schon abgeschlossene selbstständige Teilleistungen bildeten eigenständige Einheiten. Habe der Unternehmer einen solchen Bauabschnitt fertiggestellt und wirke er danach - etwa durch unsorgfältige Arbeiten an anderen Teilen des Vorhabens - wertmindernd auf diesen ein, so handele es sich aus Sicht der angegriffenen Teilleistung um einen externen Vorgang und damit um einen Sachschaden; die funktionale Zugehörigkeit der Schadensursache zum Baugeschehen ändere daran nichts. Die im Rahmen dieser Entscheidung vorzunehmenden Wertungen - insbesondere bezüglich der Bestimmung der einzelnen selbständigen Teilleistungen - richteten sich vor allem nach den technischen Gegebenheiten und der allgemeinen Lebensauffassung (3). Der BGH hat

---

1) So OLG Bremen, VersR 1953, 318 und - als Revisionsinstanz - der BGH in NJW 1954, 1846.
2) Vgl. BGH, NJW 1979, 2404(2405).
3) Vgl. BGH, NJW 1979, 2404(2405) als Revisionsinstanz zu OLG Karlsruhe, VersR 1978, 337.
Der betreffenden Bauwesenversicherung lagen Spezialbedingungen zugrunde. Das OLG war einem weiten Sachschadenbegriff gefolgt, der auch die fehlerhafte Herstellung einbezog und so für unversicherte Mängel keinen Raum mehr ließ. Deshalb benötigte das Berufungsgericht kein Diffe-

dieses Urteil danach in einer weiteren Entscheidung ausdrücklich bestätigt (1).

Das vom Bundesgerichtshof gefundene lokale Kriterium - "unmittelbarer Bestandteil" oder "Einwirkung von außen" - und die gleichrangig daneben geschaffene kausale Komponente - "unmittelbares Anhaften" des Fehlers - hielten im übrigen auch Einzug in die neuere Rechtsprechung der Instanzgerichte, wie ein 1984 vom OLG Frankfurt gefällter Spruch zeigt (2). Zudem bewegt sich auch der öOGH mittlerweile auf der vom BGH entwickelten Leitlinie (3).

b) Die Literatur

aa) Weiter Sachschadenbegriff

Der BGH hat in einer früheren Entscheidung zur Architekten-Haftpflichtversicherung eine Definition des Sachschadens gegeben, die von der in der Bauwesenversicherung nicht unerheblich abwich. Danach sollte dieser jede wertmindernde Einwirkung auf das Werk - einschließlich der fehlerhaft angelegten Produktion - und somit auch sämtliche Fälle von Leistungsmängeln ergreifen (4). Diesen Standpunkt

---

(Fortsetzung von Fußnote 3 der S.142) renzierungsmerkmal. Diese Entscheidung ist für den Bereich der Bauwesenversicherung einzigartig geblieben.

1) Vgl. BGH, NJW 1979, 2406(2407).

2) Vgl. OLG Frankfurt, VersR 1984, 1057.

3) Vgl. öOGH, VersR 1987, 918(919).

4) Vgl. BGH, VersR 1960, 1074(1075). Diesem Urteil ist das OLG Karlsruhe in seiner Entscheidung VersR 1978, 337 auch für die Bauwesenversicherung gefolgt (vgl. oben S.142 FN 3).

vertritt das Gericht inzwischen zwar auch im Bereich der Architekten-Haftpflichtversicherung nicht mehr (1), aber dennoch hat er Anhänger im Spezialschrifttum zu den ABU und ABN gefunden (2). Eine differenzierende Übernahme versucht Klingmüller. Habe ein von dem versicherten Bauunternehmer unabhängiger, selbständiger Architekt einen mit Fehlern behafteten Bauplan gezeichnet und errichte der Hersteller daraufhin ein von Anfang an nicht einwandfreies Werk, so bilde der "Mangel" einen gedeckten Sachschaden. Im Falle einer von dem versicherten Unternehmer selbst stammenden unzutreffenden Konstruktion bedeute die sachwidrige Produktion dagegen einen Baumangel (3). Klingmüller begründet diesen (teilweisen) Rückgriff auf den weiten Sachschadenbegriff mit dem Wortlaut der ABU und ABN, denn dieser "könnte darauf hindeuten" (4).

bb) Übernahme der Rechtsprechung zur Bauwesenversicherung

Die ganz h.M. in der Literatur faßt den Terminus "Sachschaden" enger. Überwiegend knüpfen die Autoren an die vom BGH ursprünglich verwandte zeitliche Differenzierung an, ob eine bereits bestehende Sache nachträglich beeinträchtigt oder ob sie von vornherein regelwidrig erstellt werde (5). Der dabei anzulegende Maßstab sei - wie der BGH richtig erkenne - die abgeschlossene Teilleistung (6). Der

---

1) Vgl. BGH, VersR 1976, 629(630).
2) So wohl z.B. Otto, VP 1978, S.166.
3) Vgl. Klingmüller, Schriftenreihe Bd.4 S.39.
4) Vgl. Klingmüller, Schriftenreihe Bd.4 S.42.
5) So Martin, VW 1974, S.997 f.; Wäldner S.24; Rehm S.39 f.; Neuenfeld, Bauversicherungen S.49.
6) Vgl. Martin in Prölss/Martin Teil II lit.N "Bauleistungsversicherung" Anm.5 (S.1444).

Mangel an einem bestimmten Bauabschnitt könne mithin einen Schaden an einem anderen, bislang unversehrten herbeiführen (1). Zudem erscheine denkbar, daß eine ordnungswidrig errichtete Teilleistung über ihren Mangel hinaus geschädigt werde; dabei bleibe ohne Belang, ob der Leistungsfehler die alleinige Ursache des späteren Schadens bilde (2).

Andere Teile der Rechtslehre lehnen sich zwar ebenfalls an die Lösungsversuche des BGH an, beziehen sich aber nicht oder nicht allein auf das zeitliche Moment der Abgrenzung. So gibt es etwa den Vorschlag, als Sachschäden alle Beeinträchtigungen zu qualifizieren, welche an einem bereits fertigen Werk einträten und dabei zusätzlich von außen auf dasselbe einwirkten (3).

cc) Die Ansicht Martins

Martin geht mit der h.L. von einer zeitlich orientierten Unterscheidung von Sachschaden und Leistungsmangel aus. Der Autor wandelt dieses Lösungsmodell jedoch ab, indem er die bei einer fehlerhaften Bauarbeit benutzten Baustoffe und -teile als durch unsachgemäßen Verbrauch entwertet einstuft und einen Schaden an diesen Materialien anerkennt. Auf diese Weise bestehe zwar kein Versicherungsschutz für die Bauleistung, wohl aber für die verbauten Substanzen (4).

---

1) Vgl. Martin, VW 1974, S.997.
2) Vgl. Wäldner S.25;
ebenso für die vorherigen AVB Lotter S.10.
3) So Ingenstau/Korbion VOB/B § 7 Rdnr.39.
4) So Martin in Prölss/Martin Teil II lit.N "Bauleistungsversicherung" Anm.5 (S.1444), 6.

dd) Die Ansicht Thürmanns

Thürmann hat die Frage der Unterscheidung von Sachschaden und Mangel in ihrer Arbeit eingehend erörtert und folgendes Konzept entwickelt: Ein Sachschaden liege immer vor, wenn die Bauleistung eine Einwirkung von außen erfahre. Diese Bedingung sei zunächst bei allen Ereignissen erfüllt, die in keiner funktionalen Verbindung mit dem Baugeschehen ständen (z.B. Sabotageakte Dritter, Naturgewalten). Die Rechtsprechung habe sodann das Gesamtprojekt gedanklich in kleinere abgeschlossene Einheiten - die sogenannten Teilleistungen - zerlegt, um auch bauinterne Vorgänge in gewissem Umfang als Sachschäden begreifen zu können. Dieser Aspekt helfe aber nicht, solange der in Mitleidenschaft gezogene Abschnitt sich selbst noch im Baustadium befinde. Deshalb dürfe man an dieser Stelle nicht stehenbleiben (1).

Die Bauleistungsversicherung - so Thürmann - diene dem Schutz der Werkleistung unter Ausschluß solcher Vermögensverluste des versicherten Unternehmers, die einem falsch betriebenen Produktionsprozeß entsprängen. Aus diesem Grund habe die Qualifikation von versichertem Sachschaden und ungedecktem Mangel bei der Vorgehensweise des Werkverpflichteten und damit auf der Handlungsebene anzusetzen (2). Es komme entscheidend darauf an, welche Aktivitäten zum Baugeschehen rechneten. Mit dem Vorhaben in keinerlei innerem Zusammenhang stehende Tätigkeiten des Auftragnehmers riefen Sachschäden hervor. Die funktionalen Baumaßnahmen seien dadurch gekennzeichnet, daß sie dem Voranschreiten des Werks dienten und seine konkrete Eigenart gestalteten. Setzten solche Ausführungshandlungen die Arbeit im Wert herab, so ergebe dies einen Leistungsman-

1) Vgl. Thürmann S.148 ff..

2) Vgl. Thürmann S.132 f..

gel (1). Dabei durchlaufe der Bau von der Planung bis zum praktischen Vollzug an der Baustelle mehrere Stadien, in denen zumeist jeweils verschiedene Personen (z.B. Architekt, Bauarbeiter) eingeschaltet seien. Weiche eine Instanz von den Vorgaben einer anderen ab, so breche sie nicht aus dem intendierten Herstellungsverfahren aus, sondern lenke dieses nur in eine neue Richtung; folglich verursachten den gewandelten Zielvorstellungen konforme Bauverrichtungen Mängel und keine Sachschäden (2).

Die konkrete Abgrenzung der eigentlichen Baumaßnahmen von denjenigen Verhaltensweisen des Herstellers, welche nicht funktional zur Fertigung des Baus zählen, führt Thürmann anhand folgender Fallgruppen durch:

- Falsche Steuerung des Produktionsprozesses und Einwirkungshandlungen bei Gelegenheit des Baus;
- Inhärente Entwicklung einer Teilleistung, d.h. Auswirkungen chemisch-physikalischer Prozesse;
- Maschinenfehlfunktionen;
- Auswirkungen von Materialfehlern (3).

Diese Einteilung erlaube - so Thürmann - im übrigen auch die zutreffende Beurteilung von Beeinträchtigungen an bereits fertiggestellten Teilleistungen als Sachschäden, da die Baueinheiten nicht mehr Gegenstand des Bauprozesses seien. Daher habe die Rechtsfigur der "selbständigen Teilleistung" keinen eigenständigen Wert, sondern erleichtere nur, bestimmte Formen des Sachschadens als solche zu erkennen; es handele sich um einen "Praktikabilitätsbegriff" (4).

---

1) Vgl. Thürmann S.155.
2) Vgl. Thürmann S.155 ff..
3) Vgl. Thürmann S.158 ff..
4) Vgl. Thürmann S.175 f..

2) Stellungnahme

a) Lösungsansätze aus dem allgemeinen Zivilrecht

Das Werkvertragsrecht des BGB enthält an mehreren Stellen den Terminus "Mangel" des Werks (z.B. in § 635 BGB). Der Werkmangel im Sinne des allgemeinen Zivilrechts meint nach h.M. jedes Abweichen des Vertragsobjekts von der vereinbarten Beschaffenheit sowie das Fehlen vertraglich zugesicherter Eigenschaften (1); dieser Begriffsbestimmung unterfallen insbesondere auch Schäden aller Art. Legte man den in den §§ 2 Nr.2 lit.a) ABU, 2 Nr.3 lit.a) ABN festgeschriebenen Ausschluß derart weit aus, so bliebe für den Sachschaden kein Anwendungsbereich und der Versicherte wäre gänzlich ungeschützt. Folglich verwendet die Bauleistungsversicherung den Terminus "Mangel" in einem anderen Sinne als das BGB (2).

Ein Ausgangspunkt für die Lösung des Problems könnte aus einer Diskussion über die Reichweite des Rechts der "unerlaubten Handlungen" gewonnen werden. Rechtsprechung und Lehre streiten darüber, ob und inwieweit das "Weiterfressen" eines in einer Werkleistung oder Kaufsache von Beginn an vorhandenen Mangels eine mittels § 823 Abs.1 BGB erfaßbare Eigentumsverletzung an dem fehlerhaften Gegenstand selbst darstellt (3). Allerdings entspricht weder das Merkmal der "Eigentumsverletzung" dem des

---

1) Vgl. Erman/Seiler § 634 Rdnr.3 i.V.m. § 633 Rdnr.6; Staudinger/Peters § 633 Rdnr.5.
2) Vgl. Thürmann S.131 f.; Wäldner S.22 i.V.m. FN 85.
3) Vgl. zu dieser Problematik BGH, BB 1983, 462(463); Bsp. aus der Lit.: Ebel, NJW 1978, S.2494.

"Sachschadens" (vgl. oben S.131 f.) noch stimmen - wie soeben gezeigt - die Mangelbegriffe von Werkvertrags- und Bauleistungsversicherungsrecht überein. Zudem geht es bei dem Problem der "weiterfressenden Mängel" ersichtlich darum, die als zu kurz empfundenen kauf- und werkvertraglichen Verjährungsfristen der §§ 477, 638 BGB zu umgehen (1). Dieses Anliegen spielt im Rahmen der die ABU und ABN betreffenden Interpretationsfrage keine Rolle. Aus diesen Gründen hilft auch das Deliktsrecht des BGB dem Versicherungsrecht nicht weiter. Das allgemeine bürgerliche Recht bietet damit insgesamt keine verwertbaren Aspekte.

b) Lösungsansatz aus dem privaten Baurecht

Damit wendet sich der Blick - was bei der Bauleistungsversicherung besonders naheliegt - dem Bauvertragsrecht zu. Der § 13 Nr.1 VOB/B erklärt neben dem Bestehen der zugesicherten Eigenschaften und der Abstinenz tauglichkeitsmindernder Fehler die Einhaltung der anerkannten Regeln der Technik zum Gegenstand der Gewährleistung. Hat der Auftragnehmer solche bautechnischen Vorschriften mißachtet, so folgt allein daraus ein Mangel im Sinne des privaten Baurechts der VOB (2). Dieses System der Verdingungsordnung könnte in der Weise auf die Bauleistungsversicherung übertragen werden, daß das von den AVB verwandte Tatbestandsmerkmal "Mangel" immer nur dann erfüllt ist, wenn der Unternehmer anerkannte Regeln der Technik unbeachtet gelassen hat. Ein solcher Rückgriff auf einen Teilausschnitt des bauvertraglichen Gewährleistungsrechts erhielte dem Begriff des Sachschadens ein eigenes Anwendungsfeld und höhlte daher nicht von vornherein den Versicherungsschutz aus.

---

1) Vgl. Brüggemeier, VersR 1983, S.509.

2) Vgl. Münchener Komm./Soergel § 633 Rdnr.31.

Nun muß ein Verstoß gegen die anerkannten Regeln der Technik bei der Bauausführung nicht notwendig dazu führen, daß das Werk als Arbeitsergebnis hinter den vertraglich festgelegten Anforderungen zurückbleibt; der § 13 Nr.1 VOB/B geht jedoch – anders als § 633 BGB – ohne Rücksicht auf diesen Umstand von einem Mangel aus (1). Im Rahmen der Bauleistungsversicherung bereitet die Abgrenzung zum versicherten Sachschaden allerdings nur bei einer Minderung von Wert oder Brauchbarkeit des Objekts Schwierigkeiten. Ohne eine solche negative Konsequenz kommt das Vorliegen eines Schadens versicherungsrechtlich nicht in Betracht (vgl. oben S.134); eine Deckung scheidet hier selbst dann aus, wenn man darüberhinaus auch die Voraussetzungen eines Mangels i.S. der ABU und ABN ablehnt. Damit beantwortet sich aber noch nicht die Frage, ob eine derartige Verletzung anerkannter Regeln der Technik, die nachteilige Auswirkungen auf die Bauleistung zeigt, ein brauchbares Abgrenzungskriterium der beiden Kategorien bildet.

Die §§ 2 Nr.3 ABU, 2 Nr.4 ABN erwähnen das Abweichen von bautechnischen Vorschriften als eigenständigen Ausschlußgrund neben dem Mangel. Dabei sperrt ein solcher Verstoß den Versicherungsschutz nur, wenn zusätzlich die in lit.a–d) der zitierten Klauseln aufgeführten Voraussetzungen gegeben sind. Demgegenüber sehen die AVB für die aus einem Mangel rührende Risikobegrenzung keine weiteren Schranken vor. Diese differenzierende rechtliche Behandlung ist zu respektieren. Demzufolge bedeutet im Rahmen der Bauleistungsversicherung nicht jedes der Bautechnik widersprechende Vorgehen einen Mangel. Insoweit heben sich die ABU und ABN von der Verdingungsordnung für Bauleistungen ab. Auch auf das Bauvertragsrecht kann sich das Versicherungsrecht nicht stützen.

---

1) Vgl. Münchener Komm./Soergel § 633 Rdnr.31 ff., 34, 46; Staudinger/Peters § 633 Rdnr.36.

c) Versicherungsrechtlicher Lösungsansatz

Theorie und Praxis haben für die Bauleistungsversicherung verschiedene Thesen bezüglich der Unterscheidung von Sachschaden und Mangel erarbeitet. Der weite, auch Herstellungsfehler umgrenzende Schadenbegriff begegnet dem Bedenken, daß es unter seiner Herrschaft keine dem "Mangel" zurechenbare Fälle mehr gäbe und damit die §§ 2 Nr.2 lit.a) ABU, 2 Nr.3 lit.a) ABN obsolet würden. Der Wortlaut der Versicherungswerke bietet nicht einmal einen Anhalt für eine auch nur partielle Übernahme dieser für die Architekten-Haftpflichtversicherung entwickelten Auffassung. Deshalb ist nach anderen Wegen zu suchen.

Der Zweck des in den ABU und ABN enthaltenen Ausschlusses besteht darin, den Versicherten die Folgen von "Pfuscharbeit" selbst tragen zu lassen (1). Der der Bauleistung anhaftenden Auswirkung sieht man in aller Regel nicht an, ob sie auf einer fehlerhaften Bauweise beruht. Deshalb sind Sachschaden und Mangel auf der Ebene des Kausalereignisses zu trennen, um eine dem Zweck der Versicherung entsprechende Zuordnung der jeweiligen Fälle in eine der beiden Kategorien vornehmen zu können. Die traditionellen Vorschläge heben im wesentlichen auf den Eintrittszeitpunkt (vgl. oben S. 141) und die "Unmittelbarkeit" des Negativfaktors (vgl. oben S.142) sowie die räumliche Herkunft der Ursache (vgl. oben S.142) ab. All diese Theorien sind von dem Bemühen getragen, Produktionsfehler des Unternehmers von der Einstandspflicht des Versicherers auszuklammern. Insoweit zeigen sie einen richtigen Kern. Sie vermögen aber bauinterne Vorgänge nur sehr eingeschränkt als Sachschäden zu erfassen, indem sie zu dem gedanklichen Hilfsmittel

1) Vgl. OLG Frankfurt, VersR 1984, 1057; Platen, Handbuch S.14, 53.

der fertiggestellten, selbständigen Teilleistung greifen. Die Notwendigkeit der formalen Abgeschlossenheit des Bauabschnitts läßt dabei allzu große Lücken im Versicherungsschutz. Diese mißliche Konsequenz vermeidet der funktionale Ansatz von Thürmann, weil er nur nach dem inneren Zusammenhang des Kausalereignisses mit dem Baugeschehen fragt und der Fertigungsstufe des Projekts kein Gewicht beimißt. Dieser Vorschlag setzt die ratio der auf §§ 2 Nr.2 lit.a) ABU, 2 Nr.3 lit.a) ABN basierenden Gefahrbeschränkung am bestem um und verdient deshalb grundsätzlich Zustimmung.

3) Die Abgrenzung des Herstellungsprozesses

Die Zugehörigkeit einer Ursache zum Herstellungsprozeß ist nach dem bisherigen Erkenntnisstand entscheidend für die Qualifikation des entstandenen Folgeereignisses als Sachschaden bzw. Mangel. Unter dem Herstellungsprozeß hat man sich einen schrittweisen, zielgerichteten Fortschritt der im Bau befindlichen Leistung hin zur Vollendung vorzustellen. Die Steuerung des Baufortgangs kann dabei auf jeder Ebene der Ausführung von den dort tätigen Personen neu bestimmt werden. Die Abgrenzung der Abläufe, die zur Produktion zählen, richtet sich nach dem typischen Bauablauf, den bautechnischen Bedingungen und den besonderen Umständen des Einzelfalls (1). Diese Grundaussage ist im folgenden durch Systematisierung der denkbaren Ursachenfaktoren zu präzisieren (2).

---

1) Vgl. Thürmann S.157.
2) Da der Unterschied von Sachschaden und Mangel auf der Kausalebene liegt, ist die Frage an sich erst in § 8 zu behandeln. Der Sachschaden kann aber nur in Abgrenzung zum Mangel definiert werden, so daß die beiden Kategotrien bereits an dieser Stelle zu differenzieren sind.

a) Bauexterne Vorgänge

Aus dem bauexternen Bereich stammende Ereignisse gehören nicht funktional zum Bauprozeß und führen daher zu Sachschäden; Beispiele für derartige Schadensursachen sind Naturgewalten (z.B. Sturm) und Verhaltensweisen von am Baugeschehen nicht beteiligten Dritten (z.B. Steinwürfe spielender Kinder). Ergreift die im konkreten Einzelfall genommene Bauleistungsversicherung nur einen Ausschnitt des Gesamtprojekts (1) und beeinträchtigt ein Unternehmer durch Arbeitsmaßnahmen für einen unversicherten Bauabschnitt solche Teile des Werks, die unter Versicherungsschutz fallen, so wird die Rechtslage zweifelhaft. Man könnte erwägen, all die Arbeitsverrichtungen als nicht der Bauproduktion angehörig zu betrachten, welche der Errichtung ungedeckt gebliebener Teilleistungen dienen. Damit orientierten sich die maßgeblichen Grenzen des Bauverfahrens allein an dem sachlichen Umfang der jeweiligen Bauleistungsversicherung.

Nun wird der Inhalt des Begriffs des Herstellungsprozesses von bautechnischen Gesichtspunkten geprägt. Versicherungsrechtliche Besonderheiten üben insoweit wegen ihres artfremden Charakters keinen Einfluß aus. Deshalb zählt z.B. auch die Planung des Architekten zum Baugeschehen, obwohl diese Arbeit keine Bauleistung i.S. der ABU und ABN darstellt (vgl. oben S.108). Aus diesen Gründen sind Verhaltensweisen eines in das Gesamtvorhaben eingeschalteten Unternehmers selbst dann bauinterner Natur, wenn sie zu einer nicht unter Versicherungsschutz stehenden Teilleistung gehören (2). Die zur Diskussion gestellte Erweiterung der Fall-

---

1) Diese Fallgestaltung kann nur im Rahmen der ABU real werden, weil die ABN notwendig den gesamten Bau versichern (vgl. oben S.50).

2) Dies bedeutet natürlich noch nicht unbedingt, daß diese Handlungen zu Leistungsmängeln führen.

gruppe "Bauexterne Vorgänge" ist abzulehnen.

b) Bauinterne Vorgänge

Als bauintern sind vor allem die Handlungen der bauausführenden Hersteller (bzw. ihrer Erfüllungsgehilfen), die "Verrichtungen" von Baumaschinen und chemisch-physikalische Reaktionen innerhalb der eingebauten Materialien zu kennzeichnen. In diesem Bereich macht die Eingrenzung der mit dem Baufortgang funktional verbundenen Kausalereignisse naturgemäß große Schwierigkeiten (1).

aa) Verhaltensweisen des Unternehmers und seiner Erfüllungsgehilfen

Der Unternehmer und seine Erfüllungsgehilfen können an der Baustelle Aktivitäten verschiedener Art entfalten. Eine differenzierende rechtliche Behandlung erscheint angezeigt. Nicht zum Herstellungsprozeß rechnen Handlungen, die der Auftragnehmer nur bei Gelegenheit des Baus vornimmt und die keinen Baufortschritt bezwecken (z.B. das Anlehnen an eine frisch verputzte Mauer während der Frühstückspause); daraus resultierende Einwirkungen am Werk bilden Sachschäden (2). Wird der Auftragnehmer dagegen zielgerichtet zur Fertigstellung des Objekts tätig und weicht die dabei entstehende Arbeit negativ von der vertraglich vereinbarten Beschaffenheit

---

1) Die anschließende Darstellung stützt sich auf die von Thürmann S.158 ff. gebildeten Fallgruppen. Dabei werden jeweils die verschiedenen Aspekte der von der Verfasserin vorgeschlagenen Einzellösungen diskutiert.

2) Vgl. Thürmann S.158 f..

ab (z.B. das schiefe Mauern einer Wand), so handelt es sich um eine Schlechtleistung und damit um einen Mangel (1). Thürmann will diesen Grundsatz jedoch für solche Baumaßnahmen einschränken, deren unvorsichtige Ausführung mit dem Werk nicht denknotwendig einhergehende unerwünschte Nebeneffekte zeitige (z.B. das Einreißen einer schon fertigen Mauer durch ein zurücksetzendes Baufahrzeug). Hier liege ausnahmsweise ein Sachschaden vor (2).

Diese von der Autorin vorgeschlagene Differenzierung innerhalb des Kreises der eigentlichen Arbeitshandlungen führt zu Zweifeln bei der Abgrenzung und birgt die Gefahr der Rechtsunsicherheit, da der Übergang vom nicht gewollten "Nebeneffekt" zur sich noch im Rahmen des Bauvorgangs haltenden Schlechtleistung fließend ist. Letztendlich ergibt jeder Baumangel einen nicht notwendig mit dem Objekt zusammenhängenden unbeabsichtigten "Nebeneffekt" der Arbeiten. Andererseits bliebe bei durchgängiger Annahme eines Mangels ein Bauunternehmer, dessen bereits beendete Teilleistung durch die sachwidrige Arbeitsweise eines Kollegen beeinträchtigt wird, ohne Versicherungsanspruch. Dieses Ergebnis erscheint unangemessen und widerspricht auch dem Prinzip der Allgefahrendeckung in der Bauleistungsversicherung. Deshalb ist Thürmanns Haltung Recht zu geben. Die zu treffende Unterscheidung muß sich danach richten, ob das konkrete Verhalten lediglich zum Erreichen des bezweckten Baufortschritts untauglich ist (z.B. das Mischen ungenügend festen Betons) oder ob ein vorher schon erreichter Zwischenstand sich wieder verschlechtert. Im ersten Fall geht das Vorhaben einen - wenn auch fehlerhaften - Schritt in Richtung Bauende und ist von einem Mangel befallen; bei der zweiten Alternative entwickelt das Werk sich dagegen zurück und erleidet damit einen Schaden (3).

---

1) Vgl. Thürmann S.158.

2) Vgl. Thürmann S.159.

3) Vgl. Thürmann S.159.

bb) Chemisch-physikalische Abläufe innerhalb der eingebauten Materalien

In dieser Fallgruppe geht es um eigendynamische chemisch-physikalische Reaktionen, welche in den eingebauten Baustoffen und -teilen stattfinden. Der Unternehmer nutzt solche Vorgänge zum Teil bewußt für seine Zwecke aus (z.B. das Trocknen von Farbe). Er überläßt es dann der Natur, das Baugeschehen zu lenken. Deshalb bedeutet es eine dem Hersteller zurechenbare Fehlsteuerung, wenn die Prozesse nicht wie geplant ablaufen (z.B. das Feuchtbleiben von Farbe) oder der Endzustand des Materials nicht die gewünschte Funktion erfüllt (z.B. die fehlende Haftung des getrockneten Klebers). Hier weist das Werk einen Mangel auf (1).

Es bleiben die Folgen solcher eigendynamischer Umwandlungen zu begutachten, welche der Bauunternehmer nicht für die Bauproduktion bezweckt. Hier sind mehrere Erscheinungsarten möglich. Zum einen können an sich gewollte chemisch-physikalische Abläufe unvorhergesehene Nebenwirkungen zeigen (z.B. aus dem Hart-Werden von Beton entstandene Schwindrisse); zum zweiten gibt es dem Hersteller bekannte, wenn auch unerwünschte Reaktionen, die das zu tolerierende Ausmaß überschreiten (z.B. die stärker als einkalkuliert auftretende Ausdehnung von Holz); zum dritten kommt es mitunter zu vom Werkverpflichteten überhaupt nicht einberechneten dynamischen Entwicklungen (z.B. das unerwartete Ausdehnen einer Isoliermasse infolge vorheriger falscher Vermischung). Thürmann erkennt in solchen Ereignissen immer ein Ausbrechen aus dem intendierten Bauprozeß und stuft dadurch verursachte Beeinträchtigungen der Immobilie als Sachschäden ein (2). Diese Auffassung

1) Vgl. Thürmann S.161 f..

2) Vgl. Thürmann S.162 f..

trifft grundsätzlich zu. Beruht jedoch das überraschende Ausmaß der Reaktion auf einer sachwidrigen Arbeitshandlung des Auftragnehmers (z.B. dem falschen Anmischen von Beton), so hat dieser das Herstellungsverfahren fehlgeleitet. Hier hat man es mit einem Leistungsmangel zu tun. Denn allein dieses Ergebnis steht im Einklang mit den in Fallgruppe aa) gewonnenen Erkenntnissen.

cc) Materialfehler

Materialfehler können sich auf verschiedenen Wegen in die Bauleistung einschleichen. Wählt der Hersteller ordnungsgemäße, aber für den von ihm vorausgesetzten Zweck ungeeignete Baustoffe aus, so lenkt er den Arbeitsvorgang. Seine falsche Entscheidung läßt das Werk mangelhaft werden (1).

Davon unterschieden werden muß der Einsatz richtig bestimmten Materials, das durch atypische Fehler verdorben ist. Die Steuerung des Baugeschehens nimmt diesen Faktor nicht mit auf, so daß daraus erwachsene Folgewirkungen an dem Objekt grundsätzlich aus der ins Auge gefaßten Produktion ausbrechen und damit Sachschäden darstellen (2). Hat jedoch eine unsachgemäße Baumaßnahme des Unternehmers die Verderbnis der Baustoffe hervorgerufen, so ist von einem Mangel auszugehen.

dd) Die Arbeiten von Baumaschinen

Die moderne Bauindustrie benutzt in großem Umfang Baumaschinen, um die notwendigen Verrichtungen zu erleichtern und zu beschleunigen. "Begeht" ein sol-

---

1) Vgl. Thürmann S.168.

2) Vgl. Thürmann S.168 f..

ches Hilfsmittel einen Fehler, so muß das rechtliche Urteil über das sich an der Bauleistung niederschlagende Folgeereignis differenzieren. Bei einem völlig außerhalb der Aufgabe des Geräts liegenden "Verhalten" (z.B. das Umkippen des Krans) werden prinzipiell die Grenzen des angestrebten Baufortgangs gesprengt, also Sachschäden verursacht (1). Anders liegt der Fall allerdings auch hier bei solchen "Ausreißern", für die eine Bautätigkeit des Werkverpflichteten verantwortlich zeichnet.

Sodann ist die Rechtslage zu erkunden, wenn sich die Maschine im Rahmen ihrer bestimmungsmäßigen Funktion hält, aber dennoch ein nicht einwandfreies Arbeitsergebnis liefert (z.B. ungenügend vermischten Beton). Bei falscher Bedienung durch den Unternehmer handelt es sich um eine mangelhafte Leistung (2). Dagegen ist die Lösung im Fall eines selbständigen Herstellungsfehlers des technischen Geräts nicht so leicht. Thürmann argumentiert hier folgendermaßen: Das Gerät ersetze die Bautätigkeit von menschlichen Arbeitskräften. Anders als diese könne es jedoch keine eigenen Entscheidungen fällen und deshalb auch die Zielrichtung der Produktion nicht beeinflussen. Die maschinelle Fehlfunktion weiche mithin von dem beabsichtigten Baufortschritt ab und habe einen Sachschaden zur Folge. Der damit verbundene Versicherungsschutz sei im Ergebnis gerechtfertigt, weil dem Unternehmer hier kein Vorwurf gemacht werden könne (3).

Jedes Bauprojekt erfordert bestimmte Verrichtungen des Auftragnehmers, wobei er diese an Erfüllungsgehilfen zu übertragen vermag. Handeln letztere den Anforderungen zuwider, so muß sich der Unternehmer dies zurechnen lassen und bleibt ohne Deckung. Soll sich an dieser Risikoverteilung zwischen Versicherer und Versichertem etwas dadurch

---

1) Vgl. Thürmann S.164 f..

2) Vgl. Thürmann S.164.

3) So Thürmann S.166 f..

ändern, daß - bei im übrigen identischem Geschehen - eine Maschine statt eines Bauarbeiters "tätig" geworden ist? Das Ausmaß der Technisierung entschiede dann letztlich mit über den Umfang der Einstandspflicht. Diese Rechtsfolge wäre nur vertretbar, wenn gravierende Differenzen zwischen der Leistung eines Bauarbeiters und der eines technischen Baugeräts beständen.

Den insoweit einzig denkbaren Ansatzpunkt liefert der Hinweis Thürmanns, maschinelle Werkzeuge seien anders als Menschen zu keiner eigenständigen Willensbildung in der Lage. Dieser Erwägung ist grundsätzlich beizupflichten. In der Bauindustrie gehen die eingesetzten Arbeitskräfte jedoch - gerade auf unterster Ebene - oft rein routinemäßig vor, ohne über die von ihnen zu erfüllende Aufgabe besonders nachzudenken. Die Verhaltensweisen laufen mehr oder minder mechanisch ab. Dies spricht dagegen, die Gefahrtragung des Versicherers von der Art des Einsatzmittels - Mensch oder Maschine - abhängig zu machen.

Darüber hinaus ist noch folgendes zu berücksichtigen: Beeinträchtigungen aus vom Unternehmer für den Bauprozeß bezweckten, aber unvollständig abgelaufenen chemisch-physikalischen Reaktionen betrachtet auch Thürmann richtigerweise als Leistungsmängel, weil der Hersteller das Baugeschehen aus der Hand gegeben habe (vgl. oben S.156 i.V.m. FN 1). Offen bleibt, warum der Versicherte für Fehlfunktionen der Natur einstehen soll, nicht aber für die von Maschinen. Keine dieser beiden Faktoren zeichnet sich durch die Fähigkeit zu Überlegung und Entscheidung aus. Es empfiehlt sich daher im Sinne rationaler Ergebnisse, die Denkfähigkeit des Menschen nicht zum Anlaß divergierender Lösungen zu nehmen. Auch die unbrauchbare Arbeit von Maschinen bringt Mängel hervor.

c) Ergebnis

Die funktionale Abgrenzung des Herstellungsprozesses hat sich am Kausalereignis zu orientieren, das auf die Bauleistung einwirkt. Folgende Vorkommnisse führen zu Sachschäden:

- bauexterne Vorgänge, d.h. Naturgewalten und Verhaltensweisen von am Bau unbeteiligten Dritten;
- nicht funktional zum Herstellungsprozeß rechnende Verhaltensweisen des Unternehmers (bzw. seiner Erfüllungsgehilfen);
- unerwünschte Nebeneffekte von Arbeitshandlungen des Unternehmers;
- nicht in den Herstellungsprozeß integrierte chemisch-physikalische Reaktionen der verwandten Materialien, sofern der Unternehmer den Ablauf nicht durch eine sachwidrige Bautätigkeit verursacht hat;
- der Einbau an sich brauchbaren, aber aufgrund atypischer Fehler verdorbenen Materials, sofern die Tauglichkeitsminderung nicht auf einer Baumaßnahme des Unternehmers beruht;
- ein "Verhalten" der eingesetzten Baumaschinen, das völlig außerhalb ihres Aufgabengebiets liegt.

Im Gegensatz dazu gehen Leistungsmängel zurück auf:

- sachwidrige Arbeitshandlungen des Unternehmers mit Ausnahme unerwünschter Nebeneffekte solcher Verrichtungen;
- für den Herstellungsprozeß ausgenutzte, unvollständig abgelaufene chemisch-physikalische Reaktionen;
- nicht in den Herstellungsprozeß integrierte chemisch-physikalische Reaktionen, die Folge einer unsachgemäßen Bautätigkeit des Unternehmers sind;
- die Wahl prinzipiell ungeeigneten Materials;
- den Einsatz prinzipiell brauchbaren, aber verdorbenen Materials, wenn der Fehler auf einer sachwidrigen Baumaßnahme des Unternehmers beruht;

- die fehlerhafte Bedienung von Baumaschinen;
- bedienungsunabhängige Fehler von Baumaschinen.

4) Anwendungsbeispiele

a) Die Regelungen der §§ 2 Nr.2 lit.c) ABU, 2 Nr.3 lit.c) ABN

Die §§ 2 Nr.2 lit.c) ABU, 2 Nr.3 lit.c) ABN beschränken die Entschädigungspflicht für Schäden an Glas-, Metall- und Kunststoffoberflächen sowie Fassaden "durch eine Tätigkeit an diesen Sachen". Die Formulierung der beiden Klauseln läßt erkennen, daß nicht schlechthin jede Einwirkung auf die erwähnten Objekte unberücksichtigt bleiben soll. Der Terminus "Tätigkeit an diesen Sachen" verlangt eine Handlungsweise, die der Bearbeitung der beschriebenen Flächen dient (1) und somit zum Herstellungsprozeß zählt. Deshalb umreißen die besagten Vertragsnormen in der Regel Mängel und keine Sachschäden; die AVB enthalten hier eine - unschädliche - Falschbezeichnung und stellen einen überwiegend bereits aus den §§ 2 Nr.1 ABU, 2 Nr.1 ABN i.V.m. §§ 2 Nr.2 lit.a) ABU, 2 Nr.3 lit.a) ABN resultierenden Risikoausschluß dar.

b) Die Einwirkung auf abgeschlossene Teilleistungen

Unter einer sogenannten abgeschlossenen "Teilleistung" versteht man eine fertige, in sich abgerundete und einen Einschnitt im Baugeschehen ergebende

1) Vgl. Platen, Handbuch S.14, 43;
Rehm S.41, 133.

Teileinheit des Gesamtprojekts (1). Fraglich erscheint, was durch die Einführung dieser Rechtsfigur gewonnen wird. Liegt die Ursache für die Beeinträchtigung eines solchen Bauabschnitts zeitlich gesehen vor dem Abschluß der für ihn notwendigen Arbeiten, so kann sie sich sowohl innerhalb als auch außerhalb des Bauverfahrens bewegen. Mithin wird weder das Bestehen eines Sachschadens noch das eines Mangels indiziert. Daran ändert sich selbst dann nichts, wenn erst nach Vollendung der Teilleistung die Folge an der Sachsubstanz eintritt.

Die zweite Möglichkeit bildet der Fall, daß die Schadensursache sich zeitlich gesehen später als das Ende der Bautätigkeit für den betreffenden Abschnitt verwirklicht. Hier befindet sich letzterer nicht mehr in der Bauphase. Demzufolge scheiden auf ihn gerichtete Baumaßnahmen als Kausalumstände für ein mangelhaftes Werk aus. Andererseits kann z.B. der einen Mangel herbeiführende Fehllauf einer in den Bauprozeß integrierten chemisch-physikalischen Reaktion (vgl. oben S.156) auch erst zu einem Zeitpunkt einzusetzen beginnen, an dem die Teileinheit schon fertiggestellt ist. Mithin bietet der Begriff der Teilleistung auch für diese Sachverhaltskonstellation keine Entscheidungshilfe. Daher lohnt eine nähere Beschäftigung mit dem Rechtsinstitut nicht (2).

c) Das Absinken von Gebäuden

Das Absinken eines Gebäudes begründet - wie gezeigt (vgl. oben S.137) - grundsätzlich einen Sachschaden der Bauleistung. Oben offen gelassen wurde jedoch,

---

1) Vgl. BGH, NJW 1979, 2406(2407); OLG Frankfurt, VersR 1984, 1057; Thürmann S.146 f..
2) A.A. Thürmann S.176.

ob dies auch gilt, wenn der Unternehmer wegen falscher Planungen das Objekt auf einem von vornherein zu schwachen Baugrund errichtet und dasselbe sich sodann schiefstellt; hier könnte man es auch mit einem Mangel zu tun haben (vgl. oben S.137). Dazu läßt sich nach dem bisherigen Erkenntnisstand folgendes sagen: Das Bauen auf unzutreffend eingeschätzten Bodenverhältnissen lenkt den Herstellungsprozeß falsch. Das daraufhin vom Absacken bedrohte Bauwerk ist daher mangelbehaftet. Das bedeutet allerdings nicht, daß die später tatsächlich anfangenden Senkbewegungen auch noch diesem Fehler zugerechnet werden müssen. Ebensogut könnte ein aus dem Mangel erwachsener Sachschaden gegeben sein. Die Lösung dieses Problems erfordert zu ermitteln, ob und inwieweit durch ein "Weiterfressen" des Mangels verursachte neue Beeinträchtigungen der Bauleistung versicherte Schäden sein können. Die dazu notwendigen Untersuchungen erfolgen an späterer Stelle (vgl. unten Pkt. V) (S.169 ff.)).

IV) Das Problem kumulativer Ursachen

1) Einführung

Die Abgrenzung von Sachschaden und Leistungsmangel wurzelt auf der Ebene der Kausalereignisse. Materiell betrachtet, nehmen also die §§ 2 Nr.1 ABU, 2 Nr.1 ABN i.V.m. §§ 2 Nr.2 lit.a) ABU, 2 Nr.3 lit. a) ABN bestimmte Ursachen von der Deckung aus. Nun kann es passieren, daß die der Sache anhaftende Einwirkung sowohl auf einem falsch geleiteten Produktionsprozeß als auch auf einem bauexternen Vorgang beruht. Der erste Umstand begründete für sich genommen einen Mangel, der zweite einen Sachschaden. Wirken beide zusammen, wird der Entschädigungsanspruch des Versicherten zweifelhaft. Es geht hierbei um einen Teilaspekt des im gesamten Versicherungsrecht diskutierten Problems, ob und inwieweit Versicherungsschutz besteht bei dem Zusammentreffen von gedeckten und ungedeckten Kausalereignissen. Dieses Thema gehört inhaltlich in den unter § 8 zu erörternden Komplex der versicherten Schadensursachen; wegen des engen Bezuges zu dem hier untersuchten Bereich Sachschaden/Leistunsmangel soll die Frage der sogenannten "Ursachenkonkurrenz" bzw. "kumulativen Kausalität" (1) aber schon an dieser Stelle gelöst werden (2).

Das dargelegte Rechtsproblem bedingt zunächst denknotwendig ein identisches Schadensereignis, welches mehrere Ursachen hat. Der Kausalzusammenhang bestimmt sich im Versicherungsrecht der h.M. zufolge anhand der sogenannten Adäquanztheorie. Diese erklärt alle Tatsachen für ursächlich, welche nicht ohne Entfall des Erfolgs hinweggedacht werden können und zudem erfahrungsgemäß geeignet sind, die tatsächlich erfolgte Auswirkung hervorzurufen (3). Demnach kann ein einheitliches Folgeereignis durchaus auch auf mehrere Faktoren rückführbar sein; fallen nur einige von diesen unter die betreffende Versicherung, so kommt es zu der bereits angedeuteten rechtlichen Komplikation. Auf der Seite der unversicherten Ursachen gilt es dabei, zwei mögliche Konstellationen zu trennen: Vor allem bei der Dek-

---

1) Vgl. H.Möller in Bruck/Möller Bd.II § 49 Anm.147.
2) Vgl. auch schon oben S.152 FN 2.
3) Vgl. Martin in Prölss/Martin § 49 Anm.4 (S.307); Werber/Winter Rdnr.106.
Im Bereich der Seeversicherung herrscht dagegen die sogenannte "causa-proxima"-Lehre. Danach ist allein die wirksamste Ursache rechtlich erheblich; vgl. Werber/Winter Rdnr.107.
Zu den verschiedenen anderen im Versicherungsrecht vertretenen Kausalitätstheorien vgl. H.Möller in Bruck/Möller Bd.II § 49 Anm.134 ff..

kung spezieller Einzelgefahren ist denkbar, daß bestimmte mitwirkende Geschehnisse weder ein- noch ausgeschlossen sind und somit wegen Fehlens einer entsprechenden vertraglichen Regelung nicht ersetzt werden (1). Die andere Alternative erstreckt sich auf Einzel- und Allgefahrenversicherung gleichermaßen und liegt vor, wenn die AVB die fraglichen kausalen Umstände expressis verbis aus dem Rechtsverhältnis ausklammern. Da die Bauleistungsversicherung in §§ 2 Nr.2 lit.a) ABU, 2 Nr.3 lit.a) ABN für einen Leistungsmangel den Schutz des Versicherten ausdrücklich ablehnt, bedarf nur diese zweite Fallgruppe der Erörterung.

2) Die grundsätzliche Behandlung der kumulativen Kausalität bei Mitwirken einer ausdrücklich ausgeschlossenen Ursache

a) Meinungsstand

Die mehrheitlich vertretene Auffassung lehnt eine Haftung des Versicherungsunternehmens ab. Die Vertragsparteien hätten bestimmte Schadensrisiken erkannt und wollten mit Vereinbarung einer entsprechenden Ausschlußklausel in jedem Fall verhindern, daß bei Verwirklichung dieser Gefahren eine Dekkungspflicht entstehe. Die gleichzeitige Existenz versicherter Ursachen ändere an diesem Vertragszweck nichts. Es sei von einer sogenannten "Übermacht des Ausschlusses" auszugehen (2).

---

1) Vgl. zu diesem Problemkreis Martin in Prölss/Martin § 49 Anm.4 A.
2) So BGH, VersR 1957, 509(510); NJW 1962, 2106; Werber/Winter Rdnr.106; Herdt S.111 f..

Einige Autoren folgen diesem Modell, soweit der Bereich der Allgefahrenversicherung in Rede steht. Deckten die AVB dagegen von vornherein nur spezielle Risiken, so müßten drei Varianten betrachtet werden: Zum einen könne der aus- den eingeschlossenen Kausalumstand auslösen und der letztere dann den Schaden verursachen; hier komme der Risikobeschränkung der Vorrang zu. Daneben seien die Fälle zu berücksichtigen, wo das versicherte Ereignis das ausdrücklich ungedeckt gelassene herbeiführe bzw. wo die Schadensursachen in keiner logischen Verbindung ständen; dann habe man sich jeweils nach dem wirtschaflichen Sinn der Vertragsregelung zu richten (1).

Ein anderer Teil der Wissenschaft differenziert zwar ebenfalls nach dem Verhältnis der Kausalereignisse zueinander, behandelt die Versicherung von Einzel- und Allgefahren aber einheitlich und stellt zudem andere Lösungskriterien in den Raum. Seien auch die einzelnen Schadensursachen selbst ursächlich miteinander verknüpft, so hafte der Versicherer nicht. Gleiches gelte bei solchen Faktoren, die nur in der Addition den real gewordenen Erfolg hervorrufen konnten. Demgegenüber erlange der Versicherte analog § 59 Abs.2 VVG eine anteilige Entschädigung für den Fall, daß die betreffenden Ursachen auch einzeln, d.h. ohne Mitwirken der jeweils anderen den Schaden hätten eintreten lassen (2).

Abschließend findet sich in der Literatur noch eine weitere Ansicht. Grundsätzlich sei nach dem Rechtsgedanken der §§ 840, 426 BGB auf eine Teilhaftung des Versicherungsunternehmens zu erkennen. Folge allerdings die Deckung eines der mitwirkenden Kausalereignisse aus einer lediglich generellen Beschreibung der versicherten Gefahren, so komme es

---

1) So Martin in Prölss/Martin § 49 Anm.4 B; vgl. auch in Sachversicherungsrecht F I Rdnr.22.
2) So Wriede, VersR 1964, S.177 f..

auf den Charakter des einschlägigen Ausschlusses an. Eine konstitutive Risikobeschränkung enge den an sich gegebenen Versicherungsschutz wieder ein und setze sich deshalb durch. Demgegenüber wiederholten deklaratorische Klauseln nur den schon abgesteckten Leistungsumfang des Versicherers, weswegen sich hier die vertragliche Einschlußnorm als stärker erweise und eine Ersatzpflicht in voller Höhe begründet werde (1).

b) Stellungnahme und Folgerungen für die Bauleistungsversicherung

Die theoretisch konstruierbaren Lösungsmodelle für die aufgeworfene Frage sind vielfältig. So könnte man das Entstehen des Ersatzbegehrens davon abhängig machen, ob die unmittelbare, also die zeitlich letzte Ursache versichert bzw. ausgeschlossen ist. Das hiermit angesprochene Kriterium zeigt jedoch ein relativ großes Maß an Unbestimmtheit, weil jeder Geschehensablauf in beliebig kleine Einzelabschnitte zerlegt werden kann (2); es sollte deshalb nur dann Verwendung finden, wenn das Gesetz oder die AVB dies ausdrücklich vorsehen. Ein weiterer Ansatz bestände darin, den wirksamsten Kausalfaktor als entscheidend zu erachten. Dies wäre ein Rückgriff auf die im Recht der Seeversicherung gebräuchliche "causa-proxima"-Lehre (3) und widerspräche der dem deutschen Binnenversicherungsrecht zugrundeliegenden Adäquanztheorie. Auch auf diese Weise läßt sich die Thematik folglich nicht behandeln.

Die von der h.M. abweichenden Stellungnahmen in der

1) So Klingmüller, VersR 1977, S.201 f..
2) Vgl. Thürmann S.135.
3) Vgl. zum Begriff oben S.164 FN 3.

Wissenschaft stützen sich vor allem auf die Relation, in der die fraglichen Schadensursachen zueinander stehen. Die hiermit eingeführten Gesichtspunkte haben aber keinen inhaltlichen Bezug zu dem Problem der kumulativen Kausalität. So bleibt beispielsweise unerklärlich, warum der Versicherer nur haften soll, wenn die einzelnen Kausalereignisse nicht ursächlich zusammenhängen (vgl. dazu oben S.166); eine nachvollziehbare Begründung erscheint kaum möglich. Deshalb sind die Beziehungen zwischen den einzelnen Ursachen irrelevant.

Die Bauleistungsversicherung bringt im Grundsatz eine Allgefahrendeckung. Bei dieser Ausgestaltung des Versicherungsvertrages wollen die Parteien den Versicherten prinzipiell vor sämtlichen dem versicherten Interesse drohenden Schäden bewahren. Die Beschreibung der versicherten Gefahren ähnelt dann einer "Generalklausel", und der Ausschluß ist in bezug auf diese eine Art "lex specialis". Diese Konzeption stützt die These, daß der Risikobegrenzung absoluter Vorrang zukommt. Eine solche die Ausschlußwirkung betonende Funktion üben dabei auch diejenigen Bedingungen aus, welche von der "Generalklausel" gelassene Deckungslücken lediglich klarstellen. Im Ergebnis setzen sich auf der Basis des Totalitätsprinzips die expressis verbis ausgeklammerten Ursachen ohne Rücksicht auf den konstitutiven Charakter der Vertragsnorm durch. Dementsprechend sperrt im Falle der Bauleistungsversicherung das Mitwirken von Mängelursachen grundsätzlich den Versicherungsschutz; die gleichzeitige Existenz in das Rechtsverhältnis einbezogener Kausalumstände nützt dem Versicherten nicht.

Im übrigen braucht die vorliegende Arbeit nicht zu ermitteln, ob und inwieweit für die Einzelgefahrenversicherung dieselben Rechtsgrundsätze gelten. Immerhin gibt es bei dieser keine "generalklauselartigen" Risikobeschreibungen und als "lex specialis" erscheinende Ausschlüsse, so daß hier andere Erwägungen ins Gewicht fallen mögen.

V) Das Problem der Abgrenzung "weiterfressender" Mängel

1) Einführung

Die soeben angestellten Überlegungen zielten darauf zu erkunden, aus welchen Geschehnissen Sachschäden und Mängel entstehen. Ist nun ein Mangel vorhanden und "frißt" dieser - warum auch immer - "weiter", so fragt sich, ob die entstandenen Folgebeeinträchtigungen in jedem Fall bloße Vergrößerungen des ursprünglichen Fehlers darstellen oder ob sie auch Beschädigungen bilden können. Ein Beispiel soll das Problem erhellen:

Der Unternehmer gießt eine Stahlbetondecke, die statt der vorgeschriebenen Stärke von 16 cm nur eine solche von 13 cm aufweist. Infolgedessen stürzt die Bauleistung nach einiger Zeit ein und drückt dabei die tragenden Außenwände heraus (1).

Die Anfertigung einer zu dünnen Stahlbetondecke führt zu einem mangelhaften Werk. Dies besagt jedoch nicht notwendig, daß der Einsturz der Decke und das Herausdrücken der Wände als bloße Ausweitungen des Ursprungsmangels - also als "plus" - angesehen werden müssen; man könnte diese späteren Auswirkungen auch als aus einer fehlerhaften Arbeit erwachsene Sachschäden - also als rechtliches "aliud" - qualifizieren. Es gilt mithin zu ergründen, ob und inwieweit hier ein Ansteigen der Quantität in eine neue Qualität umzuschlagen vermag. Dabei geht es selbstverständlich - um dies noch einmal zu verdeutlichen - lediglich um die Sachverhalte, wo der Ausgangsfehler die weiteren Folgen (mit-) her-

---

1) Beispielsfall von Lotter S.10.

vorgerufen hat. Ist er dagegen ohne Einfluß auf den späteren Geschehensablauf geblieben, so ergeben die neuen Beeinträchtigungen keine Mangelfolgen; ihre rechtliche Beurteilung basiert dann allein auf den in Abschnitt III) (S.152 ff.) dargetanen Rechtsregeln.

Die aus einem Mangel resultierenden weiteren wertmindernden Eigenschaften können durch einen später hinzugetretenen selbständigen bauexternen Vorgang mit verursacht worden sein (z.B. die Vertiefung eines Mauerrisses durch die klimatischen Verhältnisse). Insofern hat die jetzt zur Diskussion gestellte Problematik Berührungspunkte mit den Fällen der "kumulativen Kausalität". Ausgehend von den dort entwickelten Lösungsgrundsätzen, müßten sämtliche Folgewirkungen ebenfalls als Mängel bezeichnet werden; denn die falsche Herstellung als Ursache für den zunächst gegebenen Mangel hat - zumindest mittelbar - auch dessen spätere Entwicklung (mit-) herbeigeführt.

Schon zu den alten AVB Bauunternehmer bzw. Wohngebäude wurde jedoch die Meinung geäußert, aus einem unversicherten Mangel könne durchaus ein versicherter Sachschaden entspringen (1). Die §§ 9 Nr.3 ABU, 9. Nr.3 ABN bestätigen diesen kundenfreundlichen Ansatz für die heutige Form der Bauleistungsversicherung ausdrücklich. Dabei ist allerdings zu berücksichtigen, daß diese Haftungserweiterung sich durch die in §§ 2 Nr.1 ABU, 2 Nr.1 ABN aufgestellte Notwendigkeit der "Unvorhergesehenheit" der Sachbeschädigung relativiert sieht; an diesem Tatbestandsmerkmal wird es bei mängelbedingten Schadensereignissen oft fehlen (2). Trotzdem müssen im folgenden Mangel-"plus" und "aliud"

---

1) So z.B. Lotter S.10;
ablehnend dagegen BGH, NJW 1954, 1846.

2) So z.B. auch in dem Fall OLG Frankfurt, VersR 1989, 801. Zum Begriff der "Unvorhergesehenheit" des Schadens Näheres unten S.198 ff..

voneinander getrennt werden.

2) Das Mitwirken eines zweiten Produktionsfehlers

Weitet sich ein schon bestehender Mangel nur aufgrund eines zweiten dem Unternehmer zurechenbaren Herstellungsfehlers - also einer weiteren Mangelursache - aus, so liegt ein erneuter Fall von "Pfuscharbeit" vor. Mit Rücksicht auf den Sinn der Bauleistungsversicherung haftet der Versicherer hier nicht. Insoweit behalten die bereits gefundenen Rechtsgrundsätze für die kumulative Kausalität uneingeschränkt Gültigkeit. Diese Mangelfolgen werden mithin nicht entschädigt.

3) Mangelfolgen ohne Mitwirken eines zweiten Produktionsfehlers

a) Ausgangspunkt

Damit kann ein durch einen Mangel verursachter Schaden überhaupt nur dann angenommen werden, wenn der weitere Geschehensablauf von neuerlichen Fehlern des Unternehmers verschont bleibt. Wie schon erwähnt (vgl. oben S.148), diskutieren Judikatur und Schrifttum im Werk- und Kaufrecht, ob und unter welchen Voraussetzungen ein dem Vertragsgegenstand bereits zu Beginn anhaftender und in der Folge fortschreitender Sachmangel den Tatbestand der Eigentumsverletzung i.S. des § 823 Abs.1 BGB erfüllt. Diese Thematik ähnelt der hier behandelten. Die einander gegenüber stehenden Rechtsinstitute entsprechen sich aber nicht (vgl. S.148 f.). Zudem fußt die deliktsrechtliche Kontroverse auf dem Bestreben, die Verjährungsfristen der §§ 477, 638 BGB auszuschalten (vgl. oben S.149). Diese Ausgangslage weicht von der im Versicherungsrecht unüberbrückbar ab. Deshalb ist für die ABU und ABN eine originäre Lösung zu entwickeln.

b) Lösungsansatz für die Bauleistungsversicherung

aa) Kausale Abgrenzung

Die rechtliche Einordnung des Ausgangsfehlers orientiert sich am Charakter der zugrundeliegenden Ursache (vgl. oben S.152 ff.). Ein solches auf der Kausalebene ansetzendes Modell könnte auch die Frage beantworten, wie sich die bloßen Vergrößerungen eines Mangels von einem neu entstandenen Sachschaden abheben. Danach wäre ein Mangel-"plus" gegeben, wenn der ursprüngliche Negativfaktor von sich aus "weitergefressen" hat und kein anderes selbständiges Kausalereignis an der Entwicklung beteiligt gewesen ist; bei Mitwirken eines solchen unabhängigen Vorkommnisses hätte das Werk demgegenüber eine Beschädigung erfahren.

Nun ist z.B. denkbar, daß Risse in einem Mauerwerk einen Leistungsmangel darstellen und sich dann allein aufgrund völlig außergewöhnlicher Witterungsumstände vertiefen. Naturgewalten bilden ohne Zweifel selbständige Ursachen. Daher müßte das weitere Fortschreiten des zunächst vorhandenen Risses als Sachschaden beurteilt werden, obwohl die gesamte Beeinträchtigung ein äußerlich einheitliches Erscheinungsbild bietet. Dieses Ergebnis überzeugt nicht. Zudem läßt sich jeder Geschehensablauf beliebig untergliedern, so daß es keine sicheren Kriterien gibt, wie die jeweils abgeschlossenen Einzelereignisse festzulegen sind (vgl. schon oben S.167). Damit besteht die Gefahr der Rechtsunsicherheit. Eine rein kausal ausgerichtete Lösung verdient keine Gefolgschaft (1).

bb) Abgrenzung nach der Wesensart der Beeinträchtigungen

aaa) Grundsatz

Da die Ebene der Kausalereignisse - jedenfalls isoliert - nicht weiterhilft, bleibt einzig die Möglichkeit, die eingetretenen Folgewirkungen zu betrachten und mit dem Ausgangsmangel zu vergleichen. Besitzen beide dieselben Wesenszüge, so handelt es sich um bloße Vergrößerungen des Leistungsfehlers; andernfalls liegt ein Sachschaden vor. Die eigentliche Schwierigkeit besteht in der Feststellung der Artgleichheit. Die erforderlichen Differenzierungsmerkmale müssen die Verkehrsauffassung berücksichtigen, um die Parteien von überraschenden Resultaten freizuhalten und eine gewisse Vorhersehbarkeit der Rechtsanwendung zu gewährleisten. Diese Zielvorgaben bedingen eine Sichtweise, die bautechnische, chemisch-physikalische und funktionale Gegebenheiten einbezieht. Das rechtliche Verfahren für die vorzunehmende Wertung ist im folgenden offenzulegen.

1) Darum stellt das Problem der Trennung von Mangel-"plus" und "aliud" keinen Teilaspekt der kumulativen Kausalität dar, sondern weist nur Berührungspunkte mit dieser auf.

bbb) Die Identitätskriterien

Jede Beeinträchtigung einer Bauleistung ist durch eine Vielzahl von Eigenschaften geprägt. Mithin entscheidet nicht ein einzelnes Charakteristikum über die Identität wertmindernder Faktoren, sondern mehrere Gesichtspunkte müssen in die Entscheidung einfließen. Als erheblich erscheint dabei vor allem, ob

- der Fehlerursprung und seine Ausweitungen beide die Atom- und Molekülstruktur der Sachsubstanz verletzen bzw. unangetastet lassen (Moment der Substanzverletzung);
- die Einwirkungen sich in ihrer äußeren Erscheinungsform gleichen (z.B. Verformungen, Risse, Brüche, Einstürze, Fäulnis lebender Stoffe, Rost an Metallen) (Moment der äußerlichen Erscheinung);
- die von den Ereignissen befallenen einzelnen Baumaterialien im Großen und Ganzen parallele chemisch-physikalische Eigenschaften haben und deshalb in aller Regel ähnlich reagieren (z.B. Holze, Metalle, Steine) (Materiales Moment);
- die mit dem Ausgangsmangel behaftete Teilbauleistung dieselbe Spezialfunktion ausübt wie die von der Folgewirkung befallene (in einem Gebäude z.B. Türen, Fenster, Betondecken, Heizung, Dach) (Funktionales Moment);
- die fraglichen Beeinträchtigungen räumlich nahe beeinander liegen (Räumliches Moment);
- die Ereignisse gleichzeitig eintreten bzw. zumindest eng aufeinander folgen (Zeitliches Moment);
- der Mangel allein von sich aus ohne Dazwischentreten eines unabhängigen Kausalereignisses ausufert (Kausales Moment).

Jede dieser Voraussetzungen bildet im Falle ihrer Erfüllung ein Indiz für die wesensmäßige Kongruenz, also für einen sich erhöhenden Mangel. Dagegen spricht das Fehlen von angeführten Bedingungen dafür, daß die Entwicklung in einen Sachschaden umgeschlagen ist. Die einzelnen Wertungsaspekte sind in jedem Einzelfall gegeneinander abzuwägen und können je nach Sachlage unterschiedliche Relevanz haben. Wiewohl dieses Verfahren einen gewissen Entscheidungsspielraum eröffnet, bringt es doch eine einigermaßen sichere Basis für das zu fällende Urteil und setzt zudem die Verkehrsauffassung der beteiligten Kreise soweit wie möglich um.

Für den obigen Beispielsfall (vgl. oben S.169) bedeutet das: Der Einsturz der Betondecke greift im Gegensatz zum anfänglichen Mangel - der zu geringen Stärke der Bauleistung - in den Atomaufbau des Sachkörpers ein. Ferner unterscheiden sich die beiden Umstände durch ihr Erscheinungsbild. Andererseits zeigen sowohl die räumliche, als auch die funktionale und die materiale Sicht eine Wesensübereinstimmung an. Unter kausalem Blickwinkel steht darüberhinaus fest, daß kein unabhängiges Vorkommnis die Entwicklung beeinflußt und sich letztlich nur das der Betondecke von vornherein drohende Schicksal realisiert hat. Deswegen ist auch deren Einsturz noch dem Ursprungsfehler hinzuzurechnen; eine andere Qualifikation erscheint allerdings dann gerechtfertigt, wenn das Teilwerk trotz seinem Mangel an sich tragfähig ist und lediglich infolge späterer Geschehnisse zusammenbricht. In jedem Fall beschädigt sind die herausgedrückten Außenwände.

4) Problemfall: Das Absinken von Gebäuden

Schwierig gestaltet sich die Rechtslage, wenn der Unternehmer infolge falscher Berechnungen den Bau auf ungeeigneten Bodenverhältnissen erstellt. Hier ist die nicht standfeste Immobilie mangelbewehrt;

offen bleibt, ob die daraufhin einsetzende Schiefstellung noch zu dem Ausgangsfehler zählt oder das Objekt beschädigt (vgl. oben S.163). Diese Frage muß mit Hilfe des soeben erarbeiteten Instrumentariums beantwortet werden.

Weder der Ursprungsmangel noch die Senkung des Gebäudes verletzen die Bausubstanz. Zwar unterscheidet sich ein lotrecht stehender Bau in seiner Erscheinung ersichtlich von einem solchen, der sich geneigt hat. Setzt die Bewegung aber schon während der Bauphase ein, so wird ein Teil der Arbeiten von Anfang an schief errichtet. Deshalb ergibt dieses Kriterium allenfalls ein schwaches Indiz für die Bildung eines Sachschadens. Die Dauer des Vorgangs ist unbestimmt, so daß der Zeitfaktor keine Konstante für oder wider die Annahme eines Sachschadens ist. Im übrigen betreffen beide untersuchten Beeinträchtigungen völlig undifferenziert das gesamte Objekt, weshalb das materiale, das funktionale und das räumliche Moment wenig Aussagekraft haben. Damit erweist sich als maßgebend, ob ein weiteres unabhängiges Ursachenereignis eingetreten ist und der Bau ohne dieses seine ordnungsgemäße Position beibehalten hätte oder ob es zwangsläufig zu der Neigung kommen mußte; im ersten Fall hat man es mit einem Sachschaden, im zweiten mit einem Mangel-"plus" zu tun. Abschließend soll noch erwähnt werden, daß aus der Schiefstellung hervorgegangene Substanzverletzungen - etwa Risse des Mauerwerks - den Beschädigungen angehören.

VI) Der versicherte Schaden des Subunternehmers

Die Bauleistungsversicherung berücksichtigt nicht nur das Sachinteresse des die Übereinkunft schliessenden Herstellers, sondern auch das seiner Subunternehmer (vgl. oben S.32 ff., 54 ff.). Im bezug auf deren Versicherungsschutz ist darzulegen, für welche Sachschäden sie Ersatz bekommen.

Die ABU versichern den Unterbeauftragten grundsätzlich nur gegen solche Beeinträchtigungen, die seinen eigenen Teilleistungen anhaften (arg.e. § 3 Nr.3 lit.b) ABU i.V.m. Klausel 66). Beschädigungen fremder Gewerke berühren seine Rechtsposition zwar auch, sofern er selbst der Verursacher ist; dennoch kann der Versicherer hier bei ihm Regreß nehmen (vgl. §§ 67 VVG, 3 Nr.3 lit.b) ABU), es sei denn, die Parteien haben die Klausel 66 vereinbart (1).

Die nach den ABN gewährte Gebäudeneubauversicherung bezieht das Sachinteresse sämtlicher Subunternehmer ein (vgl. § 3 Nr.1 ABN). Allerdings sind diese laut § 3 Nr.3 ABN dem Rückgriff des Versicherungsunternehmens ausgesetzt, falls sie wegen des Sachschadens von einer anderen Person belangt werden können. Die h.M. legt diese Regelung so aus: Erfüllungsbegehren gingen unter der Voraussetzung auf den Versicherer über, daß die erfolgte Auswirkung zwar für den Versicherungsnehmer, nicht aber für den mitversicherten Nachunternehmer unvorhersehbar gewesen sei. Im Zuge von Schadensersatzforderungen komme es dagegen zum Regreß, wenn der Betreffende die Teilleistungen Dritter in Mitleidenschaft zie-

---

1) Der "Regreßverzicht" des § 3 Nr.4 ABU ist oben S.32 ff. entgegen seinem Wortlaut als eine Mitversicherung im technischen Sinne qualifiziert worden. Eine solche Deutung kommt jedoch für die Klausel 66 nicht in Betracht. Denn anders als § 3 Nr.4 ABU beschreibt die Klausel 66 für den Subunternehmer fremde Gewerke, also solche, die er nicht besitzt, um sie zu vollenden und seinen Werklohn zu verdienen; ihm fehlt deshalb insoweit ein Sachinteresse (vgl. dazu oben S.92 ff.). Mithin könnte die Klausel 66 keine Sach-, sondern allenfalls eine Haftpflichtversicherung aufstellen. Dieses wiederum würde das System der als Sachversicherung angelegten Bauleistungsversicherung sprengen. Danach kann die Klausel 66 nur als Rückgriffssperre angesehen werden.

he (1).

Diese Lösung, die auf der Rechtsnatur des gegen den Subunternehmer gerichteten Anspruchs aufbaut, findet im Wortlaut der ABN keinen unmittelbaren Anhalt. Der § 3 Nr.1 ABN bringt i.V.m. § 2 Nr.1 ABN ausdrücklich eine Deckung des Nachunternehmers für solche Schäden, die an seinen eigenen Gewerken eintreten und für ihn unvorhersehbar i.S. der Klausel 50 gewesen sind. Diese Festlegung würde durch die Möglichkeit eines Rückgriffs ad absurdum geführt; deshalb kann der § 3 Nr.3 ABN nur eingreifen, sofern der Mitversicherte die Arbeiten anderer Hersteller selbst beschädigt hat oder sofern er Einwirkungen auf seine eigenen Leistungen vorherzusehen vermochte. Soweit es um von dem Subunternehmer herbeigeführte Beeinträchtigungen fremder Teilbauten geht, kann der Versicherer im Übrigen durch Einschluß der Klausel 68 in den Versicherungsvertrag auf seinen Regreß verzichten (2).

Dieser Vorschlag mag im Ergebnis mit der h.M. übereinstimmen. Er enthebt jedoch der Notwendigkeit, Erfüllungs- und Schadensersatzansprüche zu unterscheiden, und dient der Rechtsklarheit.

---

1) So Platen, Handbuch S.20;
Martin, VW 1974, S.1131.

2) Entsprechend den bei Klausel 66 geltenden Grundsätzen ist auch die Klausel 68 ein Regreßverzicht und keine echte Fremdversicherung (vgl. dazu S.177 FN 1).

VII) Die Rechtswirksamkeit der in §§ 2 Nr.1 ABU, 2 Nr.1 ABN vorgesehenen Beschränkung des Versicherungsschutzes auf Sachschäden

1) Zivilrechtliche Grundlagen

a) Die grundsätzliche Möglichkeit einer Inhaltskontrolle nach §§ 8 ff.AGBG im Versicherungsrecht

Obwohl die Bauleistungsversicherung prinzipiell eine Allgefahrendeckung praktiziert, erfaßt sie in §§ 2 Nr.1 ABU, 2 Nr.1 ABN nur Sachschäden und läßt damit andere Schadensarten wie Verluste und Mängel außen vor. Die Rechtsbeständigkeit dieser Beschränkung könnte an §§ 8 ff.AGBG scheitern; als Anknüpfungspunkt dafür kommt insbesondere eine Vertragszweckgefährdung i.S. des § 9 Abs.2 Nr.2 AGBG in Betracht. Es wird im Versicherungsrecht jedoch sehr kontrovers diskutiert, ob und inwieweit die zitierten Gesetzesvorschriften auf Risikoeinschlüsse - sogenannte primäre Leistungsbeschreibungen - und -ausschlüsse - sogenannte sekundäre Leistungsbeschreibungen - anwendbar sind; allein außer Frage steht die Rechtsnatur von AVB als Allgemeine Geschäftsbedingungen i.S. des § 1 AGBG. Der Meinungsstand zeigt das nachfolgend beschriebene Bild.

aa) Meinungsstand

aaa) Die Kontrollfreiheit von in AVB enthaltenen Risikobeschreibungen

Eine vor allem kurz nach Erlaß des AGBG - das Gesetz stammt vom 9.12.1976 - vertretene Auffassung nimmt sämtliche auf das versicherte Risiko bezogene AVB aus dem Anwendungsbereich der §§ 8 ff.AGBG heraus. Diese Ansicht beruht auf den anschließenden Überlegungen:

Der § 8 AGBG verlange für die Möglichkeit einer Inhaltskontrolle mittels §§ 9 ff.AGBG ein Abweichen der vertraglichen Bedingungen vom Gesetz. Das VVG regele aber nur sehr wenige Versicherungszweige selbst, so daß sich die von der Versicherungswirtschaft aufgestellten primären und sekundären Leistungsbeschreibungen regelmäßig nicht von den gesetzlichen Regelungsgehalten abhöben. Damit ginge auch § 6 Abs.2 AGBG ins Leere, der im Falle einer Unwirksamkeit die Rechtssätze des betreffenden Gesetzes zur Lückenfüllung heranziehe. Die einzig denkbare Alternative - der ersatzlose Wegfall des Vertragspunktes - führte zu einer groben Unausgewogenheit des Versicherungsverhältnisses. Im Ergebnis bedeutete dies entsprechend dem § 6 Abs.3 AGBG eine Nichtigkeit der gesamten Versicherung, womit dem Versicherten keinesfalls gedient wäre.

Des weiteren sei zu bedenken, daß die Klauseln über das gedeckte Risiko die Hauptleistungspflicht des Versicherers konkretisierten. Unterwürfe man diesen Teil der Übereinkunft den §§ 8 ff.AGBG, so fände eine vom AGBG nicht beabsichtigte Überprüfung der Angemessenheit des Preises statt. Denn die Eingrenzung der Hauptverbindlichkeit sei rein wirtschaftlicher und nicht rechtlicher Art.

Darüber hinaus werde der vom AGBG bezweckte

Verbraucherschutz im Versicherungswesen auf andere Weise hinreichend gewährleistet. Zu nennen seien in erster Linie die Aufsicht durch das BAV und der zwingende Charakter vieler Normen des VVG. Außerdem könnte die Unerfahrenheit der Rechtsprechung in Versicherungsfragen den Blick für die Erkenntnis verstellen, daß die allgemeinen Bedingungen nur vor normalen Gefahren schützten und bei besonderen Schadensmöglichkeiten mit Zuschlagsprämien verbundene Spezialkonditionen zur Verfügung ständen. Im übrigen habe die grundsätzliche Kontrollfreiheit der Risikobeschreibungen den Vorzug der Rechtsklarheit (1).

bbb) Inhaltskontrolle nur bei gesetzlicher Parallelvorschrift im VVG

In konsequenter Fortführung der soeben dargelegten Position erachten Teile der Literatur die §§ 8 ff. AGBG ausnahmsweise für einschlägig, sofern zu der fraglichen Gefahrklausel eine entsprechende gesetzliche Parallelvorschrift bestehe. Für die restlichen AVB bleibe als Ausweg nur der § 242 BGB (2).

ccc) Kontollfreiheit nur der primären Risikobeschreibung

Einige Autoren gestehen dem Versicherer bei der Gestaltung der Risikoeinschlüsse - also der primären

---

1) So Wagner in Bruck/Möller Bd.VI/1 Anm.66 f.; Dietlein/Rebmann § 8 Anm.2; H.Möller, VersRdschau 1976, S.346; Frenz, VersR 1979, S.395 f..

2) So Schaefer, VersR 1978, S.8 f..

Leistungsbeschreibungen - die volle Vertragsfreiheit zu; mittels dieser Regelungen bestimme das Unternehmen die Grundzüge des Versicherungsschutzes. Es dürfe aber die von ihm geweckten berechtigten Erwartungen der Konsumenten nicht durch willkürliche Gefahrausschlüsse wieder enttäuschen. Deshalb unterlägen die sekundären Klauseln den §§ 8 ff. AGBG. Die für den jeweiligen Versicherungszweig typischen Gefahren müßten getragen werden (1).

ddd) Kernbereichstheorien

Eine gewisse Nähe zur eben skizzierten differenzierenden Betrachtungsweise zeigen die Modelle, welche einen - mehr oder minder großen - Kernbereich der Gefahrvorschriften in AVB von den §§ 8 ff.AGBG freihalten wollen. Allerdings wird nur ein Teilausschnitt der primären Leistungsbeschreibungen für nicht überprüfbar qualifiziert, wobei sich divergierende Entscheidungskriterien finden. Eine Lehrmeinung mißt Primärklauseln in dem Umfang nicht am Gesetz, wie sie Risiken erfaßten; soweit sie jedoch - trotz positiver Formulierung - Deckungslücken ließen, könnten die §§ 8 ff.AGBG zum Tragen kommen (2). Andere nehmen Vertragsfreiheit an für die "allgemeinste Beschreibung des versicherten Objekts und der versicherten Gefahr" (3). Wieder andere verwerfen das AGBG als Wirksamkeitsregulativ für ein Minimum an Geschäftsbedingungen, welche Zweck und Ziel der jeweiligen Versicherung festlegten und ein Billigkeitsurteil überhaupt erst ermöglichten (4).

---

1) So N.Horn in Wolf/Horn/Lindacher § 23 Rdnr.464; Graba in Schlosser/Coester-Waltjen/Graba § 8 Rdnr.20; Fenyves, VersRdschau 1976, S.365 f..

2) Brandner in Ulmer/Brandner/Hensen § 8 Rdnr.29.

3) So Prölss in Prölss/Martin Vorbem I 6 C a.

4) So van de Loo S.56 ff..

Dem letztgenannten Ansatz steht die These nahe, daß Risikonormen unter der Herrschaft des AGBG ständen, sofern sie als Negativum etwas von einem bereits gewährten Positivum abzögen. Die Grenzen des Positivums entsprächen dabei nicht der primären Leistungsbeschreibung, sondern richteten sich nach einem aus AVB und VVG abzuleitenden Grundkonzept. Dieser der Privatautonomie überlassene Kernbereich drücke dasjenige aus, was zu den objektiven Gegebenheiten des betreffenden Versicherungsgedankens zähle (1).

eee) Vollständige Inhaltskontrolle

Eine im Vordringen befindliche Theorie hält sämtliche AVB - seien es Einschlüsse, seien es Ausschlüsse - für kontrollfähig. Der Wortlaut des § 8 AGBG hindere dies nicht, weil das VVG Grundlagen für alle Versicherungszweige bereit halte. Zudem unterschieden sich Versicherungsbedingungen strukturell nicht von anderen AGB und dürften keine rechtliche Sonderbehandlung erfahren. Dies gelte umso mehr, als Versicherungsverträge in aller Regel einseitig gestellt würden. Dabei kennzeichneten gerade die vertraglichen Gefahrregelungen das Produkt und könnten so die Gewichte zwischen den Hauptpflichten der Parteien zu Lasten der Versicherten verschieben. Zwar betreibe das AGBG keine Preiskontrolle, aber eine solche gehe mit seiner Anwendung immer in bestimmten Maße einher. Auch gebe es keine hinlänglich sicheren Kriterien, um einen von §§ 8 ff.AGBG unabhängigen Bereich abstecken zu können (2).

1) So Bergeest S.62 ff.; Winter in Bruck/Möller Bd.V/2 Anm.A 80.
2) So Koch/Stübing § 8 Rdnr.9, 11; Schmidt-Salzer, AGB F 31; Bauer, BB 1978, S.480; H.-D.Horn S.75 ff.; Helm, NJW 1978, S.131 f..

bb) Stellungnahme

Ausgangspunkt der Stellungnahme ist der § 8 AGBG als Eingangsnorm für die §§ 9 ff.AGBG. Dieser setzt nach seinem Wortlaut eine Geschäftsbedingung voraus, welche das Gesetz abändert oder ergänzt. Im Versicherungsrecht erscheinen als Vorgaben des VVG nicht nur die einige besondere Versicherungszweige gestaltenden §§ 81 ff.VVG, sondern auch die übrigen Rechtssätze des Gesetzeswerks. Deshalb enthält letzteres für jede Versicherung einen rechtlichen Rahmen. Dieser erlaubt eine Feststellung, ob AVB das VVG abwandeln. Damit ist § 8 AGBG Genüge getan. Lediglich der Nichtigkeitsgrund des § 9 Abs.2 Nr.1 AGBG bedarf einer gesetzlichen Bestimmung, welche exakt denselben Komplex normiert wie der untersuchte Vertragspunkt. Demgegenüber hebt § 9 Abs.2 Nr.2 AGBG entscheidend auf den Zweck der Übereinkunft ab; dies zeigt, daß § 8 AGBG weit auszulegen ist.

Der Schutzzweck des AGBG liegt darin, die bei der Vereinbarung von AGB üblicherweise vorhandenen Nachteile für den Kunden zu mildern (1). Der Kreis der vom Verwender zu erbringenden Hauptleistungen hat dabei für beide Vertragspartner herausragende Bedeutung und birgt für den Verbraucher große Risiken. Daher verlöre das AGBG viel von seiner Wirkung, wenn das weite Feld der Leistungsbeschreibungen generell kontrollfrei bliebe. Auch dies bildet ein Argument für die grundsätzliche Anwendbarkeit der §§ 8 ff.AGBG auf Risikoklauseln in Versicherungsverträgen

Der bisherige Erkenntnisstand beantwortet allerdings noch nicht die Frage, ob es eine Klasse von Gefahrbestimmungen gibt, welche der Versicherer privatautonom konzipieren kann. Die von Teilen der Literatur vorgeschlagene Freistellung für sämtliche

1) Vgl. Erman/Hefermehl Vor § 1 AGBG Rdnr.7; Staudinger/Schlosser § 1 AGBG Rdnr.29.

primäre Risikonormen überzeugt nicht, weil der Verwender durch die Wahl seiner Formulierungen die Grenze zwischen Ein- und Ausschlüssen zu beeinflussen vermag. Die verschiedenen Kernbereichstheorien stützen sich zwar nicht auf dieses manipulierbare Merkmal, bieten andererseits jedoch keinen praktikablen und eindeutige Resultate liefernden Ansatz; so erscheint kaum abgrenzbar, was zur "allgemeinsten Beschreibung des versicherten Objekts und der versicherten Gefahr" rechnet. Dies steht im Widerspruch zum Postulat der Rechtssicherheit. Im übrigen ist der für § 9 Abs.2 Nr.2 AGBG entscheidende Zweck des jeweiligen Versicherungsvertrages aus dem Zusammenspiel aller AVB filtern. Auf diese Weise kann erkundet werden, wie ein Deckungsschutz redlicherweise angelegt sein muß. Im Ergebnis gelten die §§ 8 ff.AGBG für sämtliche Allgemeinen Versicherungsbedingungen.

b) Der Kontrollmaßstab der §§ 8 ff.AGBG im Versicherungsrecht

Im Schrifttum wird der Standpunkt vertreten, wegen der behördlichen Aufsicht der Versicherungswirtschaft dürfe der Richter nur "aus gewichtigen Gründen" bzw. bei "grober Unausgewogenheit" in AVB eingreifen (1). Dem widerstreitet jedoch, daß die Zahl der formellen Kontrollinstanzen nicht das Erreichen eines inhaltlich gerechten Interessenausgleichs zwischen den Parteien garantiert. Mithin müssen materielle Aspekte entwickelt werden, die die Anwendung der §§ 9 ff.AGBG zu einem bestimmbaren Faktor machen.

---

1) Vgl. Brandner in Ulmer/Brandner/Hensen Anh. §§ 9-11 Rdnr.855; Helm, NJW 1978, S.132; Prölss in Prölss/Martin Vorbem I 6 C b.

aa) Gesetzesidentische Klauseln

Am Anfang gilt es zu erkunden, ob mit dem VVG identische Vertragsnormen zwingend wirksam sind. Eine Meinung in der Wissenschaft hält eine auf §§ 9 ff. AGBG gegründete Nichtigkeit auch bei gesetzeskonformen – also deklaratorischen – AVB für denkbar. Denn die Verfasser des VVG hätten sich an den um die Jahrhundertwende benutzten Bedingungswerken der Versicherungswirtschaft orientiert, und die damaligen Vertragskonzeptionen könnten für die heutige Praxis nicht mehr relevant sein. Daher enthalte das VVG Rechtsideen, die dem modernen Versicherungsrecht fremd seien (1).

Solange das VVG nicht reformiert wird, steuert es in seiner heutigen Konsistenz die Grundlagen des in Deutschland praktizierten Versicherungsrechts und schafft Rahmenbedingungen für die Wirtschaft. Wenn die Versicherer sich an diese Inhalte anlehnen, so stellen sie sich auf den Boden des geltenden Rechts. Deshalb sind gesetzeskongruente Klauseln niemals unwirksam (2). Die Bestimmungen des VVG ergeben einen Maßstab für die anhand der §§ 9 ff. AGBG vorzunehmenden Kontrolle.

bb) Vom Gesetz abweichende Klauseln

Anschließend ist zu untersuchen, wie das Schicksal vom Gesetz abweichender Versicherungsbedingungen ermittelt werden kann. Die §§ 10, 11 AGBG zählen katalogartig einige konkrete Nichtigkeitsgründe auf und bieten relativ sichere Anhaltspunkte für die

---

1) So Gärtner S.29 ff..

2) So auch die ganz h.M.;
vgl. Palandt/Heinrichs § 8 AGBG Rdnr.6;
van de Loo S.43.

rechtliche Wertung. Die eigentlichen Schwierigkeiten liegen bei der Generalklausel des § 9 AGBG. Der § 9 Abs.1 AGBG stellt den programmatischen Obersatz auf, daß unangemessen benachteiligende Vertragsnormen nicht rechtsbeständig sind; in Abs.2 des Paragraphen finden sich sodann zwei Tatbestände, deren Erfüllung jeweils die Voraussetzungen des Abs.1 indiziert. Der § 9 Abs.2 Nr.1 AGBG fragt nach der Suspendierung wesentlicher Grundgedanken der gesetzlichen Regelung. Es setzen sich solche Gesetzesvorschriften gegen AGB durch, die einem wichtigen Schutzbedürfnis der einen Vertragspartei nachkommen und keine bloßen Ordnungsvorstellungen zum Ausdruck bringen (1). In diesem Zusammenhang erscheint nach ganz überwiegender und zutreffender Ansicht nicht nur das durch Auslegung, sondern auch das über Analogie und sonstige Fortbildung herleitbare Gesetzesrecht von Bedeutung (2).

Der § 9 Abs.2 Nr.2 AGBG erklärt die Gefährdung des aus den wesentlichen Rechten und Pflichten der Partner folgenden Vertragszwecks für erheblich; entscheidend ist die Natur der betroffenen Übereinkunft (3). Dieses Wirksamkeitsmerkmal bildet den Kern der Prüfung von Risikobeschränkungen in AVB (4), so daß eine nähere Beschäftigung mit ihm lohnt.

---

1) Vgl. Brandner in Ulmer/Brandner/Hensen § 9 Rdnr.124.
2) Vgl. BGH, NJW 1983, 1671(1672); Brandner in Ulmer/Brandner/Hensen § 9 Rdnr.127; M.Wolf in Wolf/Horn/Lindacher § 9 Rdnr.66; a.A. Staudinger/Schlosser § 9 AGBG Rdnr.20, demzufolge Analogien und andere Rechtsfortbildungen nicht von § 9 Abs.2 Nr.1 AGBG, sondern allein von § 9 Abs.1 AGBG erfaßt werden.
3) Vgl.Brandner in Ulmer/Brandner/Hensen § 9 Rdnr.131.
4) Vgl. Brandner in Ulmer/Brandner/Hensen § 9 Rdnr.131.

Oberste Leitlinie ist, daß der Versicherer den von ihm geweckten Erwartungen des Verbrauchers gerecht werden muß. Der materielle Einschluß von Gefahren benachteiligt den Versicherten keinesfalls und ist demnach im Grundsatz als unproblematisch zu bewerten. Allerdings erfaßt jede primäre Leistungsbeschreibung nur einige Sachverhalte und läßt andere unberücksichtigt. Diese Ausgrenzung potentieller Versicherungsfälle mindert den Versicherungsschutz und kann durchaus auch primäre Klauseln nichtig machen.

Andererseits ist der Versicherer nicht gehalten, eine uferlose Haftung zu übernehmen. Er hat die Befugnis, in gewissem Maße Deckungslücken einzubauen und Ausschlüsse in seine AVB einzufügen. Dies rechtfertigt sich zunächst einmal dann, wenn eine Schadensmöglichkeit keinen inneren Bezug zum Gegenstand der angebotenen Versicherung aufweist. Des weiteren gilt dies für alle unkalkulierbaren Risiken, seien sie wirtschaftlich auch noch so bedeutungsvoll. Daneben braucht der Versicherer besonders schadensträchtige Verhaltensweisen des Verbrauchers nicht zu tragen (vgl. auch § 61 VVG). Ferner darf das Versicherungsunternehmen seine Einstandspflicht für solche Risiken ablehnen, deren Abwehr dem anderen keine besonderen Anstrengungen auferlegt und ihn somit nicht unzumutbar belastet; eine gewisse Mitarbeit bei der Verwaltung des versicherten Wagnisses kann erwartet werden. Außerdem gestattet die Existenz eines solventen Schuldners – etwa des Staates – einen Ausschluß. Zu guter Letzt spricht es auch für die Zulässigkeit einer Leistungsbeschränkung, daß der Versicherte das Risiko mit einer anderen Versicherung zu decken vermag; hängt dieses allerdings eng mit dem Interesse zusammen, das grundsätzlich in der nicht für Abhilfe sorgenden Versicherung geschützt werden soll, so mag eine andere Beurteilung angezeigt sein.

c) Die Rechtsfolgen eines Verstoßes gegen die §§ 9 ff.AGBG

Die §§ 9 ff.AGBG sehen als Rechtsfolge die Nichtigkeit unangemessener Klauseln vor (1). Die dadurch entstandene Lücke schließt § 6 Abs.2 AGBG, indem er die entsprechende gesetzliche Bestimmung für einschlägig erklärt. Der übrige Vertrag bleibt grundsätzlich in Kraft (vgl. § 6 Abs.1 AGBG).

Problematisch wird die Rechtslage bei Unwirksamkeit einer primären Risikobeschreibung. Fehlt - wie regelmäßig im Falle des § 9 Abs.2 Nr.2 AGBG (2) - eine Parallelvorschrift im VVG, so führte die bloße Aufhebung der Vertragsnorm zum ersatzlosen Fortfall der entschädigungsbegründenden Wirkung der Versicherung; Übrig wäre eine für den Versicherten sinnlose Vereinbarung. Ebensowenig leuchtet die Annahme einer auf § 6 Abs.3 AGBG gestützten Kassation des ganzen Vertrages ein, weil dies zum Nachteil beider Parteien ausschlüge. Es müssen daher andere Lösungswege beschritten werden.

Nun gehören zu den "gesetzlichen Vorschriften" i.S. des § 6 Abs.2 AGBG auch die §§ 133, 157 BGB, und diese wiederum bilden die Basis für das im Zivilrecht anerkannte Rechtsinstitut der "ergänzenden Vertragsauslegung". Eine solche bedingt, daß die zwischen den Parteien bestehende Absprache bestimmte rechtlich relevante Fallkonstellationen ungewollt nicht reglementiert. Um diese planwidrige Lücke des Rechtsgeschäftes zu schließen, ist dasselbe unter Bedacht auf die beiderseitigen Interessenlagen auszulegen. Letztlich muß jeder Vertragspartner die Übereinkunft so gelten lassen, wie sie nach ihrem Zweck und den im Geschäftsverkehr herrschenden Sitten von redlichen Beteiligten verstan-

1) Vgl. Martin, VersR 1984, S.1113.

2) Vgl. van de Loo S.114.

den wird (1). Übertragen auf das Versicherungsrecht bedeutet dies, daß das von der primären Gefahrbeschreibung unzulässig nicht umschlossene Risiko mitversichert ist (2).

Darüberhinaus könnte die ergänzende Vertragsauslegung auch bei Versicherungsbedingungen mit ausschließlich haftungseinengender Wirkung Platz greifen. Hier behielte der Versicherungsvertrag selbst dann seinen Sinn, wenn die Klausel ersatzlos gestrichen würde. Auf der anderen Seite ist es lediglich eine Frage der Formulierung, ob die zu beanstandende Leistungsfreiheit des Versicherers auf einer primären oder einer sekundären Risikoklausel beruht. Von diesem Umstand darf die Art der Sanktion ab nicht abhängen. Deshalb sind alle AVB insoweit gleich zu behandeln. In jedem Fall kommt es also zu einer ergänzenden Vertagsauslegung (3).

d) Das Verhältnis der Inhaltskontrolle nach §§ 9 ff.AGBG zum Anwendungsbereich des § 3 AGBG

Laut § 3 AGBG werden solche Geschäftsbedingungen nicht Bestandteil des Vertrages, mit denen der Kunde nach den Umständen nicht zu rechnen brauchte. Eine Auffassung im Schrifttum hält diese Gesetzesvorschrift bei behördlich genehmigten AVB zwar für unanwendbar, weil die Prüfung des Bundesaufsichtsamts den Versicherungsnehmer in ausreichendem Maße vor ungewöhnlichen Klauseln schütze (4). Ein derartiges Verfahren der Verwaltung macht aber eine gerichtliche Kontrolle nicht überflüssig, wie sich

1) Vgl. Larenz AT § 29 I (S.539).
2) So auch Flick S.130 ff.; van de Loo S.115; Martin, VersR 1984, S.1113 f..
3) So auch van de Loo S.115.
4) Vgl. Helm, NJW 1978, S.132; so auch BT-Drucksachen 7/3919, S.20.

schon aus dem Prinzip der Gewaltenteilung ergibt. Folgerichtig bietet das AGBG auch keinen Anhalt für eine grundsätzliche Privilegierung allgemeiner Versicherungsbedingungen; diese werden allein in bezug auf die Erfordernisse des § 2 Abs.1 Nr.1, 2 AGBG begünstigt (vgl. § 23 Abs.3 AGBG). Mithin bezieht sich der § 3 AGBG auch auf Versicherungsverträge (1).

Sodann erhebt sich die Frage nach dem Verhältnis von § 3 AGBG und §§ 9 ff.AGBG. Die Rechtsprechung sieht in vielen Fällen von einer Differenzierung ab und zieht für das Urteil beide Normenkomplexe kumulativ heran. Sie begründet ihr Vorgehen im wesentlichen mit dem Hinweis, unangemessen benachteiligende Klauseln seien im Ergebnis auch überraschend (2). In die gleiche Richtung zielen die Stellungnahmen einiger Autoren, die den materiellen Inhalt von Versicherungsverträgen an § 3 AGBG messen wollen (3).

Diese Modelle greifen jedoch in das Anwendungsfeld der §§ 9 ff.AGBG ein und sind deshalb abzulehnen. Vielmehr muß der § 3 AGBG im systematischen Zusammenhang mit § 2 AGBG verstanden werden. Der letztgenannte Rechtssatz setzt die formellen Voraussetzungen einer wirksamen Integration von AGB in den jeweiligen Vertrag fest. Daran schließt der § 3 AGBG an, indem er ein Hindernis für die Einbeziehung bestimmter Bedingungen aufbaut. Diese Betrachtung legt den Schluß nahe, daß auch letztere Gesetzesnorm auf formelle Gesichtspunkte zurückgreift. Gestützt sieht sich diese These durch den Inhalt der Regelung, weil die ungewöhnliche äußere Erscheinung eines Vertrages als Hauptfall eines

---

1) So auch die heute h.M.;
vgl. BGH, VersR 1985, 129(130) (ohne Gründe);
Ulmer in Ulmer/Brandner/Hensen § 3 Rdnr.8;
N.Horn in Wolf/Horn/Lindacher § 23 Rdnr.456.

2) Vgl. OLG Celle, VersR 1982, 457(458).

3) So z.B. Frenz, VersR 1979, S.396.

Überraschungseffektes bezeichnet wird. Mithin ist folgende Lösung vorzugswürdig: Die §§ 9 ff.AGBG bilden die Basis für die Untersuchung des materiellen Inhalts von Vereinbarungen. Demgegenüber gelangt der § 3 AGBG ins Blickfeld, wenn die formelle Seite einer Übereinkunft in ungewöhnlicher Weise ausgestaltet ist; dies betrifft in erster Linie:

- die systematische Konstruktion der Geschäftsbedingungen;
- das drucktechnische Bild der Vertragsurkunde;
- das Verhalten des Verwenders bei Vertragsschluß (1).

Die beiden letzteren Aspekte sind einzelfallabhängig. Deshalb kann die vorliegende Arbeit nur den systematischen Bau der AVB berücksichtigen. Dabei stellen formelle Fehler bei AVB wie denen der Bauleistungsversicherung, die in langjähriger Arbeit und aufgrund reichhaltiger Erfahrungswerte formuliert und zudem amtlich genehmigt worden sind, eine sehr seltene Ausnahme dar, so daß nur im Falle konkreter Zweifel auf den § 3 AGBG einzugehen sein wird.

2) Anwendung dieser Grundlagen auf die Bauleistungsversicherung

a) Die Regelungen der §§ 2 Nr.1 ABU, 2 Nr.1 ABN

Die §§ 2 Nr.1 ABU, 2 Nr.1 ABN schließen - wie gesagt (vgl. oben S.126) - grundsätzlich nur Sachbeschädigungen ein und stellen andere Schadensarten

---

1) So Winter in Bruck/Möller Bd.V/2 Anm.67; van de Loo S.25; Werber, VersR 1986, S.6; wohl auch Brandner in Ulmer/Brandner/Hensen Anh.§§ 9-11 Rdnr.853.

wie Leistungsmängel und Verluste außerhalb der Bauleistungsversicherung. Die Vereinbarkeit dieser Festlegungen mit dem AGBG steht nun zu untersuchen. Die Prüfung basiert auf § 9 AGBG.

aa) Leistungsmängel

Das VVG regelt die Versicherung von in der Produktion befindlichen Sachen nicht und enthält somit auch keine Vorgaben für die rechtliche Behandlung etwaiger Mängel. Deswegen scheidet der § 9 Abs.2 Nr.1 AGBG als Kontrollmaßstab von vornherein aus. Jedoch könnten die AVB an § 9 Abs.2 Nr.2 AGBG scheitern.

Leistungsmängel stellen ein typisches Baurisiko dar. Trotzdem darf man vom Unternehmer erwarten, daß er gründlich arbeitet und nicht "pfuscht". Könnte er Einbußen aus einem fehlerhaften Werk auf den Versicherer überwälzen, so ginge ein wesentlicher Anreiz zu sorgfältigem Bauen verloren. Diese Konsequenz erscheint kaum wünschenswert. Zudem ist die richtige Anlage des Herstellungsprozesses ein der Bauindustrie zumutbarer Beitrag für den Schutz des versicherten Objekts. Infolgedessen gefährdet der Haftungsfreiraum für Mängel nicht den Zweck der Bauleistungsversicherung. Da auch andere Gründe für die Annahme einer Benachteiligung der Versicherten fehlen, werden die ABU und ABN insoweit dem AGBG gerecht.

bb) Verluste

Damit wendet sich der Blick dem Verlustrisiko zu. Diese Schadensmöglichkeit besitzt ein nicht zu unterschätzendes Gewicht und hängt aufgrund der relativen Schutzlosigkeit der Baustelle auch durchaus mit dem Wesen des Baugeschehens zusammen. Von daher erscheint es zweifelhaft, ob dieser Deckungsmangel aufrechtzuerhalten ist.

Das VVG bringt für einige spezielle Zweige der Sachversicherung Bestimmungen bezüglich der versicherten Schäden. Die in §§ 81 ff.VVG geregelte Feuerversicherung verpflichtet den Versicherer zum Ersatz für die Beschädigung oder Zerstörung geschützter Gegenstände (vgl. § 83 Abs.1 S.1 VVG), erfaßt darüber hinaus aber auch Schäden aus Abhandenkommen (vgl. § 83 Abs.1 S.2, 2.Halbs.VVG). Dagegen schlägt die ebenfalls in das Gesetz aufgenommene Hagelversicherung nur bei Beeinträchtigungen "an den versicherten Bodenerzeugnissen" ein (vgl. § 108 VVG), also bei Sachschäden; der Verlust wird nicht getragen. Ebenso verfährt die Tierversicherung, indem sie allein für den Tod des Lebewesens eine Entschädigung gewährt (vgl. § 116 Abs.1 S.1 VVG). Die Gesamtschau dieser drei Sachversicherungen zeigt, daß das VVG hier den Sachschaden als den Prototyp des Versicherungsfalls auffaßt. Der Verlust wird allein von der Feuerversicherung als eine Art "Anhängsel" mitversichert (1). Die isolierte Einstandspflicht für Beschädigungen und Zerstörungen bildet das Leitbild, welches das Gesetz von der Sachversicherung zeichnet. Mit diesem Grundsatz stehen die §§ 2 Nr.1 ABU, 2 Nr.1 ABN im Einklang.

Weiterhin ist in diesem Kontext noch von Interesse, daß gerade die Tierversicherung, die wie die Bauleistungsversicherung das Totalitätsprinzip umsetzt (arg.e. § 117 VVG), ihren Leistungsumfang auf Sachschäden einengt. Folglich zwingt auch der Charakter als Allgefahrendeckung nicht, die ABU und ABN auf Verluste auszudehnen. Die Klauselwerke harmonieren mit dem VVG. Schon aus diesem Grunde sperrt § 9 AGBG nicht. Im übrigen sei noch darauf hingewiesen, daß aufgrund der obigen Feststellungen andere Schadensarten wie entgangener Gewinn vom Bauleistungsversicherer ebensowenig übernommen werden müssen.

---

1) Martin in Prölss/Martin § 83 Anm.4 spricht von einer "Annexgefahr".

b) Exkurs: Die versicherten Subjekte und Objekte

Die §§ 9 ff.AGBG überwachen alle Klauseln, die die Gefahrtragung in irgendeiner Weise konkretisieren. Daraus folgt, daß letztlich jede Allgemeine Versicherungsbedingung ohne Einschränkung kontrollfähig ist. Mithin können auch die schon abgehandelten Regelungskomplexe der versicherten Personen (vgl. oben S.16 ff.) und der versicherten Objekte (vgl. oben S.56 ff.) auf ihre Zulässigkeit hin begutachtet werden. In diesem Bereich zeigen sich jedoch keine ernsthaften Anhaltspunkte für einen Verstoß der ABU und ABN gegen das AGBG.

Beide Konditionsmuster versichern die Sachinteressen des die Versicherung nehmenden Bauunternehmers und seiner Subunternehmer (vgl. oben S.21 ff., 52 ff.). Die Gebäudeneubauversicherung deckt darüberhinaus sogar noch den Bauherrn mit (vgl. oben S.43 ff.); die ABU sehen davon deshalb ab, weil aufgrund der Eigenart von Bauprojekten außerhalb des Gebäudebaus ein speziell auf die Bedürfnisse des Unternehmers zugeschnittenes Bedingungswerk angeboten werden muß (vgl. oben S.10 f.), und gestatten zudem im Bedarfsfall über § 3 Nr.5 lit.b) ABU i.V.m. Klausel 64 eine Sondervereinbarung bezüglich der Mitversicherung des Bauherrn. Diese Bestimmungen entsprechen dem, was von einer Bauversicherung zu erwarten ist.

Das Gebiet der versicherten Sachen beschränkt sich der Eigenart der Versicherung gemäß im wesentlichen auf Bauleistungen, Baustoffe und Bauteile (vgl. oben S.74 ff.); Hilfsbauten sind entweder grundsätzlich (vgl. § 1 Nr.1 lit.b) ABU) oder bei spezieller Abrede (vgl. § 1 Nr.2 lit.d) ABN) integriert. Der Ausschluß für Baugeräte begründet sich mit der größeren Sachnähe der Maschinenversicherung; die restlichen ausgeschiedenen Gegenstände können entweder anderweitig gedeckt (z.B. Fahrzeuge) oder vom Versicherten in zumutbarer Weise selbst vor Schaden bewahrt (z.B. Akten; vgl. oben

S.116 ff., 121 f.) werden. Auch insoweit sind also keine Beanstandungen zu erheben.

C) Besonderheiten der ABN

Die ABU und ABN verwenden denselben Sachschadenbegriff. Die Gebäudeneubauversicherung erlaubt allerdings daneben eine Sondervereinbarung über den Einschluß "für Verluste durch Diebstahl mit dem Gebäude fest verbundener versicherter Bestandteile" (vgl. § 2 Nr.2 ABN). Die Objekte der hier angesprochenen Versicherungsfälle sind bereits gewürdigt worden (vgl. oben S.118 ff.). Der "Verlust" besteht im Untergang der tatsächlichen Sachbeziehung. Der Täter muß die installierten Teile aus dem Machtbereich des Versicherten verbracht haben. Dies erfordert zumindest, daß die Sachen sich nicht mehr innerhalb der Baustelle befinden. Im übrigen deckt das Versicherungsunternehmen selbstverständlich auch ohne Zusatzabsprache die durch den Ausbau an dem versicherten Gebäude entstandenen Sachbeschädigungen (z.B. Mauerrisse durch Herausreißen von Sanitäranlagen) (1).

---

1) Vgl. Rehm, 1.Auflage, S.112;
Martin, VW 1975, S.107.

§ 8: Die Schadensursachen

A) Gemeinsame Grundsätze von ABU und ABN

I) Die versicherten Schadensursachen

1) Einführung

Jeder Schaden hat eine oder mehrere Ursachen. Diejenigen, welche in der Bauleistungsversicherung ein- und ausgeschlossenen werden, sind in den §§ 2 ABU, 2 ABN niedergelegt (1). Die primäre Risikobeschreibung der §§ 2 Nr.1 ABU, 2 Nr.1 ABN führt keine objektiven Tatbestandsmerkmale an, mittels derer die gedeckten Kausalereignisse auf einige spezielle - z.B. Feuer - begrenzt oder andere von vornherein außer Acht gelassen werden. Mithin umfaßt die Versicherung grundsätzlich sämtliche Kausalfaktoren und folgt - wie bereits mehrfach erwähnt - dem Totalitätsprinzip. Dabei sei noch einmal betont, daß sich im Versicherungsrecht die Ursächlichkeit nach der Adäquanztheorie beurteilt (vgl. oben S.164).

---

1) Da diese beiden Vertragsnormen weitgehend identisch sind, werden die Schadensursachen für ABU und ABN grundsätzlich gemeinsam behandelt, und nur die Besonderheiten der beiden Klauselwerke erfahren eine getrennte Darstellung.

2) Die Beschränkung auf den "unvorhergesehen" eintretenden Schaden

a) Die Grundlage

Die §§ 2 Nr.1 ABU, 2 Nr.1 ABN beschränken die versicherten Schadensursachen zwar nicht in objektiver Hinsicht, stellen aber das subjektive Erfordernis der "Unvorhergesehenheit" des Versicherungsfalls auf. Die Klausel 50 definiert diejenigen Schäden als "unvorhergesehen", welche der Versicherungsnehmer und sein Repräsentant weder vorhergesehen haben noch ohne grobe Fahrlässigkeit hätten vorhersehen können. Diese Definition verdient eine nähere Betrachtung. Ein Beispielsfall soll die Problematik offenlegen:

Angenommen, es kommt zu einem Naturereignis, das mit an Sicherheit grenzender Wahrscheinlichkeit alsbald zu einer Beschädigung der Bauleistung führen wird. Der Unternehmer nimmt das Geschehen wahr und erkennt auch die möglichen Folgen. Er sieht sich aber ohne eigenes Verschulden außerstande, den Schadenseintritt zu verhindern. Hier könnte man von einer "vorhergesehenen" Beeinträchtigung sprechen und so gemäß §§ 2 Nr.1 ABU, 2 Nr.1 ABN i.V.m. Klausel 50 den Versicherungsschutz versagen. Dem Versicherten kann angesichts des Sachverhalts jedoch kein Vorwurf gemacht werden. Deshalb ist zu fragen, ob allein das Wissen um die Konsequenzen eines Vorgangs genügt, um den Versicherer von der Haftung zu befreien.

Nun bedingt der Entschädigungsanspruch laut Klausel 50 neben der Unkenntnis des Herstellers, daß die letztere auch nicht auf "grober Fahrlässigkeit" beruht. Der damit eingeführte Terminus entstammt der allgemeinen Zivilrechtsdogmatik. Der § 276 Abs.1 S.2 BGB definiert die Fahrlässigkeit allgemein als das Mißachten der im Verkehr erforderlichen Sorgfalt. Dem Wortlaut der Vorschrift zufolge bezieht sich dieses Urteil immer auf ein menschliches Handeln (vgl. § 276 Abs.1 S.2 BGB: "Fahrlässig handelt"). Dies ist folgerichtig, weil Sorgfaltsanforderungen nur an Tätigkeiten gestellt werden können. Mithin hebt die Klausel 50 mit ihrem Tatbestandsmerkmal "grob fahrlässig" ebenfalls auf ein Verhalten ab. Und gleiches gilt sodann auch für die erste Alternative der Vertragsbedingung, also das positive Wissen um die Einwirkung auf das Bauwerk; denn die beiden in Klausel 50 aufgestellten (Negativ-) Voraussetzungen für das Ersatzbegehren unterscheiden sich allein in bezug auf den Grad der subjektiven Einstellung des Normadressaten zum Schadensbefall. Damit eliminieren die §§ 2 Nr.1 ABU, 2 Nr.1 ABN gewisse Verhaltensweisen des Versicherungsnehmers aus dem Kreis der versicherten Gefahren.

Dieser Befund beantwortet allerdings noch nicht abschließend die Frage, ob die Klausel 50 die versicherten Schadensursachen regelt. Dem wäre so, wenn die aus der Risikonorm resultierende Deckungslücke nur solche Handlungen und Unterlassungen beträfe, die für die spätere Beschädigung auch kausal geworden sind. Ist ein bestimmtes Vorgehen auf den Schaden ohne Einfluß geblieben, so zeigt es keinerlei Verbindung zu dem Versicherungsfall. Das Versicherungsverhältnis sowie die Interessen des Versicherers werden dann nicht angetastet. Es gibt hier keinen Grund, die Aktivität des Herstellers zum Anlaß für eine Leistungsfreiheit des Versicherers zu nehmen. Diese Rechtsfolge rechtfertigt sich allein bei Bestehen eines Kausalzusammenhangs. Deshalb meint die Klausel 50 nur schadensursächliche Verhaltensweisen des Versicherten. Die Bauleistungsversicherung deckt also im Ergebnis sämtliche Kausalereignisse, es sei denn, daß ein Tun oder Lassen des Versicherten mitgewirkt hat, welches die entstandene Beeinträchtigung vorhersehen ließ. Da es in dem obigen Ausgangsfall (vgl. S.198) schon an einem kausalen Verhalten des Bauunternehmers fehlt, steht sein Ersatzverlangen nicht in Frage.

b) Das Merkmal der "Vorhergesehenheit"

Nach Klausel 50 wird der Unternehmer entschädigt, sofern er den Schaden zwar hätte vorhersehen können, sein Vertrauen jedoch nicht als grob fahrlässig erscheint. Die Deckung entfällt also nur bei einem schweren Verschulden (1). Demgemäß ist das Kriterium "vorhergesehen" in Klausel 50, 1.Alt. als "Vorsatz" i.S. des § 276 Abs.1 S.1 BGB zu interpretieren. Im übrigen braucht der Versicherer nur dann nicht zu zahlen, wenn der Vorsatz bzw. die grobe Fahrlässigkeit "rechtzeitig" gegeben sind (vgl. Klausel 50). Dies erfordert, daß das Verschulden bei Vornahme der Handlung besteht. Das folgt bereits aus der Natur des Schuldvorwurfs, weil er sich begrifflich allein auf ein Verhalten beziehen kann (vgl. oben S.199). So macht etwa die nachträgliche Erkenntnis einer aus einem Tun erwachsenen Schadensmöglichkeit dasselbe nicht mehr zu einem vorsätzlichen; der Täter kann allerdings eine zumindest grob fahrlässige Unterlassung begehen, wenn er trotz seinem mittlerweile erworbenen Wissen und einer Möglichkeit zum Eingreifen den Versicherungsfall nicht zu verhindern sucht.

Damit eröffnen §§ 2 Nr.1 ABU, 2 Nr.1 ABN i.V.m. Klausel 50 ein Haftungsfreifeld für solches Handeln und Unterlassen des Herstellers, das vorsätzlich oder grob fahrlässig einen Sachschaden hervorruft. Diese Deutung der Versicherungsbedingungen lehnt sich an die in § 61 VVG getroffene Bestimmung

1) Auch das OLG Hamm hat in seiner Entscheidung VersR 1988, 731 das Merkmal "unvorhergesehen" dahin verstanden, daß es das Verschulden reglementiert.

an (1). Allerdings ist der Wortlaut der Klausel 50 eher geeignet, diese Parallele zu verdunkeln. Es wäre den Verfassern der AVB anzuraten gewesen, sich an der Fassung des Gesetzes zu orientieren.

Abschließend sollen noch die Begriffe "Vorsatz" und "grobe Fahrlässigkeit" kurz erläutert werden. Als Vorsatz bezeichnet man das Wissen und Wollen des tatbestandsmäßigen Erfolges (2). Dabei muß im Sinne eines bedingten Vorsatzes ausreichen, daß der Betroffene die Konsequenz seines Tuns ernstlich für möglich gehalten und billigend in Kauf genommen

---

1) Bis zur Einführung der Klausel 50 im Jahre 1986 wurde das Merkmal "unvorhergesehen" durch §§ 2 Nr.1 Abs.2 ABU a.F., 2 Nr.1 Abs.2 ABN a.F. definiert. Danach schadete es dem Versicherten schon, wenn er oder seine Repräsentanten die Beeinträchtigung "hätten vorhersehen können"; diese Formulierung schloß nach ganz h.M. auch die leichte Fahrlässigkeit vom Deckungsschutz aus und ging damit über § 61 VVG hinaus. Aufgrunddessen entwickelte sich ein Streit, ob die alten AVB dem § 9 AGBG entsprachen;
bejahend BGH, VersR 1983, 821;
verneinend OLG Celle, VersR 1982, 457;
zweifelnd H.Möller in Bruck/Möller Bd.II § 61 Anm.13.
Diese Diskussion soll auf sich beruhen. Denn die 1986 geschaffene Klausel 50 deckt sich mit dem § 61 VVG, und die Versicherer haben gleichzeitig mit der Reform der AVB eine geschäftsplanmäßige Erklärung des Inhalts abgegeben, daß sie bei künftigen Vertragsabschlüssen immer die Klausel 50 vereinbaren, die Altverträge bei sich bietender Gelegenheit umstellen und zudem in Schadensfällen die Klausel 50 selbst dann anwenden werden, wenn sie der Übereinkunft noch nicht zugrundeliegt; vgl. VA 1986, 312.
2) Vgl. Palandt/Heinrichs § 276 Rdnr.10.
Münchener Komm./Hanau § 276 Rdnr.49.

hat (1). Grobe Fahrlässigkeit liegt vor, wenn der Betroffene die im Verkehr erforderliche Sorgfalt in besonders großem Maße verletzt und das übergangen hat, was im gegebenen Fall jedem einleuchten mußte (2). Als Maßstab für die anzuwendende Sorgfalt nennt Klausel 50 das "für die im Betrieb ausgeübte Tätigkeit erforderliche Fachwissen". Dies richtet sich nach den besonderen Unterrichtsgängen für Bauunternehmer; von Relevanz ist der generell notwendige Ausbildungsstand, nicht ein aufgrund besonderer Forschungsarbeiten spezialisiertes Wissen (3).

c) Die Normadressaten

aa) Einführung

Die Klausel 50 beschränkt die Gefahrtragung des Bauleistungsversicherers für solches Verhalten, das der "Versicherungsnehmer" oder seine "Repräsentanten" an den Tag legen. Versicherungsnehmer ist derjenige, in dessen Namen der Versicherungsvertrag abgeschlossen worden ist und der damit die Versicherungsprämie schuldet (vgl. oben S.16). Soweit die ABU und ABN fremde Interessen mitversichern, schaden diesen dritten Personen laut § 79 Abs.1 VVG auch ihre eigenen Aktivitäten (4).

---

1) Vgl. BGHZ 7, 311(313); Larenz I § 20 II.
2) Vgl. BGHZ 10, 14(16); Larenz I § 20 V.
3) Vgl. Wäldner S.33 f..
4) Nach ganz herrschender und zutreffender Ansicht gilt der § 79 Abs.1 VVG auch für die in § 61 VVG bzw. vergleichbaren AVB-Klauseln enthaltene Risikobegrenzung;
vgl. BGH, VersR 1971, 239(240);
Prölss in Prölss/Martin § 79 Anm.1;

bb) Der Repräsentant

Die Rechtsprechung und ein Großteil der Lehre vertreten die Auffassung, versicherungsrechtliche Risikoausschlüsse und Obliegenheiten bildeten keine Verbindlichkeit des belasteten Versicherungsnehmers und deshalb gelange der § 278 BGB nicht zur Anwendung (1). Um dem Versicherungsnehmer dennoch das Verhalten Dritter zurechnen zu können, schuf man eigens für das Versicherungsrecht die Rechtsfigur des "Repräsentanten". Der Inhalt dieses Begriffs schwankte im Laufe der Jahre; heutzutage bezeichnet die Praxis als Repräsentanten, wer im Geschäftsbereich des versicherten Interesses aufgrund eines Vertretungs- oder ähnlichen Verhältnisses an die Stelle des Versicherungsnehmers getreten und befugt sei, in nicht ganz unbedeutendem Umfang für den letzteren zu handeln und dessen Rechte und Pflichten aus dem Versicherungsvertrag wahrzunehmen (2).

Die Existenz dieses Rechtsinstituts wird bis heute angezweifelt (3). Diese Streitfrage zu entscheiden, ist hier nicht der Ort, weil die Parteien mit der Klausel 50 ausdrücklich auf die geübte Judikatur abheben und sie so in ihr Rechtsverhältnis einbezogen haben. Das bindet die Auslegung. Wer im Rahmen der Bauleistungsversicherung dem Begriff unterfällt, richtet sich vor allem nach der Gesell-

---

(Fortsetzung von Fußnote 4 der Seite 202)
Sieg in Bruck/Möller Bd.II § 79 Anm.9.
A.A. Ehrenzweig S.217, der bei einem mitwirkenden Verhalten des Versicherungsnehmers die Entschädigung nur ausschließt, sofern dieser ein "Gefahrverwalter" ist.

1) Vgl. z.B. BGH, NJW 1981, 1098(1099).
2) Vgl. BGH, NJW 1969, 1387(1388); 1981, 1098(1099); aus der Lit.: Hofmann S.111; Prölss in Prölss/Martin § 6 Anm.8 B.
3) Vgl. dazu Wäldner S.33.

schaftsform der Bauunternehmung, ihrer Organisationsstruktur und internen Aufgabenverteilung sowie der Größe von Projekt und Baustelle (1). Dazu zählen leitende Angestellte des Bauunternehmers wie z.B. Prokuristen (2). Nicht einheitlich ist die Bewertung von Organen juristischer Personen (z.B. der Vorstand einer AG). Einige Autoren verweisen darauf, daß insoweit die Zurechnung bereits auf der Eigenschaft als gesetzlicher Vertreter beruhe und daher das Modell der Repräsentanz nicht bemüht zu werden brauche (3). Das steht im Einklang mit der im Gesellschaftsrecht herrschenden Organtheorie, derzufolge durch das Organ die juristische Person unmittelbar selbst handele und ihr nicht das Verhalten des ersteren als fremdes zugerechnet werde (4). Indes sind unabhängig von diesem dogmatischen Ansatz versicherungsrechtlich die Tatbestandsmerkmale der fraglichen Rechtsfigur auch hier erfüllt, weshalb sie zum Tragen kommt (5).

Des weiteren erheben einige Autoren den Subunternehmer zum Repräsentanten des Hauptunternehmers, weil ersterer der beiden obliegenden Herstellungspflicht nachkomme (6). Auf der Basis dieser Ansicht ginge der Hauptunternehmer regelmäßig seines Versicherungsschutzes verlustig, falls der Schaden für den Subunternehmer nicht unvorhergesehen gewesen ist. Das läßt sich jedoch nicht mit § 3 Nr.3 lit.a) ABU vereinbaren; denn nach dieser Versicherungsbedingung ist ein Ersatzanspruch des Hauptunternehmers auch bei solchen Beschädigungen möglich, die der Nachunternehmer vorherzusehen vermochte.

---

1) Vgl. Wäldner S.32.

2) Vgl. Prölss in Prölss/Martin § 6 Anm.8 B (S.90).

3) So wohl Prölss in Prölss/Martin § 6 Anm.6, 8 B und Hofmann S.107 ff..

4) Anders die Vertretertheorie; vgl. zum Ganzen K.Schmidt, Gesellschaftsrecht § 10 I 2.

5) Im Ergebnis ebenso Martin, Sachversicherungsrecht O II Rdnr.21; Rehm S.38, 130 f..

6) So Klingmüller, Schriftenreihe Bd.4 S.37.

Auch darf letzterer nicht die Rechte und Pflichten des ersteren aus dem Versicherungsverhältnis wahrnehmen. Außerdem sollte aufgrund des in der Bauleistungsversicherung herrschenden Prinzips der Allgefahrendeckung die Gruppe der den Versicherungsnehmer repräsentierenden Personen nicht zu weit gezogen werden (1). Aus diesen Gründen verdient die dargelegte Meinung keinen Beifall (2). Gleiches gilt für die Versuche, den Bauleiter (3) und den beratenden Bauingenieur (4) zum Repräsentanten aufsteigen zu lassen. Ebensowenig umfaßt sind zu guter Letzt die einfachen Bauarbeiter. Hat jemand, der nicht die Eigenschaft eines Repräsentanten besitzt, den Versicherungsfall vorsätzlich oder grob fahrlässig herbeigeführt, so schadet dem versicherten Unternehmer nur sein eigenes Auswahl- und Überwachungsverschulden (5).

cc) Die Wirksamkeit der von Klausel 50 statuierten Repräsentantenhaftung

Anders als die Klausel 50 hindert der § 61 VVG nach seinem Wortlaut das Ersatzbegehren nur bei schwerer Schuld des Versicherungsnehmers selbst und nicht auch bei einem solchen des "Repräsentanten". Dies weckt im Hinblick auf § 9 AGBG Zweifel an der Rechtswirksamkeit der Geschäftsbedingung; Martin hält zumindest eine vertragliche Ausdehnung auf sämtliche Erfüllungsgehilfen i.S. des § 278 BGB für unzulässig (6).

---

1) Vgl. BGH, VersR 1983, 821(822).
2) So auch Wäldner S.68 f..
3) So BayObLG, VersR 1976, 33 (zu den AFB).
4) So LG Kaiserslautern, VersR 1965, 278(279).
5) Vgl. Wäldner S.31.
6) Vgl. Martin in Prölss/Martin Teil II lit.N "Bauleistungsversicherung" Anm.3 B b.

Ein Verstoß gegen § 9 Abs.2 Nr.1 AGBG kommt nur in Betracht, wenn die Konzentration des § 61 VVG auf das Verhalten des Versicherungsnehmers einen wesentlichen Grundgedanken des VVG offenbart. Der Gesetzgeber hat dem § 61 VVG absichtlich keinen zwingenden Charakter beigelegt; der Rechtssatz sollte auch zu Lasten des Versicherten abgewandelt werden können (1). Der § 9 Abs.2 Nr.1 AGBG bezieht sich zwar gerade auf dispositive gesetzliche Bestimmungen (2). Im Versicherungswesen besteht jedoch die Besonderheit, daß Übereinkünfte regelmäßig auf der Basis allgemeiner Klauselwerke geschlossen werden. Da das AGBG die grundsätzliche Abänderbarkeit des § 61 VVG nicht berühren will, kann eine von der Gesetzesvorschrift divergierende Vertragsregelung nur im Extremfall durch § 9 Abs.2 Nr.1 AGBG kassiert werden. Eine solche Konstellation liegt hier schon wegen der oben befürworteten engen Auslegung des Repräsentantenbegriffs nicht vor.

Es bleibt zu fragen, ob der § 9 Abs.2 Nr.2 AGBG zur Nichtigkeit der Klausel 50 führt. Eine Vertragszweckgefährdung setzt voraus, daß der Versicherer den vom Kunden erwarteten Deckungsschutz ohne rechtfertigenden Grund beschneidet (vgl. oben S.187 f.). Das Versicherungsunternehmen kann bei dem Schutz des gedeckten Interesses eine gewisse Hilfestellung des Versicherten verlangen und insoweit eine Einstandspflicht verweigern (vgl. oben S. 188). Überträgt der Konsument die Verwaltung der Gefahr einer dritten Person - dem "Repräsentanten" -, so verlagert sich die Fähigkeit zum rettenden Eingreifen auf den Gehilfen. Der Versicherungsnehmer wird aber dadurch nicht von seiner Last befreit. Deshalb ist es billig, ihm ein grobes Verschulden seines Beauftragten zuzurechnen. Im Ergebnis wird die Klausel 50 auch den Notwendigkeiten des § 9 Abs.2 Nr.2 AGBG gerecht. Die von den AVB konzipierte Repräsentantenhaftung ist rechtswirk-

---

1) Vgl. Amtliche Begründung zu § 61 VVG, S.77.

2) Vgl. Palandt/Heinrichs § 9 AGBG Rdnr.18.

sam (1).

II) Die in den ABU und ABN übereinstimmend ausausdrücklich ausgeschlossenen Schadensursachen

Die §§ 2 Nr.3 ff.ABU, 2 Nr.4 ff.ABN zählen bestimmte Schadensursachen auf, die sie ausdrücklich von der Gefahrtragung ausschließen. Diese sind nun im einzelnen darzustellen.

1) Der Verstoß gegen anerkannte Regeln der Technik und das Unterlassen zumutbarer Schutzmaßnahmen

a) Einführung

Der Versicherer leistet gemäß §§ 2 Nr.3 ABU, 2 Nr.4 ABN zunächst einmal dann keinen Ersatz, wenn der versicherte Unternehmer gegen anerkannte Regeln der Technik verstoßen oder zumutbare Schutzmaßnahmen für den Bau unterlassen hat und die weiteren, in lit.a–d) aufgeführten Erfordernisse vorliegen. Bauvertraglich wird die Pflicht zum Einhalten der anerkannten Regeln der Technik dem Hersteller in § 4 Nr.2 Abs.1 S.2 VOB/B besonders auferlegt (vgl. bereits oben S.149), sie beherrscht aber nach h.M. als ein schon aus § 242 BGB hervorgehendes verbindliches Gebot auch solche Werkvereinbarungen, die nicht auf der VOB fußen (2). Es geht dabei um ge-

1) So auch BGH, VersR 1983, 821(822) zu den bis 1986 gültigen §§ 2 Nr.1 Abs.2 ABU a.F., 2 Nr.1 Abs.2 ABN a.F.
2) Vgl. Ingenstau/Korbion VOB/B § 4 Rdnr.144;

schriebene und ungeschriebene, in der Wissenschaft für richtig befundene und in der Praxis bewährte bautechnische Vorschriften; schriftlich niedergelegte Regelungen finden sich u.a. in den DIN-Normen des Deutschen Instituts für Normung und in den Bestimmungen der Bau-Berufsgenossenschaften (1). Zumutbare Schutzmaßnahmen sind Handlungen, die eine Beschädigung der Bauleistungen unterbinden sollen und für den Unternehmer kostenmäßig im Verhältnis zur Auftragssumme vertretbar erscheinen (2).

Nun kann es passieren, daß der versicherte Werkverpflichtete zwar die Anforderungen der §§ 2 Nr.3 ABU, 2 Nr.4 ABN mißachtet hat, der Schaden aber auch bei normkonformem Verhalten entstanden wäre; hier erweist sich die Verletzung als nicht kausal. Ebenso kann es am Verschulden des Versicherten fehlen (3). Nach einem Teil der Lehre wirken die AVB zugunsten des Versicherers, sofern der Bauunternehmer zumindest grob fahrlässig gehandelt hat (4). Dies ließe sich begründen, wenn man die §§ 2 Nr.3

(Fortsetzung von Fußnote 2 der Seite 207) zurückhaltender Kaiser, Mängelhaftung Rdnr.68a.

1) Zum Ganzen Riedl in Heiermann/Riedl/Rusam/Schwaab VOB/B § 4 Rdnr.23 ff.; Rehm S.42, 134. Die Definitionen für die anerkannten Regeln der Technik differieren zum Teil. So bedarf es nach Fischer S.69 keines positiven Nachweises, daß die verwandte Methode von der Wissenschaft als theoretisch richtig anerkannt worden ist; es genüge negativ das Fehlen von wissenschaftlich begründeten Einwänden; ebenso Siegburg, BauR 1985, S.373 f..

2) Vgl. Rehm S.42, 134.

3) Dies ist auch bei einem Verstoß gegen anerkannte Regeln der Technik denkbar, weil dieser nicht notwendig einen Schuldvorwurf nach sich zieht; vgl. Marburger S.441; Münchener Komm./Soergel § 633 Rdnr.43.

4) So Platen, Handbuch S.15, 43.

ABU, 2 Nr.4 ABN als deklaratorische Ausschlüsse einstufte, welche einen Beispielsfall für einen "vorhergesehenen" Schaden benennen und damit lediglich die Klausel 50 näher ausgestalten sollen (1). Der Wortlaut der AVB läßt offen, ob der Versicherte auch ohne Ursächlichkeit bzw. Schuldhaftigkeit seines Vorgehens den Entschädigungsanspruch verliert.

Eine Lösung dieses Problems könnte aus dem - gemäß §§ 15a, 187 VVG nur bei sogenannten Großrisiken abdingbaren - § 6 VVG folgen. Laut diesem schlägt eine als Sanktion für den Verstoß gegen eine "Obliegenheit" vereinbarte Haftungsfreistellung des Versicherers nur unter der Voraussetzung durch, daß dem Versicherungsnehmer ein Verschulden zur Last fällt (vgl. Abs.1 S.1) und das Versicherungsunternehmen von seinem Kündigungsrecht aus Abs.1 S.2 Gebrauch gemacht hat (vgl. Abs.1 S.3); zudem muß die Normwidrigkeit für den Versicherungsfall kausal geworden sein, sofern die "Obliegenheit" gefahrmindernden oder -verhütenden Charakter trägt (vgl. Abs.2). Bei Qualifikation der §§ 2 Nr.3 ABU, 2 Nr.4 ABN als "Obliegenheit" i.S. des § 6 VVG wären sie um dessen grundsätzlich zwingende Vorgaben zu ergänzen.

Andererseits sind die Vertragsbedingungen mit dem Passus "Versicherte Gefahren" überschrieben, weshalb möglicherweise das vom Versicherer übernommene Risiko begrenzt wird, also ein Risikoausschluß vorliegt. Diese Sachlage nötigt zu erkunden, ob es zwei voneinander getrennte Kategorien "Obliegenheiten" und "Gefahrausschlüsse" gibt und inwieweit beide gegebenenfalls dem § 6 VVG unterliegen. Abschließend zu berücksichtigende Besonderheiten können sich bei Großrisiken ergeben, weil deren Versicherung laut § 187 VVG, Art.10 Abs.1 EGVVG von den im VVG normierten Beschränkungen der Vertragsfreiheit - also auch von § 6 VVG - befreit sind.

---

1) Vgl. zu diesem Gedankengang Martin in Prölss/Martin Teil II lit.N "Bauleistungsversicherung" Anm.3 B a.

b) Die Lehre von den "Obliegenheiten" und den "Gefahrausschlüssen"

aa) Die Rechtsnatur der "Obliegenheiten"

aaa) Meinungsstand

aaaa) Die sogenannte "Voraussetzungstheorie"

Um der angeschnittenen Problematik Herr zu werden, ist zunächst die Rechtsnatur der in § 6 VVG erwähnten Obliegenheiten zu erhellen. Die Rechtsprechung und ein Teil der Lehre erblicken in diesen keine Verbindlichkeiten im rechtlichen Sinne. Letztere seien entscheidend dadurch geprägt, daß der Gläubiger sie mit Hilfe von Klage und Zwangsvollstreckung durchsetzen und bei Pflichtverletzungen des Schuldners Schadensersatz begehren könne. Demgegenüber stellten Obliegenheiten bloße Voraussetzungen dar, die der Belastete zum Erhalt eigener, gegen den Vertragspartner gerichteter Ansprüche zu erfüllen habe. Ein Beispiel bilde die Obliegenheit zur Anzeige des Versicherungsfalls, wenn im Falle der Unterlassung die Entschädigungsforderung des Versicherten untergehe (vgl. dazu § 33 VVG). Hier treffe den Normadressaten nicht die Pflicht zu einem bestimmten Verhalten; dieses bleibe allein in sein Belieben gestellt. Der Vertragsgegner könne die Einhaltung der Obliegenheit nicht verlangen, es gebe also weder einen Gläubiger noch einen Schuldner. Auch komme eine Anwendung des § 278 BGB nicht in Betracht.

Diese rechtliche Konstruktion sei als einzige

in der Lage zu begründen, warum Dritte - etwa der Versicherte in der Fremdversicherung - trotz dem Verbot des Vertrags zu Lasten Dritter mit Obliegenheiten überzogen werden dürften; denn das soeben zitierte Rechtsprinzip untersage lediglich die Verpflichtung vertragsfremder Personen (1).

bbbb) Die sogenannte "Verbindlichkeitstheorie"

In der Literatur hat die sogenannte "Verbindlichkeitstheorie" eine starke Anhängerschaft gefunden. Diese Autoren schätzen die "Obliegenheiten" als echte rechtstechnische Verbindlichkeiten ein und führen dafür folgende Erwägungen ins Feld:

Das VVG verwende die Begriffe "Verbindlichkeit", "Verpflichtung" und "Obliegenheit" als Synonyme. So regele es in §§ 33 Abs.2, 92, 110 VVG die "Pflicht zur Anzeige des Versicherungsfalls", obwohl bei folgerichtiger Anwendung der Voraussetzungstheorie eine bloße Obliegenheit bestehen müßte; auch spreche das Gesetz von der dem Versicherer "obliegenden Leistung" (vgl. §§ 6 Abs.3 S.2, 35b VVG). Zudem finde sich in der Amtlichen Begründung zum VVG der Satz, daß dem Versicherungsnehmer "eine Verpflichtung zur Übermittelung der Prämie ... obliegt" (vgl. Amtliche Begründung zu §§ 35 bis 37, S.50). Die im Gesetz praktizierte Gleichsetzung der Termini beruhe also auf dem Willen seiner Verfasser und sei von daher kein Zufall.

Ferner liege die Erfüllung einer "Obliegenheit" auch nicht nur im Interesse des Belasteten, sondern berühre grundsätzlich genauso die Belange des Vertragsgegners. Deshalb dürften Rechtsfolgen wie die Klagbarkeit, das Entstehen von Schadensersatzansprüchen und die Zurechnung von Handlungen

1) So RGZ 58, 342(346); 133, 117(122); BGHZ 24, 378(382); Kisch II S.178 ff.; Bruck, Lehrbuch S.279 ff.; Sieg, Lehrbuch S.101.

Dritter über § 278 BGB nicht von vornherein ausgeschlossen sein. Im übrigen kenne die allgemeine Zivilrechtsdogmatik auch die Rechtsfigur der nichtklagbaren Nebenpflichten.

Zu guter Letzt ergäben sich in begrifflicher Hinsicht Einwände gegen die Beurteilung der Obliegenheiten als bloße Anspruchsvoraussetzungen. Denn die h.M. halte sogenannte "sanktionslose Obliegenheiten" für denkbar, obwohl deren Verletzung ohne Einfluß auf das rechtliche Schicksal etwaiger Forderungen bleibe. Mithin lasse die "Voraussetzungstheorie" die notwendige Stringenz vermissen (1).

cccc) Differenzierende Theorien

Einige Autoren nehmen differenzierende Haltungen ein. So steht Eichler grundsätzlich auf dem Boden der Verbindlichkeitstheorie. Allerdings sei diese zu unausgewogen, weil der "Pflichtengehalt" je nach Fallgestaltung variiere. Zum Beispiel lägen wegen des Verbots des Vertrags zu Lasten Dritter dort, wo am Vertragsschluß unbeteiligte Personen sich in bestimmter Weise zu verhalten hätten, bloße Anspruchsbedingungen i.S. der Voraussetzungstheorie vor (2).

dddd) Die sogenannte "Rechtszwangtheorie"

R.Schmidt hat sich eingehend mit dem Problem der "Obliegenheiten" auseinandergesetzt und eine eigenständige Theorie zu ihrer rechtsdogmatischen Erklä-

---

1) So Prölss in Prölss/Martin § 6 Anm.4; Ehrenzweig S.147 ff.; v.Gierke II S.150 f.; vgl. zur Kritik der Voraussetzungstheorie auch H.Möller in Bruck/Möller Bd.I § 6 Anm.10.
2) So Eichler S.43 f..

rung entwickelt. Ausgangspunkt seines Gedankenmodells ist, daß der von Ge- und Verboten begründete Rechtszwang nach seinem Ausmaß abgestuft werden könne. Den größten Druck auf den Adressaten entfalteten die Verbindlichkeiten. Die Zwangsintensität nehme dann - je nach Rechtsfolge - immer weiter ab bis hin zur sanktionslosen rechtlichen Anordnung. Bei der Analyse des für die Abstufung entscheidenden Faktors - der Rechtsfolge - zeige sich dieses Bild: Verknüpfe eine Vorschrift ihre Befolgung mit einem Vorteil, so sei ein sogenannter "Anreizungstatbestand" gegeben; dieser begründe keine wie immer gearteten Pflichten. Wenn eine Norm dagegen ihre Mißachtung mit Nachteilen belege, übe sie einen Druck auf den Belasteten aus und bilde einen sogenannten "Nötigungstatbestand". Die Kategorie der Nötigungstatbestände zerfalle in zwei Untergruppen. Zum einen könne der Zwang allein aus der "logisch-kausalen Verknüpfung" von Tatbestand und Rechtsfolge erwachsen, ohne daß die Bestimmung den Betroffenen zu einem normgerechten Handeln anhalten wolle; solche Regelungen seien als "funktionelle Nötigungstatbestände" einzuordnen. Zum anderen gebe es Rechtssätze, welche über dieses funktionelle Element hinaus auch bezweckten, die angesprochene Person zu einem bestimmten Verhalten zu bewegen; diese Vorschriften bezeichnet der Autor als "teleologische Nötigungstatbestände".

Verbindlichkeiten und Obliegenheiten gehörten beide zu den zuletzt dargestellten, "teleologischen Nötigungstatbeständen". Allerdings erzeugten die ersteren einen größeren Zwang, da sie begriffsnotwendig mit einer Schadensersatzdrohung einhergingen. Die Erfüllung von Obliegenheiten könne demgegenüber nicht mittels Druck durchgesetzt werden und es entstehe demnach keine Gläubiger-Schuldner-Beziehung; als Rechtfertigung für die Existenz dieses selbständigen Rechtsinstituts gibt R.Schmidt das Verbot des "venire contra factum proprium" an (1).

---

1) So R.Schmidt, Obliegenheiten S.29 ff., 295 ff..

eeee) Weitere Ansichten

Vor allem früher wurden noch andere Theorien bezüglich der Obliegenheiten aufgestellt. So deuteten einige sie als Auflagen; andere sahen in ihnen Vertragsstrafeversprechen i.S. des § 339 BGB, wobei die im Falle der Verletzung eintretende Verwirkung der Versicherungsleistung die Strafe darstelle (1). Diese Ansätze vermochten sich jedoch nicht durchzusetzen.

bbb) Eigener Lösungsvorschlag

Die Stellungnahme zu der geschilderten Kontroverse soll vom Wortlaut des Gesetzes ausgehen. Das VVG trifft zwar in § 6 bestimmte Festlegungen für "Obliegenheiten", konkretisiert den Terminus aber nicht weiter. Ebensowenig zeigt es einen einheitlichen Sprachgebrauch und erwähnt in § 69 Abs.1 VVG auch nur die "Rechte und Pflichten des Versicherungsnehmers". Es scheint also keine eigene Klasse der "Obliegenheiten" zu kennen. Dieser Befund wird erhärtet durch die Amtliche Begründung zu § 6 VVG, die das in der Gesetzesvorschrift aufgeführte Rechtsinstitut als die "von dem Versicherungsnehmer wahrzunehmenden Pflichten" charakterisiert (2). All dies verbietet jedoch der zivil- und versicherungsrechtlichen Lehre nicht, die "Obliegenheit" als eine eigene Rechtsfigur zu begreifen; Beispiele für solche wissenschaftlichen Rechtsfortbildungen sind die vom BGB nicht berücksichtigten Tatbestände der "culpa in contrahendo" und der "positiven Vertragsverletzung" (3).

---

1) Vgl. dazu R.Schmidt, Obliegenheiten S.297 ff..
2) Vgl. Amtliche Begründung zu § 6 VVG, S.22.
3) Die cic geht auf v.Jhering und die pVV auf Staub zurück; vgl. Larenz I § 9 I (S.107), § 24 I.

Häufig ist nicht der Versicherungsnehmer, sondern ein Dritter Träger des versicherten Interesses. Man hat es dann mit einer Fremdversicherung i.S. der §§ 74 ff.VVG zu tun. Es entspringt einem praktischen Bedürfnis, den Versicherungsschutz der vertragsfremden Person von vergleichbaren Belastungen abhängig zu machen wie den des Versicherungsnehmers. Denn die Rechtsposition des Versicherers darf sich nicht dadurch verschlechtern, daß ein Dritter versichert wird (1). Nun untersagt das allgemein anerkannte Verbot des Vertrages zu Lasten Dritter aus Gründen des Autonomieprinzips, am Vertragsschluß nicht beteiligten Rechtssubjekten Verbindlichkeiten aus der Vereinbarung zu überbürden; selbst ein aus § 333 BGB analog ableitbares Zurückweisungsrecht hätte einen für den verpflichteten Dritten unzumutbaren Abwehrzwang im Gefolge (2). Dieser Umstand könnte die Entwicklung einer eigenen Kategorie der "Obliegenheiten" erfordern, welche die Einführung von Verhaltenslasten des Fremdversicherten trotz dem Verbot der Drittverpflichtung erlaubt. Einen ersten Ansatzpunkt bietet der § 6 VVG. Diese Gesetzesbestimmung schafft in Abs.1-3 Sonderregelungen für sämtliche vertragliche "Obliegenheiten", auf deren Verletzung die Leistungsfreiheit des Versicherers steht. Offensichtlich erblickt das VVG in derartigen Versicherungsbedingungen eine besondere, von den "normalen Rechtspflichten" abgehobene Gruppe von Lasten. Diese Erkenntnis bildet die Basis für die folgenden Überlegungen.

Jede Pflicht bzw. Verbindlichkeit ist in zweierlei Hinsicht personengerichtet. Zum einen braucht sie einen Schuldner. Zum anderen muß es denklogisch jemanden geben, gegenüber dem die Pflicht erfüllt werden muß, also einen Gläubiger; letzterem steht

---

1) Vgl. Prölss in Prölss/Martin § 75 Anm.3.

2) Vgl. Münchener Komm./Gottwald § 328 Rdnr.97; Erman/Westermann Vor § 328 Rdnr.10; Soergel/Hadding § 328 Rdnr.118; Larenz I § 17 IV.

ein entsprechendes "Recht" zu. Mit jeder Verbindlichkeit korrespondiert ein solches Recht (1). Dessen Inhaber besitzt ein eigenes Interesse an der Leistung des anderen und darf sie deshalb einfordern (vgl. § 241 S.1 BGB). Dieses gegen den Schuldner gerichtete Forderungsrecht ist Mindestvoraussetzung für die Existenz einer Verbindlichkeit (2). Wann ein solches Begehren rechtmäßig erhoben werden kann, richtet sich nach den gesetzlichen und vertraglichen Vorgaben. So schließt das BGB beispielsweise Verluste aus Spiel und Wette aus dem Kreis der "Verbindlichkeiten" aus (vgl. § 762 S.1 BGB), weswegen der Gewinner keinen Erfüllungsanspruch geltend zu machen vermag (3).

Damit wendet sich der Blick den "Obliegenheiten" zu. Nach der Voraussetzungstheorie ist typischer Fall einer solchen die für den Erhalt des Ersatzanspruchs notwendige Anzeige des Versicherungsfalls durch den Versicherten. Weder das VVG noch die verschiedenen AVB äußern sich explizit zu der Frage, ob der Versicherer ein Recht auf die Mitteilung hat; allein aus den mehr oder minder zufällig gewählten Formulierungen - z.B.: "hat der Versicherungsnehmer ... Anzeige zu machen" (vgl. § 33 Abs.1 VVG) - läßt sich das Problem nicht befriedigend lösen. Als tragender Grund für das Forderungsrecht des Gläubigers erscheint dessen eigenes Interesse an der Erfüllungshandlung (vgl. soeben S.216). Meldet der Versicherte seinen Schaden an, so haftet das Versicherungsunternehmen. Daran können weder

---

1) Vgl. Larenz I § 2 III (S.19).

2) Ob der Begriff der "Verbindlichkeit" darüber hinaus auch Klag- und Vollstreckbarkeit des Anspruchs bedingt, soll an dieser Stelle dahingestellt bleiben.

3) Vgl. Palandt/Thomas § 762 Rdnr.5. Erman/Seiler § 762 Rdnr.7; Larenz I § 2 III; a.A. früher Oertmann Vorbemerkung 1 vor § 762: uneinklagbare, haftungslose Schuld.

dieses noch die Gemeinschaft der übrigen Versicherten interessiert sein. Bei Schweigen des Betroffenen dagegen wird der Versicherer nicht leistungspflichtig und erlangt daher einen wirtschaftlichen Vorteil. Eine ähnliche Rechtslage ergibt sich etwa im Rahmen des Verzugs, weil dieser grundsätzlich erst mit der Mahnung des Gläubigers eintritt (vgl. § 284 Abs.1 S.1 BGB) und ohne diese Erklärung die für den Schuldner negativen Rechtsfolgen wie die Pflicht zum Ersatz des Verzugsschadens (vgl.§ 286 Abs.1 BGB) entfallen; hier hat der Säumige kein erkennbares Interesse, gemahnt zu werden. Logisch betrachtet, erscheint es ohne Sinn, einer Person einen Anspruch auf ein bestimmtes Verhalten des anderen zuzubilligen, wenn die Erfüllung für sie nur nachteilige Konsequenzen zeitigt. Dementsprechend stellen weder die "Pflicht" zur Anzeige von Versicherungsfällen noch die zur Mahnung Verbindlichkeiten im rechtstechnischen Sinne dar. Diese im Vergleich zu den echten Rechtspflichten völlig anders strukturierten Handlungszwänge sind als "Obliegenheiten" qualifizierbar. Allgemein kann man von Obliegenheiten sprechen, wenn einer Person ein Tun oder Lassen auferlegt wird und sie mit einem normgerechten Vorgehen eine allein in ihrem Interesse liegende Rechtsfolge setzen kann; der Vertragsgegner hat dann keinen Leistungsanspruch. Eine so verstandene Obliegenheit gerät auch bei der Fremdversicherung nicht in Konflikt mit dem Verbot des Vertrages zu Lasten Dritter, weil der Versicherte keinem Rechtszwang unterliegt, sondern bei Verletzung der Vorschrift lediglich des ihm zugedachten Vorteils verlustig geht; dem steht der besagte Rechtsgrundsatz nicht entgegen (1).

Die von der h.M. befürwortete Rechtsfigur der "sanktionslosen Obliegenheiten" (vgl. oben S.212)

---

1) Vgl. Münchener Komm./Gottwald § 328 Rdnr.103; Soergel/Hadding § 328 Rdnr.120 f.; Prölss in Prölss/Martin § 75 Anm.3; Larenz I § 17 IV.

läßt sich in dieses System nur schwer als Obliegenheit einbauen. Denn ein Normverstoß bliebe dann für den Belasteten ohne negative Auswirkungen. Die Einfügung solcher Bestimmungen in ein Gesetz oder einen Vertrag erscheint nur sinnvoll, wenn die Beachtung für den Partner vorteilhaft und damit von Interesse ist. In diesem Fall muß letzterem auch ein Erfüllungsanspruch zur Seite gestellt werden (vgl. oben S.216). Aus diesem Grunde bildet eine "sanktionslose Obliegenheit" in Wahrheit immer eine Verbindlichkeit; ein der Vorschrift zuwiderlaufendes Handeln begründet Schadensersatzpflichten.

Als Ergebnis ist festzuhalten: "Obliegenheiten" sind eine eigenständige, von den Verbindlichkeiten abgesonderte Kategorie. Die notwendige Differenzierung verlangt eine wertende Betrachtung des jeweiligen Rechtssatzes. Eine Verbindlichkeit dient dem Endzweck, dem anderen Teil etwas Bestimmtes zukommen zu lassen, weshalb dieser ein elementares Eigeninteresse an der Vornahme der Handlung hat. Im Gegensatz dazu legen gesetzliche und vertragliche Normen Obliegenheiten fest, wenn sie ein Verhalten vorschreiben, das Voraussetzung - also nur eine Art Zwischenstufe - für einen dem Adressaten selbst zugedachten Vorteil sein soll und das der andere daher nicht einfordern kann; sanktionslose Obliegenheiten gibt es nicht. Führt die Verletzung einer Obliegenheit vereinbarungsgemäß zur Haftungsfreiheit des Versicherers, so gelten die speziellen Normen des § 6 VVG.

ccc) Zwischenergebnis für die §§ 2 Nr.3 ABU, 2 Nr.4 ABN

Ein Verstoß gegen die anerkannten Regeln der Technik bzw. ein Unterlassen zumutbarer Schutzmaßnahmen durch den versicherten Bauunternehmer zieht gemäß

§§ 2 Nr.3 ABU, 2 Nr.4 ABN die Folge nach sich, daß der Versicherer nicht einzustehen hat. Ein bestimmungsmäßiges Verhalten liegt deshalb im Interesse des Versicherten. Von daher könnten die genannten AVB eine Obliegenheit statuieren, wodurch dann die Grundsätze des § 6 VVG zu beachten wären. Bedenken gegen diese Lösung stellen sich aber vor allem deshalb ein, weil die Vorschriften systematisch gesehen den die "versicherten Gefahren" regelnden §§ 2 ABU, 2 ABN zugeordnet sind. Möglicherweise handelt es sich also um Risikoausschlüsse (1). Der geschützte Gegenstand eines Versicherungsvertrages wird in erster Linie umrissen durch primäre und sekundäre Gefahrbeschreibungen (vgl. dazu bereits oben S.179). Diese Klauseln klammern bestimmte Konstellationen von vornherein aus dem Versicherungsverhältnis aus (2). Demgegenüber konzipieren Obliegenheiten Voraussetzungen für solche Sachverhalte, die prinzipiell von der Übereinkunft erfaßt werden (3). Die das versicherte Risiko begrenzenden AVB stellen versicherungswissenschaftlich eine andere Klasse von Normen dar als die Obliegenheiten; der § 6 VVG bezieht sich nach seinem Wortlaut nur auf die letzteren. Abgrenzungsprobleme ergeben sich allerdings, wenn Gefahrbeschränkungen auf einer Handlung oder Unterlassung des Versicherten beruhen und damit inhaltlich den Obliegenheiten ähneln. Rechtsprechung und Lehre erörtern seit langem, ob und inwieweit die Vereinbarung eines "verhaltensbezogenen" bzw. "subjektiven" Risikoausschlusses überhaupt möglich ist. Diese Diskussion wird im folgenden analysiert.

---

1) So lehnt z.B. Martin, VW 1974, S.998 einen Obliegenheitscharakter der §§ 2 Nr.3 ABU, 2 Nr.4 ABN ab. Prölss in Prölss/Martin § 6 Anm.3 B f (S.81) hält die Rechtsnatur für zweifelhaft.

2) Vgl. Hofmann S.64.

3) Vgl. Hofmann S.96.

bb) Die Abgrenzung von subjektiven Risikoausschlüssen und Obliegenheiten

aaa) Meinungsstand

aaaa) Die sogenannte "Verhaltenstheorie"

In der Wissenschaft hat sich als eine Position zu dem angerissenen Problem die sogenannte "Verhaltenstheorie" herausgebildet. Die Vertreter dieser Ansicht argumentieren so: Gefahrbeschränkungen gäben an, welche Fallgestaltungen von vornherein außerhalb der versicherten Sphäre ständen, und blieben von den Verschuldens-, Kündigungs- und Kausalitätsbestimmungen des § 6 VVG unbeeinflußt. Da diese Gesetzesnorm aber laut § 15a VVG nicht zu Lasten des Versicherten abänderbar sei, müsse dem Versicherer verwehrt werden, das VVG mittels Formulierung von Obliegenheiten als Gefahrausschlüsse zu umgehen. Deshalb existierten keine verhaltensbezogenen Risikoklauseln. Mache eine Versicherungsbedingung den Entschädigungsanspruch von einem bestimmten Tun oder Lassen des Versicherten abhängig, so handele es sich ohne Rücksicht auf den Wortlaut und die Gliederung des Vertragstextes immer um eine Obliegenheit i.S. des § 6 VVG (1).

---

1) So RG, JW 1922, 100;
Lötsch S.53 f.; Ehrenzweig S.174 ff.;
grundsätzlich ebenso H.Möller, der allerdings den § 6 VVG nicht anwendet auf den Versicherungsfall unmittelbar herbeiführende Handlungsweisen - hier gelte der § 61 VVG - und auf Vorgaben des Versicherungsortes;
vgl. H.Möller, VersRdschau 1970, S.333 ff..

bbbb) Die sogenannte "Ausschlußtheorie"

Der soeben dargelegten Verhaltenstheorie steht die Ausschlußtheorie diametral gegenüber. Dieses Modell erkennt die Existenz von dem § 6 VVG nicht unterworfenen subjektiven Gefahrbegrenzungen an. Es richte sich nach der anhand des Wortlauts und der Systematik der AVB vorzunehmenden Vertragsauslegung, welches der beiden Rechtsinstitute jeweils in Frage stehe. Mithin könne der Versicherer grundsätzlich jedes Handlungserfordernis in die Form einer Risikoklausel gießen; nur wenn er den § 6 VVG offensichtlich außer Kraft zu setzen trachte, müsse ausnahmsweise zwingend von einer Obliegenheit ausgegangen werden.

Die daraus resultierende nahezu uneingeschränkte Zulässigkeit subjektiver Risikonormen stelle eine Erscheinungsform des allgemeinen schuldrechtlichen Prinzips der Vertragsfreiheit (vgl. § 305 BGB) dar. Diesen Grundsatz wollten auch die §§ 6, 15a VVG nicht antasten. Der Versicherer verlöre sonst die Möglichkeit, den Deckungsumfang sinnvoll zu begrenzen. Es müsse letztlich den Parteien des Rechtsgeschäfts überlassen bleiben, wie sie den Versicherungsschutz ausgestalteten. Im übrigen stütze auch der § 61 VVG die Ausschlußtheorie, weil dieser Rechtssatz - obwohl verhaltensbezogen - nach ganz h.M. keine gesetzliche Obliegenheit zur Schadensverhütung, sondern einen Gefahrausschluß aufstelle (1).

---

1) So LG Kassel, VersR 1982, 393;
Gerhard in Gerhard/Hagen § 6 Anm.4; Hagen in Gerhard/Hagen § 49 Anm.2; v.Gierke II S.158; Wilcke, VersR 1969, S.9 ff.;
Voß, VersR 1961, S.868.
Von der Ausschlußtheorie ging bis zur 21.Auflage seines Kommentars auch Prölss aus;
vgl. Prölss/Martin, 21.Auflage, § 6 Anm.3 A a. Allerdings unterschied der Autor diese Ausle-

cccc) Differenzierende Theorie

Als "differenzierende Theorie" könnte man die auf R.Schmidt und Hübner zurückgehende Meinung bezeichnen. Um einen möglichst lückenlosen Verbraucherschutz zu gewährleisten, wenden die Autoren die Verhaltenstheorie insoweit an, als eine sogenannte "Jedermann"-Versicherung in Rede steht. Dagegen herrsche in den kaufmännischen Versicherungszweigen wie der Bauwesenversicherung grundsätzlich die Ausschlußtheorie. Denn die dort auftretenden industriellen Kunden bedürften eines geringeren Schutzes (1).

dddd) Materielle Abgrenzungstheorien

Die in der Wissenschaft und Praxis bei weitem überwiegende Ansicht geht von der grundsätzlichen Zulässigkeit subjektiver Risikoausschlüsse aus. Die Vertreter der Mehrheitsmeinung ziehen die Grenze zu den Obliegenheiten aber nicht formell mittels Auslegung der jeweiligen Vereinbarung. Vielmehr haben sie materielle, den Parteien bei Vertragsschluß vorgegebene Kriterien erarbeitet, mit deren Hilfe die beiden Rechtsfiguren losgelöst von der gewählten Formulierung der Geschäftsbedingung unterschieden werden sollen. Auf diese Weise versuchen die materiellen Theorien, dem § 6 VVG einen unverrückbaren Anwendungsbereich zu sichern.

(Fortsetzung von Fußnote 2 der Seite 221)
gungsfrage von dem sogenannten "Schutzproblem". Bei dem letzteren ging es ihm darum zu erkunden, ob und inwieweit der § 6 VVG auch auf Risikobeschränkungen angewandt werden könne; vgl. Prölss/Martin, 21.Auflage, § 6 Anm.3 B c.

1) So R.Schmidt, ZVersWiss 1968, S.88 ff.; Hübner, VersR 1978, S.985 ff..

aaaaa) Die Ansicht des BGH

Einer der wichtigsten Verfechter einer materiellen Abgrenzung ist der Bundesgerichtshof. Eine Obliegenheit sei ohne Rücksicht auf Wortlaut und Systematik der betroffenen Klausel immer gegeben, wenn diese dem Versicherten ein Verhalten auferlege, das er zum Fortbestand seines Entschädigungsverlangens zu beachten habe. Demgegenüber sorgten Risikobeschreibungen dafür, daß bestimmte Teile des gefährdeten Interesses vertraglich gar nicht erst erfaßt würden, weshalb die Haftungsfreiheit des Versicherers hier nicht den Charakter einer Sanktion zeige (z.B. ein Ausschluß in der Unfallversicherung für das Betreiben risikoreicher Sportarten) (1). In einer neueren Entscheidung hat der BGH all die Klauseln als Obliegenheit eingeordnet, welche vorwiegend und in erster Linie auf eine Handlung oder Unterlassung des Versicherten abhöben (2). Damit kommt die Rechtsprechung der Verhaltenstheorie zumindest im Ergebnis sehr nahe.

bbbbb) Die Ansicht von H.Bischoff

Einen anderen Lösungsansatz vertritt H.Bischoff. Er differenziert sogenanntes "autonomes Verhalten", "Sorgfaltsverhalten" und "fremdbestimmtes Hilfsverhalten" des Versicherten. Unter autonomem Verhalten habe man ein Vorgehen zu verstehen, das primär durch einen eigenständigen Zweck motiviert sei und der Verwirklichung eines Lebenszieles im weitesten Sinne diene. Von solchen Aktivitäten nehme ein vernünftiger Mensch trotz erkannter Schadensgefahr selbst dann nicht Abstand, wenn für sie kein Ver-

1) So BGHZ 51, 356(360) und VersR 1959, 533; 1967, 774; vgl. auch Hofmann S.96 f..
2) Vgl. BGH, VersR 1980, 153(154).

sicherungsschutz bestehe (z.B. der nicht versicherte, berufsbedingte Umgang mit einem Sprengstoff). Entsprechende AVB könnten als Gefahrausschlüsse konstruiert werden.

Ein Sorgfaltsverhalten solle ursprünglich dem Versicherten zuzurechnende und nur durch den Versicherungsvertrag auf den Versicherer übergegangene Schutzbelange wahrnehmen. Fremdbestimmtes Hilfsverhalten diene originär in der Person des Versicheres angesiedelten Interessen und befriedige dessen Informations- und Kontrollbedürfnis. Diese beiden Handlungskategorien lösten auf seiten des Versicherten keinen Interessenkonflikt aus, weil sie nicht mit einem Verzicht auf eigene Zielvorstellungen verbunden seien. Sie bildeten den Gegenstand von Obliegenheiten (1).

ccccc) Die Ansicht von Prölss

Ein weiterer Lösungsvorschlag stammt von Prölss. Es gebe Handlungsweisen, die sich nur durch ein "Minus" an Sicherheit von den in der Versicherung gedeckten Sachverhalten absonderten, als Verhaltensalternative aber dennoch in Betracht kämen, und wo sich der Betroffene typischerweise nach Bequemlichkeits- und Kostengesichtspunkten richte. Führten solche besonders gefährlichen Momente zum Verlust der Deckung, so ergäben die zugrundeliegenden Vertragsnormen Obliegenheiten. Als Beispiele seien AVB zu nennen, die eine besondere Diebstahlssicherung voraussetzten (2).

---

1) So H.Bischoff, VersR 1972, S.802 ff..
2) So Prölss in Prölss/Martin § 6 Anm.3 B d.
Noch in der 21.Auflage seines Kommentars stand Prölss grundsätzlich auf dem Boden der Ausschlußtheorie (vgl. oben S.221 FN 1). Diese Auffassung hat Prölss allerdings inzwischen aufgegeben.

ddddd) Die Ansicht von Klingmüller

Ausgehend vom Gedanken der Schutzbedürftigkeit versucht Klingmüller, verhaltensbezogene Gefahrbeschränkungen und Obliegenheiten zu trennen. Sein Modell setzt auf der subjektiven Ebene an. Wisse der Normadressat um die Bedeutung seines vorschriftwidrigen Tuns für das versicherte Interesse, so müsse er nach dem Grundsatz von Treu und Glaube gelten lassen, daß er die vom Versicherer gesetzte Risikoschwelle überschreite. Insoweit erscheine ein Ausschluß gerechtfertigt. Ein fahrlässig begangener Verstoß könne dagegen nur unter den erschwerten Voraussetzungen des § 6 VVG zum Untergang des Versicherungsanspruchs führen (1).

eeeee) Die Ansicht von K.Müller

K.Müller beantwortet die aufgeworfene Frage mit Hilfe des AGBG. Wirke die Einstufung einer Versicherungsbedingung als subjektive Risikoklausel wegen der daraus folgenden Unanwendbarkeit des § 6 VVG unangemessen benachteiligend i.S. des § 9 AGBG, so liege eine Obliegenheit vor. Unterhalb dieser Grenze könnten Gefahrbeschreibungen geschaffen werden (2).

---

1) So Klingmüller, R.Schmidt FS, S.753 ff..
2) So K.Müller, DB 1980, S.2072 f..

bbb) Stellungnahme

aaaa) Die grundsätzliche Existenz verhaltensbezogener Risikobeschränkungen

Der extreme Standpunkt der Verhaltenstheorie führt zu einer extensiven Anwendung des § 6 VVG auf jede Vertragsklausel, die eine Handlung oder Unterlassung zum Gegenstand hat und einen Normverstoß mit dem Untergang des Entschädigungsanspruchs belegt. Sachgerechte Ergebnisse lassen sich auf diesem Weg kaum erzielen. Dem Versicherer wäre es unmöglich, bestimmte Verhaltensweisen seines Kunden von vornherein ungedeckt zu lassen; die Herrschaft des § 6 VVG zwänge ihn vielmehr, um seiner Leistungsfreiheit willen das Schuldverhältnis zu kündigen (vgl. § 6 Abs.1 S.3 VVG). Dadurch würde dem Versicherten der Schutz gänzlich entzogen. Diese Konsequenz ist verbraucherfeindlich. Die Regelung des § 6 Abs.1 S.3 VVG beweist damit, daß die Verhaltenstheorie fehlgeht. Es besteht eine Notwendigkeit für die Parteien, in gewissem Umfang subjektive Risikobeschränkungen zu verabreden. Die bei der Grenzziehung zu den Obliegenheiten bedeutsamen Gesichtspunkte bedürfen sodann der Klärung.

bbbb) Materielle Abgrenzungskriterien

Sowohl der BGH als auch die Wissenschaft haben sich bemüht, materielle, von der Fassung der AVB unbeeinflußte Kriterien für die Differenzierung von handlungsabhängigen Gefahrklauseln und Obliegenheiten verfügbar zu machen. Haben die Vertragspartner danach eine Geschäftsbedingung fälschlich als Risikoklausel formuliert, so tituliert die h.M. diese als "verhüllte" Obliegenheit (1). Festzustellen ist, ob es ein zustimmungswürdiges materielles Lösungskonzept gibt.

Die Rechtsprechung erachtet den § 6 VVG als einschlägig, wenn Vertragsnormen ihr Schwergewicht in einem Verhalten des Versicherten haben. Da sich aber auch subjektive Risikoklauseln auf ein Tun oder Lassen berufen, erscheint diese Leitlinie wenig aussagekräftig und macht divergierende Entscheidungen in gleichgelagerten Fällen wahrscheinlich (2). Dies gilt ebenso für die von H.Bischoff erarbeitete Einteilung in "autonomes", "Sorgfalts-" und "fremdbestimmtes Hilfsverhalten" (3); vor allem dürfte keine Einigkeit darüber bestehen, wann der Normadressat ein "Lebensziel im weitesten Sinne" realisiert. Genausowenig kann es aus Gründen der Rechtsklarheit darauf ankommen, ob zu dem in den AVB nicht mitversicherten Handeln eine inhaltsgleiche und ungefährlichere Alternative für den Versicherten vorhanden ist (vgl. dazu oben S.224).

Dem Vorwurf unvorhersehbarer Resultate entgeht der von Klingmüller ins Gespräch gebrachte Rückgriff auf die subjektive Haltung des Betroffenen zum Eintritt des Schadensereignisses. Diese Auffassung leidet jedoch darunter, daß jede verhaltensbezogene Versicherungsbedingung gleichzeitig einen Risikoausschluß und eine Obliegenheit enthielte; damit wäre der Weg versperrt, bestimmte objektive Betätigungen völlig aus der Deckung auszuscheiden. Insofern vermag auch dieser Ansatz nicht zu überzeugen.

Es bleibt der von K.Müller als Lösung vorgeschlagene § 9 AGBG zu diskutieren. Die grundsätzliche Anwendbarkeit der §§ 9 ff.AGBG auf AVB ist bereits ermittelt worden (vgl. oben S.179 ff.). Der

---

1) Vgl. Prölss in Prölss/Martin § 6 Anm.3 B; Hofmann S.96.

2) Vgl. die Beispiele aus der Rechtsprechung bei Hofmann S.96 f..

3) Vgl. Prölss in Prölss/Martin § 6 Anm.3 B c.

Verlauf der Grenzlinie zwischen Risikoausschluß und Obliegenheit hat aber zunächst einmal auf die Besonderheiten des Versicherungsrechts Bedacht zu nehmen. Derartige Wertungen lassen sich aus dem AGBG nicht ablesen; es stellt nur einen allgemeinen, für das gesamte Zivilrecht gültigen Wirksamkeitsmaßstab auf. Daher bringt auch das Modell von K.Müller keine befriedigende Antwort.

Im Ergebnis haben Theorie und Praxis bislang keine materiellen Merkmale entdeckt, die die in Rede stehende Problematik sinnvoll zu beseitigen vermögen. Weder die in Gefahrklauseln noch die in Obliegenheiten wiedergegebenen Verhaltensformen besitzen irgendwelche die Parteien zu einer bestimmten Ausgestaltung zwingenden Wesenszüge. Damit muß der Ausschlußtheorie dahin gefolgt werden, daß sich die rechtliche Beurteilung nach dem Willen von Versicherer und Versichertem, also nach der Vertragsauslegung richtet. Der Gefahr einer Umgehung der §§ 6, 15a VVG zu Lasten des Verbrauchers ist auf andere Weise zu begegnen.

cccc) Die Konkretisierung der Vertragsauslegung

Nach dem Vorstehenden kommt es auf die Rechtsgrundsätze der Interpretation Allgemeiner Geschäftsbedingungen (vgl. dazu oben S.30 ff.) an. Danach ist zuvorderst der Wortlaut zu begutachten. Formulierungen wie "Entschädigung wird nicht geleistet für" (vgl. §§ 2 Nr.2 ABU, 2 Nr.3 ABN), "die Versicherung erstreckt sich nicht auf" (vgl. § 1 Nr.5 AFB 1987), "ausgeschlossen von der Versicherung sind" (vgl. § 3 AUB) und "der Versicherer trägt nicht" (vgl. § 2 Abs.3 ARB) deuten an, daß die angesprochenen Aktivitäten sich generell außerhalb des versicherten Risikos bewegen. Dagegen bezieht die Vertragsvorschrift einen Sachverhalt grundsätzlich ein, wenn sie selbst das Tatbestandsmerkmal "Obliegenheit" benutzt. In dieselbe Richtung weist die Wendung, der Versicherer sei im Falle der Verletzung der AVB "von der Entschädigungspflicht frei" (vgl. z.B. §§ 17 Nr.4 ABU, 17 Nr.4 ABN, 13 Nr.2 AFB 1987, 15 Nr.2 ARB, 17 S.1 AUB).

Als zweites muß die systematische Stellung der Klausel im Rahmen des gesamten Regelungswerks betrachtet werden. Dabei haben die Überschriften der betreffenden Paragraphen besonderes Gewicht. Obliegenheiten aufstellende AVB sind oftmals entsprechend überschrieben (vgl. z.B. §§ 17 ABU, 17 ABN, 13 AFB 1987, 15 ARB, 15 AUB). Risikobeschränkungen folgen in erster Linie, wenn "versicherte Gefahren" bzw. "versicherte Schäden" (vgl. z.B. §§ 2 ABU, 2 ABN, 1 AFB 1987) oder "Ausschlüsse" (vgl. z.B. §§ 4 ARB, 3 AUB) angekündigt werden; gleiches gilt für den Einbau einer Norm innerhalb der Komplexe über versicherte Sachen, Interessen, Versicherungszeit und Versicherungsort.

Des weiteren sind Normzweck und Interessenlage der Parteien zu bedenken. Zu fragen ist, ob die nur für Obliegenheiten maßgebliche Kündigungslast des § 6 Abs.1 S.3 VVG Verwendung finden soll. Dies hängt von einer Gesamtabwägung aller relevanten Umstände ab. Erscheint die Mißachtung der Handlungsanforderung als überaus naheliegend, so indiziert dies eher einen Gefahrausschluß. Denn sonst führten die gesetzlichen Kündigungsmodalitäten in vielen Fällen zu einem von den Vertragsgegnern nicht beabsichtigten vorzeitigen Ende des Versicherungsverhältnisses.

dddd) Der Schutz des Versicherten vor der Umgehung der §§ 6, 15a VVG

Das Hauptanliegen der Verhaltenstheorie ist die Konstruktion eines Hindernisses für das Bestreben der Versicherungswirtschaft, die §§ 6, 15a VVG durch verstärkte Vereinbarung subjektiver Risikobegrenzungen auszuhebeln. Dieser Gefahr sieht sich naturgemäß gerade die hier befürwortete Ausschlußtheorie ausgesetzt. Zwar schützt der § 9 AGBG – z.B. im Zusammenspiel mit dem das gedeckte Risiko einengenden (1) § 61 VVG – die Rechtsposition des Versicherten. Trotzdem erscheint notwendig zu prüfen, ob darüberhinaus nicht auch der Anwendungsbereich des § 6 VVG in gewissem Umfang sichergestellt werden kann.

Der § 6 VVG erstreckt sich nach Wortlaut und Sinn auf "Obliegenheiten" und ist bei verhaltensbezogenen Gefahrvorschriften nicht direkt einschlägig. Mit dieser Erkenntnis darf es jedoch noch nicht sein Bewenden haben. Ins Blickfeld gerät die Möglichkeit einer Analogie. Darunter versteht die Methodenlehre die der ratio eines Rechtssatzes entsprechende Übertragung seines Regelungsgehalts auf von ihm nicht beschriebene, aber rechtsähnliche Sachverhalte (2). Die zwei hier untersuchten Rechtsfiguren decken sich insoweit, als beide ein Tun oder Lassen des Versicherten zum Inhalt haben. Zudem können sie nicht nach materiellen Gesichtspunkten differenziert werden. Im übrigen hat eine Verletzung jeweils den Verlust des Versicherungsschutzes im Gefolge. Diese Überlegungen könnten eine analoge Anwendung des § 6 VVG auf subjektive Risikoausschlüsse erlauben. Die Überzeugungskraft dieses Denkansatzes hängt entscheidend von den dadurch erreichten Resultaten ab. Dabei sind die verschiedenen Erfordernisse des § 6 VVG einzeln auf

---

1) Ganz h.M.;
vgl. BGHZ 11, 120(123);
H.Möller in Bruck/Möller Bd.II § 61 Anm.17.
Nur sehr vereinzelt gebliebene Stellungnahmen beurteilen den § 61 VVG als eine Schadensverhütungspflicht bzw. -obliegenheit; Nachweis bei H.Möller in Bruck/Möller Bd.II § 61 Anm.18 f..

2) Vgl. Larenz, Methodenlehre, II.Teil Kap.5, 2 b (S.365).

ihre Analogiefähigkeit hin zu untersuchen (1).

Der Kündigungszwang des § 6 Abs.1 S.3 VVG bildet eines der tragenden Argumente für die Anerkennung subjektiver Risikoausschlüsse als eigenständiges Rechtsinstitut (vgl. oben S.226). Schon deswegen ist insoweit eine Analogie abzulehnen (2). Da der Versicherer allerdings auch nicht einseitig begünstigt werden darf, ist das Kündigungsrecht des § 6 Abs.1 S.2 VVG ebensowenig anwendbar.

Laut § 6 Abs.2 VVG kommt eine für den Fall der Verletzung gefahrmindernder bzw. -verhütender Obliegenheiten verabredete Leistungsfreiheit nur zum Zuge, sofern der Normverstoß des Versicherten für den Versicherungsfall ursächlich geworden ist. Aufgrund der in dem Rechtssatz genannten Voraussetzungen erscheint seine analoge Anwendung von vornherein unangebracht, wenn eine Risikoklausel solche Handlungsweisen von der Ersatzpflicht ausnimmt, die die Wahrscheinlichkeit eines Schadens nicht berühren.

Versagt der Versicherer dagegen einem besonders gefährlichen Verhalten die Deckung, so will er sein eigenes Verlustrisiko herabsetzen. Nicht das Tun an sich ist Motiv für die Geschäftsbedingung, sondern die relativ konkrete Schadensdrohung. Eine Verbindung zwischen diesen beiden Komponenten wird erst durch die Kausalität hergestellt. Der erfor-

---

1) Dieser Lösungsversuch kommt einem früher von Prölss vertretenen Modell nahe (vgl. dazu schon oben S.221 FN 1). Der Autor bezeichnete es als "Schutzproblem", inwieweit die Regelungen des § 6 VVG auf Gefahrbeschreibungen angewandt werden könnten;
vgl. in Prölss/Martin, 21.Auflage, § 6 Anm.3 B. Prölss entwickelte diesen Ansatz jedoch, ohne ihn methodisch weiter zu untermauern; auf das Mittel der Analogie griff er nicht zurück.

2) Vgl. dazu auch Prölss in Prölss/Martin, 21.Auflage, § 6 Anm.3 B e aa.

derliche Zusammenhang fehlt, wenn der Kunde zwar ein unversichertes Vorgehen an den Tag legt, dieses sich aber auf eine spätere Beschädigung des versicherten Interesses nicht auswirkt. Ein derartiger folgenloser Verstoß bietet keinen Anlaß für eine Freistellung des Versicherers. Aus diesem Grund unterliegen Risikoausschlüsse, die eine gefahrvergrößernde Aktivität des Versicherten aufführen, den Rechtsgrundsätzen des § 6 Abs.2 VVG.

Abschließend wendet sich die vorliegende Arbeit der in § 6 Abs.1 S.1 niedergelegten Voraussetzung des Verschuldens zu. Eine Analogie in diesem Bereich könnte leicht ein Ungleichgewicht zwischen den Vertragspartnern schaffen (1). Die für das Versicherungsunternehmen entstehende Mehrbelastung muß überschaubar bleiben. Dieser Umstand legt eine getrennte Sicht von Spezialitäts- und Totalitätsprinzip nahe. Bei der Versicherung von Einzelgefahren prägen die eingeschlossenen Risiken das Bild des Vertrages (vgl. z.B. die Feuerversicherung). Der Versicherer deckt nur einen ganz bestimmten Ausschnitt der das geschützte Interesse bedrohenden Schadensursachen. Damit beschränkt die Übereinkunft ihr Anwendungsfeld von vornherein auf einige ausgewählte Gefahren. Bezöge man den § 6 Abs.1 S.1 VVG auf die vom Versicherer nicht getragenen Verhaltensweisen des Versicherten, so würde die Haftung in erheblichem Maß ausgeweitet und die Vertragskonzeption ausgehöhlt. Folglich hat die zitierte Gesetzesvorschrift insoweit außen vor zu bleiben. Der Konsument wird dadurch nicht schutzlos gestellt, weil der § 9 AGBG dem Gestaltungsspielraum der Versicherungswirtschaft Grenzen setzt.

Andere Wertungen gelten im Rahmen der Allgefahrendeckung. Hier umfaßt die Versicherung grundsätzlich alle Schadensrisiken des versicherten Interesses. Die Parteien gehen deshalb davon aus, daß der Versicherte im Prinzip für alle das Versiche-

---

1) Vgl. Prölss in Prölss/Martin § 6 Anm.3 B d bb.

rungsobjekt tangierenden Handlungen und Unterlassungen Schutz genießt. Angesichts dieses Erwartungshorizonts ist eine analoge Übertragung des § 6 Abs.1 S.1 VVG auf subjektive Risikobeschränkungen vertretbar. Damit steht nur ein schuldhaftes Tun des Versicherten seinem Ersatzbegehren entgegen. Da innerhalb des Totalitätsprinzips der Ausschluß von Kausalereignissen eine Ausnahme darstellt, vergrössert sich die Leistung des Versicherers nicht über Gebühr. Auch die Belange der Versicherungswirtschaft sind also gewahrt. Zum Abschluß muß noch darauf hingewiesen werden, daß der § 9 AGBG natürlich auch hier zu beachten ist.

eeee) Zusammenfassung

Neben den Obliegenheiten gibt es verhaltensbezogene Gefahrausschlüsse. Die beiden Rechtsinstitute sind mittels Vertragsauslegung zu trennen. Der Schutz des Versicherten vor einer Aushöhlung der §§ 6, 15a VVG wird durch eine beschränkte Analogie des Gesetzes auf Risikoklauseln gewährleistet. Nicht analogiefähig sind die Kündigungsregelungen des § 6 Abs. 1 S.2, 3 VVG. Beschreiben die Bedingungen gefahrerhöhende Betätigungen, so gelangt das Kausalitätserfordernis des § 6 Abs.2 VVG zur Anwendung. Das in § 6 Abs.1 S.1 VVG erwähnte Merkmal des Verschuldens ergreift dagegen grundsätzlich nur solche Versicherungen, die eine Allgefahrendeckung betreiben. Die - gegebenenfalls um die Kautelen des § 6 VVG erweiterte - Vertragsnorm muß zu guter Letzt anhand des § 9 AGBG auf ihre Rechtsbeständigkeit kontrolliert werden.

cc) Anwendung dieser Grundlagen auf die §§ 2 Nr.3 ABU, 2 Nr.4 ABN

aaa) Die Rechtsnatur der §§ 2 Nr.3 ABU, 2 Nr.4 ABN und die Voraussetzungen für die Leistungsfreiheit des Versicherers

Zu Beginn muß mittels Auslegung der §§ 2 Nr.3 ABU, 2 Nr.4 ABN deren Rechtsnatur offengelegt werden. Nach dem Wortlaut der Klauseln "wird Entschädigung" im Falle bautechnischer Regelverstöße bzw. Unterlassen zumutbaren Schutzes "nicht geleistet". Diese Wortwahl indiziert, daß das besagte Verhalten als von vornherein nicht versichert gelten soll. Der Befund wird erhärtet durch die systematische Stellung des Vertragspunktes innerhalb der Regelungen über die "versicherten Gefahren". Es handelt sich damit eindeutig um subjektive Risikoausschlüsse.

Sodann erhebt sich die Frage, ob die Leistungsfreiheit des Versicherers Kausalität und Schuldhaftigkeit des Normverstoßes bedingt. Da der Wortlaut der AVB nicht weiterhilft (vgl. oben S.209), kommt es auf den § 6 VVG an. Beide in den Klauseln benannten Verhaltensformen setzen das Schadensrisiko für die Bauleistungen nicht unerheblich herauf, so daß Ursächlichkeit gegeben sein muß (§ 6 Abs.2 VVG analog) (1). Zudem basiert die Bauleistungsversiche-

---

1) Dagegen ist nicht notwendig, daß darüber hinaus zwischen dem Vergehen und den in lit.a-d) beschriebenen, zusätzlich erforderlichen Kausalereignissen ein Ursachenzusammenhang - ein sogenanntes "Generationsverhältnis" (vgl. H.Möller in Bruck/Möller Bd.II § 49 Anm.148) - besteht.

rung auf dem Totalitätsprinzip; deshalb wird die aus § 6 Abs.1 S.1 VVG folgende Voraussetzung des Verschuldens ebenfalls relevant. Im Ergebnis haftet der Versicherer nicht, wenn der Bauunternehmer vorsätzlich bzw. fahrlässig die anerkannten Regeln der Technik außer Acht gelassen bzw. von zumutbaren Schutzmaßnahmen abgesehen hat und bei Einhalten der Vorschriften der Sachschaden verhindert worden wäre.

bbb) Die Wirksamkeit der über § 6 VVG modifizierten §§ 2 Nr.3 ABU, 2 Nr.4 ABN

Am Ende ist zu untersuchen, ob die über § 6 VVG abgewandelten §§ 2 Nr.3 ABU, 2 Nr.4 ABN mit dem § 9 AGBG im Einklang stehen. Die vertraglichen Bestimmungen suspendieren den § 61 VVG insofern, als sie eine Entschädigungspflicht des Versicherers bereits bei leichter Fahrlässigkeit verneinen. Deshalb könnte der Tatbestand des § 9 Abs.2 Nr.1 AGBG gegeben sein. Allerdings führen Abweichungen von § 61 VVG nur unter erschwerten Umständen zur Nichtigkeit einer Versicherungsbedingung (vgl. oben S.205 f.). Ein Ausschluß für ein genau umschriebenes, besonders riskantes Verfahren schon bei leichtem Verschulden muß selbst im Bereich der Allgefahrendeckung zulässig sein. In diesen Zusammenhang gehören beispielsweise auch technische Experimente bei der Errichtung eines Bauwerks und das Fehlen ausreichenden Schutzes für dasselbe. Mithin scheitern die Klauseln nicht an § 9 Abs.2 Nr.1 AGBG.

Denkbar bleibt eine auf § 9 Abs.2 Nr.2 AGBG gestützte Rechtswidrigkeit der AVB. Das OLG Celle hat in einem die ABN betreffenden Urteil (1) entschieden, daß die bis 1986 herrschende grundsätzliche

1) Abgedruckt in VersR 1982, 457.

Beschränkung des Versicherungsschutzes auf zufällige Schäden (vgl. § 2 Nr.1 Abs.2 ABN a.F. und oben S.201 FN 1) mit dem AGBG nicht vereinbar sei; denn der Bauunternehmer könne die Konsequenzen in der Regel erkennen, wodurch der Deckungsumfang der Bauleistungsversicherung in einer dem Totalitätsprinzip widerstreitenden Weise verengt werde.

Diese Entscheidung des OLG Celle beschäftigte sich mit der primären Leistungsbeschreibung des § 2 Nr.1 ABN a.F., die die eingeschlossenen Gefahren festlegte. Die hierbei von dem Gericht angestellten Erwägungen können kaum für die Beurteilung der sekundären Klauseln der §§ 2 Nr.3 ABU, 2 Nr.4 ABN fruchtbar gemacht werden. Diese beiden letzteren AVB lassen den Unternehmer für einzelne erhöht schadensträchtige Verhaltensweisen ohne Ausgleichsanspruch; dabei wird der Anwendungsbereich der Gefahrbeschränkungen sowohl durch die in lit.a-d) enthaltenen zusätzlichen Merkmale als auch durch den § 6 VVG stark verengt. Ein so gearteter Ausschluß ändert am Grundsatz der Allgefahrenversicherung nichts. Der Versicherer braucht ein stark risikobehaftetes Handeln nicht zu decken. Ferner darf er erwarten, daß der Versicherte auch selbst für den Schutz des Interesses sorgt (vgl. oben S.188). Der Hersteller hat deshalb die allgemeinen Baunormen zu befolgen und das Vorhaben ausreichend von äußeren Einflüssen freizuhalten (vgl. oben S.235). Das Versicherungsunternehmen ist keinesfalls verpflichtet, Schäden zu tragen, die aus einem Verstoß gegen diese Mindestanforderungen erwachsen. Infolgedessen schlägt auch § 9 Abs.2 Nr.2 AGBG nicht ein. Da andere Anhaltspunkte für eine Nichtigkeit der §§ 2 Nr.3 ABU, 2 Nr.4 ABN fehlen, erweisen sich diese als wirksam.

c) Die §§ 2 Nr.3 ABU, 2 Nr.4 ABN bei der Versicherung sogenannter Großrisiken

Der seit 1990 geltende § 187 VVG n.F. hebt i.V.m. Art.10 Abs.1 S.2 Nr.3 EGVVG und der Anlage Teil A zum VAG die Begrenzungen der Privatautonomie im VVG für solche Sachversicherungen auf, deren Versicherungsnehmer mindestens zwei der folgenden drei Merkmale überschreiten:

- 6200000 ECU Bilanzsumme;
- 12800000 ECU Nettoumsatzerlöse;
- im Durchschnitt des Wirtschaftsjahres 250 Arbeitnehmer.

Dies betrifft auch die Großrisiken im Rahmen der Bauleistungsversicherung, so daß der § 6 VVG insoweit seine zwingende Wirkung verliert (vgl. oben S.209). Es ist Auslegungsfrage, ob die §§ 2 Nr.3 ABU, 2 Nr.4 ABN die Leistungsfreiheit des Versicherers unabhängig von Ursächlichkeit und Verschulden des Fehlverhaltens eintreten lassen.

Für die Suspendierung des § 6 VVG könnte aus systematischer Sicht geltend gemacht werden, daß die AVB die Gesetzesnorm an anderen Stellen - etwa in der Klausel 60 Nr.2 - ausdrücklich als anwendbar bezeichnen und das Schweigen der §§ 2 Nr.3 ABU, 2 Nr. 4 ABN demnach einen Umkehrschluß rechtfertigt. Dieses Argument erweist sich indes schon deswegen als wenig stichhaltig, weil die Konditionsmuster - wie z.B. die §§ 17 Nr.1 ABU, 17 Nr.1 ABN zeigen - keineswegs durchgängig auf die Beachtlichkeit des § 6 VVG hinweisen. Dispositive gesetzliche Rechtssätze gelten, solange sie nicht außer Kraft gesetzt werden, genauso wie solche zwingender Art. Die §§ 2 Nr.3 ABU, 2 Nr.4 ABN grenzen die Leistungsfreiheit des Versicherers nicht danach ab, welche wirtschaftliche Position der Versicherungskunde inne hat. Eine Differenzierung in Jedermann- und Großrisikoversicherung ist den ABU und ABN zur Zeit fremd. Eine in diese Richtung zielende Interpretation der Klauselwerke wäre willkürlich. Mithin besitzen die in der Frage des Einflusses des § 6 VVG auf die zitierten Gefahrausschlüsse gewonnenen Erkenntnisse (vgl. oben S.234 f.) auch bei der Versicherung von Großrisiken i.S. des § 10 EGVVG ihre Gültigkeit.

Zum Abschluß sei angemerkt, daß der BGH es unter der Herrschaft des § 187 a.F. VVG als eine Verletzung des § 9 AGBG betrachtete, wenn eine den zwingenden Prinzipien des VVG enthobene Versicherung den § 6 Abs.2 VVG (1) bzw. den § 6 Abs.1 S.1 VVG (2) aushebelte. Das Gericht bezog sich dabei zwar auf die Rechtskategorie der Obliegenheiten. Da es den Kreis für die Zulässigkeit verhaltensabhängiger Risikobeschränkungen aber bis heute überaus eng zieht und im Ergebnis sehr häufig zu sogenannten "verhüllten" Obliegenheiten (vgl. oben S.223, 226 f.) gelangt, ist diese Rechtsprechung auch für die hier erörterte Problematik von Interesse. Eine eventuelle Reform der ABU und ABN im Hinblick auf den Schutz von Großrisiken wird die skizzierte Praxis jedenfalls im Auge behalten müssen.

d) Die Normadressaten der §§ 2 Nr.3 ABU, 2 Nr.4 ABN

Die den §§ 2 Nr.1 ABU, 2 Nr.1 ABN zugeordnete Klausel 50 sieht im Falle einer grob fahrlässigen bzw. vorsätzlichen Beschädigung der Bauleistung eine Deckungslücke nur vor, wenn der Vorwurf schweren Verschuldens den Versicherungnehmer oder seine Repräsentanten trifft. Im folgenden ist darzutun, welchem Personenkreis ein Verstoß gegen die aner-

1) Vgl. BGH, VersR 1984, 830(832).
2) Dazu Prölss in Prölss/Martin § 6 Anm.16; vgl. auch BGHZ 77, 88(93) (zur Rechtslage vor Einführung des AGBG).

kannten Regeln der Technik bzw. ein Unterlassen zumutbarer Schutzmaßnahmen zur Last fallen muß, damit der Ausschluß der §§ 2 Nr.3 ABU, 2 Nr.4 ABN Platz greift.

Die beiden letztgenannten Vertragsbestimmungen weichen in der Frage des Normadressaten formal voneinander ab. Während § 2 Nr.3 ABU im Passiv und damit personenneutral gefaßt ist (1), wendet sich § 2 Nr.4 ABN direkt an den jeweiligen Unternehmer (2). Diese Diskrepanz beruht darauf, daß die ABN allein für den Gebäudebau verwandt werden und bei diesem nahezu immer mehrere Hersteller beteiligt und versichert sind (vgl. oben S.10), die Geschäftsbedingungen aber nur den Versicherungsschutz für die Teilleistung des unvorschriftsmäßig arbeitenden Auftragnehmers entfallen und die Deckung anderer Auftragnehmer für eine etwaige Folgewirkung an deren Gewerken unberührt lassen sollen. Demgegenüber versichern die ABU nach Ansicht der Verfasser des Vertragstextes von vornherein jeweils nur das Interesse eines einzigen Werkverpflichteten (vgl. oben S.28), weshalb eine Begrenzung des Ausschlusses auf den "betroffenen Unternehmer" überflüssig schien (3); da aber die ABU entgegen dieser Auffassung die vom Versicherungsnehmer beauftragten Subunternehmer mitversichern (vgl. oben S.30 ff.) und damit auch hier oftmals eine Mehrheit von Versicherten zu konstatieren ist, bezieht sich der § 2 Nr.3 ABU seinem Sinn und Zweck gemäß ebenfalls nur auf das Teilwerk des den Schaden verursachenden Herstellers. Demnach sind die beiden Konditionsmuster der Bauleistungsversicherung insoweit parallel auszulegen.

Im Anschluß stellt sich die Frage, ob dem versi-

---

1) "Soweit gegen ... Regeln der Technik verstoßen oder ... Schutzmaßnahmen nicht getroffen wurden"
2) "Soweit der betroffene Unternehmer ... verstoßen oder ... Schutzmaßnahmen nicht getroffen hat"
3) Vgl. Meyer, VW 1981, S.324.

cherten Unternehmer nur eigene Fehler zum Nachteil gereichen oder ob er auch für andere Personen einzustehen hat. Der § 278 BGB gestattet eine Drittzurechnung grundsätzlich nur im Rahmen der Erfüllung von Verbindlichkeiten. Subjektive Gefahrausschlüsse begründen – ebenso wie Obliegenheiten (vgl. oben S.214 ff.) – keine Pflichten, so daß die besagte Norm nicht direkt angewandt werden kann. Daraus wird vereinzelt gefolgert, bei Risikobeschränkungen hafte der Versicherte nur für sein eigenes Verhalten. Wolle der Versicherer den ungedeckten Bereich auf die Aktivitäten weiterer Rechtssubjekte erstrecken, so müsse er dies ausdrücklich vereinbaren. Andernfalls bleibe ihm immer noch die Möglichkeit eines Regresses (vgl. § 67 VVG) (1).

Diese Betrachtungsweise hat Widerstand erfahren. Es gibt Stimmen, die den § 278 BGB auf verhaltensbezogene Gefahrklauseln analog anwenden (2). Einige Anhänger dieser Meinung stufen jedoch nur höherrangige Vertreter als "Erfüllungsgehilfen" des Versicherten ein, um die Versicherung nicht zu entwerten (3).

Das RG und ihm folgend der BGH sowie die Mehrheit der Lehre halten zwar eine Haftung des Versicherungskunden für das Tun Dritter in gewissem Umfang für notwendig, lehnen aber den Rückgriff auf § 278 BGB wegen der Weite des Tatbestandsmerkmals "Erfüllungsgehilfe" ab. Stattdessen hat die h.M. für das Versicherungsrecht als Zurechnungsbasis das Rechtsinstitut des "Repräsentanten" entwickelt. Nach modernem Verständnis besitzt diese Eigen-

---

1) So Prölss in Prölss/Martin § 61 Anm.2;
Bruck, Lehrbuch S.651 f..

2) So LG Bremen, VersR 1951, 196;
Hagen in Gerhard/Hagen § 61 Anm.4;
v.Gierke II S.203 f..
Ebenso im Ergebnis für §§ 2 Nr.3 ABU, 2 Nr.4 ABN
Martin, VW 1974, S.998 und Rehm S.41, 134.

3) So z.B. v.Gierke II S.204.

schaft, wer als Vertreter des Versicherungsnehmers oder kraft einer ähnlichen Position das gedeckte Interesse betreut und die Rechte und Pflichten aus dem Versicherungsvertrag eigenständig wahrnehmen darf (vgl. oben S.203); innerhalb der Bauleistungsversicherung zählen dazu primär Organe von juristischen Personen und unternehmensinterne Mitarbeiter in führenden Positionen (vgl. oben S.204) (1).

Vorrangig orientiert sich für Gefahrregelungen die Zurechnung fremden Verhaltens an der Absprache zwischen den Parteien (vgl. bei den ABU und ABN z.B. die KLausel 50). Erst bei Schweigen der AVB können allgemeine Lösungsmodelle zu Rate gezogen werden. Dabei erscheint unbillig, den Versicherten von jeder Verantwortlichkeit für andere Personen freizusprechen. Andererseits scheidet eine direkte Anwendung des § 278 BGB mangels Pflichtcharakter subjektiver Risikonormen aus; ferner verkürzte ein Einstehen-Müssen des Versicherten für jeden auch noch so unbedeutenden Gehilfen die Gefahrtragung in einer nicht mehr akzeptablen Weise. Eine Analogie vermag jedoch die Besonderheiten des rechtsähnlichen Sachverhalts zu berücksichtigen (vgl. schon oben S.230). Nach alledem ist der § 278 BGB entsprechend heranzuziehen und dabei die Figur des "Erfüllungsgehilfen" auf diejenigen zu konzentrieren, welche sich als Repräsentanten i.S. der h.M. darstellen.

Folglich sperren die §§ 2 Nr.3 ABU, 2 Nr.4 ABN die Entschädigung des Versicherten, wenn dieser oder einer seiner Repräsentanten die anerkannten Regeln der Bautechnik übergeht oder die Immobilie nicht genügend schützt. Diese Konzeption liegt auf einer Linie mit der primären Leistungsbeschreibung der

---

1) Für die Repräsentantenhaftung haben sich ausgesprochen: RG, JW 1903, 251; BGHZ 11, 120(123) und VersR 1981, 822; 1982, 81(82); H.Möller in Bruck/Möller Bd.II § 61 Anm.74.

§§ 2 Nr.1 ABU, 2 Nr.1 ABN. Im übrigen beachtet die Repräsentantenhaftung des Versicherten – wie bereits festgestellt (vgl. oben S.205 f.) – auch die Gegebenheiten des § 9 AGBG.

e) Die in den lit.a–d) aufgeführten weiteren Voraussetzungen für den Haftungsausschluß

Für die Ausschlüsse der §§ 2 Nr.3 ABU, 2 Nr.4 ABN genügt die schuldhaft–kausale Verletzung der anerkannten Regeln der Technik bzw. Unterlassung zumutbarer Schutzmaßnahmen noch nicht. Vielmehr müssen darüber hinaus die in lit.a–d) aufgezählten Ereignisse (mit–) ursächlich geworden sein (1). Nicht eindeutig ist, in welcher Beziehung das eingangs der Klauseln beschriebene Fehlverhalten des versicherten Unternehmers zu den in lit.a–d) geregelten Faktoren steht.

Einmal können beide Geschehnisse gesondert eintreten und jeweils für sich genommen eine selbständige Schadensursache bilden. So liegt der Fall etwa, wenn ein bautechnischer Verstoß eine Unterbrechung des Baufortgangs (vgl. lit.d)) und diese wiederum eine Beschädigung der Bauleistung hervorruft. In diesem Beispiel sind zudem die beiden Kausalereignisse ursächlich verknüpft; man bezeichnet dies als ein sogenanntes "Generationsverhältnis" (vgl. oben S.234 FN 1). Die §§ 2 Nr.3 ABU, 2 Nr.4 ABN entheben den Versicherer aber auch dann seiner Verbindlichkeit, wenn sich die einzelnen Ursachen unabhängig voneinander realisieren (vgl. oben S.234 FN 1). So kann die Risikobeschränkung

---

1) Das Erfordernis eines Kausalzusammenhangs zwischen den Umständen in lit.a–d) der §§ 2 Nr.3 ABU, 2 Nr.4 ABN und dem Schaden geht aus dem in den Versicherungsbedingungen verwandten Merkmal "durch" eindeutig hervor.

durchgreifen, weil der Hersteller den Schutz des Bauwerks vernachlässigt und ein Frosteinbruch deswegen dasselbe beeinträchtigt hat.

Nun müssen das vorschriftswidrige Verfahren des Unternehmers und das Vorkommnis aus lit.a-d) nicht denknotwendig getrennt sein. Ebenso können beide Elemente miteinander zu einer einheitlichen Ursache verschmelzen. Dies bedingt, daß eine von lit.a-d) erfaßte Tatsache selbst einen Verstoß gegen anerkannte Regeln der Technik oder ein Unterlassen zumutbarer Schutzmaßnahmen bildet. In dieser Weise gestaltet sich die Rechtslage etwa, wenn vom Hersteller vollzogene Veränderungen des Baugrundes (vgl. lit.b)) den bautechnischen Anforderungen widersprechen. Man hat es hier mit einem einzigen, durch die §§ 2 Nr.3 ABU, 2 Nr.4 ABN doppelt charakterisierten Kausalvorgang zu tun. Aufgrund des Wortlauts der Vertragsnormen trägt der Versicherer die Gefahr auch hier nicht.

Anschließend werden die in lit.a-d) der §§ 2 Nr.3 ABU, 2 Nr.4 ABN erwähnten Umstände kurz erläutert. Zu diesen rechnet zunächst der "Frost" (vgl. lit. a)) (1); dieser Terminus skizziert Temperaturen unter dem Gefrierpunkt (2). Als zweites führen die Bedingungstexte Schäden aus Gründungsmaßnahmen, Veränderungen des Baugrundes und aus Grundwasser

---

1) Der Buchstabe a) ist 1977 reformiert worden. Statt auf die vom Bundesbauministerium herausgegebenen "Hinweise für die Vorbereitung und Durchführung von Winterarbeiten im Hochbau" verweist die Bestimmung seither auf die von der Rationalisierungsgesellschaft Bauwesen erstellten "Hinweise für das Bauen im Winter"; vgl. BAV, VA 1977, 417 f..
Zur bautechnischen Seite von Frostschäden in der Bauleistungsversicherung vgl. Meyer, VW 1981, S.316 ff..

2) Vgl. Duden Bd.10 unter Stichwort "Frost" (S.271).

(lit.b)) an. Grundwasser ist Wasser, das sich in bestimmter Tiefe in der Erde ansammelt; unter die Gründung fallen Arbeiten am Fundament von Bauobjekten. Des weiteren ist der Ausfall der Wasserhaltung zu nennen (vgl. lit.c)). Am Ende lassen die Klauseln Beschädigungen aus der "gänzliche(n) Unterbrechung" der Baumaßnahmen (vgl. lit.d), 1.Halbs.) – also ein völliges Ruhen der praktischen Umsetzung des Projekts – unversichert. Ist es später als drei Monate nach Beginn der Unterbrechung und "während und infolge" derselben zu dem Schaden gekommen, so bleibt der Versicherte selbst bei Befolgen der anerkannten Regeln der Technik und einem hinlänglichen Schutz des Baus ohne Ersatzanspruch (vgl. lit.d), 2.Halbs.); hier erwächst also die Arbeitspause zum alleinigen Ausschlußgrund. Bei Einwirkungen nach Wiederaufnahme der Bautätigkeit besteht dagegen Deckung.

Soweit die lit.a–d) ihrerseits auf Handlungen und Unterlassungen des Unternehmers rekurrieren, gewinnt die Haftungsfreiheit des Versicherers nur unter der Voraussetzung Wirklichkeit, daß auch insoweit ein Verschulden des Unternehmers vorliegt (§ 6 Abs.1 S.1 VVG analog). Verhaltenseigenschaft zeigen in erster Linie die Gründungsmaßnahmen (vgl. lit.b)), der Verzicht auf eine ausreichende Wasserbevorratung (vgl. lit.c)) und die Unterbrechung der Bauarbeiten (vgl. lit.d)). Keinesfalls in Betracht kommt das Schulderfordernis für das Tatbestandsmerkmal "Frost" (vgl. lit.a)).

Sind neben den in §§ 2 Nr.3 ABU, 2 Nr.4 ABN ausgeschlossenen auch versicherte Ereignisse kausal geworden, ist nach Grundsätzen der Ursachenkonkurrenz der Versicherer trotzdem nicht zur Entschädigung verpflichtet (vgl. oben S.167 f.). Der in die AVB eingefügte Passus "ohne Rücksicht auf mitwirkende Ursachen" stellt dies lediglich klar.

2) Witterungseinflüsse

Den §§ 2 Nr.4 lit.a), 1.Teils.ABU, 2 Nr.5 lit.a), 1.Teils.ABN zufolge hilft die Bauleistungsversicherung nicht bei einer Beschädigung des Werks aus normalen Witterungseinflüssen, "mit denen wegen der Jahreszeit und der örtlichen Verhältnisse gerechnet werden muß"; diese Regelung überschneidet sich naturgemäß mit der der §§ 2 Nr.3 ABU, 2 Nr.4 ABN. Der Begriff "Witterung" meint die Art des Wetters (1) wie etwa Regen, Schnee, Hagel und Sturmflut (2). Man untergliedert diese Naturereignisse in gewöhnliche, ungewöhnliche und außergewöhnliche. Gewöhnlich sind solche Wetterlagen, die während der konkreten Monate der Bauerrichtung normalerweise zutage treten. Als Maßstab dienen die Durchschnittswerte der letzten zehn Jahre (z.B. die Niederschlagsmenge); diese können bei den zuständigen Wetter-, Wasserwirtschafts- und ähnlichen Ämtern in Erfahrung gebracht werden. In die Kategorie ungewöhnlich gehören Witterungen, wenn sie sich zwar über den Mittelwerten der letzten zehn Jahre, aber noch innerhalb der festgestellten Höchstgrenzen bewegen. Als außergewöhnlich erscheinen Naturgewalten, die im Rahmen des besagten Zeitraums die absoluten Maximalwerte bilden (3).

Der Versicherer hat nur für ungewöhnliche und außergewöhnliche Witterungseinflüsse einzutreten. Schäden aus gewöhnlichen Wetterbedingungen fallen dagegen in die Risikosphäre des Versicherten; denn der Unternehmer muß normale Außenumstände bedenken und sich in diesem Umfang selbst ausreichend schützen (4). Dieser Sinn der Klauseln läßt sie als

1) Vgl. Duden Bd.10 unter Stichwort "Witterung" (S.760).
2) Vgl. Rehm S.43, 136.
3) Vgl. zum Ganzen Rehm S.43 ff., 136 ff..
4) Vgl. Rehm S.44, 136; Platen, Handbuch S.16, 44.

ausgewogen erscheinen (vgl. dazu oben S.188), so daß § 9 AGBG keine Hürde errichtet.

Die Mitwirkung kummulativer versicherter Schadensursachen nützt dem Konsumenten nicht (vgl. oben S. 167 ff., 244). Haftet der Bauleistung schon vorher ein "versicherter Schaden" an und vergrößert dieser sich durch gewöhnliche Witterungseinflüsse, so wird allerdings auch das Wachstum gedeckt (vgl. §§ 2 Nr. 4 lit.a), 2.Teils.ABU, 2 Nr.5 lit.a), 2.Teils.ABN). Anders ist wiederum bei solchen Folgen zu entscheiden, die auf einen Verstoß gegen die Winterbauvorschriften und auf Frost zurückgehen (vgl. §§ 2 Nr.4 lit.a), 3.Teils.ABU, 2 Nr.5.lit.a), 3.Teils.ABN); dies setzt ein Verhalten des Herstellers zwingend voraus, weshalb insoweit der § 6 VVG analog eingreift (vgl. oben S.230 ff.).

3) Nicht genehmigte Baustoffe

Die §§ 2 Nr.4 lit.b) ABU, 2 Nr.5 lit.b) ABN versagen die Versicherungsleistung, sofern die Beschädigung des Baus auf von der zuständigen Prüfstelle beanstandeten oder unzulässigerweise noch nicht geprüften Baustoffen beruht. Dieser Haftungsausschluß bedingt denklogisch, daß der Unternehmer die ungenehmigten Materialien in irgendeiner Weise benutzt hat. Damit knüpfen die Klauseln trotz ihrem objektiv gewendeten Wortlaut an ein Handeln des Versicherten an und sind als verhaltensabhängige Gefahrklauseln anzusehen. Folglich erlischt das Entschädigungsbegehren nur bei einem Verschulden des Herstellers (§ 6 Abs.1 S.1 VVG analog). Im übrigen ruft der Einsatz nicht anerkannter Baustoffe oftmals vorhersehbare Schäden i.S. der Klausel 50 hervor und stellt darüber hinaus einen Verstoß gegen die vorgegebenen bautechnischen Regeln dar, so daß bereits die §§ 2 Nr.1 ABU, 2 Nr.1 ABN sowie die §§ 2 Nr.3 ABU, 2 Nr.4 ABN den Versicherer von seiner Ersatzpflicht entbinden. Da zudem die Bauleistungsversicherung besonders schadensintensive technische "Experimente" (1) nicht zu decken braucht (vgl. oben S.188), ist der § 9 AGBG kein Hindernis für die Wirksamkeit der §§ 2 Nr.4 lit.b) ABU, 2 Nr.5 lit.b) ABN..

4) Gewaltsame Auseinandersetzungen

a) Kriegsereignisse jeder Art

Die §§ 2 Nr.4 lit.c) ABU, 2 Nr.5 lit.c) ABN überantworten dem Versicherten das Risiko für bestimmte vom Staat initiierte und häufig mit Gewalt einhergehende politische Vorgänge. Als erstes sind die "Kriegsereignisse jeder Art" zu begutachten.

aa) Der Krieg im völkerrechtlichen Sinne

Außerhalb des Versicherungsschutzes steht zunächst der klassische Krieg i.S. der kontinental-europäischen Völkerrechtsauffassung. Diese bezeichnet als "Krieg" die zwischen regulären Streitkräften mehrerer Staaten mit Waffengewalt ausgetragene Auseinandersetzung (2). Sein Beginn wird markiert durch eine formelle Kriegserklärung oder die Vornahme von Handlungen, welche auf eine Kriegsabsicht schließen lassen (z.B. militärische Gewaltakte, Aufforderung an dritte Staaten zu neutralem Verhalten); der bloße Abbruch diplomatischer Beziehungen reicht dafür nicht. Darüber hinaus verlangt der Begriff

---

1) Vgl. Rehm S.45, 138.

2) Vgl. Ipsen in Ipsen § 62 Rdnr.6; Luttmer, VW 1971, S.208; Scherzberg S.32.

"Krieg", daß die angegriffene Partei sich verteidigt. Läßt sie den anderen Teil gewähren, so handelt dieser in gewaltsamer Selbsthilfe (1). Der militärische Konflikt endet, sobald eine entsprechende einseitige Erklärung der Siegermacht erfolgt oder die unterlegene Seite sich vollständig ergibt; ebenso genügen die endgültige Einstellung der Feindseligkeiten und der Abschluß eines Friedensvertrages. Ein Waffenstillstandsabkommen unterbricht dagegen den Krieg nur, bringt ihn aber nicht zum Ende (2).

bb) Der internationale bewaffnete Konflikt

Die geschichtliche Entwicklung seit dem Ende des 2. Weltkrieges hat gezeigt, daß die "klassische" Konzeption des Krieges mit beiderseitigem Einsatz regulärer Armeen nur noch die Ausnahme gewaltsamer zwischenstaatlicher Konflikte bildet. In immer stärkerem Maße nimmt auch die Zivilbevölkerung an dem Geschehen aktiv teil. Die Betätigungsfelder reichen dabei von der bloßen Propaganda über einzelne Terroraktionen bis hin zur Mobilisierung der Zivilisten im gesamten Land ("Guerilla") (3). Auf der anderen Seite setzen die Staaten mittlerweile das Militär gegeneinander ein, ohne sich "als im Kriegszustand befindlich zu behandeln" (4). Diese Veränderungen berücksichtigend, verwendet das Völkerrecht zunehmend - auch in den entsprechenden Kodifikationen - den Begriff des "internationalen bewaffneten Konflikts". Dieser beschreibt einen unter Waffeneinsatz vonstatten gehenden Kampf mehrerer Staaten, wobei auf jeder Seite auch Verbände wie z.B. Befreiungsbewegungen beteiligt sein können.

1) Vgl. Scherzberg S.32 f..
2) Vgl. Scherzberg S.33.
3) Vgl. Ipsen in Ipsen § 62 Rdnr.12.
4) Vgl. Ipsen in Ipsen § 63 Rdnr.5.

Diese Definition beschreibt sowohl den Krieg im herkömmlichen Verständnis als auch die modernen Formen der Militärstrategie (1).

Das Ziel der im Versicherungsrecht angesiedelten sogenannten "Kriegsklausel" besteht darin, dem Versicherer die unkalkulierbaren Risiken aus der Anwendung von Waffengewalt abzunehmen (2). Diese Gefahr ist unabhängig davon, ob die in den Konflikt verwickelten Staaten Soldaten oder (zusätzlich) die Zivilbevölkerung einsetzen. Ebensowenig hat es für die Partner des Versicherungsvertrages Relevanz, daß die gewaltsam operierenden Mächte sich als nicht im Krieg befindlich erachten. Aus diesen Gründen sind alle internationalen bewaffneten Konflikte "Kriege" bzw. "Kriegsereignisse" im Sinne des Versicherungsrechts. Für Beginn und Ende dieser militärischen Vorgänge gelten dieselben Grundsätze wie für den Krieg im klassischen Sinne (vgl. dazu oben S.247 f.) (3).

cc) Innerstaatliche gewaltsame Auseinandersetzungen

aaa) Grundsatz

Das Völkerrecht kennt neben den soeben abgehandelten internationalen Erscheinungen den "nicht-internationalen bewaffneten Konflikt". Ein solcher bedingt, daß innerhalb eines Staates dessen Streitkräfte mit Waffen gegen Verbände vorgehen, welche unter einer verantwortlichen Führung stehen und be-

1) Vgl. Ipsen in Ipsen § 63 Rdnr.6 ff..
2) Vgl Martin in Prölss/Martin Teil II lit.B "Allgemeine Feuerversicherungsbedingungen" § 1 AFB Anm.5; Rehm S.46, 138.
3) Vgl. Ipsen in Ipsen § 66 Rdnr.1 ff..

stimmte Regionen des Landes kontrollieren (1). Daneben gibt es noch bloße Störungen der öffentlichen Sicherheit. Solche liegen vor, wenn Gruppen isoliert Gewaltakte verüben, ohne irgendwelche Teile des Landes zu beherrschen. Hierbei hat man es nicht mit bewaffneten Konflikten zu tun (2).

Zu fragen ist, ob auch "nicht-internationale bewaffnete Konflikte" und "Störungen der öffentlichen Sicherheit" zu den Begriffen "Krieg" bzw. "Kriegsereignisse jeder Art" i.S. des Versicherungsrechts rechnen. Der ganz h.M. zufolge umfassen die zitierten versicherungswissenschaftlichen Termini auch innerstaatliche Angelegenheiten wie Bürgerkriege, Revolutionen und andere Aufstände (3). Demgegenüber wertet Martin Bürgerkriege und innere Unruhen nicht als Kriegsereignisse (4).

Ausgangspunkt der Stellungnahme sollen die AVB der Bauleistungsversicherung sein. Diese erwähnen in §§ 2 Nr.4 lit.c) ABU, 2 Nr.5 lit.c) ABN den "Bürgerkrieg" als selbständigen Ausschlußgrund neben den "Kriegsereignissen jeder Art", ohne ihm durch Zusätze wie "zum Beispiel" oder "insbesondere" ausdrücklich eine deklaratorische Eigenschaft beizulegen. Der Versicherungsnehmer – auf dessen Horizont es bei der Interpretation Allgemeiner Geschäftsbedingungen entscheidend ankommt (vgl. oben S.30 f.) – muß dadurch den Eindruck gewinnen, als seien innerstaatliche Ereignisse grundsätzlich keine Kriege (5). Dies spricht für eine einschränkende Auslegung des untersuchten Tatbestandsmerkmals.

---

1) Vgl. Ipsen in Ipsen § 63 Rdnr.13, 16.
2) Vgl. Ipsen in Ipsen § 63 Rdnr.13.
3) So RGZ 90, 378(379);
Luttmer, VW 1971, S.208; Scherzberg S.93.
4) Vgl. Martin, Sachversicherungsrecht F I Rdnr.7.
5) Vgl. auch Luttmer, VW 1971, S.208, der auf den verwirrenden Effekt der in dieser Art konzipierten Klauseln hinweist.

Nun dient die "Kriegsklausel" im Versicherungsrecht dazu, den Versicherer vor unüberschaubaren Verlusten aus bewaffneten Auseinandersetzungen zu bewahren (vgl. oben S.249). Das Kriegsereignis erhöht das Risiko für das versicherte Interesse vor allem deshalb, weil die öffentliche Ordnungsmacht zumeist (wenigstens teilweise) außer Kraft gesetzt ist. Der Staat sieht sich nicht mehr in der Lage, die Güter der Zivilbevölkerung in ausreichendem Maße zu schützen. Die Schadensgefahr steigt deutlich. Dieser Gesichtspunkt läßt das Bestehen einer festen Staatsgewalt als maßgeblich erscheinen. Daher bedeuten die im Völkerrecht sogenannten "nicht-internationalen bewaffneten Konflikte" versicherungsrechtlich einen Kriegszustand. Dagegen ist bei Störungen der öffentlichen Sicherheit - seien sie auch noch so massiv - die staatliche Gewalt (noch) intakt; aufgrunddessen greift die Kriegsklausel hier nicht. Im Ergebnis meinen die Ausdrücke "Krieg" und "Kriegsereignisse" damit nationale und internationale bewaffnete Konflikte.

bbb) Bürgerkrieg

Die §§ 2 Nr.4 lit.c) ABU, 2 Nr.5 lit.c) ABN erwähnen "Bürgerkriege" extra als unversicherte Gefahr. Unter diesen Begriff subsumiert man gewaltsame Kämpfe zwischen Angehörigen desselben Staates, wenn mindestens eine Partei nicht als völkerrechtliches Subjekt anerkannt ist und es an einer festen Ordnungsinstanz mangelt; Hauptfall ist, daß die Exekutive die staatlichen Machtmittel wie Armee und Polizei nicht mehr in vollem Umfang hinter sich weiß (1). Geschehnisse dieser Art stellen "nicht-internationale bewaffnete Konflikte" und als solche Kriegsereignisse i.S. des Versicherungsrechts dar (vgl. oben S.251).

---

1) Vgl. Luttmer, VW 1971, S.208; Scherzberg S.35.

dd) Der kausale Zusammenhang zwischen "Kriegsereignissen jeder Art" und den Schäden an den versicherten Sachen

Es bleibt herauszuarbeiten, wie geartet der Zusammenhang zwischen den Kriegsereignissen und den Schäden an den versicherten Objekten sein muß, damit der militärische Konflikt eine Schadensursache ergibt und der Versicherer nicht haftet. Gemäß den allgemeinen Lehren im Versicherungsrecht setzt dies adäquate Kausalität voraus. Vor allem früher wurde die These vertreten, es komme für den Risikoausschluß darauf an, ob die Kriegsbeteiligten ihren Ansprüchen "durch militärische Mittel und Maßregeln faktisch Nachdruck" (1) verliehen. Folglich herrsche außerhalb der eigentlichen Operationsgebiete kein Krieg. In zeitlicher Hinsicht sei die Vertragsnorm nur während der Dauer der militärischen Aktionen anwendbar; Beschädigungen vor Beginn oder nach Ende der Gefechte habe der Versicherer zu tragen (2). Letztlich beschränkt diese Auffassung die Kriegsklausel auf den Kern der Kampfhandlungen (3).

Dieser Standpunkt begegnet Bedenken. Die kriegsbedingten erhöhten Risiken für die gesamte Lebensordnung rühren nicht allein aus den Gewaltmaßnahmen im engeren Sinne (4). Auch Begleitumstände wie vorbereitende Aktionen, Stationierung von Besatzungstruppen u.ä. verdichten das Schadensrisiko. Daher wirkt die Kriegsklausel immer dann zu Lasten des Versicherten, wenn die Beeinträchtigung

---

1) Vgl. Ehrenberg S.322.
2) So Ehrenberg S.322.
3) So ein Teil der früheren Rechtsprechung; Nachweis bei Haidinger, VW 1947, S.93; vgl. auch Ehrenberg S.322.
4) Vgl. Haidinger, VW 1947, S.93.

des gedeckten Interesses durch ein Vorkommnis hervorgerufen wurde, welches ohne den Krieg ausgeblieben wäre und somit auf dessen besonderer Gefährlichkeit fußt (1). Keinen Einfluß auf die Rechtslage hat, ob der Schaden an dem Versicherungsobjekt während der Kriegszeit eintritt. Ebensowenig muß die schadensursächliche Gewaltanwendung zwischen formellem Beginn und Ende des Konflikts liegen; so werden z.B. auch das Auslegen von Minen vor und Überfälle ehemaliger Gefangener bzw. Besatzungstruppen nach der eigentlichen militärischen Auseinandersetzung erfaßt (2).

Einschränkend halten Teile des Schrifttums die Kriegsklausel für nicht mehr einschlägig, wenn sich die Lage nach Abschluß der Kämpfe normalisiert habe. So seien Schäden aus nicht entschärfter Munition dann wieder versichert (3). Entscheidender Aspekt für das rechtliche Urteil über solche "Spätschäden" des Krieges ist, ob sie noch mit dessen besonderer Situation begründet werden können. Diese Annahme erscheint bei Übergriffen durch Armeeinheiten fremder Staaten nicht mehr nachvollziehbar, da sich die gegenseitigen Aggressionen nach einiger Zeit abbauen und die Soldaten dann insoweit wie normale Bürger des besetzten Landes einzuordnen sind. Dagegen bildet unentdeckte Munition weiterhin eine adäquate Kriegsfolge und bleibt aus dem Versicherungsverhältnis ausgeklammert (4). Räumlich gesehen bezieht sich die Kriegsklausel nicht nur

---

1) So OGHBrZ, NJW 1949, 905; BGHZ 2, 55(60); Martin in Prölss/Martin Teil II lit.B "Allgemeine Feuerversicherungsbedingungen" § 1 AFB Anm.5; Luttmer, VW 1971, S.208 f..
2) Vgl. Martin in Prölss/Martin Teil II lit.B "Allgemeine Feuerversicherungsbedingungen" § 1 AFB Anm.5; Luttmer, VW 1971, S.209.
3) So Luttmer, VW 1971, S.209; Rehm S.46, 138.
4) Vgl. Martin in Prölss/Martin Teil II lit.B "Allgemeine Feuerversicherungsbedingungen" § 1 Anm.5.

auf die Regionen, wo tatsächlich operiert wird. Auch Schäden außerhalb der umkämpften Zonen sind durchaus den Kriegsereignissen zurechenbar (z.B. bei irrlaufenden Raketen) (1).

b) Innere Unruhen

Die §§ 2 Nr.4 lit.c) ABU, 2 Nr.5 lit.c) ABN sprechen als weiteren Risikoausschluß die sogenannten "inneren Unruhen" an. Bei diesen existiert die staatliche Ordnung fort (2), jedoch finden sich zahlenmäßig nicht unerhebliche Teile des Volkes in einer die öffentliche Sicherheit störenden Weise zusammen und üben Gewalt gegen Personen und Sachen; bloße Ausschreitungen Einzelner im Rahmen einer an sich friedlich verlaufenden Versammlung genügen nicht. Ein Beispiel "innerer Unruhen" bildet der Tatbestand des Landfriedensbruchs i.S. des § 125 StGB. Analog den dortigen Grundsätzen liegt die quantitative Untergrenze bei etwa 15-20 Teilnehmern (3). Das Ziel dieser gewalttätigen Menschenmenge braucht nicht politischer Natur zu sein oder sich gar gegen die Staatsspitze zu wenden (4).

---

1) Vgl. Martin in Prölss/Martin Teil II lit.B "Allgemeine Feuerversicherungsbedingungen" § 1 AFB Anm.5; Luttmer, VW 1971, S.208; Scherzberg S.41 f..
2) Deshalb liegt hier kein Kriegsereignis vor (vgl. oben S.251).
3) Vgl. die strafrechtlichen Stellungnahmen zu § 125 StGB: BGHSt 33, 306(308); LG Frankfurt, Strafverteidiger 1983, 463(464); LG Berlin, Strafverteidiger 1983, 464; Schönke/Schröder/Lenckner § 125 Rdnr.8.
4) Vgl. RGZ 108, 188(190) (zu dem Begriff Bürgerliche Unruhen"); BGH, VersR 1975, 126; KG, VersR 1975, 175(176); LG Koblenz, VersR 1951, 19; Luttmer, VW 1971, S.209 f.; Rehm S.46, 138.

c) Die Wirksamkeit der Risikoausschlüsse für "Kriegsereignisse jeder Art" und "innere Unruhen"

Es ist zu erkunden, ob die von der ABU und ABN normierten Haftungsfreiräume für Einwirkungen aus gewaltsamen Auseinandersetzungen vollen Umfangs den Rechtssätzen des § 9 AGBG gerecht werden. Das VVG hat - wie schon hervorgehoben (vgl. oben S.194) - einige Zweige der Sachversicherung besonders geregelt. Dabei befreit das Gesetz den Feuer- und Tierversicherer im Kriegsfall von seiner Verbindlichkeit (vgl. §§ 84, 117 Nr.2 VVG); die Hagelversicherung kennt eine solche Bestimmung nur deshalb nicht, weil die versicherte Schadensursache - der Hagelschlag (vgl. § 108 VVG) - eine Witterungslage darstellt und denklogisch nicht mit militärischen Konflikten in Verbindung stehen kann. Im Ergebnis betrachteten die Verfasser des VVG eine Deckungslücke für Kriegsfolgen als berechtigt. Diese Wertung trifft angesichts der Unkalkulierbarkeit dieses Risikos zu. Insoweit zeigt die Bauleistungsversicherung sich als gesetzeskonform und damit rechtsbeständig.

Schwieriger einzuschätzen ist die Leistungsbegrenzung für "innere Unruhen". Hier bringt das VVG keine parallele Regelung. Äußerte der § 84 VVG einen wesentlichen Grundgedanken des Gesetzes für das gesamte Recht der Sachversicherung, so könnte man mit § 9 Abs.2 Nr.1 AGBG zur Nichtigkeit all der Klauseln gelangen, die über die zitierte Vorschrift des VVG hinaus Schäden durch Gewalttaten unversichert lassen (1).

---

1) Vgl. Martin, Sachversicherungsrecht F I Rdnr.5, der die Wirksamkeit des Ausschlusses für innere Unruhen als zweifelhaft ansieht.

Nun gestaltet der § 84 VVG lediglich einen kleinen Teilaspekt der Feuerversicherung. Ferner eleminierten schon zur Zeit der Verabschiedung des VVG viele Klauselwerke die Risiken Aufruhr und Landfriedensbruch. Der historische Gesetzgeber, der um diese Praxis wußte, sah zwar für eine gleichlautende Festlegung in § 84 VVG keinen Anlaß (1). Nach der Amtlichen Begründung wurde aber dennoch auf einen zwingenden Charakter verzichtet, um den Parteien die bis dahin üblichen Vereinbarungen weiterhin gestatten (2). Diese inhaltliche Billigung darf nicht dadurch untergraben werden, daß man den § 84 VVG zu einem wesentlichen Grundgedanken des Gesetzes erhebt und über § 9 Abs.2 Nr.1 AGBG eine generelle Klauselfestigkeit einführt. Deshalb kassiert diese Norm des AGBG die §§ 2 Nr.4 lit.c) ABU, 2 Nr.5 lit.c) ABN nicht.

Der Ausschluß für "innere Unruhen" könnte jedoch wichtige Pflichten des Versicherers in vertragsgefährdender Weise aushöhlen (vgl. § 9 Abs.2 Nr.2 AGBG). Gewaltsame Auseinandersetzungen der in Rede stehenden Art haben gerade in der Bundesrepublik in den letzten Jahren stark zugenommen und sind zu einem kaum noch abzuschätzenden Risiko für die Versicherungswirtschaft geworden (3). Zudem fällt es in den Aufgabenbereich der staatlichen Ordnungsbehörden, das Vermögen der Bürger vor Vandalismus zu bewahren (4). Es erscheint nicht angängig, die Versicherer zur Übernahme solcher unberechenbaren und von anderen Instanzen zu beseitigenden Gefahren zu zwingen. Deshalb bietet auch der § 9 Abs.2 Nr.2 AGBG keinen Ansatz zur Kritik. Die Vertragsregelung für innere Unruhen ist wirksam.

---

1) Vgl. Amtliche Begründung zu §§ 82 bis 84 VVG, S.99.

2) Vgl. Amtliche Begründung zu §§ 82 bis 84 VVG, S.97.

3) Vgl. Luttmer, VW 1971, S.212; dies gibt auch Martin, Sachversicherungsrecht F I Rdnr.5 zu.

4) Vgl. Platen, Handbuch S.16, 44.

5) Staatlicher Zwang

Die Bauleistungsversicherung schließt in §§ 2 Nr.4 lit.c) ABU, 2 Nr.5 lit.c) ABN die Risiken Beschlagnahme und sonstige hoheitliche Eingriffe aus. Darunter sind Anordnungen des eigenen oder eines fremden Staates zu verstehen, durch die aus Einzelinteresse oder zum öffentlichen Wohl über Personen oder Gegenstände Sanktionen verhängt werden; außen vor bleiben Maßnahmen von nicht als Staat anerkannten Mächten (1). Dabei ist zu bedenken, daß die Vertragspunkte nur dann konstitutive Wirkung entfalten, wenn aus staatlichem Zwang Sachbeschädigungen i.S. der §§ 2 Nr.1 ABU, 2 Nr.1 ABN erwachsen (z.B. das Aufbrechen einer Haustür, winterbedingte Beeinträchtigungen des Baus infolge einer durch behördliche Stillegung des Vorhabens verursachten Verlängerung der Bauzeit). Dagegen kompensiert der Versicherer Vermögensverluste aus Enteignung schon mangels Sachschaden nicht.

Bei Kontrolle der Wirksamkeit der Klauseln ergibt sich, daß § 9 Abs.2 Nr.1 AGBG nicht hemmt, weil das VVG - insbesondere der § 84 VVG - keinen vorliegend berücksichtigungsfähigen Grundgedanken bereithält (vgl. oben S.256). Aber auch der § 9 Abs.2 Nr.2 AGBG nötigt den Versicherer nicht zur Einbeziehung des besagten Risikos. Vielmehr ist es Aufgabe des Staates, die von ihm herbeigeführten Schäden zu ersetzen (2); dieser Schutz reicht aus (vgl. dazu oben S.188).

---

1) Vgl. Luttmer, VW 1971, S.209;
a.A. Martin, Montageversicherung § 2 Rdnr. 5.2.5, demzufolge es sich nicht um Eingriffe anerkannter Staaten zu handeln braucht.

2) Vgl. Platen, Handbuch S.16, 44;
Luttmer, VW 1971, S.213.

6) Arbeitskampf

Laut §§ 2 Nr.4 lit.c) ABU, 2 Nr.5 lit.c) ABN trägt der Versicherer - "ohne Rücksicht auf mitwirkende Ursachen" (1) - keine Schäden aus Streik und Aussperrung. Bei einem Streik übt eine Mehrzahl von Arbeitnehmern Druck auf den (oder die) Arbeitgeber aus, indem sie die individual-vertraglich geschuldete Dienstleistung nicht erbringen (2). In der Bundesrepublik organisiert zumeist die Gewerkschaft diese Kollektivmaßnahme. Es können sowohl ökonomische als auch politische Motive im Vordergrund stehen (3). Die Aussperrung stellt eine Waffe der Arbeitgeber dar. Sie besteht darin, daß ein oder mehrere Dienstherren den bei ihnen angestellten Arbeitnehmern planmäßig die Beschäftigung und das Entgelt verweigern (4). Von Streik und Aussperrung kann im übrigen nur gesprochen werden, wenn die den betroffenen Arbeitsverhältnissen zugrundeliegenden Individualarbeitsverträge noch wirksam sind.

Der Tatbestand des Haftungsausschlusses ist nur erfüllt, wenn die besondere Situation des Arbeitskampfes sich auf das Versicherungsobjekt schädigend niedergeschlagen hat. Für die Dauer der Auseinandersetzung wird das Bauprojekt weder betreut noch fortgeführt. Demnach erfährt es in dieser Phase einen geringeren Schutz. Außerdem steigt mit zunehmendem Baufortschritt die Resistenz des Objekts gegen äußere Einflüsse (z.B. Regen), weshalb die zeitliche Verzögerung des Bauabschlusses den Eintritt eines Schadens begünstigt. Wäre also die Immobilie bei Einsatz der üblichen Schutzmittel und Erreichen der ohne den Arbeitskampf realisierbaren Fertigungsstufe unbeeinträchtigt geblieben, so er-

---

1) Vgl. dazu oben S.244.

2) Vgl. Zöllner, Arbeitsrecht S.352 f..

3) Vgl. Luttmer, VW 1971, S.210.

4) Vgl. Zöllner, Arbeitsrecht S.354.

langt der Versicherte gemäß §§ 2 Nr.4 lit.c) ABU, 2 Nr.5 lit.c) ABN keinen Ersatz.

In einigen Konstellationen kompliziert sich die Rechtslage. Zweifel entstehen zunächst einmal, wenn das Vorhaben den Schaden zwar auch ohne den Streik bzw. die Aussperrung erlitten hätte, es dann aber im Zeitpunkt der Beschädigung sogar bereits fertiggestellt und deshalb wegen §§ 8 Nr.3 ABU, 8 Nr.3 ABN das Versicherungsverhältnis beendet gewesen wäre. Hier hat sich nicht die dem Baukörper drohende typische Gefahr der Bauunterbrechung ausgewirkt. Der Versicherer könnte allerdings versucht sein, seine Leistungsfreiheit damit zu begründen, daß der Arbeitskonflikt nicht den Deckungszeitraum verlängern dürfe. Die Parteien haben jedoch alternativ zu den Regelungen der §§ 8 Nr.3 ABU, 8 Nr.3 ABN ein konkretes Datum vereinbart, zu dem die Versicherung spätestens ausläuft (vgl. §§ 8 Nr.1 ABU, 8 Nr.1 ABN). Das Versicherungsunternehmen hat kein anerkennenswertes Interesse daran, vor diesem Termin der Einstandspflicht enthoben zu sein. Deshalb genießt der Versicherte Schutz, sofern der Versicherungsfall sich vor dem aus §§ 8 Nr.1 ABU, 8 Nr.1 ABN ablesbaren Zeitpunkt ereignet hat.

Ein zweiter Problemkreis eröffnet sich dort, wo zwar nicht der Betrieb des versicherten Unternehmers, dafür aber die Zulieferindustrie (z.B. die Hersteller von Bauteilen) von Arbeitskämpfen betroffen ist und der Bau deswegen ruht. Im Unterschied zu den bislang betrachteten Fallgestaltungen nimmt der Versicherungskunde hier nicht aktiv, sondern nur indirekt an dem Geschehen teil. Der Wortlaut der §§ 2 Nr.4 lit.c) ABU, 2 Nr.5 lit.c) ABN macht jedoch insoweit keine Ausnahme. Aus diesem Grunde erfassen die Klauseln auch diese Sachlage.

Zu guter Letzt muß nach der Gefahrtragung des Versicherers für solche Schäden gefragt werden, die aus Kundgebungen und Gewaltakten anläßlich eines Arbeitskampfes herrühren. Martin erachtet die Risikobeschränkungen hier ebenfalls als einschlägig (1). Solche Vorgänge bewegen sich aber jenseits eigentlicher "Streik"- bzw. "Aussperrungs"-Maßnahmen und zeigen eher den Charakter (wirtschafts-) politischer Demonstrationen. Im Rahmen der Bauleistungsversicherung sind sie daher genauso zu behandeln wie sonstige Versammlungen. Es kommt mithin entscheidend darauf an, ob die Angriffe auf das Bauwerk "innere Unruhen" (vgl. §§ 2 Nr.4 lit.c) ABU, 2 Nr.5 lit.c) ABN und oben S.254) bilden. Fehlt es an dieser Qualität, so wird der Versicherte entschädigt.

Sodann stellt sich das Problem der analogen Anwendbarkeit des § 6 VVG. Dazu müßte ein subjektiver Gefahrausschluß vorliegen (vgl. oben S.230 ff.). Wie gesehen, greifen die Vertragsnormen selbst dann ein, wenn der geschützte Werksverplichtete nur mittelbares "Opfer" einer Tarifauseinandersetzung ist und gar keine eigenen Aktivitäten entwickelt (z.B. bei einem Streik in der Zulieferindustrie). Mithin wird auf kein spezifisches Verhalten des Versicherten abgestellt. Der § 6 VVG beeinflußt die Rechtslage nicht.

Abschließend muß dargelegt werden, ob die Haftungslücke für Streik und Aussperrung mit dem § 9 AGBG vereinbar ist. Da aus § 84 VVG kein wesentlicher Grundgedanke des Gesetzes folgt (vgl. oben S.256), scheidet ein Verstoß gegen § 9 Abs.2 Nr.1 AGBG aus; eine Nichtigkeit könnte allein auf § 9 Abs.2 Nr.2 AGBG gestützt werden. Das aus Arbeitskämpfen resultierende Schadens- und Haftungsrisiko ist beträchtlich (2). Es geht dabei um Ereignisse, welche vor allem durch die politischen und wirtschaftlichen Rahmenbedingungen motiviert sind und in der Hand des Staates sowie der Tarifpartner liegen. Diese Institutionen sind gehalten, die volkswirtschaft-

---

1) Vgl. Martin, Montageversicherung § 2 Rdnr. 5.2.3.

2) Vgl. Platen, Handbuch S.16, 44; Rehm S.46, 138.

lichen Verluste aus Streik- und Aussperrungsaktionen gering zu halten. Es ist nicht Aufgabe der Versicherungswirtschaft, diese Funktion zu übernehmen. Folglich sperrt auch § 9 Abs.2 Nr.1 AGBG die Wirksamkeit der Klauseln nicht.

7) Kernenergie

Schäden aus Kernenergie fallen nach §§ 2 Nr.4 lit. d) ABU, 2 Nr.5 lit.d) ABN nicht in den Bereich der Bauleistungsversicherung. Damit ist herkömmlich diejenige Energie gemeint, welche bei der Spaltung von Atomkernen gewonnen wird (1); dem Sinn der zitierten Gefahrbeschränkungen entsprechend gelten sie aber auch für die sogenannte "Kernfusion", also die Verschmelzung von Atomkernen. Sachschäden können entstehen durch eine übermäßige Wärme- und Druckentwicklung bei der Kernumwandlung infolge eines plötzlichen und nicht mehr beherrschbaren Anwachsens der freigesetzten Energie (2). Dagegen soll die bloße radioaktive Verseuchung des Sachkörpers noch keine Beschädigung desselben sein (3). Diese Ansicht verdient indes keine Zustimmung, weil die Substanz durchaus wertmindernd verändert wird. Ein Entschädigungsanspruch des Versicherten scheitert allerdings an den lit.d) der §§ 2 Nr.4 ABU, 2 Nr.5 ABN.

Den tragenden Grund für den Ausschluß bildet die Erwägung , daß Schäden aus unkontrollierter Kernenergie schier unvorstellbare Ausmaße annehmen und darüber hinaus geographisch kaum begrenzt werden

---

1) Vgl. Duden Bd.10 unter Stichwort "Kernenergie" (S.373).
2) Vgl. Martin, Montageversicherung § 2 Rdnr. 5.3.2; Platen, Handbuch S.16, 44.
3) So Martin, Montageversicherung § 2 Rdnr. 5.3.2; Platen, Handbuch S.17, 44.

können (1). Mithin fehlt dem Versicherer eine hinreichende Kalkulationsbasis. Ein solches Risiko braucht er nicht einzugehen (vgl. oben S.188). Der § 9 AGBG steht den Klauseln daher nicht entgegen.

8) Gewässer

a) Hochwasser

Die §§ 2 Nr.6 ABU, 2 Nr.7 ABN sehen i.V.m. Klausel 60 bei Schäden durch Gewässer eine Leistungsfreiheit des Versicherers vor, wenn die Einwirkung auf normalen Wasserführungen bzw. -ständen beruht (vgl. Klausel 60 Nr.1 S.1). Als Gewässer ist jede Ansammlung von mengenmäßig unbestimmbarem, oberirdischem Wasser zu bezeichnen (z.B. See, Fluß) (2). Die für den Umfang des Versicherungsschutzes maßgeblichen normalen Wasserstände und -mengen können im Versicherungsvertrag konkretisiert werden (vgl. Klausel 60 Nr.3); andernfalls markiert für jeden Monat jeweils der in den letzten zehn Jahren gemessene Höchstwert den entscheidenden Punkt, ab dem Deckung einzuräumen ist (vgl. Klausel 60 Nr.4 Abs.1 S.1). Da sich der Unternehmer bei seinem Bauvorhaben ohne weiteres auf die gewöhnlichen Gewässerverhältnisse einzurichten vermag, steht die Vereinbarkeit dieser Bestimmungen mit § 9 AGBG außer Zweifel; insoweit geraten die gleichen Überlegungen ins Blickfeld wie zu den in §§ 2 Nr.4 lit.a) ABU, 2 Nr.5 lita) ABN enthaltenen Risikoausschlüssen für Schäden aus normalen Witterungseinflüssen (vgl. oben S.245 f.).

---

1) Dies haben die Folgen des Unfalls in dem ukrainischen Kernkraftwerk Tschernobyl überdeutlich gemacht.
2) Vgl. Duden Bd.10 unter Stichwort "Gewässer" (S.301).

In bezug auf die ABU haben die Verfasser eine Sonderregelung geschaffen, soweit es um "außergewöhnliches Hochwasser" geht. Nach den soeben dargelegten Grundsätzen müßte dieses Kausalereignis an sich mitversichert sein; die Klausel 60 Nr.5 S.1 legt jedoch fest, daß die Unternehmerversicherung hier nur hilft, wenn die Parteien dieses Schadensrisiko über § 3 Nr.5 ABU besonders einbezogen haben. Diese Vorschrift hat folgenden Hintergrund: Beschädigungen aus "außergewöhnlichem Hochwasser" bilden einen für den Hersteller unabwendbaren Umstand und fallen daher bauvertraglich gemäß § 7 VOB/B dem Bauherrn zur Last. Da die ABU - jedenfalls nach ihrem Wortlaut - ihren Leistungsumfang grundsätzlich an der Gefahrverteilung der VOB orientieren und nur das Interesse des Unternehmers schützen (vgl. § 3 Nr.1 ABU), stellt die Klausel 60 insoweit lediglich eine bereits aus der Grundkonzeption des Versicherungswerks ableitbare Rechtslage klar. Aufgrund des engen inhaltlichen Zusammenhangs der Klausel 60 Nr.5 mit dem § 7 VOB/B soll sie erst Berücksichtigung finden, wenn die auf §§ 3 Nr.1 ABU, 7 VOB/B fußenden Besonderheiten der ABU in bezug auf die gedeckten Schadensursachen untersucht werden (1).

b) <u>Schäden an im Gewässerbereich notwendigen Hilfsbauten</u>

Eine Entschädigungspflicht des Versicherungsunternehmens entsteht nicht für Schäden an im Gewässerbereich notwendigen Hilfskonstruktionen wie Spundwänden und Fangdämmen, sofern diese unzulänglich errichtet worden sind (vgl. Klausel 60 Nr.2 lit. b)); die Geschäftsbedingung will dabei ausdrücklich § 6 VVG angewandt wissen (vgl. Klausel 60 Nr.2). Diese Anordnungen erscheinen aus rechtlicher Sicht

1) Vgl. unten lit.B) (S.285 ff.).

interessant.

Die durch Klausel 60 Nr.2 in Bezug genommenen Hilfsbauten sind Bauleistungen im technischen Sinne (vgl. oben S.108). Im Rahmen der ABN hat die Vertragsnorm nur dann eine selbständige Bedeutung, wenn die Parteien die besagten Objekte durch eine Sonderabsprache überhaupt mitversichert haben (vgl. § 1 Nr.2 ABN). Des weiteren ergeben Verstöße gegen die eingangs erwähnten Vorgaben der Montage und Wartung der Anlagen in der Regel lediglich Herstellungsfehler - also Leistungsmängel (vgl. oben S.154 ff.) -, und diese Funktionsuntüchtigkeit bleibt schon aufgrund der §§ 2 Nr.1 ABU, 2 Nr.1 ABN i.V.m. §§ 2 Nr.2 lit.a) ABU, 2 Nr.3 lit.a) ABN ungedeckt. Somit können erst die späteren, durch das Hochwasser (mit-) verursachten Beeinträchtigungen einen grundsätzlich ersatzpflichtigen Sachschaden darstellen und eine konstitutive Wirkung der Klausel 60 begründen; die Frage, wann Mangelfolgen sich zu einem Sachschaden wandeln, beantwortet sich nach den auf S.169 ff. niedergelegten Kriterien.

Thematisiert werden muß die Klausel 60 Nr.2 im übrigen wegen ihres Verweises auf § 6 VVG. Denn es ist offengelassen, in welchem Umfang die Gesetzesvorschrift hier Einfluß gewinnt. In jedem Fall muß das Fehlverhalten des Herstellers gemäß § 6 Abs.1 S.1, Abs.2 Kausalität und Verschulden zeigen, damit das Versicherungsunternehmen das Ersatzbegehren abwehren kann. Zweifelhaft erscheint aber, ob diese Rechtsfolge zusätzlich über § 6 Abs.1 S.3 eine Kündigung des Versicherers erfordert. Dieser Rechtssatz bezieht sich nur auf Obliegenheiten, nicht auch auf subjektive Gefahrbeschränkungen (oben S. 231). Durch Auslegung ist zu ermitteln, welche der beiden Kategorien vorliegt (oben S.228).

Für die Qualifikation der Klausel 60 Nr.2 als Obliegenheit streitet, daß die Judikatur den § 6 VVG nur auf dieses Rechtsinstitut anwendet und die Verfasser der Versicherungsbedingung - wohl eingedenk dieser Praxis - die gesetzliche Bestimmung ausdrücklich für einschlägig erklärt haben. Dem zum

Trotz ist die Vertragsregelung den mit "versicherte Gefahren" überschriebenen §§ 2 ABU, 2 ABN beigefügt und rechnet daher systematisch gesehen zur Risikobeschreibung. Zudem "besteht ... Versicherungsschutz nur, wenn" der Versicherte normgerecht vorgegangen ist; diese Formulierung läßt erkennen, daß etwaige Verletzungen von vornherein unversichert bleiben sollen. Aus diesen Gründen bringt die Klausel 60 Nr.2 einen subjektiven Gefahrausschluß. Sie unterliegt dem § 6 Abs.1 S.3 VVG nicht.

Abschließend bedarf es der Prüfung, ob die so angelegte Klausel 60 Nr.2 dem § 9 Abs.2 Nr.2 AGBG standhält. Die Errichtung und Unterhaltung hinreichend sicherer Hilfsbauten liegt im ureigenen Interesse des Unternehmers. Die Erfüllung dieser "Auflage" belastet den Versicherten auch nicht in unzumutbarer Weise. Hätte der Versicherer für Unzulänglichkeiten der in der AVB beschriebenen Art einzustehen, könnte dies kostenbedingt einen die Sicherheit der Baustelle mindernden übertriebenen Leichtsinn und einen Hang zum "Pfusch" wecken. Zudem ist dem Haftungsausschluß durch das Kausalitäts- und Verschuldenserfordernis des § 6 VVG die Spitze genommen. Deshalb hindert der § 9 AGBG die Wirksamkeit des Vertragspunktes nicht.

9) Brand, Blitzschlag, Explosion

a) Der Sinn des Ausschlusses

Die §§ 2 Nr.5 ABU, 2 Nr.6 ABN negieren bei Schäden aus Brand, Blitzschlag und Explosion die Haftung, sofern für dieses Risiko nicht ausnahmsweise ein vertraglicher Einschluß fixiert worden ist. Da die Feuergefahr einen Großteil des Baurisikos ausmacht, verwundert diese grundsätzliche Unzuständigkeit der

Bauleistungsversicherung.

Einige Bundesländer haben unter Berufung auf den Vorbehalt des § 192 Abs.1 VVG Ländergesetze verabschiedet, welche die Gebäude-Feuerversicherung für bestimmte Teile des jeweiligen Landesgebiets oder sogar flächendeckend staatlichen Monopolanstalten überantworten (1). Die Versicherungsverhältnisse mit diesen öffentlichen Unternehmen unterliegen allein dem öff. Recht und kommen entweder unmittelbar kraft gesetzlicher Anordnung zustande oder durch einen entsprechenden Vertragsschluß, zu dem der Bürger per Gesetz verpflichtet wird. Dabei sehen die Rechtsgrundlagen dieser öffentlichen Versicherungen in der Regel eine Deckung des Objekts bereits ab Baubeginn vor. Versichert der Versicherungsnehmer trotz dieser rechtlichen Vorgaben ein Gebäude bei einem privaten Versicherer gegen Feuerschäden, so verstößt die Übereinkunft gegen das Gesetz des betreffenden Bundeslandes und ist gemäß § 134 BGB nichtig (2). Aus diesem Grund scheiden

---

1) Diese Monopole verstoßen nicht gegen das Grundgesetz; vgl. BVerfGE 41, 205(217).

2) Vgl. Hofmann S.183.
Solche staatlichen Monopolanstalten sind die:
- Badische Gebäudeversicherungsanstalt (Karlsruhe);
- Bayerische Landesbrandversicherungsanstalt (München);
- Braunschweigische Landesbrandversicherungsanstalt (Braunschweig);
- Hamburger Feuerkasse (Hamburg);
- Hessische Brandversicherungskammer (Darmstadt);
- Hessische Brandversicherungsanstalt (Kassel);
- Lippische Landes-Brandversicherungsanstalt (Detmold);
- Nassauische Brandversicherungsanstalt (Wiesbaden);

die ABU und ABN das besagte Risiko von vornherein aus und ermöglichen über Einzelabreden einen den jeweiligen rechtlichen Gegebenheiten angepaßten Versicherungsschutz (1).

Die soeben skizzierte Rechtslage macht nun den Schutz gegen Feuerschäden für die Bauleistungsversicherung nicht schlechthin obsolet. Zunächst erscheint eine Mitversicherung dieser Gefahr in all den Bundesländern bzw. Landesteilen denkbar und empfehlenswert, wo kein staatliches Monopol vorhanden ist (2). Darüber hinaus kann in der gesamten Bundesrepublik das Feuerrisiko bei solchen Bauprojekten einbezogen werden, die keine Gebäude zum Gegenstand haben (z.B. Straßen, Brücken) (3). Im übrigen umschließt die öffentliche Feuerversicherung grundsätzlich allein die Interessen des Eigen-

---

(Fortsetzung von Fußnote 2 der Seite 266)
- Oldenburgische Landesbrandkasse (Oldenburg);
- Ostfriesische Landschaftliche Brandkasse (Aurich);
- Württembergische Gebäudebrandversicherungsanstalt (Stuttgart);
- Feuersozietät Berlin (Berlin) (für die Bezirke Tiergarten, Wedding, Kreuzberg und in Teilen von Schöneberg);

vgl. die Auffstellung bei Wille, ZfV 1986, S.240 FN 1.

1) Vgl. Rehm S.47, 139.

2) Dies gilt für die Bundesländer Schleswig-Holstein, Bremen, Saarland und Teile der Länder Nordrhein-Westfalen, Niedersachsen, Rheinland-Pfalz, Hessen und Berlin:
vgl. die Aufstellung bei Wille, ZfV 1986, S.240.
Unbeachtet geblieben ist hierbei die Lage in den neuen Ländern Mecklenburg-Vorpommern, Brandenburg, Sachsen, Sachsen-Anhalt und Thüringen.

3) Dieser Gesichtspunkt betrifft allerdings nur die ABU, da die ABN einzig den Gebäudebau erfassen.

tümers und der Inhaber dinglicher Teilrechte (1), weshalb der Bauunternehmer, der sein Sachinteresse in aller Regel lediglich auf den Besitz stützt (vgl. oben S. 95 ff.), nach anderen Alternativen suchen muß (2); dabei bietet auch der Abschluß einer privatrechtlichen Feuerversicherung keinen Ausweg, weil diese das Besitzinteresse des Werkver-

---

1) Vgl. z.B. Art.12 der Satzung der Bayerischen Landesbrandversicherungsanstalt, § 11 Hamburger Feuerkassengesetz, Art.3 des Gesetzes, die Brandversicherungsanstalt für Gebäude betreffend (für die Hessische Brandversicherungskammer in Darmstadt).

2) Vgl. Platen, Handbuch S.17, 44.
A.A. Martin in Prölss/Martin Vor § 51 Anm. 7 A a bb, demzufolge die von landesrechtlichen Monopolanstalten gewährte Rohbaufeuerversicherung den Bauunternehmer im Zweifel mitversichere, weil dessen Schaden durch den Bauherrn - sei es als Treuhänder, sei es als Liquidator eines Drittschadens - geltend gemacht werden könne. Diese Ansicht geht indes fehl. Denn die einschlägigen Gesetze zählen die versicherten Sachinteressen enumerativ auf und geben keinerlei Hinweis auf eine Mitversicherung des Besitzinteresses des Werkunternehmers (vgl. z.B. § 11 Hamburger Feuerkassengesetz). Aus diesem Grund verbietet insoweit auch der § 134 BGB den Einschluß des Feuerrisikos in der Bauleistungsversicherung nach ganz h.M. nicht;
vgl. Braun, VersR 1987, S.1162 ff..
Im übrigen belastet das von Martin vorgeschlagene Verfahren den Hersteller mit dem Risiko des Konkurses des Bauherrn, wenn letzterer infolge Zahlungsunfähigkeit die Entschädigungsleistung nicht weiterleiten kann. Schon deshalb bleibt der Unternehmer - wie auch Martin a.a.O. Anm. 7 A a cc zugibt - zwingend auf einen eigenen Deckungsschutz angewiesen;
vgl. Braun, VersR 1987, S.1166.

pflichteten ebensowenig erfaßt (1). Im Ergebnis hat die Bauleistungsversicherung für den Bereich des Feuerrisikos durchaus eine erhebliche Bedeutung. Es wird daher noch zu klären sein, ob die in §§ 2 Nr.5 ABU, 2 Nr. 6 ABN getroffenen Bestimmungen dies in angemessener Weise berücksichtigen.

b) Der Begriff "Brand"

Nachdem das Regelungsmotiv der §§ 2 Nr.5 ABU, 2 Nr. 6 ABN ermittelt worden ist, gilt es die Begriffe Brand, Blitzschlag und Explosion zu erhellen. Am Beginn stehen Überlegungen zum "Brand"-Ereignis.

aa) Die Grundsatzdefinition

Ältere Gesetze über die Feuerversicherung nennen den "Brand" als versicherte Ursache, ohne den Begriff zu definieren (2). In den Anfangsjahren des VVG kam es zu einer lebhaften Diskussion bezüglich der Frage, wie das von § 82 VVG verwandte Tatbestandsmerkmal "Brand" auszulegen ist. Eine Theorie sah als einen solchen jede bestimmungswidrige oder nicht beabsichtigte Verbrennung an, die ein Flammen oder Glimmen mit sich bringe und ihren Herd verlassen habe. Kein Brand liege vor, wenn Sachen ihrem

---

1) Vgl. zum Interesse in der privaten Feuerversicherung Sieg in Bruck/Möller Bd.III Anm.C 23 ff..
2) Vgl. z.B. §§ 82 VVG, 2 Abs.1 des Badischen Gebäudeversicherungsgesetzes, 23 Abs.1 Nr.1 des Hamburger Feuerkassengesetzes, Art.2 Abs.1 des Gesetzes, die Brandversicherungsanstalt für Gebäude betreffend (für die Hessische Brandversicherungskammer in Darmstadt).

Zweck gemäß dem geschilderten Prozeß ausgesetzt würden (1).

Das Kaiserliche Aufsichtsamt äußerte sich so (2): Der "Brand" stelle ein außergewöhnliches Vorkommnis dar, bei dem die zerstörende Gewalt des Feuers die Möglichkeit unabsehbarer und vom Einzelnen nicht beherrschbarer Folgen in sich berge. Denn die Gleichstellung des Ereignisses mit "Blitzschlag" und "Explosion" in § 82 VVG lasse nur eine elementare Gefahr als ausreichend erscheinen. Ohne das Risiko eines unkontrollierbaren Weitergreifens des Verbrennungsvorgangs könne ein Brand nicht anerkannt werden.

In ausdrückliche Opposition zum Aufsichtsamt traten einige Untergerichte. Sie erachteten nicht nur ein "elementares", unbeherrschtes, sondern jedes Feuer als "Brand"; eine Ausnahme gelte nur, wenn die entzündeten Gegenstände für eben diese Benutzung gedacht seien (3).

Sehr ausgiebig mit der "Brand"-Problematik beschäftigt hat sich v.Gierke (4). Nach diesem Autor gibt es vier Zweifelsfälle:

- Einwirkungen eines Nutzfeuers auf Sachen, die diesem bestimmungsgemäß ausgesetzt sind, jedoch noch kein Feuer gefangen haben (z.B. das Anbrennen des Bratens);
- Einwirkungen eines Nutzfeuers auf Sachen, die diesem nicht bestimmungsgemäß ausgesetzt sind und noch kein Feuer gefangen haben (z.B. Rußschäden an der Decke);
- Einwirkungen eines Nutzfeuers auf Sachen, die diesem nicht bestimmungsgemäß ausgesetzt sind und dann vom Feuer erfaßt werden (z.B. das Verbrennen der Wäsche des Hausherrn durch die rachsüchtige Köchin);

---

1) Vgl. Moldenhauer, LZ 1911, Sp.592; ähnlich Domizlaff, ZVersWiss 1911, S.533.
2) Vgl. VerAfP 1910, 272 ff..
3) So LG Berlin, LZ 1911, Sp.166.
4) Vgl. in ZHR Bd.71, S.327 ff..

- Einwirkungen eines Nutzfeuers auf Sachen, die diesem zwar bestimmungsgemäß ausgesetzt sind, dann aber von ihm bestimmungswidrig sogar erfaßt werden (z.B. das Verbrennen der zum Trocknen aufgehängten Wäsche) (1).

Die rechtliche Behandlung dieser Sachverhalte orientiere sich - so v.Gierke - am Zweck der Feuerversicherung. Letztere begründe nur dann einen Entschädigungsanspruch, wenn die landläufigen Übel des Feuers gesprengt würden. Es müsse sich um ungewöhnliche Geschehensabläufe außerhalb des Brandherdes handeln. Deswegen habe man es immer mit einem Brand zu tun, sofern ein Feuer die Grenzen seines ordnungsgemäßen Herdes überschritten habe, für die Verbrennung nicht vorgesehene Sachen ergreife und sich selbständig an ihnen fortentwickeln könne. Mit Rücksicht auf diesen Befund sei nur im letzten der vier eingangs dargelegten Konstellationen ein Brand gegeben (2). Diese Auslegung v.Gierkes geht mit der Stellungnahme des Kaiserlichen Aufsichtsamtes konform (3).

Der kurze Überblick über den Meinungsstand (4) genügt, um die Problematik des Brandbegriffes zu verdeutlichen. Im Rahmen des Versicherungswesens gehört der Brand zu den Schadensgefahren. Dies schließt aus, jeden erdenklichen, mit Feuer verbundenen Vorgang als "Brand" zu bezeichnen. Vielmehr muß das Ereignis von einer gewissen "Gefähr"lichkeit sein. Diese Voraussetzung ist nicht erfüllt, wenn ein Feuer in einer eigens dafür hergestellten Vorrichtung entfacht wird und sich noch innerhalb derselben befindet (z.B. das Kaminfeuer). Positiv gewendet bedeutet das: Der Brandbegriff bedingt ein

---

1) Vgl. die Fälle bei v.Gierke, ZHR Bd.71, S.327 f..
2) Vgl. v.Gierke, ZHR Bd.71, S.343 ff., 357.
3) So v.Gierke selbst in ZHR Bd.71, S.343 FN 26.
4) Weitere Definitionsversuche für den Brandbegriff führt Sblowski, ZfV 1981, S.494 an.

Feuer, das entweder ohne bestimmungsmäßigen Herd entstanden ist oder zwar in einem solchen angezündet wurde, später aber über ihn hinausgegangen ist und aus eigener Kraft andere Objekte zu erfassen vermag. Diese Definition überwiegt heute (1) und hat auch Eingang in die modernen AVB gefunden (2). Die den Terminus konkretisierenden Merkmale Feuer, bestimmungsmäßiger Herd und Ausbreitungsfähigkeit sind Gegenstand der anschließenden Untersuchungen.

bb) Das Feuer

aaa) Die Verbrennung

Der Ausdruck "Feuer" meint eine Verbrennung unter Lichterscheinung (3). Verbrennung ist die Verbindung eines beliebigen Elements mit Sauerstoff und wird in der Chemie als "Oxidation" bezeichnet (4). Auf dieser Basis aufbauend, spricht ein Teil der versicherungswissenschaftlichen Literatur nur dann von einem "Feuer" , wenn atmosphärischer, d.h. in der Luft enthaltener Sauerstoff an der Reaktion beteiligt ist; Prozesse unter Mitwirken komprimierten Sauerstoffs reichten nicht (5). Diese einengende Auslegung geht jedoch fehl, weil auch bei Einsatz von Reaktionsstoffen mit einem im Vergleich zur Atmosphäre stärkeren Anteil an Sauerstoff die für das

---

1) Vgl. Martin in Prölss/Martin § 82 Anm.2.
2) Vgl. z.B. §§ 1 Abs.2 S.1 AFB, 2 Abs.1 der Allgemeinen Versicherungsbedingungen der Bayerischen Landesbrandversicherungsanstalt.
3) Vgl. Raiser § 1 AFB Rdnr.7; W.Wussow § 1 AFB Rdnr.5; Martin in Prölss/Martin § 82 Anm.2.
4) Nachweis bei Wälder, ZVersWiss 1971, S.658 i.V.m. FN 4.
5) So Vossen, ZVersWiss 1968, S.516 f..

Versicherungsrecht entscheidende erhöhte Gefährlichkeit eines Brandes gegeben ist.

Eine neuzeitliche Auffassung erweitert den traditionellen Ansatz sogar noch: Bei einer Verbrennung wandelten sich die Ausgangsstoffe unter Abgabe von Licht um. Chemisch betrachtet, tauschten die verschiedenartigen Atome negativ geladene Teilchen - sogenannte Elektronen - aus und schlössen sich sodann zu Molekülen zusammen. Vorgänge dieser Art verursachten auch dann Licht, wenn sie ohne Sauerstoff vonstatten gingen (z.B. bei der Reaktion von Eisen und Chlor). Die Tragweite des Risikos hänge davon nicht ab. Es erscheine deshalb angezeigt, sauerstofffreie Abläufe in dem soeben umrissenen Ausmaß ebenfalls als Verbrennung (und im Ergebnis als Feuer) zu werten. Daran habe speziell die chemische Industrie Interesse (1).

Diese Sichtweise entspricht den Erkenntnissen der modernen naturwissenschaftlichen Forschung. Das in der Versicherungswirtschaft gebräuchliche Tatbestandsmerkmal "Brand" hebt auf die erhöhte Gefährlichkeit freien Feuers ab und verlangt folglich nicht die Beteiligung ausgewählter Reaktionselemente. Dem entspricht der neu entwickelte, weiter gefaßte Verbrennungsbegriff. Er verdient für das Gebiet des Versicherungsrechts Beifall. Die Verbrennung ist also der mit Licht verbundene Elektronenaustausch zwischen mehreren Stoffen (2).

---

1) So Wälder, ZVersWiss 1971, S.671 ff.;
Sblowski, ZfV 1981, S.496;
Martin in Prölss/Martin § 82 Anm.2.

2) Die moderne Chemie bezeichnet im übrigen auch den Elektronenaustausch ohne Mitwirkung von Sauerstoff als "Oxidation"; vgl. Wälder, ZVersWiss 1971, S.670.

bbb) Die Lichtabgabe

Das zweite Charakteristikum des Feuers bildet die Lichterscheinung. Nach einer die Verkehrsauffassung zu Rate ziehenden Minderansicht muß es sich insoweit um eine offene Flamme handeln (1). Eine solche entsteht bei Verbrennen von Gasen. Nimmt ein fester Stoff während dieses Prozesses keinen gasförmigen Zustand an (z.B. Eisen), so kommt es nur zu einem Glühen. Mithin stellen Flammen glühende Gasteilchen dar (2).

"Glühbrände" zeichnen sich oft durch eine größere Schadenswahrscheinlichkeit aus, weil sie nur schwer gelöscht werden können. Deshalb darf der Aggregatzustand eines Stoffes bei der Verbrennung die Lösung des in Rede stehenden Problems nicht beeinflussen; auch ein Glühen muß hinlangen (3). Daher erfordert der Feuerbegriff, daß mehrere Stoffe untereinander Elektronen austauschen und dabei Licht - d.h. ein Flammen oder Glühen - ausstrahlen.

ccc) Die Sonderansicht Vossens

Weitere Voraussetzungen für ein " Feuer" stellt Vossen auf. Er beurteilt als unabdingbar, daß die Reaktion Wärme freisetze und zudem mit mittlerer Geschwindigkeit verlaufe. Nur so könnten langwierige Prozesse ohne Licht und solche schnellerer Art - nämlich Explosionen - abgesondert werden (4). Der Autor verkennt dabei, daß das Entstehen von Licht schon ein selbständiges Merkmal des Rechtsbegriffs

1) So Vossen, ZVersWiss 1968, S.516.

2) Vgl. Wälder, ZVersWiss 1971, S.684.

3) So auch die h.M.;
vgl. Wälder, ZVersWiss 1971, S.684 ff.;
Martin in Prölss/Martin § 82 Anm.2.

4) Vgl. Vossen, ZVersWiss 1968, S.515 f..

"Feuer" ist. Ferner wird die Explosion durch spezielle, eine Differenzierung ermöglichende Kriterien definiert. Aus diesen Gründen ist Vossen die Gefolgschaft zu versagen.

cc) Der bestimmungsmäßige Herd

Die Annahme eines Brandes kommt versicherungsrechtlich nicht in Betracht, solange ein vom Menschen gewollt entfachtes Feuer sich innerhalb seines bestimmungsmäßigen Herdes aufhält. Unter einem Herd versteht man jede Stelle, an der ihrem Zweck entsprechend eine Verbrennung erzeugt, ernährt oder eingegrenzt werden soll. Die räumlichen Ausmaße dieses Ortes richten sich nach der Verkehrsanschauung und nicht nach den sachenrechtlichen Regelungen der §§ 90 ff.BGB. Unterschieden werden geschlossene Herde - also solche mit Außenwänden (z.B. öfen, Kamine) - und ungeschützte (z.B. Streichhölzer, Feuerzeuge, Kerzen) (1).

Martin lehnt einen bestimmungsmäßigen Herd ab, wenn jemand unberechtigt ein Feuer in einer an sich dafür errichteten Anlage entzünde (z.B. der Fall der rachsüchtigen Köchin, die die Sachen ihres Herrn in dessen Kamin verbrennt); solche Ereignisse erfüllten vielmehr die Bedingungen eines Brandes. Anders sei nur in dem Fall zu judizieren, wo die betreffende Person dort ein Feuer bereits vorfinde und für ihre Interessen ausnutze (2).

Diese differenzierende Haltung überzeugt nicht, weil die Verbrennung in beiden Fällen noch in einem objektiv bestimmungsmäßigen Herd stattfindet und kontrollierbar ist. Deshalb muß ein Brand

---

1) Vgl. W.Wussow § 1 AFB Anm.12; Raiser § 1 AFB Rdnr.8; Boldt S.35; Martin, Sachversicherungsrecht C I Rdnr.8.
2) So Martin, Sachversicherungsrecht C I Rdnr.9.

durchgängig verneint werden (1).

dd) Die Ausbreitungsfähigkeit

Sowohl das unbeabsichtigt als auch das in einem bestimmungsmäßigen Herd entstandene Feuer ergeben nur dann Brände, wenn sie geeignet sind, auf noch nicht entzündete Sachen überzugreifen; es fehlt sonst an der typischen Brandgefahr. Dabei müssen diese Gegenstände selbst flammen oder glühen. Streitig wird die Rechtslage bei einer Verbrennung, die sich nur unter Ausnahmebedingungen auszubreiten vermag (z.B. das nur bei Zugabe von hochkonzentriertem Sauerstoff ausbreitungsfähige Eisenfeuer) (2). Die Abgrenzung "normaler" Verhältnisse erscheint kaum möglich. Dies rechtfertigt, die Erfordernisse des Brandbegriffs auch hier als gegeben anzusehen (3).

c) Die Explosion

Die Naturwissenschaft hat sich bis heute nicht auf einen allgemeinverbindlichen Begriff der Explosion geeinigt. Demgegenüber hat die Versicherungswirtschaft vor mehr als 80 Jahren in Zusammenarbeit mit dem Verein Deutscher Ingenieure (VDI) eine Definition gefunden. Danach bildet die Explosion eine sich infolge des Auseinanderstrebens von Gasen oder Dämpfen plötzlich entladende Kraftäußerung (4).

---

1) So auch Boldt S.36.
2) Ablehnend Boldt S.37.
3) So auch Martin, Sachversicherungsrecht C I Rdnr.16; Sblowski, ZfV 1981, S.497.
4) Vgl. Martin, Sachversicherungsrecht C III Rdnr.2. Diese Definition findet sich auch in neueren AVB; vgl. z.B. § 2 Abs.3 der AVB der Bayerischen Landesbrandversicherungsanstalt.

Die Reaktion müsse schnell vor sich gehen und erzeuge regelmäßig Druck (1).

Diesem traditionellen Ansatz hat in neuerer Zeit der Deutsche Normenausschuß (DNA) einen eigenen Vorschlag entgegengesetzt. Es handele sich um eine Explosion, wenn potentielle Energie schnell und von Stoßwellen begleitet in Ausdehnungs- oder in Verdichtungsarbeit oder in beide umgesetzt werde (2).

Die Deutungen des DNA und des VDI stimmen im Grundsatz überein. Sie gehen insoweit auseinander, als die überkommene Sichtweise nur Gase als explosionsfähig erachtet, während der Normenausschuß auch die Ausdehnung von festen und flüssigen Stoffen einbezieht; werden etwa rotierende Massen mittels Fliehkraft weggeschleudert oder zerspringt ein Schwungrad, so vermag allein die moderne Auffassung dies als Explosion einzuordnen. Die Versicherungswirtschaft hat die engere Fassung des VDI mittlerweile ausdrücklich in viele ihrer Bedingungswerke übernommen (3); hier kommt dieser aufgrund der Parteiabrede der Vorrang zu. Der Versicherungsnehmer - regelmäßig ein Laie in pyrotechnischen Belangen - differenziert jedoch nicht nach dem Aggregatzustand der beteiligten Stoffe und spricht deswegen z.B. von einer sogenannten "Schwungradexplosion" (4). Außerdem erscheinen blitzartige Bewegungen fester und flüssiger Materialien nicht minder gefährlich als Gasreaktionen. Ferner kommt es auch für den Brand - eine der Explosion zur Seite gestellte Schadensgefahr (vgl. z.B. § 82 VVG) - nicht auf die Gasförmigkeit an. Aus diesen Erwägungen heraus ist die Definition des DNA grundsätzlich vorzuziehen, wenn die Vertragstexte - wie etwa die ABU und ABN - von einer Begriffsbestimmung absehen.

---

1) Vgl. Bergmann, ZVersWiss 1971, S.446 f..
2) Vgl. Bergmann, ZVersWiss 1971, S.449.
3) Vgl. oben S.276 FN 4.
4) Vgl. Bergmann, ZVersWiss 1971, S.451.

d) Die übrigen in §§ 2 Nr.5 ABU, 2 Nr.6 ABN aufgeführten Ereignisse

Als weitere ausgeschlossene Schadensursache begreifen die §§ 2 Nr.5 ABU, 2 Nr.6 ABN den "Blitzschlag". Ein solcher bedingt, daß ein Blitz unmittelbar auf Sachen übergeht. Ein Blitz hat seinen Ursprung in einem elektrischen Feld innerhalb einer Wolke und entlädt sich durch mehrere Teilladungen. Sachschäden können dabei durch Seng- und Brandwirkungen hervorgerufen werden. Des weiteren gehört der sogenannte "kalte Schlag" in diesen Zusammenhang; bei einem solchen führt das Naturereignis - häufig aufgrund Verdampfens von Wasser - zu Sprengungen in der befallenen Substanz. Im übrigen kann der durch Blitzschläge ausgelöste Luftdruck das Objekt beschädigen (1).

Daneben lassen die §§ 2 Nr.5 ABU, 2 Nr.6 ABN noch Einwirkungen durch Löschen und Niederreißen aus Anlaß eines Brandes, Blitzschlags oder einer Explosion ungedeckt. "Löschen" bedeutet das Ersticken von Feuer (2), "Niederreißen" das Einstürzen der betreffenden Sache (3).

---

1) Vgl. Martin, Sachversicherungsrecht C II Rdnr.1; Boldt S.34;
vgl. auch z.B. § 2 Abs.2 der AVB der Bayerischen Landesbrandversicherungsanstalt.
2) Vgl. Duden Bd.10 unter Stichwort "löschen" (S.423).
3) Vgl. Duden Bd.10 unter Stichwort "niederreißen" (S.466).

e) Die Wirksamkeit der §§ 2 Nr.5 ABU, 2 Nr.6 ABN

aa) Der § 9 Abs.2 Nr.1 AGBG als Kontrollmaßstab

Die Rechtsbeständigkeit des in §§ 2 Nr.5 ABU, 2 Nr. 6 ABN festgelegten grundsätzlichen Ausschlusses des Feuerrisikos könnte unter dem Blickwinkel des § 9 AGBG zweifelhaft sein. In Betracht kommt zunächst eine Abweichung von wesentlichen Grundgedanken des VVG (vgl. § 9 Abs.2 Nr.1 AGBG). Das Gesetz normiert – wie gesehen (vgl. oben S.194) – die Sachversicherungszweige der Feuer-, Hagel-, und Tierversicherung. Die erstere bezweckt gerade den Schutz vor Schäden aus Brand, Explosion sowie Blitzschlag (vgl. § 82 VVG) und trägt insofern keinen für andere Sachversicherungen repräsentativen Charakter. Die Hagelversicherung gelangt nur bei Verlusten aus Hagelschlag zur Anwendung (vgl. § 108 VVG) und nimmt gemäß ihrer Natur als Einzelgefahrendeckung die diskutierten Naturgewalten von vornherein nicht in ihr Leistungsprogramm auf. Die Tierversicherung folgt dagegen – wie die Bauleistungsversicherung – dem Totalitätsprinzip (vgl. oben S.194) und schließt – anders als diese auch das Feuerrisiko ein, arg.e. § 117 VVG. Die Nr.1 des § 117 VVG zeigt jedoch, daß die Gesetzesvorschrift auf die Besonderheiten der Tierversicherung zugeschnitten ist und keine allgemeingültigen Aussagen für andere Versicherungsverträge erlaubt. Mithin erscheint ein Vergleich der §§ 2 Nr.5 ABU, 2 Nr.6 ABN mit den Bestimmungen des VVG unmöglich. Der § 9 Abs.2 Nr.1 AGBG kommt nicht zum Zuge.

bb) Der § 9 Abs.2 Nr.2 AGBG als Kontrollmaßstab

Sodann muß festgestellt werden, ob die Geschäftsbedingungen den Erfordernissen des § 9 Abs.2 Nr.2 AGBG standhalten. Feuerschäden bilden einen gewichtigen Anteil des Baurisikos (vgl. oben S.265). Das Motiv für die Haftungsbeschränkung liegt in dem von einigen Bundesländern praktizierten Versicherungsmonopol für staatliche Zwangsversicherer (vgl. oben S.266 ff.). Auf den ersten Blick scheinen die Baubeteiligten damit hinreichend geschützt. Diese Einschätzung vernachlässigt aber zunächst einmal, daß das Interesse des Bauunternehmers in der Regel weder durch eine öffentliche noch eine private Feuerversicherung erfaßt wird (vgl. oben S.267 ff.). Die für die Bauindustrie eminente Bedeutung des Schadensfaktors Feuer und das Fehlen von Versicherungsalternativen lassen zweifeln, ob der von §§ 2 Nr.5 ABU, 2 Nr.6 ABN eröffnete Deckungsfreiraum nicht den Zweck der Bauleistungsversicherung mißachtet. Allein die gleichzeitig geschaffene Möglichkeit eines Einschlusses der Gefahrenmomente Brand, Blitzschlag und Explosion mittels Sondervereinbarung mildert die für den Werkverpflichteten schwer erträglichen Konsequenzen der zitierten Klauseln. Es sind allerdings Vertragskonzeptionen denkbar, welche der rechtlichen Situation der Bauunternehmer besser Rechnung tragen.

Damit hat die Prüfung der Wirksamkeit der AVB noch nicht ihren Abschluß gefunden. Ins Blickfeld gerückt sei folgende Fallkonstellation: Ein Bauherr nimmt für sein Vorhaben eine Bauleistungs- und eine schon bei Baubeginn einsetzende Gebäudefeuerversicherung. Das Werk erleidet später eine Beschädigung, die nach dem Bauvertrag der Sphäre des Bauherrn angehört (vgl. z.B. § 7 VOB/B) und auf einem Brand sowie zusätzlich auf einer zweiten, von diesem unabhängigen Ursache beruht. Die Bauleistungsversicherung bietet hier dem Versicherten selbst dann keine Hilfe, wenn das zweite Kausalereignis in ihren Anwendungsbereich fällt; denn im Rahmen des Totalitätsprinzips besteht eine Übermacht des Ausschlusses (vgl. oben S.168). Mithin könnte allein den Feuerversicherer eine Einstandspflicht treffen.

Schließt eine Versicherung spezieller Risiken – wie die Feuerversicherung – die zweite Wirklichkeit gewordene Gefahr weder ein noch expressis verbis aus, so befürwortet die h.M. richtigerweise einen Ersatzanspruch des Konsumenten in voller Höhe (1). Ebensogut kann der fragliche Kausalumstand aber ausdrücklich ausgegliedert sein (2); für diesen Fall verficht die überwiegende Auffassung auch bei solchen Versicherungen, die auf dem Spezialitätsprinzip basieren, eine völlige Leistungsfreiheit des Versicherers (3). Der geschädigte Bauherr erhielte dann also überhaupt keine Entschädigung, obwohl zwei Versicherungen für die Immobilie bestehen und beide jeweils eines der ursächlichen Risiken tragen. Das läßt fragen, ob das Versicherungsrecht eine Korrektur dieses Ergebnisses gestattet.

Einen Ausweg bahnen könnte der § 59 VVG. Dieser Rechtssatz begründet ein Gesamtschuldverhältnis, wenn ein Versicherter denselben Schaden von mehreren Versicherungsunternehmen ersetzt verlangen kann und die Summe der Einzelforderungen die Schadenshöhe übersteigt (vgl. § 59 Abs.1 VVG); im Innenverhältnis haften die Versicherer einander an-

---

1) So z.B. Herdt S.113 ff..
Eine Mindermeinung entscheidet allerdings – in Analogie zu § 59 Abs.2 VVG – auf eine nur anteilige Haftung des Versicherungsunternehmens; so z.B. Sieg, VersR 1959, Beiheft 2, S.68. Diese These überzeugt nicht, weil bei der Versicherung von Einzelgefahren sehr häufig ungedeckte Ursachen mitwirken und damit der Versicherungsschutz übermäßig eingeschränkt würde.

2) Im Bereich der Hamburger Feuerkasse besteht z.B. ein ausdrücklicher Ausschluß für die Risiken Erdbeben und Vulkanausbruch (vgl. § 23 Abs.3 Hamburger Feuerkassengesetz und § 1 Nr.7 der AFB der Hamburger Feuerkasse für die Rohbaufeuerversicherung).

3) Vgl. BGH, VersR 1957, 509(510); Möller in Bruck/Möller Bd.II § 49 Anm.153.

anteilig (vgl. § 59 Abs.2 VVG). Nach ihrem Wortlaut und Sinn erstreckt sich die Regelung auf den vorliegenden Sachverhalt nicht, weil weder der Bauleistungs- noch der Feuerversicherer leistungspflichtig sind, der Versicherte also überhaupt keine Dekkung erhält. Es bleibt daher allein die Möglichkeit einer Analogie. Der § 59 VVG soll nach dem ihm zugrundeliegenden Rechtsgedanken sicherstellen, daß die an den Geschädigten auszukehrende Gesamtversicherungsleistung in der Höhe dem erlittenen Schaden entspricht und daß die beteiligten Versicherer sich untereinander ausgleichen können; es handelt sich um einen Ausfluß des versicherungsrechtlichen Bereicherungsverbots (1). Die Bestimmung setzt die Existenz des Begehrens des Versicherten zwingend voraus und wirkt bezüglich dieses Punkts nicht anspruchsbegründend. Das Problem, ob es zwischen Bauleistungs- und Feuerversicherung eine unversicherte Zone gibt, wird durch die Gesetzesvorschrift in keiner Weise berührt. Es mangelt deshalb an der für einen Analogieschluß notwendigen Rechtsähnlichkeit. Der § 59 VVG führt demzufolge nicht weiter.

Läßt man es bei der jetzigen Form der §§ 2 Nr. 5 ABU, 2 Nr.6 ABN bewenden, so bleibt der Versicherte mithin ohne Schutz für solche Sachschäden, die auf Brand, Blitzschlag oder Explosion und einer weiteren, von der Feuerversicherung ausdrücklich eliminierten Ursache zurückgehen. Dieses seltsam anmutende Ergebnis und damit die gänzliche Ausgrenzung der Feuerschäden aus der Bauleistungsversicherung könnte allenfalls durch die ratio der zitierten Klauseln - der gesetzliche Zwang zur Versicherung des Feuerrisikos bei einer öffentlichen Anstalt (vgl. oben S.266 f.) - gerettet werden. Dazu ist indes zunächst anzumerken, daß die öffentlichen Zwangsversicherer neben Brand, Blitzschlag und Explosion auch noch andere, nicht mit Feuer zusammenhängende Ereignisse wie etwa Schadensfälle aus her-

---

1) Vgl. Martin in Prölss/Martin § 55 Anm.1; Hofmann S.31.

abstürzenden Flugkörpern (1) decken. Obwohl für diese Risiken ebenfalls ein staatliches Monopol besteht, reagieren die ABU und ABN insoweit nicht mit einem Ausschluß. Umso weniger ist einzusehen, warum die §§ 2 Nr.5 ABU, 2 Nr.6 ABN die Haftung für die Feuergefahr derart unflexibel gestalten. Ferner beschränkt sich das staatliche Versicherungsmonopol auf einige Regionen der Bundesrepublik. Daneben darf nicht in Vergessenheit geraten, daß das Besitzinteresse des Bauunternehmers sich außerhalb der Feuerversicherung bewegt (vgl. oben S.267 ff.). All die vom öffentlichen Versicherungsrecht unbesetzten Felder müssen mittels privatrechtlicher Versicherungen abgedeckt werden. Für noch in der Bauphase befindliche Objekte bringt die Bauleistungsversicherung eine Allgefahrendeckung. Mithin hegen Auftragnehmer und -geber die berechtigte Erwartung, umfassenden Versicherungsschutz zu genießen. Dem laufen die §§ 2 Nr.5 ABU, 2 Nr.6 ABN zuwider, indem sie für das sehr beträchtliche Feuerrisiko ohne Not grundsätzlich jegliche Deckung ausschalten. Eine engere Interpretation der Versicherungsbedingungen ist aufgrund des eindeutigen Wortlauts nicht möglich. Deshalb verstoßen die Vertragsnormen gegen § 9 Abs.2 Nr.2 AGBG und sind nichtig.

cc) Die ergänzende Vertragsauslegung

Die vorhandene Vertragslücke muß durch eine ergänzende Auslegung gefüllt werden (vgl. oben S.189 f.). Der Bauleistungsversicherer hat redlicherweise das Feuerrisiko soweit zu tragen, wie kein öffentlich-rechtliches Monopol besteht. Mithin fallen die Gefahren Brand, Explosion und Blitzschlag sowie

---

1) Vgl. z.B. §§ 1 Abs.1 der AVB der Bayerischen Landesbrandversicherungsanstalt, 23 Abs.1 Nr.5 Hamburger Feuerkassengesetz.

Niederreißen und Löschen prinzipiell unter die Bauleistungsversicherung, es sei denn, eine staatliche Zwangsversicherungsanstalt ist zum Schadensersatz tatsächlich verpflichtet. Diese Einschränkung drückt die Subsidiarität der ABU und ABN gegenüber der öffentlichen Gebäudeversicherung aus. Abschließend sei noch hervorgehoben, daß für einige andere Schadensgefahren - wie solchen aus herabstürzenden Flugkörpern - dieselben Rechtsgrundsätze gelten, weil auch insoweit Monopole der öffentlich betriebenen Feuerversicherer existieren (vgl. oben S.282 f.).

B) Besonderheiten der ABU

I) Einführung

Gemäß § 3 Nr.1 ABU leistet der Versicherer auf der Basis der ABU nur für solche Sachschäden Ersatz, die nach der Verdingungsordnung für Bauleistungen Teil B (Fassung 1973) zu Lasten des versicherten Bauunternehmers gehen. Innerhalb des Werkvertrags überantwortet der § 644 Abs.1 S.1 BGB bis zur Abnahme des Objekts durch den Besteller sämtliche Beeinträchtigungen desselben dem Risikobereich des Auftragnehmers (1). Diesem Grundsatz folgt für das werkrechtliche Spezialgebiet des Bauvertragsrechts auch die VOB (vgl. § 12 Nr.6 VOB/B). Sie durchbricht ihn aber partiell in § 7 VOB/B, indem sie bestimmte Beschädigungen als schon vor der Abnahme vom Bauherrn zu tragen bezeichnet; danach liegt die Gefahr nur dann bei dem Hersteller, wenn die Einwirkung nicht auf höherer Gewalt, Krieg, Aufruhr oder anderen unabwendbaren, vom Hersteller nicht zu vertretenden Umständen beruht. Diese bauvertragliche Regelung hat der § 3 Nr.1 ABU zur Begrenzung des Deckungsumfangs der ABU in Bezug genommen und damit die soeben aufgezählten Kausalereignisse aus dem Kreis der versicherten Risiken ausgeschlossen; dies soll dem Wortlaut der AVB zufolge selbst dann gelten, wenn der Bauvertrag im konkreten Einzelfall die VOB unbeachtet läßt und allein das für den Unternehmer ungünstigere BGB zur Anwendung gelangt. Im folgenden muß dargestellt werden, was die skizzierte versicherungsrechtliche Haftungsbeschränkung bewirkt und wie sie zu beurteilen ist.

---

1) Eingeschränkt wird dies allerdings durch § 645 BGB, der zudem nach allg.M. auf bestimmte Fallgestaltungen analog anwendbar ist; vgl. dazu Staudinger/Peters § 645 Rdnr.12 ff., 29 ff..

II) Die Einbeziehung des § 7 VOB/B (Fassung 1973) in den Versicherungsvertrag

1) Die formelle Wirksamkeit der in § 3 Nr.1 ABU festgelegten Einbeziehung des § 7 VOB/B

Nach § 2 Abs.1 Nr.1, 2 AGBG werden Allgemeine Geschäftsbedingungen Bestandteil des jeweiligen Vertrages, sofern der Verwender auf sie hingewiesen und seinem Partner die Kenntnisnahme ermöglicht hat. Der § 3 Nr.1 ABU will die Gefahrverteilung der Verdingungsordnung für Bauleistungen Teil B in die Bauleistungsversicherung integrieren, ohne den Wortlaut der einschlägigen Normen der VOB zu zitieren oder wenigstens deren Paragraphen anzuführen. Diese Vorgehensweise gewährleistet nicht, daß der Versicherte sich hinreichend über den materiellen Inhalt des Versicherungsvertrages informieren kann. Daher bestehen im Hinblick auf § 2 AGBG Bedenken, ob der Verweis des § 3 ABU tatsächlich den § 7 VOB/B in die AVB formell einbezieht und so als Gefahrausschluß wirkt.

a) Die Einbeziehung von AVB in den Versicherungsvertrag im allgemeinen

Der Versicherungsvertrag kommt grundsätzlich formlos nach den allgemeinen bürgerlich-rechtlichen Vorschriften zustande (1). Die Praxis zeigt häufig folgenden Ablauf: Der Kunde stellt auf einem vom

---

1) Vgl. BGH, VersR 1955, 738;
Prölss in Prölss/Martin § 3 Anm.1.

Versicherungsagenten vorgelegten Formular einen schriftlichen Antrag, den der Versicherer sodann durch eine schriftliche Erklärung oder die Übersendung des Versicherungsscheins (vgl. § 3 Abs.1 VVG) annimmt (1). Dagegen liegt in dem bloßen Empfang der Erstprämie durch den Agenten selbst bei einer Inkassovollmacht noch kein Vertragsschluß (2). Weicht der Versicherungsschein vom Inhalt der Offerte oder der bereits getroffenen Vereinbarung ab und hat der Versicherer die Differenzen deutlich hervorgehoben sowie eine Rechtsfolgenbelehrung beigefügt, so richtet sich der Inhalt des Versicherungsverhältnisses bei Schweigen des Versicherungsnehmers nach dem Versicherungsschein (vgl. § 5 Abs. 1, 2 VVG).

Nun dürfte es nicht selten passieren, daß das Versicherungsunternehmen bei Zustandekommen der Übereinkunft die Erfordernisse des § 2 AGBG übergeht. Außerhalb des Privatversicherungsrechts ist das Schuldverhältnis in einem derartigen Fall zwar wirksam (vgl. § 6 Abs.1 AGBG), aber die AGB werden durch das dispositive Gesetzesrecht verdrängt (vgl. § 6 Abs.2 AGBG). Im Versicherungswesen führte diese Rechtsfolge zu ungleichmäßigen Verträgen und stände im Widerspruch zum Prinzip der Gefahrengemeinschaft und zum "kollektiven Geschäftssystem" (3) der Versicherungswirtschaft. Deshalb hat der Gesetzgeber den § 23 Abs.3 AGBG geschaffen; dieser Rechtssatz erklärt Allgemeine Versicherungsbedingungen für grundsätzlich auch dann verbindlich, wenn der Verwender die Voraussetzungen des § 2 Nr.1, 2 AGBG mißachtet hat.

Die Fassung des § 23 Abs.3 AGBG hat Anlaß zu der Frage gegeben, ob der Versicherer in keiner Weise

---

1) Vgl. Prölss in Prölss/Martin § 3 Anm.1, 4; Hofmann S.48.

2) Vgl. BGH, VersR 1983, 121.

3) Vgl. BR-Drucksachen 360/75, S.43; BT-Drucksachen 7/3919, S.43.

auf den Inhalt des § 2 AGBG Bedacht zu nehmen brauche. Die ganz h.M. verneint das. Es würden allein die Nr.1 und 2 des § 2 AGBG ihrer Sanktion enthoben; das am Ende der letztgenannten Vorschrift darüber hinaus verlangte Einverständnis des Vertragspartners mit der Geltung der AGB müsse trotzdem vorliegen. Dies gehe zum einen aus dem Wortlaut der Privilegierung des § 23 Abs.3 AGBG hervor. Zum anderen könnten auch nach der allgemeinen Zivilrechtslehre immer nur beide Teile gemeinsam den Inhalt eines Vertrags festlegen (1). Wehre sich der Konsument gegen die AVB, so komme das allgemeine Gesetzesrecht zur Anwendung (2).

Dieser Ansicht tritt Graf von Westphalen entgegen. Er will den § 23 Abs.3 AGBG korrigierend dahin auslegen, daß auch das Fehlen der Zustimmung des Versicherungsnehmers zur Maßgeblichkeit des betreffenden Bedingungswerks unschädlich sei. Diese Interpretation erscheine wegen des Gebots der Gleichbehandlung aller Versicherten zwingend. Die Formulierung des § 23 AGBG beruhe auf einem Redaktionsversehen des Gesetzgebers (3).

Das allgemeine Zivilrecht kennt grundsätzlich nur solche Verträge, die durch die übereinstimmenden Willen beider Parteien ausgestaltet werden. Dies respektiert auch der § 23 Abs.3 AGBG. Sonst hätte die Regelung den gesamten § 2 AGBG angesprochen und sich nicht ausdrücklich auf dessen Nr.1 und 2 konzentriert. Insoweit verdient die h.M. Beifall. Andererseits sind Vertragserklärungen immer vom Horizont des Empfängers auszulegen (vgl. §§ 133, 157 BGB). Die Bevölkerung weiß in ihrer großen Mehrheit

---

1) So Staudinger/Schlosser § 23 AGBG Rdnr.38; Ulmer in Ulmer/Brandner/Hensen § 23 Rdnr.53; Münchner Komm./Kötz § 23 AGBG Rdnr.14.

2) Vgl. N.Horn in Wolf/Horn/Lindacher § 23 Rdnr.405.

3) So Graf von Westphalen in Löwe/Graf von Westphalen/Trinkner Bd.II § 23 Abs.3 Rdnr.5.

um die Verwendung von AVB in Versicherungen. Mithin muß das Versicherungsunternehmen das Angebot (oder die Annahme) des Kunden als Einverständnis mit den AVB werten, sofern dem nicht eindeutig widersprochen wird (1). Im Falle des Protests werden die Verhandlungen häufig scheitern, weil die Versicherer nicht gewillt sind, Sonderkonditionen zu gewähren.

b) Anwendung dieser Grundsätze auf die §§ 3 Nr.1 ABU, 7 VOB/B

aa) Die Rechtsnatur des § 7 VOB/B als Allgemeine Versicherungsbedingung i.S. des § 23 Abs.3 AGBG

Der § 3 Nr.1 ABU gibt den von ihm inhaltlich in Bezug genommenen § 7 VOB/B weder dem Wortlaut noch dem Paragraphen nach wieder. Dem § 2 AGBG ist dennoch Genüge getan, wenn der Versicherer den Text der besagten Bauvertragsnorm der Urkunde über den Versicherungsvertrag als Anlage beifügt oder auf andere Weise dafür gesorgt hat, daß der Verbraucher in zumutbarer Weise von der Verdingungsordnung Kenntnis zu nehmen vermag (z.B. durch gut sichtbaren Aushang in den Räumen, wo der Vertragsschluß stattfindet). Andernfalls verletzt der Verwender das AGBG und der § 23 Abs.3 AGBG gerät ins Blickfeld. Die Anwendbarkeit dieser Regelung erfordert zunächst, daß sich der § 7 VOB/B über die durch § 3 Nr.1 ABU festgeschriebene Integration in das Versicherungsverhältnis zu einer behördlich genehmig-

---

1) So im Ergebnis auch Koch/Stübing § 23 Rdnr.15; Bauer, BB 1978, S.477; Meyer-Kahlen, VP 1977, S.81, 84.

ten "Allgemeinen Geschäftsbedingung des Versicherers" (vgl. § 23 Abs.3 AGBG) – also einer Allgemeinen Versicherungsbedingung – wandelt.

AVB stellen Allgemeine Geschäftsbedingungen i.S. des § 1 AGBG dar, welche einer Vielzahl von Versicherungsverträgen ohne Rücksicht auf individuelle Unterschiede der einzelnen Wagnisse zugrunde gelegt werden (1). Die VOB/B enthält AGB, soweit sie als Grundlage des Bauvertrages dient (vgl. oben S.58). Versicherungsrechtlich betrachtet, ist der § 7 VOB/B dagegen in den vom BAV genehmigten Text der ABU nicht formell übernommen worden. Dennoch hat das Aufsichtsamt den Verweis auf die Verdingungsordnung gebilligt, so daß sie materiell das versicherte Risiko konkretisieren soll. Für die dogmatische Qualifikation der Norm als AGB bleiben die Art der Einfügung in den Vertrag und die Form der Abrede ohne Belang (vgl. § 1 Abs.1 S.2 AGBG); bei einer entsprechenden Bezugnahme ergeben auch Klauseln außerhalb einer vorgedruckten Urkunde einen Bestandteil der Vereinbarung und somit AGB (2). Nach alledem ist § 7 VOB/B als eine Allgemeine Geschäftsbedingung anzusehen, die über § 3 Nr.1 ABU gewisse Schadensursachen vom Versicherungsschutz eliminiert. Soweit die VOB-Bestimmung diese Funktion erfüllt, rechnet sie zu den Allgemeinen Versicherungsbedingungen. Dieses Tatbestandsmerkmal des § 23 Abs.3 AGBG liegt vor.

---

1) Vgl. BGH, VersR 1975, 845;
Prölss in Prölss/Martin Vorbem I 6 A a;
Hofmann S.12.

2) Vgl. Ulmer in Ulmer/Brandner/Hensen § 1 Rdnr.35.

bb) Der Sinn des § 23 Abs.3 AGBG als Hinderungsgrund für seine Anwendung auf die Allgemeine Versicherungsbedingung des § 7 VOB/B

Der § 23 Abs.3 AGBG bezweckt, das Entstehen unterschiedlicher Versicherungsverträge zu vermeiden, und heilt deshalb Fehler, die der Versicherer als Verwender im Zuge des Vertragsschlusses begangen hat. Grundsätzlich "sollen" die Voraussetzungen des § 2 Nr.1, 2 AGBG jedoch auch im Versicherungswesen beachtet werden (1). Nun teilen die ABU dem Kunden den Inhalt von § 7 VOB/B nicht mit, weswegen die von der Versicherungswirtschaft wohl ganz überwiegend geübte Praxis der Kenntnisgabe allein des Textes der ABU-Klauseln gezielt und auf breiter Front die Anforderungen des Gesetzes verletzt; der von § 23 Abs.3 AGBG ins Auge gefaßte Ausnahme- wird hier zum "geplanten" Regelfall. Dies spricht eher dafür, die Regelungstechnik des § 3 Nr.1 ABU als vom Sinn der gesetzlichen Privilegierung nicht mehr gedeckt einzustufen. Damit hinge es aber doch von der Erfüllung der Nr.1 und 2 des § 2 AGBG ab, ob der § 7 VOB/B im Rahmen der Bauleistungsversicherung Rechtswirkung entfalten kann. Es drohten dem Prinzip der Gefahrengemeinschaft zum Trotz Versicherungsverhältnisse mit inkongruenten Leistungsprogrammen. Das will § 23 Abs.3 AGBG in jedem Fall verhindern. Mithin kommt auch hier der Zweck des Rechtssatzes noch zum Tragen.

In diesem Zusammenhang ist ein weiteres zu berücksichtigen: Das AGBG will den Verbraucher vor den Risiken Allgemeiner Geschäftsbedingungen bewahren. Die mittels der ABU eingeräumte Bauleistungsversicherung richtet sich an Bauunternehmer. Dieser Personenkreis muß das Bauvertragsrecht und insbesondere die VOB zumindest in groben Umrissen ken-

1) Vgl. BT-Drucksachen 7/3919, S.43.

nen. Demnach kann davon ausgegangen werden, daß die Versicherungsnehmer die in § 3 Nr.1 ABU getroffene Bestimmung zu deuten wissen (1). Auch das Schutzbedürfnis des Konsumenten zwingt vorliegend nicht zu einer einschränkenden Auslegung des § 23 Abs.3 AGBG. Aus diesen Gründen sperrt der § 2 Nr.1, 2 AGBG die Aufnahme des § 7 VOB/B in den Versicherungsvertrag selbst dann nicht, wenn der Versicherer es unterlassen hat, dem anderen Teil den Wortlaut der Verdingungsordnung zugänglich zu machen.

2) Die Maßgeblichkeit der von 1973 stammenden Fassung des § 7 VOB/B

Nach dem Klammerzusatz in § 3 Nr.1 ABU bestimmt sich der Deckungsumfang nach der VOB "in der Fassung von 1973". Diese findet zwar heutzutage keine Verwendung mehr, weil die Verdingungsordnung zwischenzeitlich mehrfach reformiert und 1990 neu ausgegeben worden ist (vgl. oben S.57). Trotzdem sind diese Neuerungen unerheblich für die ABU. Denn zum einen verweist § 3 Nr.1 ABU eindeutig auf den im Jahre 1973 gültigen Konditionstext. Zum anderen soll sich der Kreis der versicherten Gefahren auch bei solchen Bauprojekten an der VOB orientieren, die aufgrund eines BGB-Werkvertrages durchgeführt werden (vgl. oben S.285); nach der Konzeption der AVB müssen sich die bau- und versicherungsvertraglichen Risikosphären mithin sowieso nicht decken. Im übrigen bestand der § 7 VOB/B bereits 1973 in

---

1) Der gleiche Gedanke findet sich beim BGH, der im Bauvertragsrecht den globalen Hinweis des Verwenders gegenüber einem Bauunternehmer auf die Geltung der VOB/B im Hinblick auf § 2 AGBG genügen läßt; vgl. BGHZ 86, 135(138).
Ebenso in der Lit.: Palandt/Heinrichs § 2 AGBG Rdnr.9. A.A. dagegen Bartsch, BB 1982, S.1700.

seiner jetzigen Form, und die VOB Ausgabe 1990 hat ihn lediglich übernommen, so daß der angeschnittenen Thematik zur Zeit keine praktische Relevanz zukommt.

III) Der Inhalt des von § 7 VOB/B i.V.m. § 3 Nr.1 ABU festgelegten Risikoausschlusses

1) Die betroffenen Sachen

Der von §§ 3 Nr.1 ABU, 7 VOB/B errichtete Risikoausschluß bezieht sich in gegenständlicher Hinsicht auf Schäden an der ausgeführten "Leistung" (vgl. § 7 VOB/B). Es stellt sich die Frage, welche versicherten Sachen damit gemeint sind. Eine Ansicht in der Literatur versteht unter "Leistung" i.S. des § 7 VOB/B neben den eigentlichen Kernbauleistungen (vgl. oben S.62 ff.) auch die Vorbereitung und den Schutz der Baustelle sowie die bereit gehaltenen, noch nicht eingesetzten Baustoffe und -teile. Denn nach dem Werkvertrag schulde der Unternehmer eine bestimmte, am Arbeitsergebnis zu messende Energieleistung. Zu dieser trügen sämtliche für den Vollzug des Bauvorhabens notwendigen Maßnahmen bei. Außerdem erscheine es konsequent, alle zum Baugeschehen gehörenden Sachen und Werke in gleicher Weise dem § 7 VOB/B zu unterwerfen (1).

Ausgangspunkt der Auslegung des Merkmals "Leistung" in § 7 VOB/B ist die in § 1 VOB/A enthaltene Grundsatzdefinition des Begriffs "Bauleistung". Danach bleiben noch unverwandte Baumaterialien außen vor, während die Hilfsbauten erfaßt werden (vgl. oben S.59 ff.). Nun verlegt der § 7 VOB/B die Gefahr auf einen Zeitpunkt "vor der Abnahme", spricht

---

1) So Ursprung, BauR 1973, S.345 f..

also diejenigen Arbeiten an, bei denen grundsätzlich eine solche beabsichtigt ist. Zu diesen Bauleistungen zählen allein die in die Bausubstanz eingehenden und mit dem Grundstück fest verbundenen Gewerke. Deshalb bilden nur sie eine "Leistung" i.S. des § 7 VOB/B (1); die letztgenannte Bauvertragsnorm ist mithin enger als der § 1 VOB/A. Die aus § 3 Nr.1 ABU ableitbare Haftungsbeschränkung des Versicherers gilt damit von vornherein nicht für Schäden an unverbrauchten Baustoffen und an Hilfskonstruktionen.

2) Die ausgeschlossenen Schadensursachen

Der § 7 VOB/B verwehrt über § 3 Nr.1 ABU den Schadensursachen höhere Gewalt, Krieg, Aufruhr und anderen unabwendbaren, vom Auftragnehmer nicht zu vertretenden Umständen die Deckung. Die Regelung für Krieg wiederholt lediglich, was schon der § 2 Nr.4 lit.c), 1.Alt.ABU festlegt (vgl. dazu oben S. 247 ff.). Ein "Aufruhr" ist gegeben, wenn zahlenmäßig nicht unerhebliche Teile des Volkes sich zusammenrotten und in einer die öffentliche Sicherheit und Ordnung störenden Weise Gewalt gegen Personen bzw. Sachen üben (2). Diese Definition gleicht der für "innere Unruhen" (vgl. oben S.254), und dieses Risiko lassen die ABU bereits über § 2 Nr.4 lit.c), 3.Alt. unversichert.

Der konstitutive Teil der §§ 3 Nr.1 ABU, 7 VOB/B schrumpft damit auf die Gefahren "höhere Gewalt" und "andere unabwendbare Ereignisse" zusammen. Unter höherer Gewalt versteht man ein von aussen auf den Bau wirkendes - also betriebsfremdes -,

---

1) So auch die ganz h.M.; vgl. BGH, NJW 1973, 368; Ingenstau/Korbion VOB/B § 7 Rdnr.11; Erman/Seiler § 644 Rdnr.7.
2) Vgl. Daub/Piel/Soergel/Steffani VOB/B ErlZ 7.16.

außergewöhnliches Vorkommnis, welches unvorhersehbar gewesen ist, selbst bei äußerster Sorgfalt nicht ohne Gefährdung des vom Unternehmer erwünschten wirtschaftlichen Erfolgs hätte abgewandt werden können und zudem nicht so häufig aufzutreten pflegt, daß es hätte in Rechnung gestellt und in Kauf genommen werden müssen (1). Es handelt sich mehrheitlich um Verhaltensweisen Dritter und um Naturgewalten (z.B. Erdbeben, Blitzschlag, Orkane) (2); ebenso hierher gehört das von Klausel 60 Nr.5-7 zu den ABU beschriebene "außergewöhnliche Hochwasser" (vgl. oben S.263) (3).

Die ferner von § 7 VOB/B erwähnten "anderen unabwendbaren vom Auftragnehmer nicht zu vertretenden Umstände" heben sich von den Fällen höherer Gewalt dadurch ab, daß sie nicht betriebsfremd zu sein brauchen. Es genügt etwa der durch Bauarbeiten hervorgerufene Wassereinbruch an der Baustelle (4).

IV) Die Rechtswirksamkeit von § 7 VOB/B

1) Der § 7 VOB/B als Bestandteil des Bauvertrags

a) Einführung

Abschließend muß der § 7 VOB/B an § 9 AGBG gemessen werden. Da die Geschäftsbedingung Element sowohl

1) Vgl. RGZ 93, 66(67); BGHZ 7, 338(339); Daub/Piel/Soergel/Steffani VOB/B ErlZ 7.17.
2) Vgl. Ingenstau/Korbion VOB/B § 6 Rdnr.47.
3) Vgl. Rehm S.108; Platen, Handbuch S.73.
4) Vgl. BGH, VersR 1962, 159(160); Ingenstau/Korbion VOB/B § 7 Rdnr.22.

des Bau- als auch des Versicherungsvertrages ist und diese beiden Schuldverhältnisse in Charakter und Zweck weitgehend divergieren, übt sie zwei verschiedene Funktionen aus: zum einen die Zuweisung der werkrechtlichen Gefahr, zum anderen die versicherungsrechtliche Beschränkung der Haftung des Versicherers. Deshalb gliedert sich auch die Prüfung der Wirksamkeit in zwei entsprechende Abschnitte. Zuerst soll der § 7 VOB/B als Bestandteil des Bauvertrages, dann als solcher des Versicherungsvertrages beleuchtet werden.

Baurechtlich überbürdet der § 7 VOB/B die Preisgefahr für das Objekt partiell dem Auftraggeber, indem bei einigen Schäden der Vergütungsanspruch des Herstellers aufrecht erhalten wird; die Höhe dieses Entgelts bemißt sich nach § 6 Nr.5 VOB/B. Daneben bleibt der Unternehmer gegen Zahlung des restlichen Werklohns zur fehlerfreien Vollendung der Bauleistung verpflichtet (1). Sobald sich eine von § 7 VOB/B beschriebene Sachlage abzeichnet, hat der Hersteller den Auftraggeber zu benachrichtigen und die drohende Beschädigung abzuwenden oder wenigstens einzudämmen. Kommt der erstere dem nicht nach, so begeht er eine positive Forderungsverletzung. Ein derartiges Fehlverhalten schließt den § 7 VOB/B tatbestandlich aus und bringt den § 644 BGB zur Anwendung (2). Ähnliches gilt, wenn der Unternehmer sich bei Eintritt des Schadens im Schuldnerverzug befindet; hier hat die auf § 287 S.2 BGB gestützte Zufallshaftung des Säumigen Vorrang (3). Die Vereinbarkeit des so gefaßten § 7 VOB/B mit dem § 9 AGBG ist nachfolgend zu erhellen.

---

1) Vgl. Daub/Piel/Soergel/Steffani VOB/B ErlZ 7.41, 7.42.

2) Vgl. Ingenstau/Korbion VOB/B § 7 Rdnr.25; Wäldner S.49 ff..

3) Vgl. Wäldner S.51 f..

b) Die Wirksamkeit des § 7 VOB/B im Rahmen des Bauvertrags

aa) Die Art der anhand von § 9 AGBG vorzunehmenden Inhaltskontrolle bei Überprüfung der VOB

Die in § 7 VOB/B vorgesehene Verlagerung der Preisgefahr auf den Bauherrn entfernt sich in starkem Maße von der gesetzlichen Konzeption des § 644 Abs. 1 S.1 BGB (vgl. oben S.285). Diese Tatsache hat zu Bedenken geführt, ob die Vertragsvorschrift dem § 9 AGBG standhält (1). Eine dahingehende Feststellung bedingt, daß die einzelnen Normen der VOB/B überhaupt isoliert an der gesetzlichen Generalklausel meßbar sind; diesbezüglich besteht Streit.

aaa) Meinungsstand

Der BGH hat die Theorie der sogenannten "Gesamtkontrolle" entwickelt. Sofern die Beteiligten die Verdingungsordnung für Bauleistungen Teil B ohne wesentliche Einschränkungen in den Bauvertrag eingefügt hätten, unterliege diese nur als Ganzes den Vorgaben des § 9 AGBG; dabei halte sich die jetzige Form des Konditionswerks im Rahmen des gesetzlich Erlaubten. Eine Prüfung spezieller Klauseln der VOB/B sei in diesem Fall nicht zulässig.

Das Gericht führt für seine Haltung mehrere Argumente ins Feld. Zunächst sei die VOB – anders als "normale" AGB – von Vertretern beider Seiten – also Bauwirtschaft und Bauherren – formuliert worden. Dieses Verfahren garantiere einen gerechten

---

1) Zum AGB-Charakter der VOB/B vgl. oben S.58 f..

Interessenausgleich. Der schließlich entstandene Normenkatalog beweise das, weil er in einigen Punkten den Auftragnehmer und in anderen den Auftraggeber bevorzuge. Eine Billigkeitskontrolle einzelner Teile störe die Ausgewogenheit des Gesamtwerks. Diese Sichtweise finde sich in § 23 Abs.2 Nr.5 AGBG bestätigt, demzufolge einige offensichtlich gegen die §§ 10 Nr.5, 11 Nr.10 lit.f) AGBG verstoßende Erklärungsfiktionen und Gewährleistungsregelungen der VOB von der Anwendung der beiden letztgenannten Rechtssätze verschont blieben. Der Gesetzgeber habe auf diesem Weg die wirksame Vereinbarung der Gesamt-VOB ermöglichen wollen (1).

Die soeben skizzierte, vom BGH verfochtene Sonderstellung der Verdingungsordnung gegenüber anderen AGB hat in der Rechtslehre Widerspruch erfahren. Auch wenn die VOB/B als Ganzes in den konkreten Werkvertrag eingebaut werde, seien deren Einzelnormen isoliert anhand des § 9 AGBG nachprüfbar. Diese Theorie von der sogenannten "Einzelkontrolle" gründet sich auf folgende Überlegungen:

Der § 9 AGBG gehe schon nach seinem Wortlaut davon aus, daß die Klauseln des jeweiligen Bedingungswerks einzeln beurteilt würden. Die von der Rechtssprechung befürwortete Gesamtkontrolle der VOB/B bilde daher innerhalb des geltenden Rechts einen Fremdkörper. Auch bleibe offen, was im Falle der Unausgewogenheit zu geschehen habe. Die allein denkbare Lösung bestehe darin, die Verdingungsordnung insgesamt für nichtig zu erklären; eine solche Rechtsfolge sehe sich jedoch mit der Regelung des § 6 Abs.1 AGBG in Konflikt. Zudem spreche auch der § 23 Abs.2 Nr.5 AGBG gegen die Konzeption der Judikatur, weil er lediglich ganz bestimmte Komplexe des Bauvertragsmusters besonders behandele und somit die übrigen Regelungen für die Inhaltskontrolle

---

1) So BGHZ 86, 135(141);
ihm folgen Bunte, BB 1983, S.735;
Palandt/Heinrichs § 9 AGBG Rdnr.141.

freigebe.

Ferner behaupte der BGH pauschal einen durch die VOB/B geschaffenen gerechten Interessenausgleich, ohne einen Maßstab für diese Bewertung anzuführen. Die bloße Mitarbeit aller betroffenen Verbände bei der Aufstellung der Bedingungen rechtfertige die Annahme des Gerichts noch nicht. Einzelne Klauseln könnten durchaus unangemessen benachteiligen. Dann sei kein Grund vorhanden, der Anwendung des AGBG zu entsagen.

Im übrigen nehme der BGH eine Gesamtkontrolle nur vor, wenn die VOB/B ohne "ins Gewicht fallende Einschränkungen" dem fraglichen Schuldverhältnis zugrundeliege. Dieser Ansatz lasse im Dunkeln, ab welcher Grenze den im Einzelfall unberücksichtigten Punkten eine entscheidende Bedeutung zukomme. Deshalb widersetze die Praxis sich dem Gebot der Rechtssicherheit (1).

bbb) Stellungnahme

Der § 9 AGBG überwacht "Bestimmungen in Allgemeinen Geschäftsbedingungen" und bezieht sich damit auf die jeweiligen Einzelregelungen. Die von § 6 Abs.1 AGBG normierte Teilunwirksamkeit und die daraus ableitbare Absage an die Vermutung der Totalnichtigkeit des Vertrags in § 139 BGB liegen auf derselben Linie. Das AGBG kennt die Gesamtkontrolle offensichtlich nicht. Auch fehlen praktikable Kriterien für dieses Lösungsmodell. Der BGH argumentiert im Falle der VOB/B vom gewünschten Resultat her, ohne auf die entgegenstehende Konzeption des Gesetzes Bedacht zu nehmen. Daneben schafft er unnötige Abgrenzungsprobleme, weil der Umfang der Bezugnahme auf die Verdingungsordnung zum entscheidungserheb-

---

1) So Hensen in Ulmer/Brandner/Hensen Anh.§§ 9-11 Rdnr.904 f.; Flach, NJW 1984, S.156 ff.; N.Horn in Wolf/Horn/Lindacher § 23 Rdnr.249.

lichen Aspekt erwächst. Darüber hinaus verdient noch Beachtung, daß im Bereich genehmigter Allgemeiner Versicherungsbedingungen der Richter sämtliche Klauseln isoliert begutachten kann, obwohl vorher schon eine Prüfung durch das BAV erfolgt ist (vgl. oben S.179 ff.). Mithin hat die Entstehungsgeschichte von Konditionswerken keinen Einfluß auf die Art der Anwendbarkeit des AGBG. Nach alledem erweist sich die Auffassung der Rechtslehre als richtig; die Einzelnormen der VOB/B müssen die Grundsätze des § 9 AGBG uneingeschränkt umsetzen.

bb) Die Vereinbarkeit der Bauvertragsnorm des § 7 VOB/B mit der Generalklausel des § 9 AGBG

aaa) Der § 9 Abs.2 Nr.1 AGBG als Prüfungsmaßstab

Der § 7 VOB/B suspendiert – zumindest partiell – den § 644 Abs.1 S.1 BGB. Aufgrunddessen wird kontrovers erörtert, ob die Geschäftsbedingung die Wirksamkeitsmerkmale des § 9 Abs.2 Nr.1 AGBG erfüllt. Da sie den Unternehmer begünstigt, tauchen Zweifel an ihrer Rechtsbeständigkeit nur auf, sofern derselbe als Verwender i.S. des § 1 Abs.1 S.1 AGBG auftritt; stellt dagegen der Auftraggeber die VOB einseitig als Vertragsbasis, kann die Sanktion des § 9 AGBG von vornherein nicht Platz greifen (1).

1) Vgl. Hensen in Ulmer/Brandner/Hensen Anh.§§ 9–11 Rdnr.906.

aaaa) Meinungsstand

Eine Mindermeinung im Schrifttum hält den § 7 VOB/B wegen § 9 Abs.2 Nr.1 AGBG für nichtig (1). Die über § 644 Abs.1 S.1 BGB geltende grundsätzlich unbegrenzte Haftung des Unternehmers bis zur Abnahme entspringe dem Faktum, daß das Werk als Erfolg und nicht nur die Dienstleistung geschuldet werde. Die Gesetzesvorschrift drücke daher einen wesentlichen Grundgedanken des Werkvertragsrechts aus. Der historische Gesetzgeber habe den Vorschlag einer Ausnahmeregelung für Bauverträge bewußt verworfen und einem absoluten Vorrang der Interessen des Bestellers das Wort geredet. Letzterem sei die Vergütung einer Arbeit, die ihm keinen Vorteil bringe, schlechthin nicht zumutbar. Diese auf Gerechtigkeitserwägungen fußende Entscheidung übergehe der § 7 VOB/B. Dies sei umso fragwürdiger, als dem Bauherrn entgegen § 4 Nr.1 Abs.2 VOB/B oft sogar der Zugang zur Baustelle verweigert werde. Außerdem könne sich der Unternehmer eher als der Bauherr durch den Abschluß einer Bauleistungsversicherung schützen.

Die überwiegend vertretene Meinung erkennt den § 7 VOB/B dagegen als rechtsbeständig an (2). Sie beruft sich vor allem darauf, daß Bauleistungen zumeist im Machtbereich des Bestellers ausgeführt würden. Dem Unternehmer sei es daher häufig nicht

---

1) So Schmidt-Salzer, BB 1973, Beilage 1 S.8; grundsätzlich auch Hensen in Ulmer/Brandner/Hensen Anh.§§ 9-11 Rdnr.906, der allerdings bei einer Verwendung der VOB/B gegenüber einem öffentlichen Auftraggeber von der Wirksamkeit der Klausel ausgeht.
2) So Staudinger/Schlosser § 9 AGBG Rdnr.79; N.Horn in Wolf/Horn/Lindacher § 23 Rdnr.253; Weick in Nicklisch/Weick § 7 Rdnr.6; Ingenstau/Korbion VOB/B § 7 Rdnr.1.

möglich, Einwirkungen auf das Projekt zu unterbinden. Der § 7 VOB/B verteile die Gefahr in interessengerechter Weise auf beide Seiten. Aus dem Begriff des Werkvertrags ergebe sich kein absoluter Vorrang der Belange des Auftraggebers.

Einem von dieser h.M. abweichenden Begründungsansatz vertritt Graba (1). Diesem Autor zufolge sei der § 644 Abs.1 S.1 BGB zwar ein wesentlicher Grundgedanke des Bürgerlichen Rechts. Der § 7 VOB/B sichere jedoch nur einen vertraglichen Anspruch, der bei Fehlen einer Übereinkunft aus §§ 951, 946 BGB hervorgehe. Dies rechtfertige die Klausel.

bbbb) Stellungnahme

Der § 9 Abs.2 Nr.1 AGBG kann den § 7 VOB/B nur dann aushebeln, wenn der § 644 Abs.1 S.1 BGB einen wesentlichen Grundgedanken des Gesetzes reglementiert. Der letztgenannte Rechtssatz hat zunächst erkennbar die Fälle vor Augen, wo das Werk in einer allein von dem Unternehmer beherrschten Sphäre angefertigt wird. Eine derartige Sachlage findet sich regelmäßig bei "normalen" Werkverträgen. Dagegen liegen in der Bauwirtschaft die Dinge etwas anders. Hier erstellt der Auftragnehmer das Vertragsobjekt üblicherweise auf einem Grundstück des Bauherrn; dieser hat den Mitbesitz an dem Baukörper inne (vgl. oben S.110 f.). Zudem kann der Baustellenbereich nur sehr schwer von äußeren Einflüssen wie Naturgewalten oder unvorhersehbaren Handlungen Dritter (z.B. Sabotageakten) abgeschottet werden. Daher erscheint es nachvollziehbar, wenn die Preisgefahr in Bauverträgen differenzierter festgelegt wird als in anderen Werkvereinbarungen.

Allerdings haben die Verfasser des BGB bei dessen Erlaß die besondere Situation der Bauwirt-

---

1) in Schlosser/Coester-Waltjen/Graba § 9 Rdnr.136.

schaft erkannt und eine Ausnahmeregelung für Bauschäden aus höherer Gewalt bewußt abgelehnt. Begründet wurde dies mit zwei Aspekten: Zum einen vermeide die letztlich Gesetz gewordene Fassung des § 644 Abs.1 S.1 BGB Streitigkeiten über die Frage, ob sich die Immobilie vor dem Schadenseintritt in ordnungsgemäßem Zustand befunden habe; zum anderen bringe der Begriff der "höheren Gewalt" nur unnötige Auslegungsschwierigkeiten mit sich (1). Beide Erwägungen sind nicht von Gerechtigkeitsvorstellungen, sondern allein von praktischen Bedürfnissen geprägt. Dabei haben die Vorbehalte gegen die Eindeutigkeit des Tatbestandsmerkmals "höhere Gewalt" schon deswegen kein besonderes Gewicht, weil der Gesetzgeber sich durchaus nicht gehindert sah, den Terminus bei der Formulierung anderer Vorschriften des BGB zu benutzen (vgl. z.B. §§ 203 Abs.2, 651i Abs.1, 701 Abs.3 BGB). Diese Entstehungsgeschichte nötigt nicht, in § 644 Abs.1 S.1 BGB einen wesentlichen Grundgedanken des Gesetzes zu erblicken.

Es bleibt zu ermitteln, ob der § 7 VOB/B die Eigenart des Werk- bzw. Bauvertrages antastet. Der Auftraggeber entrichtet seine Gegenleistung nicht für den Arbeitseinsatz des Unternehmers, sondern für das Werk als Arbeitserfolg. Daran ändert sich selbst dann nichts, wenn die Vertragsparteien den Übergang der Preisgefahr in gewissem Umfang vorverlagern und der Besteller einen durch höhere Gewalt beschädigten Gegenstand bezahlen muß. Folgerichtig wird auch der VOB-Bauvertrag einhellig als Werk- und nicht als Dienstvertrag angesehen (vgl. oben S. 60). Das Wesen der §§ 633 ff.BGB liegt keineswegs darin, daß der Hersteller bis zur Abnahme für sämtliche Beeinträchtigungen des Objekts einzustehen hat. Im Ergebnis bildet aufgrund der besonderen Verhältnisse in der Bauwirtschaft der § 644 Abs.1 S.1 BGB zumindest für das Bauvertragsrecht keinen wesentlichen Grundgedanken des Gesetzes. Daher läßt der § 7 VOB/B den § 9 Abs.2 Nr.1 AGBG unberührt.

---

1) Vgl. Mugdan Bd.II, Protokolle S.936.

bbb) Der § 9 Abs.2 Nr.2 AGBG als Prüfungsmaßstab

Der Bauvertrag zielt auf die entgeltliche Produktion eines Bauwerks. Dieser Sinngehalt bedeutet aber kein Präjudiz für das Problem, wer die Preisgefahr zu tragen hat (vgl. soeben S.303). Indem die VOB/B in ihrem § 7 einen Teil des Baurisikos dem Verantwortungsbereich des Auftraggebers zuweist, nimmt sie auf die schwierigen äußeren Gegebenheiten Rücksicht, unter denen der Bauunternehmer arbeiten muß (vgl. oben S.302). Diese differenzierende Regelung geht daher auf die charakteristischen tatsächlichen Begleitumstände des Schuldverhältnisses zurück und gefährdet nicht dessen Zweck. Auch der rechtliche Rahmen des § 9 Abs.2 Nr.2 AGBG ist eingehalten. Soweit die bauvertragliche Wirkung des § 7 VOB/B in Rede steht, erscheint dieser als zulässig.

2) Die Wirksamkeit des § 7 VOB/B im Rahmen des Versicherungsvertrages

a) Einführung

Sodann muß festgestellt werden, ob der § 7 VOB/B auch als Allgemeine Versicherungsbedingung im Zusammenspiel mit § 3 Nr.1 ABU die Einstandspflicht des Bauleistungsversicherers zu limitieren vermag. Dies hängt entscheidend von den Rechtsprinzipien ab, die das Versicherungswesen kennzeichnen. Zweifel über das rechtliche Schicksal der Klausel bestehen nur insoweit, als die Gefahren "höhere Gewalt" und "sonstige unabwendbare Ereignisse" ohne Deckung bleiben; die Ausschlüsse für "Krieg" und "Aufruhr" sind schon deswegen nicht zu beanstanden, weil sie wirksame Haftungsbeschränkungen lediglich wiederholen (vgl. oben S.294). Im übrigen schweigt das VVG zu dem in §§ 3 Nr.1 ABU, 7 VOB/B niedergelegten Komplex, so daß nicht der § 9 Abs.2 Nr.1 AGBG, sondern allein § 9 Abs.2 Nr.2 AGBG als Kontrollbasis in Betracht kommt.

b) Der § 9 Abs.2 Nr.2 AGBG als Prüfungsmaßstab

Es wurde bereits ausgeführt, welche Gründe bei der Allgefahrenversicherung grundsätzlich erlauben, einzelne Schadensursachen auszugrenzen (vgl. oben S.188). Diese Kriterien schlagen vorliegend jedoch nicht durch. Insbesondere scheinen die mittels höherer Gewalt oder sonstiger unabwendbarer Ereignisse hervorgerufenen Bauschäden durchaus noch kalkulierbar; auch ist dem Versicherten ein hinlänglicher Selbstschutz kaum zumutbar. Insofern lassen sich die §§ 3 Nr.1 ABU, 7 VOB/B nur schwer mit dem AGBG in Einklang bringen. Rettend könnte indes der Umstand wirken, daß diese durch die zitierten AVB abgesonderten Beschädigungen bauvertraglich dem Auftraggeber zur Last fallen, falls die VOB/B vereinbart ist. Diesem Aspekt wird als erstes nachzugehen sein.

Die ABU gewähren im Versicherungsfall den Ersatz von Aufräum- und Wiederherstellungskosten (vgl. § 9 Nr.1 ABN), während der VOB-Bauvertrag über § 7 VOB/B i.V.m. § 6 Nr.5 VOB/B den Vergütungsanspruch des Herstellers grundsätzlich aufrechterhält. Diese beiden Forderungsrechte haben unterschiedliche dogmatische Strukturen und müssen in der Höhe nicht übereinstimmen. Trotzdem gleicht der Rechtsvorteil, den der VOB-Bauvertrag dem Unternehmer bei höherer Gewalt oder sonstigen nicht vermeidbaren Geschehnissen einräumt, das Manko fehlenden Versicherungsschutzes wieder aus. Insoweit sieht sich der Risikoausschluß der §§ 3 Nr.1 ABU, 7 VOB/B keiner Kritik ausgesetzt.

Nun brauchen aber die Werkvertragsparteien die VOB/B nicht zu verwenden. Rechtstatsächlich gibt es auch heute noch Übereinkünfte, die allein über die §§ 633 ff.BGB abgewickelt werden. Vor allem dürfte die Vereinbarung der VOB/B relativ häufig an § 2 AGBG scheitern, weil der Vertragstext einfach global und ohne weiteren schriftlichen oder mündlichen Kommentar auf "die VOB" verweist (1); auf diesem Weg kann die letztere jedenfalls dann nicht wirksam vereinbart werden, wenn der Vertragspartner des Verwenders kein Baugewerbe betreibt, also kein Baufachmann ist (2). Da die Bauleistungsversicherung nach ihrem Wortlaut auch in diesen Fällen nicht abhilft, hätte der Bauunternehmer hier die Verluste aus höherer Gewalt und sonstigen Unabwendbarkeiten selbst zu tragen. Dieser Deckungsumfang bleibt hinter den Erwartungen zurück, die der Kunde bei einer Allgefahrenversicherung hegt. Denn der Versicherer haftet weder für gewöhnliche (vgl. § 2 Nr. 4 lit.a) ABU) noch für außergewöhnliche (vgl. §§ 3 Nr.1 ABU, 7 VOB/B und Klausel 60 Nr.5) Gefahren, wodurch Naturereignisse und schädigende Handlungen Dritter nahezu generell unversichert sind; bei den bauinternen Vorgängen wird darüber hinaus keine Ersatzpflicht begründet für Mängel und Verstöße gegen die Bautechnik. Zwar können die Parteien mittels der in § 3 Nr.5 lit.a) ABU angebotenen Sonderabsprache die Leistung des Versicherers auf ein angemessenes Niveau heben. Dieses Verfahren der ABU belastet aber den Hersteller mit dem Risiko unzureichenden Schutzes, wenn - insbesondere durch fälschliches Vertrauen auf die nur scheinbare Einbeziehung der VOB in den Bauvertrag - die Notwendigkeit einer Haftungserweiterung im Einzelfall übersehen worden

---

1) Diese Praxis ist überaus verbreitet.

2) So BGH, NJW 1990, 715; OLG Hamm, BauR 1989, 480. Gegenüber einem Bauunternehmer genügt dagegen nach der Rechtsprechung ein derartiger globaler Hinweis; so BGHZ 86, 135(138) (vgl. schon oben S.292 FN 1).

ist. In diesem Kontext gilt es weiter zu berücksichtigen, daß selbst der Bauwirtschaft in versicherungstechnischen Fragen oft das erforderliche Fachwissen abgeht (vgl. bereits oben S.33). Aus diesen Gründen ist der von §§ 3 Nr.1 ABU, 7 VOB/B und § 3 Nr.5 lit.a) ABU gewählte Regelungsmechanismus - ebenso wie der der Klausel 60 Nr.5-7 (vgl. zu dieser oben S.263) - nicht akzeptabel. Der § 9 Abs. 2 Nr.2 AGBG führt deshalb zur Unwirksamkeit dieser Vertragsnormen.

c) Die ergänzende Vertragsauslegung

Im Anschluß muß der Versicherungsvertrag ergänzend ausgelegt werden (vgl. oben S.189 f.). Aufgrund der soeben gewonnenen Erkenntnisse hat der Versicherer grundsätzlich auch bei denjenigen Schäden einzutreten, welche auf höherer Gewalt oder sonstigen unabwendbaren Ereignissen beruhen; eine Ausnahme besteht dann, wenn die Partner des Bauvertrages sich auf den § 7 VOB/B wirksam geeinigt haben. Dieselben Rechtsgrundsätze finden Anwendung, soweit es sich um die in Klausel 60 Nr.5 speziell geregelte Gefahr "außergewöhnliches Hochwasser" handelt (vgl. soeben S.307).

Vor Zustandekommen des jeweiligen Versicherungsvertrages sollte der Versicherer rechtlich prüfen, ob die VOB/B in den Werkvertrag für das versicherte Projekt wirksam eingegangen und so ein Teil des Baurisikos auf den Bauherrn verlagert ist. Im Falle eines positiven Ergebnisses kann der Unternehmer durch eine günstigere Versicherungsprämie belohnt werden; auf diesem Weg bleibt für die Bauwirtschaft der Anreiz zur Verwendung der VOB erhalten. Beurteilen allerdings die Versicherungsbeteiligten die Rechtslage falsch, so legen natürlich nicht diese irrigen Auffassungen, sondern die objektiv gegebenen Verhältnisse das Maß der vom Versicherer getragenen Gefahr fest.

C) Besonderheiten der ABN

Durch Sonderübereinkunft können die Partner der Gebäudeneubauversicherung Schäden aus Verlusten infolge Diebstahls einschließen (vgl. § 2 Nr.2 ABN). Der Begriff des Verlusts als eine ausnahmsweise neben dem Sachschaden mitversicherte Schadensart ist bereits offengelegt worden (vgl. oben S.196). Sodann bedarf die versicherte Ursache näherer Untersuchung.

I) Der Begriff des "Diebstahls" in der Bauleistungsversicherung

Streng strafrechtlich verstanden meint der Terminus "Diebstahl" nur die Eigentumsdelikte der §§ 242-244 StGB; nicht dazu zählen Straftatbestände wie die Unterschlagung (§ 246 StGB), der Raub (§§ 249 ff. StGB), die Erpressung (§§ 253 ff.StGB) und der Betrug (§ 263 StGB). Die Übertragbarkeit dieser Systematik auf die Bauleistungsversicherung ist fraglich. Denn in Allgemeinen Geschäftsbedingungen benutzte rechtstechnische Begriffe behalten ihre Fachbedeutung nur, falls die Verständnismöglichkeit des Kunden dem entspricht (vgl. oben S.32 f.).

Das Tatbestandsmerkmal "Diebstahl" in § 2 Nr.2 ABN beschreibt strafbare Handlungen (1), weil sonst die aus § 17 Nr.3 lit.b) ABN ablesbare Obliegenheit der polizeilichen Anzeige ihren Sinn verlöre. Das Strafrecht versteht unter Diebstahl die in widerrechtlicher Zueignungsabsicht begangene Wegnahme fremder beweglicher Sachen (vgl. § 242 Abs.1 StGB). Nötigt der Täter dabei das Opfer mittels Gewalt oder Drohung, so bezeichnet des StGB diesen Vorgang nicht mehr als "Diebstahl", sondern als

1) A.A. wohl Martin, VW 1975, S.106.

"Raub" (vgl. § 249 Abs.1 StGB). Wenn man diese Rechtslage als auch für die Bauleistungsversicherung verbindlich erklärte, ginge der Versicherte seines Versicherungsschutzes dadurch verlustig, daß er sein Gut verteidigt und den Angreifer zu einem massiveren Vorgehen zwingt. Dieses Resultat erscheint unverständlich und steht zudem im Widerspruch zu der in § 17 Nr.3 lit.c) ABN bzw. § 62 VVG normierten Obliegenheit, den Schaden abzuwenden. Deshalb erstreckt sich der § 2 Nr.2 ABN auch auf den Raub. Ebenso ist im übrigen für den "Räuberischen Diebstahl" i.S. des § 252 StGB zu entscheiden, weil dieser einen Diebstahl tatbestandlich voraussetzt und sich vom Raub nur durch den Zeitpunkt des Gewalteinsatzes abhebt.

Des weiteren zeigt die in § 246 StGB umrissene Unterschlagung eine enge Verwandtschaft zum Diebstahl im technischen Sinne. Beide sind Zueignungsdelikte und unterscheiden sich allein durch das Merkmal der Wegnahme. Dieses orientiert sich an den mitunter sehr schwer feststellbaren Gewahrsamsverhältnissen, wobei der strafrechtliche Begriff "Gewahrsam" nicht von zivilrechtlichen Wertungen - etwa dem § 854 BGB - beeinflußt wird (1). Angesichts der großen Nähe von Diebstahl und Unterschlagung und ihrem oft sehr ähnlichen äußeren Erscheinungsbild unterfällt auch letztere den von § 2 Nr.2 ABN gedeckten Schadensursachen. Damit meint der Begriff "Diebstahl" in § 2 Nr.2 ABN letztlich folgende Eigentumsdelikte des StGB:

- Diebstahl;
- Unterschlagung;
- Raub;
- Räuberischer Diebstahl (2).

---

1) Vgl. SK/Samson § 242 Rdnr.36.

2) Da die Interpretation von AGB die Gegebenheiten sonstiger Bedingungswerke außer Acht läßt (vgl. oben S.35), kann in anderen Versicherungszweigen dem Merkmal des "Diebstahls" durchaus eine engere Bedeutung zukommen; vgl. z.B. § 1 AERB.

II) Der Versicherungsschutz bei Ausbau der Bestandteile durch den versicherten Unternehmer selbst

Probleme im Zusammenhang mit § 2 Nr.2 ABN treten vor allem zutage, wenn der versicherte Bauherr den vereinbarten Werklohn noch nicht entrichtet hat, der Unternehmer seinen Vertragsgegner – sei es mit Fug, sei es irrtümlich – im Zahlungsverzug sieht und daraufhin den von ihm eingebauten wesentlichen Gebäudebestandteil wieder demontiert. Mehrere Fallkonstellationen sind zu unterscheiden.

Befindet sich der Besteller tatsächlich im Verzug, so kann der Auftragnehmer unter den Kautelen des § 326 Abs.1 S.1 BGB von dem Bauvertrag zurücktreten (vgl. § 326 Abs.1 S.2 BGB). Durch Ausübung dieses Gestaltungsrechts erlangt der Betreffende grundsätzlich einen Anspruch auf Rückgewähr seiner Leistung (vgl. § 346 S.1 BGB); im Werkrecht ist dies allerdings wegen der Eigenart der Leistung oft ausgeschlossen, so daß der Hersteller dann nur eine entsprechende Vergütung in Höhe seines Entgeltbegehrens fordern kann (§ 346 S.2 BGB analog) (1). Indem er die von ihm installierten Teile wieder ausbaut, bringt er diese Verbindlichkeiten des Bauherrn zum Erlöschen. Ein solcher mit dem Eintritt des Versicherungsfalles zusammenhängender Untergang von Schulden stellt einen Vorteil dar, den der Versicherte sich gemäß § 55 VVG anrechnen lassen muß (2). Demnach hat der Versicherer schon mangels Schadens keine Ersatzpflicht. Unerörtert bleiben kann die im Strafrecht strittige Frage, ob die Exi-

1) Zur analogen Anwendung von § 346 S.2 BGB auf Werkverträge vgl. Münchener Komm./Janßen § 346 Rdnr.21; Soergel/Hadding § 346 Rdnr.7.
2) Vgl. H.Möller in Bruck/Möller Bd.II Vor §§ 49-80 Anm.52; Martin in Prölss/Martin § 55 Anm.2 A und in VW 1975, S.106.

stenz eines dem Täter zustehenden Rückgewähranspruchs auf das Tatobjekt den Tatbestand des Diebstahls entfallen läßt (1).

Berechtigt der § 326 BGB mangels Verzugs den Bauunternehmer nicht zum Rücktritt, so verletzt die Wegnahme der eingebauten Bestandteile den Bauvertrag, und der Bauherr hat analog §§ 325, 326 BGB die Möglichkeit, sich seinerseits von der Vereinbarung zu lösen (2). Bei Festhalten an dem Schuldverhältnis kann letzterer den Wiedereinbau verlangen. Diese Forderung ist unmittelbar durch die Demontage entstanden, weshalb auch hier über § 55 VVG eine Vorteilsausgleichung stattfindet. Zwar darf das Versicherungsunternehmen seine Haftung nicht mit der Begründung ablehnen, der Kunde besitze Ansprüche gegen Dritte und müsse diese verfolgen (arg.e. § 67 VVG); dieses Prinzip kommt aber nur unter der Voraussetzung zum Tragen, daß der Versicherte geschädigt wird, wenn er seine Begehren nicht durchsetzt (3). Da der Besteller seine Gegenleistung noch nicht erbracht hat, kann er bei Untätigkeit des Unternehmers mit der Zahlung zurückhalten und erleidet somit keinesfalls einen Vermögensverlust. Aufgrunddessen tritt der Versicherer nicht ein (4).

Macht der Bauherr von seinem aus den §§ 325, 326 BGB analog folgenden Rücktrittsrecht Gebrauch, so muß er den Werklohn nicht mehr entrichten. Dieser Vorteil ist wegen § 55 VVG ebenfalls auszugleichen. Daher leistet der Versicherer auch hier grundsätzlich keine Entschädigung. Eine Ausnahme ergibt sich allerdings, wenn der notwendige Neubau

---

1) Nachweis über den Meinungsstand bei Schönke/Schröder/Eser § 242 Rdnr.59.
2) Vgl. Martin, VW 1975, S.106.
3) Vgl. Martin, VW 1975, S.107.
4) Vgl. H.Möller in Bruck/Möller Bd.II Vor §§ 49-80 Anm.52; Martin in Prölss/Martin § 55 Anm.2 A und in VW 1975, S.106.

sich mittlerweile verteuert hat; diese Mehrkosten fallen unter den Deckungsschutz (1).

Endlich sei noch auf folgendes hingewiesen: Die obigen Überlegungen beschäftigen sich allein mit dem Verlustschaden. Sie ließen diejenigen Zerstörungen außer Acht, welche durch den Ausbau an der Substanz der verbliebenen Immobilie verursacht worden sind. Diese Negativfaktoren gehören zu den Sachschäden i.S. des § 2 Nr.1 ABN und müssen vom Versicherer ohne Rücksicht auf § 2 Nr.2 ABN kompensiert werden (vgl. oben S.196).

---

1) Vgl. Martin, VW 1975, S.106.

5.Kap.: Versicherungszeit und Versicherungsort

§ 9: Die Versicherungszeit

A) Allgemeine versicherungsrechtliche Grundlagen

I) Einführung

Im Hinblick auf die Dauer der Versicherung können die Parteien Beginn und Ende der Gefahrtragung des Versicherers vertraglich markieren (vgl. für die Bauleistungsversicherung §§ 7, 8 ABU und 7, 8 ABN). Dessen Haftung erfordert reglmäßig mehrere Dinge von der Verwirklichung einer versicherten Schadensursache über den Eintritt eines Schadens an dem Versicherungsinteresse bis hin zur Erfüllung sämtlicher Verbindlichkeiten und Obliegenheiten für den Entschädigungsanspruch (z.B. die Anzeige des Versicherungsfalls; vgl. §§ 33 VVG, 17 Nr.3 lit.a) ABU, 17 Nr.3 lit.a) ABN). All diese einzelnen Ereignisse realisieren sich normalerweise nicht gleichzeitig, sondern erst innerhalb eines – mehr oder minder langen – Zeitraums. Wenn die Bedingungen für das Begehren des Versicherten derartig auseinanderfallen, spricht die Wissenschaft von einem "gedehnten Versicherungsfall" (1). Häufig dürften zumindest einige dieser Momente jenseits der zeitlichen Grenzen der jeweiligen Versicherung angesiedelt sein; versagte man dann dem Geschädigten immer

1) Vgl. H.Möller in Bruck/Möller Bd.I § 1 Anm.49.

die Deckung, so wäre sein Schutz erheblich entwertet. Eine solche verbraucherfeindliche Lösung erscheint nicht angezeigt. Dieser Befund zwingt, aus der Vielzahl der Anspruchsvoraussetzungen diejenigen herauszufiltern, welche zwischen Beginn und Ende der Versicherung liegen müssen. Diese Thematik wird im Bereich der Haftpflichtversicherung intensiv erörtert (1). Die dort vorgebrachten Gedanken könnten für die Bauleistungsversicherung fruchtbar gemacht werden, weil diese - obwohl als Sachversicherung konstruiert - auch Haftpflichtinteressen berührt (vgl. oben S.89). Mit Rücksicht darauf ist zunächst der angesprochene Meinungsstreit aufzuarbeiten.

II) Meinungsstand in der Haftpflichtversicherung

Der typische Haftpflichtfall läuft so ab: Der Versicherte setzt eine Ursache für die Beschädigung eines fremden Vermögenswerts, zu der es sodann auch kommt; daraufhin erhebt der Inhaber des beeinträchtigten Guts seine Ersatzforderungen gegen den Schadensstifter (2). Jeder der geschilderten Umstände ist in der Frage der Versicherungszeit als Bezugspunkt denkbar.

1) Die sogenannte Kausalereignis- oder Verstoßtheorie

Die sogenannte Kausalereignis- oder Verstoßtheorie

1) Vgl. z.B. Voit in Prölss/Martin § 149 Anm.2 A b.
2) Der Einfachheit halber stellt das Beispiel auf Schadensersatzansprüche ab, obwohl der Anwendungsbereich der Haftpflichtversicherung weiter reicht (vgl. oben S.86 ff.).

betrachtet es für den Erhalt des Versicherungsschutzes als notwendig, daß sich das Fehlverhalten des Haftpflichtversicherten – also die Schadensursache – zwischen Beginn und Ende der Haftung bewegt; ohne Belang bleibe, wann der Dritte den Schaden erleide (1). Zur Begründung dieser These werden mehrere Gesichtspunkte ins Feld geführt. So meinen einige Autoren, schon das Kausalereignis konkretisiere das in den AVB abstrakt beschriebene Risiko und bilde daher das Motiv für den Abschluß des Versicherungsvertrages (2). Des weiteren beruft diese Auffassung sich auf § 39 Abs.2 VVG, demzufolge der Versicherungsnehmer im Falle des Verzugs mit der Folgeprämie keine Entschädigung verlangen kann, sofern es erst nach erfolglosem Verstreichen einer vom Versicherer gesetzten Zahlungsfrist zu dem Versicherungsfall kommt. Diese Vorschrift solle demjenigen die Deckung entziehen, welcher sein Entgelt so lange einbehalte, bis er die Inanspruchnahme durch den Dritten real vorhersehe. Da diese Drohung dem Schädiger bereits seit seinem widerrechtlichen Tun vor Augen stehe, sei dieses als "Versicherungsfall" i.S. der zitierten Gesetzesnorm einzustufen (3).

Auf der anderen Seite besitze die Kausalereignistheorie auch Vorzüge für den Versicherten. Vor allem würden ihm sämtliche Haftpflichtschäden ersetzt, die zwar vor Ablauf des Versicherungsverhältnisses verursacht, aber erst danach eingetreten seien (4).

---

1) Nach h.M. kommt diese Theorie wegen des Wortlauts von § 5 Nr.1 AVB Vermögen bei der Vermögensschäden-Haftpflichtversicherung aus beruflicher Tätigkeit zum Tragen;
vgl. Voit in Prölss/Martin § 149 Anm.2 A a, b.
2) So Barth S.41 ff..
3) Vgl. OLG Düsseldorf, VerAfP 1932, 315.
4) Vgl. dazu BGHZ 25, 34(41).

2) Die sogenannte Folgeereignis- oder Schadensereignistheorie

Nach der Folgeereignis- oder Schadensereignistheorie kommt es einzig darauf an, zu welchem Zeitpunkt das Objekt des Dritten von dem Schaden befallen wird; der dafür ursächliche Pflichtverstoß des Versicherten habe auf die Rechtslage keinen Einfluß (1). Denn der Kunde nehme die Versicherung, um Verluste aus Haftpflichten zu kompensieren. Dessen Schuld entstehe, sobald der schädigende Erfolg des Verhaltensfehlers sich an den Gütern des anderen niederschlage. Folglich löse erst dieses Geschehen die Ersatzverbindlichkeit des Versicherers aus und müsse deswegen von den zeitlichen Randpunkten der Versicherung umschlossen sein (2).

Weiterhin könne allein dieses Modell den Dekkungsschutz auch dann gewährleisten, wenn ein während des Laufs der Versicherung einsetzender Schaden schon vor deren Beginn verursacht worden sei; habe der Schadensstifter bereits vor Abschluß des Versicherungsvertrages Kenntnis von der konkret drohenden Haftpflicht, so zwängen die §§ 16 ff.VVG zur Anzeige dieses gefahrrelevanten Faktors und schützten damit die Position des Versicherers in angemessener Weise (3). Darüber hinaus habe das Versicherungsunternehmen den Vorteil, keine Kapitalreserven für Versicherungsfälle nach Vertragsen-

---

1) Dieser Ansatz ist nach überwiegender Ansicht aufgrund der Fassung des § 5 Nr.1 AHB im Rahmen der Allgemeinen Haftpflichtversicherung einschlägig; vgl. BGHZ 25, 34(36); Voit in Prölss/Martin § 149 Anm.2 A a, b.

2) So Bornmann, ZVersWiss 1933, S.348 ff.; Eichler S.424 f., der allerdings für den Bereich der Berufshaftpflicht die Verstoßtheorie für dogmatisch vorzugswürdig bezeichnet.

3) Vgl. dazu BGHZ 25, 34(41).

de zurückstellen zu müssen (1).

3) Die sogenannte "claims-made"-Theorie

Besonders im anglo-amerikanischen Recht verbreitet ist die sogenannte "claims-made"-Theorie. Diese erkennt einen Deckungsbedarf des Versicherten erst, wenn der geschädigte Dritte sein Ersatzverlangen geltend macht. Demnach müsse dieses Moment in die Versicherungszeit fallen, damit den Haftpflichtversicherer eine Freistellungspflicht treffe (2).

III) Übertragung der für die Haftpflichtversicherung vertretenen Modelle auf die Bauleistungsversicherung

Die soeben vorgestellten Lösungsmodelle für die Haftpflichtversicherung sind auch in der Bauleistungsversicherung verwertbar. Laut der Kausalereignistheorie muß allein die Ursache für den Bausachschaden während der Dauer der Haftung erfolgen. Dementsprechend ist ein Versicherungsfall dann beispielsweise schon vorhanden, wenn die versicherte Sache zwar in Brand gerät, aber - z.B. wegen ihrer Feuerfestigkeit - unbeschädigt bleibt (3).

Demgegenüber ist auf der Basis der Schadenser-

---

1) Vgl. dazu BGHZ 25, 34(43).

2) Nachweis bei Werber/Winter Rdnr.209.
Dieser Theorie folgt für das deutsche Recht Petersen, ZVersWiss 1915, S.340, soweit es um unbegründete Ersatzforderungen des Dritten geht.

3) Vgl. Kisch, ZVersWiss 1935, S.85;
wohl auch H.Möller in Bruck/Möller Bd.II Vor §§ 49-80 Anm.34.

eignistheorie maßgeblich, wann die Substanz der Bauleistung tatsächlich in Mitleidenschaft gezogen wird. Infolgedessen mangele es - so diese Ansicht - an den Voraussetzungen eines Versicherungsfalls, solange ein Versicherungsobjekt lediglich brenne und keine Beeinträchtigung davontrage (1).

Ausgehend von der "claims-made"-Theorie erscheint der Zeitpunkt des werkrechtlichen Neuherstellungs- bzw. Nachbesserungsverlangens des Auftraggebers als erheblich. Für den Bereich der Bauleistungsversicherung wird diese Ansicht zwar - soweit ersichtlich - weder von der Praxis noch von der Lehre verfochten. Das hindert jedoch nicht, dieses Modell als weitere Alternative in Betracht zu ziehen.

IV) Stellungnahme

1) Grundsatz

Die in den ABU und ABN gewählte Anlage der Bauleistungsversicherung fußt nicht auf dem baubedingten Haftpflichtrisiko der Werkvertragsparteien; das von der h.M. befürwortete sogenannte "Sachersatzinteresse" ist abzulehnen (vgl. oben S.93 f.). Vielmehr machen die beiden Klauselwerke die dingliche Position, in der die Versicherten zu den versicherungsvertraglich bezeichneten Sachen stehen, - also den Besitz und das Eigentum - zum Inhalt des Deckungsschutzes (vgl. S.100 ff.). Die Haftung des Bauleistungsversicherers hängt nicht davon ab, ob und welche Erfüllungs- und Gewährleistungsansprüche gestellt werden. Dieser Rechtscharakter der Versiche-

---

1) Vgl. Prölss in Prölss/Martin § 1 Anm.3; Martin, Sachversicherungsrecht B I Rdnr.7; Rehm S.32; Josef, LZ 1910, Sp.285.

rung schließt aus, der "claims-made"-Theorie zu folgen. Das leuchtet umso mehr ein, als der Hersteller den Bau auch ohne fremden Auftrag - also allein für eigene Rechnung - errichten kann und dann privatrechtlich überhaupt keiner anderen Person zur Mängelbeseitigung verpflichtet ist.

Die Kausalereignis- und die Schadensereignistheorie bringen den Versicherungsbeteiligten in gleicher Weise Vor- und Nachteile, wenn eine der beiden Schadenskomponenten die zeitlichen Voraussetzungen der Gefahrtragung nicht erfüllt. Zwar eröffnet sich auf der Basis der Schadensereignistheorie ein zusätzlicher Problemkreis, weil der Verbraucher die Ursache für das Folgegeschehen schon vor Vertragsschluß wahrgenommen haben kann; insoweit schaffen aber die §§ 16 ff.VVG Abhilfe. Daher entspringt diesem Gesichtspunkt kein entscheidungsrelevantes Argument.

Nun bezweckt das Rechtsinstitut Versicherung - anders als Spiel und Wette (vgl. § 762 BGB) - den Ausgleich von Vermögensverlusten (1). Jeder Vorgang der Umwelt - z.B. eine Naturgewalt - kann Konsequenzen verschiedenster Art zutage fördern. Solange er noch keinen ersatzfähigen Schaden hervorgerufen hat, ist - besonders bei der auf kein spezielles Kausalereignis begrenzten Allgefahrendekkung - eine innere Verbindung zu dem versicherten Interesse nicht feststellbar. Allenfalls die bis dahin lediglich abstrakt vorhandene Gefährdung hat sich verdichtet. Wenn ein Übergreifen der Gefahrenlage auf das Versicherungsobjekt letztlich nicht zu besorgen wäre, könnte der Träger des Interesses vom Abschluß einer Versicherung absehen. Erst der tatsächliche Schadenseintritt wirkt wertmindernd und veranlaßt die Haftung des Versicherungsunternehmens; er bildet den eigentlichen Kern eines jeden Versicherungsfalls und muß sich deswegen innerhalb der Versicherungszeit befinden. Die Schadensereignistheorie trifft zu.

---

1) Vgl. Prölss in Prölss/Martin § 1 Anm.1 A b.

2) Die maßgebliche Anknüpfung bei einem sich dehnenden Schadensereignis

Das bisherige Untersuchungsergebnis erweist sich als unzureichend, wenn auch das Schadensereignis selbst sich dehnt - man denke etwa an das langsame Niederbrennen eines Gebäudes infolge eines Blitzschlags - und die Gefahrtragung des Versicherers mittendrin beginnt oder endet. Eine vor allem früher vertretene Ansicht will nur den während des Versicherungszeitraums verwirklichten Teil des Schadens entschädigt wissen (1). Dem widersetzt sich die heute ganz h.M.. Der Versicherte könne die Versicherungsleistung in voller Höhe beanspruchen, wenn der Schadensfall während der Haftungsdauer eingesetzt habe; bei Einwirkungen, die die Sachsubstanz schon vor Anlauf des Versicherungsschutzes erfaßten, bleibe der Versicherer dagegen gänzlich leistungsfrei (2). Da die Aufgliederung einer einheitlichen Beeinträchtigung in einen gedeckten und einen ungedeckten Teil oftmals kaum durchführbar erscheint, verdient die letztgenannte Auffassung aus Gründen der Praktikabilität den Vorzug.

V) Folgerungen für die Bauleistungsversicherung

1) Einführung

Nach den allgemeinen Grundsätzen bedingt die Ent-

1) Vgl. Josef, LZ 1910, Sp.285 und JW 1925, S.2450 f..
2) So H.Möller in Bruck/Möller Bd.II Vor §§ 49-80 Anm.34; Bruck, Lehrbuch S.629; Raiser § 9 AFB Anm.11.

schädigungspflicht des Bauleistungsversicherers, daß das Schadensereignis an dem Bauwerk innerhalb der Versicherungszeit anfängt. Besondere Schwierigkeiten bereiten ABU und ABN allerdings bei "Weiterfressen" eines Sachschadens. Hier erscheint fraglich, unter welchen Voraussetzungen die weiteren Folgen einen neuen, eigenständigen Versicherungsfall ergeben und nicht mehr dem vorherigen zugerechnet werden können. Ein Fall des BGH zeigt die Problematik auf (1):

Der Unternehmer fertigte Gebäude auf einem zu schwachen Baugrund, woraufhin diese sich noch vor Ende der Bauleistungsversicherung schiefstellten. Nach deren Ablauf führten die beschriebenen Bewegungen sodann zu Rissen am Mauerwerk. Das Gericht hielt in bezug auf das Absinken die Annahme eines versicherten Sachschadens für möglich, verwies insoweit aber zur weiteren Aufklärung des Sachverhalts an die Vorinstanz zurück (2). Demgegenüber bildeten die Mauerrisse ohne Zweifel Beschädigungen. Da sie aber außerhalb der Versicherungszeit entstanden seien, brauche der Versicherer sie nicht zu tragen (3).

Der BGH qualifiziert die Schräglage und die Rißbildung offenbar als zwei getrennte Schadensereignisse, obwohl sie kausal verbunden sind. Faßte man sie demgegenüber zu einem einzigen Versicherungsfall zusammen, so wären auch bezogen auf die Risse die zeitlichen Erfordernisse des Deckungsschutzes erfüllt. Es muß für die Bauleistungsversicherung abstrakt festgelegt werden, wann ein sich ausweitender Schaden in einen gesondert zu behandelnden zweiten Schaden einmündet.

---

1) Vgl. BGH, NJW 1979, 2404.

2) Vgl. BGH, NJW 1979, 2404(2405).

3) Vgl. BGH, NJW 1979, 2404(2406).

2) Die Abgrenzung von Schadensvergrößerung und neuen Schäden

Im Rahmen dieser Arbeit zeigte sich andernorts die Notwendigkeit, die Folgen von Leistungsmängeln in die Kategorien Mangel-"Plus" und Beschädigung zu differenzieren. Das dort erarbeitete Denkmodell erhebt die aufgrund juristischer Wertung zu ermittelnde naturwissenschaftlich-technische Artgleichheit der betrachteten Negativfaktoren zum obersten Entscheidungskriterium und orientiert sich dabei zuvorderst an der Verkehrsauffassung (vgl. oben S.169 ff.). Die Thematik, in deren Kontext diese Rechtsgrundsätze aufgestellt worden sind, erscheint der hier angeschnittenen durchaus vergleichbar, weil es in beiden Fällen um die wesensgerechte Abgrenzung der dem Bauwerk anhaftenden Beeinträchtigungen geht. Deshalb soll der oben auf S.171 ff. dargetane Lösungsweg übernommen werden. Das bedeutet:

Hat der Bauunternehmer die weitere Entwicklung eines schon bestehenden Schadens durch einen Produktionsfehler in Gang gesetzt, so zählt diese weder zu dem alten Versicherungsfall noch bildet sie einen neuen, sondern insoweit handelt es sich um einen unversicherten Mangel (vgl. oben S.171). Mithin wird die Frage nach der Reichweite eines Versicherungsfalls nur bei Sachverhalten ohne falsch angelegtes Bauverfahren relevant. Dann ist die Existenz eines einheitlichen Schadensereignisses zu erkunden, indem die folgenden Eigenschaften der einzelnen Befallserscheinungen gegenübergestellt werden:

- die Form der Betroffenheit der Atom- und Molekularstruktur;
- die äußerlichen Bilder der Beeinträchtigungen;
- die betroffenen Materialien;
- die Funktionen der betroffenen Teilleistungen;
- das räumliche Verhältnis der Beeinträchtigungen;

- das zeitliche Verhältnis der Beeinträchtigungen;
- die Einflußnahme eines selbständigen Kausalereignisses.

Die genannten Momente können dabei je nach Konstellation von unterschiedlicher Wertigkeit sein (vgl. oben S.173 ff.).

Für das eingangs erwähnte Urteil des BGH (vgl. oben S.322) ergibt sich somit: Die Neigung der Gebäude hat den atomaren Aufbau der Sachsubstanz noch unversehrt gelassen, und erst die anschließenden Risse haben diese verletzt. Auch divergieren beide Vorkommnisse in ihrem äußeren Erscheinungsbild. Diese Feststellungen indizieren das Vorliegen zweier voneinander unabhängiger Versicherungsfälle. Das materiale, das funktionale und das räumliche Moment helfen nicht weiter, weil die Schieflage undifferenziert das gesamte Bauwerk ergriffen hat. Die zeitlichen und kausalen Umstände können angesichts der starken Wirkung der beiden erstgenannten Gesichtspunkte im Regelfall vernachlässigt werden. Der Spruch des Gerichts erweist sich als richtig.

B) Die ABU

I) Der Beginn des Versicherungsschutzes

1) Grundsatz

Der Beginn der allgemeinen Bauleistungsversicherung für Unternehmer findet sich geregelt in § 7 ABU. Danach haftet der Versicherer ab dem von den Parteien vereinbarten Zeitpunkt. Gemäß § 38 Abs.2 VVG läuft die Versicherung allerdings nicht vor Zahlung der Erst- bzw. Einmalprämie. Diese beiden Bestimmungen disharmonieren, wenn im Einzelfall der Versicherungsvertrag einen Termin nennt, an dem der versicherte Hersteller seine Prämie noch schuldet. Zwar kann der § 38 VVG in AVB zu Lasten des Versicherers abgeändert werden (arg.e. § 42 VVG). Da der § 7 ABU die Gesetzesnorm aber nicht ausdrücklich für unanwendbar erklärt, ist deren Suspendierung zweifelhaft. Es kommt auf die Auslegung der Geschäftsbedingungen an.

Die schlichte und undifferenzierte Regelung des § 7 ABU läßt sich dahin interpretieren, daß der Beginn der Einstandspflicht des Versicherers völlig unabhängig von äußeren Umständen wie der Prämienleistung gemacht werden soll. Andererseits könnte die Annahme erlaubt sein, die Vertragsklausel gelte vorbehaltlich gesetzlicher Abweichungen. Nun widerspricht diese zweite Deutungsvariante erkennbar dem Verständnis des Versicherungsnehmers, weil dieser aus Unkenntnis des § 38 Abs.2 VVG den § 7 ABU für in sämtlichen Fallkonstellationen einschlägig halten muß. Es fällt in die Sphäre des Versicherers als Verwender und Fachmann in Versicherungsfragen, seine AVB möglichst klar zu formulieren. Ferner besteht gerade in den technischen Versicherungszweigen oftmals ein Bedürfnis, die Gefahrtragung sogar auf ein Datum vor dem Vertragsschluß zu verlegen (sogenannte Rückwärtsversicherung; vgl. § 2 VVG) (1). Im übrigen ist die Zahlungsunfähigkeit des Versicherungsnehmers nicht derart häufig, daß eine Anwendung des § 38 Abs.2 VVG zum Schutz der Belange des Versicherers zwingend geboten wäre. Aus diesen Überlegungen heraus muß der § 7 ABU als eine Festlegung begriffen werden, die einschränkende Vorgaben des VVG grundsätzlich - soweit zulässig - aufhebt. Daher erscheint gerade der § 38 Abs.2 VVG als abbedungen. Der Bauleistungsversicherer hat ab dem in der Übereinkunft bezeichneten Zeitpunkt einzutreten, selbst wenn der Unternehmer seine Prämie erst später entrichtet (2).

2) Exkurs: Möglichkeiten des Versicherers bei Prämienzahlungsverzug des Versicherungsnehmers

Gerät der Versicherungsnehmer mit der Prämie in Rückstand, so kann der Versicherer bei Gericht Klage erheben. Daneben muß letzterem - als Ausgleich für die Unanwendbarkeit des § 38 Abs.2 VVG - ein Vorgehen analog § 39 VVG ermöglicht werden. Mithin kann das Versicherungsunternehmen eine zweiwöchige Zahlungsfrist setzen (§ 39 Abs.1 S.1 VVG analog). Ereignet sich nach deren Ablauf, aber noch vor Erfüllung der Schuld ein Versicherungsfall, so wird dieser - eine entsprechende Androhung vorausgesetzt

---

1) Zu den Problemen der Bauleistungsversicherung im Zusammenhang mit der Rückwärtsversicherung vgl. unten S.326 ff..
2) So auch Martin, VersR 1971, S.189, 191 f. zu den § 7 ABU entsprechenden §§ 6 Nr.1 AVB Bauunternehmer, 5 Nr.1 AVB Wohngebäude; Maenner S.155 f.; Rehm S.63; Platen, Handbuch S.48 i.V.m. S.26.

(§ 39 Abs.1 S.2 VVG analog) - nicht entschädigt (§ 39 Abs.2 VVG analog) (1).

Im Streit befindet sich die Auslegung des in § 39 Abs.2 VVG verwandten Tatbestandsmerkmals "Versicherungsfall". Einige Autoren setzen es mit dem Schaden am versicherten Interesse gleich (2). Für diese These spricht, daß in der Frage der zeitlichen Voraussetzungen des Deckungsschutzes dasselbe Kriterium maßgeblich ist, also auch dort den "Versicherungsfall" ausmacht (vgl. oben S.317 ff.). Daran ist jedoch die Interpretation des in einem völlig anderen Zusammenhang stehenden § 39 Abs.2 VVG nicht gebunden. Der Gesetzgeber wollte durch die Regelung vermeiden, daß der Versicherungsnehmer seiner Prämienverbindlichkeit erst in Ansehung eines von ihm konkret befürchteten Vermögensverlustes nachkommt, ohne dafür mit einem Rechtsnachteil belegt zu werden (3). Da schon das Kausalereignis den Schaden ankündigt, bildet dieses den "Versicherungsfall" i.S. des § 39 Abs.2 VVG (4).

3) Probleme im Zusammenhang mit der Rückwärtsversicherung

a) Einführung

Unter Umständen kann es erforderlich werden, das gefährdete Interesse bereits zu einem Zeitpunkt zu

---

1) Vgl. Rehm S.63.
2) So Knappmann in Prölss/Martin § 39 Anm.3 a; vgl. auch RGZ 156, 378(380).
3) Vgl. die Amtliche Begründung zu §§ 38, 39 VVG, S.51.
4) So OLG Düsseldorf, VerAfP 1932, 315; H.Möller in Bruck/Möller Bd.I § 39 Anm.35.

decken, wo ein endgültiger Versicherungsvertrag noch aussteht. Dieser Fall ist gerade in der Bauleistungsversicherung relativ häufig, weil viele Baubeteiligten ihr Projekt in Angriff nehmen, ohne die Verhandlungen mit dem Versicherungsunternehmen abzuwarten (1). Als Lösung bietet sich eine sogenannte vorläufige Deckung an. Hierbei räumt der Versicherer einstweiligen Versicherungsschutz ein, der bis zur Entscheidung über den Hauptvertrag befristet ist und von dessen Zustandekommen nicht abhängt (2).

Eine zweite Form stellt die in § 2 Abs.1 VVG eingeführte Rückwärtsversicherung dar. Bei dieser haben sich die Parteien auf die eigentliche Versicherung bereits positiv verständigt und den Haftungsbeginn auf ein der Vergangenheit angehörendes Datum vorverlagert (3). Gemäß § 2 Abs.2 S.2, 1.Halbs.VVG kann der Versicherte allerdings keine Entschädigung fordern, wenn er "bei der Schließung des Vertrags" "weiß ..., daß der Versicherungsfall schon eingetreten ist". Diese Vorschrift sucht zu verhindern, daß der Kunde für solche Schäden versichert ist, deren Verwirklichung er bei Eingehen der Versicherung schon erahnte. Demgemäß meint der Terminus "Versicherungsfall" - wie bei § 39 Abs.2 VVG (vgl. oben S.326) - das Kausalereignis (4); sobald der Interessent dasselbe erkannt hat, vermag er keine Rückwärtsversicherung mehr zu nehmen.

Nun könnte der § 7 ABU wegen seines einschränkungslosen Wortlauts auch die von § 2 VVG als nicht rückwirkend versicherbar benannten Sachverhalte in die Haftung einbeziehen. Es stellen sich zwei Fra-

---

1) Vgl. Platen, Handbuch S.48 i.V.m. S.26.
2) Vgl. Prölss in Prölss/Martin Nach § 1 Anm.1 ff.; Werber/Winter Rdnr.92.
3) Vgl. Prölss in Prölss/Martin § 2 Anm.1 a; Hofmann S.53.
4) So wohl auch H.Möller in Bruck/Möller Bd.I § 2 Anm.22.

gen: Zunächst ist die Nachgiebigkeit des § 2 Abs.2 S.2, 1.Halbs.VVG zu erhellen. Im Falle der Disponibilität des Rechtssatzes wird mittels Auslegung weiter zu erkunden sein, ob der § 7 ABU ihn tatsächlich abändert.

b) Grundlagen der Rückwärtsversicherung

Das Problem der Zulässigkeit einer Rückwärtsversicherung ergibt sich, wenn entweder der Versicherungsnehmer oder der Versicherer die Übereinkunft in Kenntnis des Versicherungsfalls trifft; zum dritten ist sogar ein beiderseitiges Vorwissen denkbar. Jede dieser Alternativen muß gesondert betrachtet werden.

aa) Die Abdingbarkeit des § 2 Abs.2 S.2, 1.Halbs. VVG bei Vorkenntnis allein des Versicherungsnehmers

aaa) Grundsatz

aaaa) Meinungsstand

Die Rechtsprechung urteilt wie folgt: Zwar versage der § 2 Abs.2 S.2, 1.Halbs.VVG dem bösgläubigen Versicherungsnehmer die Möglichkeit der Rückwärtsversicherung. Diese gesetzliche Regelung könne jedoch vertraglich ausgeschlossen werden. Denn der § 15a VVG reihe sie nicht in die Gruppe der (halb-) zwingenden Normen ein, weshalb es beim allgemeinen

Prinzip der Privatautonomie bleibe (1).

Die heute vorherrschende Meinung im Schrifttum - davon ausgehend, daß regelmäßig die zu versichernde Person den Versicherungsantrag stellt und der Versicherer über die Annahme befindet (vgl. schon oben S.286 f.) - differenziert. Die Parteien könnten entgegen § 2 VVG eine Deckung auch für den Fall vorsehen, daß der Versicherungsnehmer in der Zeit zwischen seiner eigenen und der Vertragserklärung des anderen Teils Kenntnis von dem Versicherungsfall erlange (2). Wisse hingegen der Interessent bereits bei seinem Vertragsangebot um die Existenz einer Schadensursache, so setze sich das Gesetz durch und die Gefahr sei nicht mehr versicherbar (3).

Diese Thesen beruhen auf verschiedenen Erwägungen. Der § 2 Abs.2 S.2, 1.Halbs.VVG enthalte - so die h.L. - kein gesetzliches Verbot i.S. des § 134 BGB, sondern bringe ein Wesensmerkmal des Rechtsinstituts Versicherung zum Ausdruck. Auch die Rückwärtsversicherung verlange die Ungewißheit des Versicherungsnehmers über den Eintritt des Versicherungsfalls. Folglich dürfe diese Person nicht einerseits aufgrund konkreter Anhaltspunkte mit einem ersatzpflichtigen Schaden rechnen und andererseits dennoch den Abschluß eines Versicherungsvertrages über dieses Risiko beantragen. Erfahre sie demgegenüber erst nach ihrem Angebot den wahren

---

1) Vgl. RGZ 100, 222(224); BGHZ 84, 268(277).

2) So Maenner S.207 ff.; H.Möller in Bruck/Möller Bd.I § 2 Anm.43; Prölss in Prölss/Martin § 2 Anm.5 a; aus der Judikatur RG, JW 1926, 1820.

3) Vgl. auch BGH, VersR 1956, 250. Eine diesen Fall dennoch erfassende Übereinkunft kann aber als ein anderer Vertrag - etwa eine (gemischte) Schenkung - aufrechterhalten werden; vgl. Maenner S.220 f.; H.Möller in Bruck/Möller Bd.I § 2 Anm.43.

Sachverhalt, so handele sie nicht in betrügerischer Absicht. Wegen der Gutgläubigkeit entspreche die Prämie trotz der Mitversicherung bereits zurückliegender Ereignisse der Leistung des Versicherers. Da dieser für die Bearbeitung des Antrags normalerweise mehrere Wochen brauche und der Versicherungsnehmer darauf keinen Einfluß habe, müsse bezüglich dieses Zeitraums eine Ausschaltung des § 2 VVG zulässig sein. Die Gemeinschaft der übrigen Versicherten werde dadurch nicht in sittenwidriger Weise benachteiligt.

Im Widerspruch zu der heute überwiegend vertretenen Auffassung sieht sich eine Theorie in der Literatur, die den § 2 Abs.2 S.2, 1.Halbs.VVG für schlechthin zwingend deklariert; dieser Ansatz hat vor allem in Österreich für den nahezu wortgleich gefaßten § 2 ÖVVG zahlreiche Anhänger - u.a. den ÖOGH - gefunden. Die Bestimmung diene dazu, mißbräuchliche Gewinne des Versicherten aus einer Rückwärtsversicherung zu unterbinden. Dieses Anliegen gründe sich auch auf öffentliche Interessen. Infolgedessen könne der Rechtssatz selbst dann nicht ausgehebelt werden, wenn der Versicherungsnehmer zwar erst nach seinem Antrag, aber noch vor Zustandekommen des Vertrags den Versicherungsfall bemerkt habe (1).

bbbb) Stellungnahme

Der Versicherungsvertrag setzt begrifflich die Ungewißheit des Versicherungsfalls voraus (2). Diese muß jedoch nicht objektiver Natur sein. Vielmehr

---

1) So Hager/Bruck § 2 Anm.8;
Bruck, JW 1926, S.1820 f..
Für das österreichsche Recht vgl. ÖOGH, VersR 1978, 1055(1056); Wahle, VersR 1966, S.1004.

2) Vgl. Hofmann S.5 f..

genügt, daß die Parteien sich subjektiv im unklaren befinden. Denn das Gesetz akzeptiert in § 2 VVG grundsätzlich die Möglichkeit, bereits vergangene – also objektiv feststehende – Ereignisse zu versichern. Weiterer Klärung bedarf allein die Frage, bis zu welchem Zeitpunkt der Versicherungsnehmer gutgläubig zu sein hat, damit im Rechtssinne von einer "Versicherung" gesprochen werden kann. Sicherlich sind deren Tatbestandsmerkmale erfüllt, wenn das schadensverursachende Ereignis erst nach Abschluß der Vereinbarung offenbar wird. Auf der anderen Seite kann der Versicherungsnehmer Gefahren, deren Eintritt er schon vor seinem Versicherungsantrag registriert hat, nicht mehr unter Deckungsschutz bringen, weil sonst ein Mißbrauch vorläge.

Bei einer zwischen Vertragsangebot und -annahme erlangten Kenntnis gerät die Rechtslage zweifelhaft. Hier ist der Versicherungsnehmer zwar bereits vor Entstehung des Rechtsgeschäfts nicht mehr unwissend; seiner eigenen, bindenden Vertragserklärung hat er sich aber guten Glaubens entäußert, so daß er sich keine ungerechtfertigten wirtschaftlichen Vorteile sichern wollte. Obwohl diese Fallkonstellation nach § 2 Abs.2 S.2, 1.Halbs.VVG in die Risikosphäre des zu Versichernden fällt, gibt es keine überzeugenden Argumente, den Parteien eine abweichende vertragliche Gestaltung zu verwehren. Anhaltspunkte für eine Einschlägigkeit der §§ 134, 138 BGB sind nicht ersichtlich. Zudem liegt es nicht in der Macht des Antragstellers, die vom Versicherungsunternehmen für die Behandlung des Vorgangs benötigte Zeit zu verkürzen. Aus diesen Erwägungen heraus kann im Rahmen der Rückwärtsversicherung der § 2 Abs.2 S.2, 1.Halbs.VVG mittels AVB dahingehend außer Kraft gesetzt werden, daß auch diejenigen Versicherungsfälle gedeckt sind, welche der Versicherungsnehmer nach seinem Vertragsangebot, aber noch vor der Annahme wahrgenommen hat.

bbb) Der maßgebliche Zeitpunkt des Antrags des Versicherungsnehmers

Der Antrag auf Abschluß eines Vertrags bildet eine zugangsbedürftige Willenserklärung (vgl. § 130 Abs.1 S.1 BGB). Das führt zu der Frage, ob die Abgabe oder der Zugang den Zeitpunkt kennzeichnet, bis zu dem der Versicherungsnehmer zwecks Erhalt seines Entschädigungsverlangens unwissend zu sein hat. Für den Zugang streitet die Tatsache, daß die Offerte erst mit diesem rechtswirksam wird. Trotzdem muß man die Abgabe als entscheidend ansehen, weil sie die letzte notwendige Maßnahme des Kunden darstellt und jener keine betrügerische Intention verfolgt, wenn er in gutem Glauben handelt (1).

ccc) Die rechtliche Lösung bei einem ausnahmsweise vom Versicherer ausgehenden Antrag

Die bisherigen Untersuchungen basieren auf der - regelmäßig zutreffenden - Annahme, daß der Interessent den Abschluß des Versicherungsvertrags beantragt. Ausnahmsweise kann der Antrag aber auch vom Versicherer stammen. Das wird allerdings in der Rechtspraxis nur dann vorkommen, sofern das Unternehmen dem Angebot des anderen verspätet stattgibt; dann geht der § 150 Abs.1 BGB von einem neuen Antrag aus, der wiederum der Annahme durch den Verbraucher bedarf. Infolge dieser Rechtslage erscheint die Beurteilung derjenigen Sachverhalte problematisch, wo der Versicherungsnehmer in dem Zeitraum zwischen seiner ursprünglichen und seiner zweiten, die Übereinkunft letztlich zustandebrin-

1) So wohl auch Prölss in Prölss/Martin § 2 Anm.5 a.

genden Willenserklärung von der Schadensursache erfährt. Auch in bezug auf diesen Fall schreibt der § 2 Abs.2 S.2, 1.Halbs.VVG eine Leistungsfreiheit des Versicherers fest, und es stellt sich die Frage der Abdingbarkeit des Gesetzes. Eine Theorie im Schrifttum erachtet die Bestimmung insoweit für zwingend. Die Grundsätze des Versicherungsrechts verlangten, daß der Versicherungsnehmer diejenige Vertragserklärung gutgläubig abgebe, welche für die Vereinbarung konstitutiv sei. Der zunächst vom Konsumenten gestellte Antrag habe aber in das Schuldverhältnis keinen Eingang gefunden (1).

Im Gegensatz dazu qualifiziert die h.M. den § 2 VVG auch hier als dispositiv. Das verzögerliche Verhalten des Versicherungsunternehmens dürfe den Kunden nicht benachteiligen. Außerdem wiederhole letzterer sodann nur seinen ursprünglichen Antrag und betreibe keine Manipulation der Übereinkunft. Im übrigen werde er sich seiner erneuten Wahlmöglichkeit häufig nicht bewußt sein (2).

Schon mit seiner ersten Willenserklärung lenkt der Konsument den Inhalt der künftigen Versicherung. Da er bis dahin in Unkenntnis über den Eintritt des Kausalereignisses ist, wird er ohne Betrugsabsicht tätig. Deshalb muß den Parteien offenstehen, den § 2 Abs.2 S.2, 1.Halbs.VVG dahingehend zu suspendieren, daß der Versicherer auch dann haftet, wenn er den gutgläubig gestellten Antrag der zu schützenden Person nicht rechtzeitig annimmt und letztere vor ihrer aufgrund des § 150 Abs.1 BGB erforderlichen neuerlichen Erklärung den zunächst vorhandenen Wissensmangel beseitigt hat.

---

1) So Martin, ZVersWiss 1976, S.558.
2) So OLG Hamm, NJW-RR 1987, 153;
Maenner S.217 f.; Prölss in Prölss/Martin § 2 Anm.5 a.

bb) Exkurs: Die Rückwärtsversicherung bei Vorkenntnis des Versicherers

Mitunter findet sich der Versicherer bereit, nachträglich eine Schadensgefahr zu decken, deren Eintritt zwar ihm, nicht aber dem Versicherungsnehmer bekannt ist. Die Motive für ein solches Entgegenkommen sind vielfältig (z.B. das im übrigen günstige Risiko, die lange Laufzeit der Versicherung oder die Tatsache, daß der den vollen Sachverhalt kennende Mitarbeiter nicht auch die Vereinbarung schließt, das Unternehmen sich aber dennoch dieses Wissen zurechnen lassen muß (1)). Es gilt zu prüfen, ob eine solche Rückwärtsversicherung in Wirksamkeit erwächst. Der Tatbestand des § 2 Abs.2 S.2, 1.Halbs.VVG schlägt in diesem Fall nicht ein, weshalb diese Norm nicht sperrt. Bedenken ergeben sich jedoch aus anderen rechtlichen Gesichtspunkten.

aaa) Das Gleichbehandlungsgebot

Eine Regelung des Gleichbehandlungsgebots enthält der § 21 Abs.1 VAG. Danach müssen unter gleichen Ausgangsvoraussetzungen auch die Rechte und Pflichten der betroffenen versicherten Personen übereinstimmen. Diesem Rechtsgrundsatz könnte es zuwiderlaufen, wenn das Versicherungsunternehmen einem einzelnen Interessenten Deckung für die Vergangenheit gewährt, obwohl es einen ersatzpflichtigen Versicherungsfall registriert hat (2). Nun erfaßt der § 21 VAG in direkter Anwendung nur Versicherer, die in der Rechtsform des VVaG organisiert sind; es wird sehr kontrovers diskutiert, ob Versicherungs-Aktiengesellschaften ebenfalls dem Zwang unterlie-

---

1) Beispiele bei Maenner S.240.

2) Gedanke bei Maenner S.241.

gen, ihre Versicherten gleich zu behandeln (1). Abgehoben von dieser Auseinandersetzung besteht Einigkeit, daß individualvertragliche Verstöße gegen den § 21 Abs.1 VAG keine privatrechtliche Nichtigkeit des betreffenden Versicherungsverhältnisses begründen (2). Die allein denkbare Sanktion bewegt sich auf dem Gebiet des öffentlichen Rechts, indem die Aufsichtsbehörde im Einzelfall bestimmte Anordnungen - also in der Regel Verwaltungsakte - erläßt (vgl. § 81 Abs.2 VAG). Deshalb hindert das Gleichbehandlungsgebot den Versicherer nicht, ein Risiko trotz Vorkenntnis rückwärtszuversichern.

bbb) Das Fehlen der Ungewißheit

Ein zweiter Einwand folgt aus dem Umstand, daß es wegen des Kenntnisstandes des Versicherers am für den Versicherungsbegriff wesentlichen Merkmal der Ungewißheit fehlt (vgl. oben S.330) (3). Allerdings ist zumindest der Versicherungsnehmer gutgläubig. Er vertraut berechtigterweise auf den Schutz seiner Rückwärtsversicherung. Ferner muß der § 2 Abs.2 VVG bedacht werden. Laut dieser Vorschrift bekommt einerseits der Versicherer keine Prämie, wenn er schon bei Entstehen des Vertrags die Möglichkeit eines Versicherungsfalls sicher auszuschließen vermag (vgl. § 2 Abs.2 S.1 VVG); an-

---

1) Nachweise bei R.Schmidt in Prölss/Schmidt/Frey § 21 Rdnr.2; Goldberg in Goldberg/Müller § 21 Rdnr.15.

2) Vgl. RG, JW 1916, 418(420);
BAV, GB 1958/59, 24;
H.Möller in Bruck/Möller Bd.I Einl. Anm.66;
R. Schmidt in Prölss/Schmidt/Frey § 21 Rdnr.6;
Goldberg in Goldberg/Müller § 21 Rdnr.10;
Müller in Goldberg/Müller § 81 Rdnr.59;
Maenner S.240.

3) Gedanke bei Maenner S.240 f..

dererseits bleibt der Versicherte bei einem konkreten Vorwissen um einen schadensrelevanten Prozeß ohne Entschädigungsforderung (vgl. § 2 Abs.2 S.2 VVG). Daraus läßt sich der allgemeine Rechtsgedanke ableiten, daß das Gesetz nur die aus einer Rückwärtsversicherung erwachsenen Ansprüche desjenigen Vertragsteils abschneidet, welcher vor Abgabe seiner Vertragserklärung ihm günstige Tatsachen festgestellt hat. Folglich kann die Leistungspflicht des Versicherers zwanglos auch für solche Sachverhalte vereinbart werden, wo dieser schon im Vorfeld der Abmachung das Kausalereignis realisiert hat (1).

cc) Die Abdingbarkeit des § 2 Abs.2 S.2, 1.Halbs. VVG bei gemeinsamer Vorkenntnis von Versicherungsnehmer und Versicherer

Zu guter Letzt ist die Nachgiebigkeit des § 2 Abs.2 S.2, 1.Halbs.VVG zu thematisieren, wenn sowohl der Versicherungsnehmer als auch der Versicherer vor dem Vertragsschluß von dem Versicherungsfall erfahren haben. Die isolierte Kenntnis des Versicherungsunternehmens erweist sich - wie soeben gesehen - nicht als hinderlich. Bei Bösgläubigkeit des zu Versichernden muß differenziert werden. Besteht sie schon vor der Abgabe seines Antrags, verhält er sich mißbräuchlich; insoweit setzt sich der § 2 VVG durch (vgl. oben S.331). Debattiert wird über die Wirksamkeit einer Rückwärtsversicherung, die beide Partner in Kenntnis des Geschehenen verabreden, sofern der Versicherungsnehmer erst nach seinem Angebot bösgläubig geworden ist. Die wohl überwiegende

1) Vgl. Prölss in Prölss/Martin § 2 Anm.2 A a; H.Möller in Bruck/Möller Bd.I § 2 Anm.24; Maenner S.240.

Ansicht befürchtet eine Benachteiligung der Versichertengemeinschaft durch kollusives Zusammenwirken der Vertragsgegner. Daher stuft sie die Abmachung nur als rechtsbeständig ein, wenn der Versicherte sich auch auf anderen Wegen als dem der Rückwärtsversicherung hätte schützen können (z.B. vorläufige Deckung, Ersatzanspruch aus culpa in contrahendo) (1).

Die Gegenmeinung hält die bis zur Abgabe des Versicherungsantrags fortwährende Unwissenheit des Versicherungsnehmers für ausreichend, um der Mißbrauchsgefahr zu begegnen. Daher könne der Versicherungsvertrag generell für Konstellationen der bezeichneten Art eine Entschädigungsverbindlichkeit des Versicherers einführen (2).

Da der Kunde seine Willenserklärung unwissend abgibt, erstrebt er keine bevorzugte Rechtsposition und zahlt eine adäquate Prämie. Seine Schutzwürdigkeit bleibt unbeeinflußt davon, ob der andere Teil den wahren Sachverhalt ermittelt hat oder nicht; beide Alternativen sind parallel zu entscheiden. Der zweiten Auffassung ist beizupflichten.

dd) Ergebnis

Der Wissensstand des Versicherers hat keine Auswirkungen auf den zulässigen Leistungsumfang einer Rückwärtsversicherung. Nach § 2 Abs.2 S.2, 1.Halbs. VVG ist der Versicherungsnehmer jedoch ungedeckt, wenn er selbst vor Vertragsschluß von dem in der Vergangenheit angesiedelten Versicherungsfall erfahren hat. Diese gesetzliche Regelung kann allerdings dahin abgeändert werden, daß dem Verbraucher ein nach Abgabe des Antrags einsetzendes Bewußtsein

---

1) So BGHZ 84, 268(277);
vgl. auch Prölss in Prölss/Martin § 2 Anm.5 b.

2) So Maenner S.247.

nicht mehr schadet; nimmt der Versicherer das Angebot verspätet an und bedarf es wegen des § 150 Abs. 1 BGB einer zweiten Vertragserklärung des Interessenten, so kommt es trotzdem auf die subjektive Einstellung während des ersten Antrags an.

c) Anwendung dieser Grundsätze auf § 7 ABU

Gemäß § 7 ABU haftet der Bauleistungsversicherer ab dem "vereinbarten Zeitpunkt". Dieser Wortlaut ermöglicht den Parteien unzweifelhaft, eine Rückwärtsversicherung vorzunehmen. Darüber hinaus könnte die Vertragsklausel aber den § 2 Abs.2 S.2, 1. Halbs.VVG - soweit erlaubt - abbedingen. Daher muß die Klausel ausgelegt werden.

Der Ansicht eines Teils des Schrifttums zufolge greift eine Versicherungsbedingung, die den Haftungsanfang allein anhand eines bestimmten Datums festlegt, zwar in den Anwendungsbereich des § 38 VVG ein, läßt aber den des § 2 VVG unberührt. Solle auch die letztgenannte Gesetzesnorm abgewandelt werden, so brauche es insoweit einen ausdrücklichen Hinweis (1).

Der § 7 ABU regelt den Beginn der Gefahrtragung einheitlich, ohne nach möglichen Fallgestaltungen zu unterscheiden. Der Versicherungsnehmer muß den Eindruck gewinnen, als bestehe ab dem vertraglich fixierten Zeitpunkt uneingeschränkter Versicherungsschutz (vgl. schon oben S.324). Versicherungsrechtliche Spezialkenntnisse über den im Gesetz vorgesehenen Rahmen der Rückwärtsversicherung dürfen nicht erwartet werden. Dem entspricht es, die Leistungspflicht des Bauleistungsversicherers so weit wie rechtlich zulässig an § 7 ABU zu orientieren. Mithin hebt die Klausel den § 2 Abs.2 S.2,

---

1) So Schermin, VW 1957, S.330;
wohl auch Platen, Handbuch S.48 i.V.m. S.26.

1.Halbs.VVG teilweise auf, indem sie auch dann einen Ersatzanspruch schafft, wenn der Versicherungsfall sich nach dem vereinbarten Haftungsanlauf ereignet hat und der Versicherungsnehmer dies während der Spanne zwischen der Abgabe seines Angebots und dem Vertragsschluß bemerkt (1). Ebenso zu lösen ist der Fall der verspäteten Annahme durch das Versicherungsunternehmen, die ihrerseits den Verbraucher zu einer erneuten Vertragserklärung nötigt.

4) Zusammenfassung

Die Deckung der nach den ABU gewährten Bauleistungsversicherung beginnt laut § 7 ABU mit dem vereinbarten Zeitpunkt. Entgegen der Bestimmung des § 38 VVG spielt keine Rolle, wann der Versicherungsnehmer die Prämie leistet. Auch kann eine Rückwärtsversicherung i.S. des § 2 Abs.1 VVG konzipiert werden, wobei die Vertragsnorm den § 2 Abs.2 S.2, 1.Halbs.VVG seiner Wirkung in den rechtlich zulässigen Grenzen beraubt.

II) Das Ende des Versicherungsschutzes

1) Grundsatz

Das Ende des Versicherungsschutzes wird in § 8 ABU umrissen. Auch diese Klausel rekurriert in erster Linie auf den vereinbarten Zeitpunkt (vgl. § 8 Nr.1 ABU). Eine vorläufige Deckung (2) endet mit ihrem Wegfall (vgl. § 8 Nr.1 ABU), d.h. bei In-Kraft-Treten des "Haupt"-Versicherungsvertrages oder Ergeb-

1) So für § 7 ABU im Ergebnis auch Maenner S.237.
2) Vgl. zu diesem Rechtsinstitut oben S.327.

nislosigkeit der Verhandlungen (1).

Läuft die Bauleistungsversicherung ab, so kann der Versicherungsnehmer die Verlängerung beantragen (vgl. § 8 Nr.2 S.1 ABU); der Versicherer hat eine entsprechende Anfrage zu stellen (vgl. § 8 Nr.2 S.2 ABU). Diese Bestimmung erscheint in mehrfacher Hinsicht klärungsbedürftig.

Zum einen ist zu beantworten, ob der das Unternehmen belastende Hinweiszwang eine Obliegenheit oder eine echte Rechtspflicht darstellt. Der § 8 Nr.2 S.2 ABU legt dem Normadressaten für den Fall eines Verstoßes keinen Rechtsnachteil auf. Da "sanktionslose Obliegenheiten" nicht existieren (vgl. oben S.217 f.), erscheint die Klausel als Verbindlichkeit (2). Sofern der Versicherer dieselbe unbeobachtet läßt, hat er unter dem Gesichtspunkt der positiven Forderungsverletzung den daraus resultierenden Schaden zu ersetzen (3).

Ein zweites Problem im Zusammenhang mit dem § 8 Nr. 2 ABU liegt in folgendem: Die Anfrage des Versicherungsunternehmens bildet nach dem Wortlaut der Klausel nur eine Mitteilung und noch keinen Antrag auf Vertragsverlängerung; letzterer geht vom Versicherungsnehmer aus. Die Versicherungsbedingung verschweigt jedoch, ob der Versicherer sodann zur Annahme verpflichtet ist. Unzweifelhaft besitzt er ein Ablehnungsrecht, wenn der Verbraucher den Vertragsinhalt zu verändern wünscht. Im Normalfall soll das Schuldverhältnis aber mit identischem Regelungsgehalt und zu den bis dahin maßgeblichen Prämiensätzen fortgesetzt werden. Hier ließe eine Wahlfreiheit des Versicherers den § 8 Nr.2 S.1 ABU zu einer bedeutungslosen Vorschrift verkommen, weil die Möglichkeit eines Angebots auf Vertragsverlän-

1) Vgl. Prölss in Prölss/Martin Nach § 1 Anm.3.
2) Vgl. zur Abgrenzung von Verbindlichkeit und Obliegenheit allgemein oben S.210 ff..
3) So i.E. auch Rehm S.66.

gerung schon aus den allgemeinen zivilrechtlichen Lehren kristallisiert werden kann. Die ausdrückliche Betonung des Rechtsinstituts erweckt bei der versicherten Person den Anschein, als hänge die weitere Gestaltung des Rechtsverhältnisses allein von ihrem Willen ab. Daher vertraut sie in schutzwürdiger Weise darauf, daß der Vertragspartner die Werkleistung bis zum Ende der Bauphase versichern muß. Außerdem ist ein Dauerschuldverhältnis wie die Versicherung (1) durch eine gesteigerte Treuepflicht und gegenseitige Rücksichtnahme der Beteiligten geprägt (2). Deswegen hat das Versicherungsunternehmen den Wunsch auf Fortdauer der an sich beendeten Bauleistungsversicherung bis zur Fertigstellung des Werks grundsätzlich zu respektieren.

Schwierig wird die Rechtslage allerdings, wenn die versicherte Gefahr sich seit Abschluß der ursprünglichen Übereintkunft erhöht hat. Man könnte die Verlängerung als ein neues Versicherungsverhältnis werten und deshalb dem Versicherer gestatten, den Antrag parallel den Grundgedanken der §§ 16–22 VVG abschlägig zu bescheiden. Diese Sichtweise widerspricht aber den tatsächlichen Gegebenheiten. Der Versicherungsnehmer beabsichtigt, eine bereits bestehende Versicherung fortzuführen, und nicht, eine zweite zu begründen. Ursprungsvertrag und Verlängerung beziehen sich auf dasselbe Schutzobjekt und weisen einen kongruenten Inhalt auf; sie bilden demnach ein einheitliches Versicherungsverhältnis. Das rechtfertigt, die für eine Gefahrerhöhung während eines laufenden Vertrages geltenden §§ 23 ff.VVG analog heranzuziehen. Dementsprechend hat der Versicherer nur dann eine Ablehnungsbefugnis, sofern das Schadensrisiko sich erheblich i.S. des § 29 VVG vergrößert hat.

---

1) Vgl. zum Charakter der Versicherung als Dauerschuldverhältnis Palandt/Heinrichs Einl v § 241 Rdnr.17.

2) Vgl. Erman/Sirp § 242 Rdnr.62.

2) Die Abnahme als Haftungsende

Ausweislich des § 8 Nr.3 Abs.1 S.1 ABU endet die Haftung des Versicherers früher als zu dem im Vertrag angegebenen Datum, wenn das versicherte Bauvorhaben zuvor abgenommen wird oder nach § 12 Nr.5 VOB/B als abgenommen gilt. Der Versicherungsschutz der nicht abnahmefähigen Sachen (z.B. Baustoffe) sowie derjenigen Arbeiten, bei welchen herkömmlich keine Abnahme erfolgt (z.B. Hilfsanlagen), läuft spätestens einen Monat nach der Abnahme der zugehörigen "Haupt"-Bauleistung ab (vgl. § 8 Nr.3 Abs.2 ABU). Wegen der Relevanz der Abnahme für die Haftungszeit des Bauleistungsversicherers verlohnt eine nähere Beschäftigung mit der Rechtsfigur.

a) Der Begriff der Abnahme

aa) Einführung

Wie sich aus dem Verweis des § 8 Nr.3 Abs.1 S.1 ABU auf den § 12 Nr.5 VOB/B eindeutig ergibt, bestimmt die Bauleistungsversicherung den zeitlichen Dekkungsumfang nicht anhand der bauordnungsrechtlich vorgeschriebenen öffentlichen Gebrauchsabnahme der Behörde, sondern greift auf die im Zivilrecht beheimatete Abnahme des Objekts durch den Auftraggeber zurück. An diesen Tatbestand des Werkrechts, den innerhalb des Bauvertragsrechts der § 12 VOB/B besonders ausgestaltet, sind zahlreiche wichtige Rechtsfolgen geknüpft (z.B. der Beginn der Verjährung der Gewährleistungsansprüche, §§ 638 Abs.1 S.2 BGB, 13 Nr.4 VOB/B; die Fälligkeit der Vergütung, § 641 Abs.1 BGB; der Übergang der Preisgefahr, §§ 644 Abs.1 BGB, 12 Nr.6 VOB/B), weshalb er nach allgemeiner Auffassung eine Hauptleistungspflicht des Bestellers beinhaltet (1). Diese vermag der Schuldner erst zu erfüllen, sobald der Unternehmer das Werk fertiggestellt hat; das Fehlen einzelner unbedeutender Leistungen hindert bei einem im übrigen funktionstauglichen Gesamtobjekt die Abnahme allerdings nicht (2). In der Frage der Merkmale der Abnahme hat sich eine einheitliche Linie bislang nicht entwickelt.

bb) Meinungsstand

Die in Rechtsprechung und Literatur führende Ansicht vertritt einen zweigliedrigen Abnahmebegriff. Die Leistung des Herstellers sei abgenommen, wenn der Auftraggeber das Werk körperlich entgegengenommen und als "in der Hauptsache" vertragsgemäß anerkannt habe (3). Der Wechsel der Sachherrschaft müsse erfolgen, weil sonst der in § 644 Abs.1 BGB normierte Gefahrübergang unverständlich bleibe. Die Billigung sei vonnöten, um feststellen zu können, ob die tatsächlich erbrachte Arbeit die ursprünglich im Vertrag vereinbarten Anforderungen umsetze.

Diesen Thesen steht eine ältere Meinung in der Rechtslehre konträr gegenüber. Sie hält allein die Besitzübernahme des Bestellers für ein Wesensmal der Abnahme (4). Dagegen leite sich die Pflicht

1) Vgl. Larenz II/1 § 53 III a (S.363).
2) Vgl. BGHZ 50, 160(162);
Münchener Komm./Soergel § 640 Rdnr.4, 7.
3) So RGZ 110, 404(406); BGHZ 48, 257(262);
Palandt/Thomas § 640 Rdnr.2;
Daub/Piel/Soergel/Steffani VOB/B ErlZ 12.1.
4) Grundlegend Heck, Schuldrecht S.349 ff.;
ähnlich heute Erman/Seiler § 640 Rdnr.5 ff., der die körperliche Entgegennahme genügen läßt, es sei denn, der Besteller mißbilligt die Leistung ausdrücklich.

zur Erklärung des Einverständnisses mit dem Werk bereits aus dem in §§ 362 ff.BGB geregelten Recht der Erfüllung ab und brauche nicht in § 640 Abs.1 BGB hineininterpretiert zu werden.

Den anderen Extremstandpunkt nehmen einige Autoren des modernen Schrifttums ein, indem sie die Abnahme mit der Akzeptanz der Ordnungsmäßigkeit des Objekts gleichsetzen. Die Rechtsfolgen des Rechtsinstituts müßten auch dann eintreten, wenn der Besteller das Werk zwar als der Vereinbarung entsprechend eingestuft habe, die Übergabe aber noch ausstehe (1). Diesem Modell stimmt bezogen auf den Bauvertrag ein Großteil der dortigen Spezialliteratur zu, weil der Bauherr regelmäßig von vornherein den Besitz an der werdenden Immobilie inne habe (2).

Eine vierte Theorie zu der aufgezeigten Problematik findet sich bei Böggering. Dieser Verfasser betrachtet die Aufstellung einer einzigen, für das gesamte Werkvertragsrecht gültigen Definition der Abnahme als ausgeschlossen. Den Vorzug verdiene vielmehr ein funktioneller Abnahmebegriff, dessen Elemente sich nach der jeweils in Frage stehenden Rechtswirkung richteten. So werde der Werklohn (vgl. § 641 BGB) schon mit der Einräumung der Sachherrschaft fällig, während der Gefahrübergang (vgl. § 644 BGB) zusätzlich die Billigungserklärung des Auftraggebers bedinge (3).

cc) Stellungnahme

Die Übergabe des Werks verschafft dem Besteller die

---

1) Grundlegend Jakobs, AcP 1983, S.158 ff.; ihm folgt Münchener Komm./Soergel § 640 Rdnr.3.
2) So Locher, Privates Baurecht Rdnr.36; Kaiser, Mängelhaftung Rdnr.37b.
3) Vgl. Böggering, JuS 1978, S.515 ff..

volle Sachgewalt und erlaubt ihm, es zu schützen und für seine Zwecke zu benutzen. Ohne diese tatsächlichen Vorteile erscheint es unangemessen, Rechtsfolgen wie die Verlagerung der Preisgefahr und die Fälligkeit des Entgeltbegehrens eintreten zu lassen. Deshalb ist das Tatbestandsmerkmal der Besitzübernahme unverzichtbar. Das gilt in gleicher Weise für das Bauvertragsrecht, weil der Bauunternehmer bis zur Abnahme den Mitbesitz an der Bauleistung ausübt (vgl. oben S.96) und diesen zugunsten des Bauherrn aufzugeben hat.

Des weiteren muß berücksichtigt werden, daß bei Abschluß eines Werkvertrags der Leistungsgegenstand noch nicht existiert und die Parteien ihn daher nur abstrakt zu beschreiben vermögen. Folglich bedarf es nach Anfertigung des Objekts einer Bewertung durch den Besteller. Letztere stellt klar, daß abgemachter "Soll"- und tatsächlicher "Ist"-Zustand (im wesentlichen) übereinstimmen. Erst dann kann sinnvollerweise die Verjährung der Gewährleistungsansprüche einsetzen und mithin die in § 638 Abs.1 S.2 BGB geforderte Abnahme bejaht werden. Die Billigung ist also ebenfalls unabdingbar, um mit Hilfe der untersuchten Rechtsfigur zu praktikablen Ergebnissen zu gelangen. Die aus diesem Grund von Böggering vorgeschlagene Aufspaltung des Abnahmebegriffs kompliziert allerdings die Rechtsanwendung und hat daher zurecht keine Gefolgschaft gefunden. Den einzig gangbaren Ausweg bietet der mehrheitlich verfochtene Ansatz, die Abnahme als zweigliedrigen Tatbestand, bestehend aus Übergabe und Einverständniserklärung, zu konstruieren. Deshalb ist dieser Theorie beizutreten.

b) Rechtsnatur und Formen der Abnahme

Auch die Rechtsnatur der Abnahme erfährt unterschiedliche Beurteilungen. Zwar wird die Übergabe einhellig als Realakt gesehen (1). Probleme bereitet aber die Einordnung der Billigung. Die überwiegende Ansicht wertet sie als Willenserklärung, wobei deren Empfangsbedürftigkeit umstritten bleibt (2). Andere gehen im Gegensatz dazu von einer geschäftsähnlichen Handlung aus, weil keine Rechtsfolge gesetzt werden solle (3).

Indem der Auftraggeber seinem Einverständnis mit dem Werk Ausdruck verleiht, teilt er seinem Partner die Mangelfreiheit mit. Die weiteren Konsequenzen wie die Verlagerung der Preisgefahr und die Fälligkeit der Gegenleistung treten kraft Gesetzes ein. Demnach handelt es sich nicht um eine Willenserklärung, sondern um eine geschäftsähnliche Handlung. Wegen ihrer großen Bedeutung für den Hersteller ist sie ihm "gegenüber abzugeben", d.h. analog § 130 Abs.1 S.1 BGB zugangsbedürftig (4).

Zu den verschiedenen Formen der Abnahme äußert sich das BGB nicht. Sie ist sowohl als ausdrückliche wie auch als konkludente Erklärung möglich; schlüssig kann eine Abnahme z.B. durch vorbehaltlose Zahlung der Vergütung geschehen (5). Die VOB kennt daneben in § 12 Nr.4 VOB/B noch das förmliche Abnahmeverfahren. Im Rahmen des VOB-Bauvertrages hat es zwingend stattzufinden, sobald eine Partei dies begehrt (vgl. § 12 Nr.4 Abs.1 S.1 VOB/B). Auftraggeber und Unternehmer müssen sich sodann auf einen Termin einigen, zu dem beide einen Sachverständigen mitbrin-

---

1) Vgl. Brandt, BauR 1972, S.70.
2) Bejahend Riedl in Heiermann/Riedl/Rusam/Schwaab VOB/B § 12 Rdnr.2a; Vygen Rdnr.367; ablehnend wohl Ingenstau/Korbion VOB/B § 12 Rdnr.1.
3) So Münchener Komm./Soergel § 640 Rdnr.7; Kaiser, Mängelhaftung Rdnr.37 i.V.m. FN 7.
4) Der § 130 BGB gilt grundsätzlich auch für geschäftsähnliche Handlungen; vgl. Palandt/Heinrichs Überbl v § 104 Rdnr.7.
5) Vgl. BGH, NJW 1970, 421(422).

gen dürfen (vgl. § 12 Nr.4 Abs.1 S.2 VOB/B). Das Resultat der gemeinsamen Prüfung wird in einem von den Vertragsgegnern zu unterschreibenden Protokoll niedergelegt (vgl. § 12 Nr.4 Abs.1 S.3 VOB/B). Darin sind sämtliche bekannte - auch streitige - Mängel sowie etwaige Vertragsstrafen aufzunehmen (vgl. § 12 Nr.4 Abs.1 S.4 VOB/B). Am Schluß erhalten beide Seiten eine Ausfertigung der Urkunde (vgl. § 12 Nr.4 Abs.1 S.5 VOB/B).

Die Durchführung einer förmlichen Abnahme scheidet aus, sofern die Werkleistung schon auf andere Art abgenommen wurde (1). Im übrigen können die Baubeteiligten einvernehmlich - sei es ausdrücklich, sei es konkludent - von einem förmlichen Verfahren absehen. Ein schlüssiger Verzicht verdrängt dabei sogar einen im Vertrag festgelegten Schriftformzwang (2).

c) Die sogenannte "fiktive" Abnahme nach § 12 Nr.5 VOB/B

aa) Allgemeines

Die sogenannte "fiktive" Abnahme ist eine Besonderheit der Verdingungsordnung für Bauleistungen und wird in § 12 Nr.5 VOB/B beschrieben. Diese Bauvertragsbestimmung sieht sich durch § 8 Nr.3 Abs.1 S.1 ABU zudem expressis verbis in die Bauleistungsversicherung des Unternehmers einbezogen und beendet bei Erfüllung sämtlicher Tatbestandsmerkmale die Haftung des Versicherers; dabei erfordert diese Rechtsfolge keineswegs, daß im konkreten Einzelfall

---

1) Vgl. Riedl in Heiermann/Riedl/Rusam/Schwaab VOB/B § 12 Rdnr.18b.

2) BGHZ 72, 222(224).

auch der für das versicherte Vorhaben bestehende Bauvertrag eine Regelung wie den § 12 Nr.5 VOB/B aufweist (1). Angesichts dieser Rechtslage ist die "fiktive" Abnahme auch für das Versicherungsrecht von Interesse.

Der § 12 Nr.5 VOB/B kennt zwei verschiedene Erscheinungsformen des Rechtsinstituts: Zum einen gilt eine Bauleistung als abgenommen, wenn seit der schriftlichen Mitteilung des Auftragnehmers über die Fertigstellung des Projekts 12 Tage vergangen sind und zwischenzeitlich kein Abnahmeverlangen gestellt wurde (vgl. § 12 Nr.5 Abs.1 VOB/B). Zum anderen liegt eine "fiktive" Abnahme vor mit Ablauf von 6 Tagen nach Beginn der Nutzung des Baus durch den Besteller (vgl. § 12 Nr.5 Abs.2 VOB/B); dies bedingt eine dem Endzweck der Immobilie gemäße Ingebrauchnahme (z.B. der Einzug in ein Wohnhaus (2) oder das Aufstellen von Maschinen in einer Fabrikhalle (3). Die "Fiktionen" der Abs.1 und 2 des § 12 Nr.5 VOB/B können nicht mehr Wirklichkeit werden, sobald eine der Parteien innerhalb der genann-

---

1) Vgl. Martin, VW 1974, S.1054;
insoweit gilt dasselbe, was schon zur Risikobeschränkung der §§ 3 Nr.1 ABU, 7 VOB/B herausgestellt worden ist (vgl. oben S.285). Darüber hinaus scheitert die von § 8 Nr.3 Abs.1 S.1 ABU gewählte Methodik, auf eine VOB-Norm zu verweisen, ohne ihren Wortlaut zu zitieren, wegen des § 23 Abs.3 AGBG auch nicht an § 2 Abs.1 Nr.1, 2 AGBG (vgl. oben S.289 ff.). Im übrigen erklärt der § 8 ABU - in Parallele zu § 3 Nr.1 ABU (vgl. oben S.292) - die VOB-Fassung von 1973 und nicht die heutige für maßgebend; dies hat jedoch hier ebenfalls keine materiell-rechtlichen Konsequenzen, weil der § 12 Nr.5 VOB/B - genau wie der § 7 VOB/B (vgl. oben S.292 f.) - bislang nicht verändert worden ist.

2) Vgl. BGH, NJW 1975, 1701(1702).

3) Vgl. BGH, WM 1975, 833.

ten Fristen den Vollzug einer "richtigen" Abnahme begehrt (1). Ebenso muß in den Fällen geurteilt werden, wo der Bauherr die Abnahme ausdrücklich verweigert hat oder wo die Parteien sich auf ein förmliches Verfahren i.S. des § 12 Nr.4 VOB/B verständigt haben (2). Im übrigen hat der Besteller bekannte Mängel innerhalb des 6- bzw. 12-Tage-Zeitraums zu beanstanden (vgl. § 12 Nr.5 Abs.3 VOB/B); dem BGH zufolge bleibt ein bereits vorher geltend gemachter Mängelvorbehalt allerdings in Kraft, sofern der Auftraggeber während des Fristlaufs zu verstehen gibt, daß an der Erklärung festgehalten werden soll (3).

Als problematisch zeigt sich die Frage nach einer Verletzung der §§ 9 ff.AGBG durch die Abs.1 und 2 des § 12 Nr.5 VOB/B (4). Dies ist für jeden der beiden Absätze der Klausel getrennt zu untersuchen. Weiterhin muß man danach differenzieren, ob die Geschäftsbedingung einen Bestandteil des Bauvertrages darstellt oder über § 8 Nr.3 ABU als AVB in die Bauleistungsversicherung eingeht (5).

---

1) Obwohl allein der § 12 Nr.5 Abs.1 VOB/B diese Einschränkung ausdrücklich festschreibt, hat sie auch im Rahmen des § 12 Nr.5 Abs.2 VOB/B Gültigkeit;
vgl. Nicklisch in Nicklisch/Weick § 12 Rdnr.75.
2) Vgl. Riedl in Heiermann/Riedl/Rusam/Schwaab VOB/B § 12 Rdnr.27a, 27b.
3) So BGH, NJW 1975, 1701(1702);
ebenso Riedl in Heiermann/Riedl/Rusam/Schwaab VOB/B § 12 Rdnr.34.
4) Zur Rechtsnatur der Normen der VOB/B als Allgemeine Geschäftsbedingungen vgl. oben S.58.
5) Zum zweigeteilten Charakter der durch die ABU in Bezug genommenen VOB-Normen als AGB des Bauvertrags und als Allgemeine Versicherungsbedingungen vgl. oben S.295 f..

bb) Die Wirksamkeit des § 12 Nr.5 Abs.2 VOB/B als Bestandteil des Bauvertrages

aaa) Der § 10 Nr.5 AGBG als Prüfungsmaßstab

Der § 12 Nr.5 Abs.2 VOB/B kennzeichnet zwar den sechstägigen rügelosen Gebrauch der Bauleistung als Abnahme, verpflichtet aber den Unternehmer nicht, seinen Vertragspartner bei Beginn der Nutzung über die rechtliche Bedeutung eines solchen Verhaltens aufzuklären. Diese Unterlassung tangiert die Anforderungen, welche der § 10 Nr.5 AGBG an die Wirksamkeit von fingierten Erklärungen stellt. Der letztgenannte Rechtssatz wird jedoch von § 23 Abs.2 Nr.5 AGBG außer Anwendung gesetzt, soweit "die Verdingungsordnung für Bauleistungen (VOB) Vertragsgrundlage ist". Diese gesetzliche Privilegierung der VOB hat speziell den § 12 Nr.5 Abs.2 VOB/B im Blick und beruft sich auf die Tatsache, daß der Hersteller seiner aus § 10 Nr.5 lit.b) AGBG folgenden Hinweispflicht gar nicht genügen kann, weil ihm das fristauslösende Ereignis - die Ingebrauchnahme - häufig unbekannt bleibt (1). Die damit getroffene Wertentscheidung schließt allerdings nicht schlechthin aus, den § 12 Nr.5 VOB/B anhand anderer Anknüpfungspunkte im AGBG zu kontrollieren.

bbb) Der § 11 Nr.15 AGBG als Prüfungsmaßstab

Vereinzelte Stimmen im Schrifttum meinen, die Be-

---

1) Vgl. Bericht des Rechtsausschusses, BT-Drucksachen 7/5422, S.1(14); N.Horn in Wolf/Horn/Lindacher § 23 Rdnr.244; Coester-Waltjen in Schlosser/Coester-Waltjen/Graba § 10 Nr.5 Rdnr.22.

nutzung der Bauleistung durch den Auftraggeber könne auch unter dem Druck der Verhältnisse geschehen und lasse nicht unbedingt auf einen Abnahmewillen schließen. Fehle ein solcher, so dürfe die in § 12 Nr.5 Abs.2 VOB/B vorgesehene Rechtsfolge nicht eintreten. Deshalb stelle die Geschäftsbedingung keine Fiktion der Abnahme, sondern nur eine Vermutung derselben dar. Insofern greife der § 10 Nr.5 AGBG schon tatbestandlich nicht ein, und der § 23 Abs.2 Nr.5 AGBG habe keine konstitutive Wirkung. Der zutreffende Prüfungsmaßstab ergebe sich vielmehr aus § 11 Nr.15 AGBG (1).

Dieser Standpunkt nötigt zu einer rechtsdogmatischen Einordnung des § 12 Nr.5 Abs.2 VOB/B. Als "Fiktion" bezeichnet die Rechtswissenschaft ein methodisches Mittel, mit dessen Hilfe ein tatsächlich nicht vorliegender Sachverhalt in bezug auf die Rechtsanwendung als gegeben behandelt wird (2). Eine Vermutung dagegen bezieht sich auf Tatsachen bzw. Rechte, deren Existenz zwar zweifelhaft, aber möglich erscheint, und erleichtert deren Beweis (3); der Anwendungsbereich dieser Rechtsfigur erstreckt sich jedoch nicht auf mittels Auslegung zu beantwortende Fragen (4). "Auslegung" ist die an §§ 133, 157 BGB orientierte inhaltliche Deutung einer ausdrücklichen oder schlüssigen Willenserklärung bzw. geschäftsähnlichen Handlung; empfangsbedürftige Äußerungen müssen dabei so interpretiert werden, wie der Adressat sie nach Treu und Glauben

---

1) So Nicklisch in Nicklisch/Weick § 12 Rdnr.93; N.Horn in Wolf/Horn/Lindacher § 23 Rdnr.256.
2) Vgl. Creifelds, Rechtswörterbuch unter Stichwort "Fiktion" (S.403).
3) Vgl. Creifelds, Rechtswörterbuch unter Stichwort "Vermutung" (S.1237).
4) Vgl. BGHZ 20, 109(111);
Münchener Komm./Mayer-Maly § 133 Rdnr.55;
Soergel/Hefermehl § 133 Rdnr.35;
Flume II § 16, 3 f.

mit Rücksicht auf die Verkehrssitte verstehen darf. Zwar gibt es im Rahmen der rechtsgeschäftlichen Auslegung auch dem Beweis und damit einer Vermutung zugängliche Umstände. Dazu rechnet beispielsweise die Feststellung, ob überhaupt ein bestimmtes interpretationsfähiges Verhalten vorhanden ist (1). Aber schon die grundsätzliche Qualifikation desselben als (konkludente) Erklärung beruht auf einer Auslegung (2).

Der § 12 Nr.5 Abs.2 VOB/B setzt den Gebrauch des Bauwerks und damit eine konkrete Handlungsweise des Bestellers voraus. Die Erfüllung dieser Bedingung bildet ein beweisfähiges und -bedürftiges objektives Faktum, das von der Klausel allerdings weder fingiert noch vermutet wird. Für deren Anwendung bleibt also kein Raum, wenn der Bauunternehmer die Nutzung der Leistung nicht zu belegen vermag.

Im Falle eines erfolgreichen Nachweises entsteht das Problem, ob dem Tun irgendeine schlüssige Erklärungsbedeutung zukommt. Ein Bauvorhaben besitzt in aller Regel für beide Vertragsparteien einige Tragweite und erfordert eine gewissenhafte, die Interessen des anderen jeweils mitberücksichtigende Abwicklung. Indem der Bauherr die Immobilie zu verwenden beginnt, erweitert er seine Sachgewalt. Ab diesem Zeitpunkt kann er das Werk ungestört auf Mängel untersuchen und sieht sich eher als der Unternehmer in der Lage, für den notwendigen Schutz zu sorgen. Zudem muß der Auftraggeber um die weitreichenden juristischen Folgen der Abnahme wissen, weil diese aus der VOB selbst hervorgehen (vgl. z.B. § 12 Nr.6 VOB/B). Aus diesen Gründen hat er seinem Vertragsgegner die beabsichtigte weitere Gestaltung des Rechtsverhältnisses unverzüglich of-

---

1) Vgl. BGHZ 20, 109(111); Soergel/Hefermehl § 133 Rdnr.35.

2) Vgl. Münchener Komm./Mayer-Maly § 133 Rdnr.39; Erman/Brox § 133 Rdnr.10; Larenz AT § 19 II b; Soergel/Hefermehl § 133 Rdnr.10.

fenzulegen; eine Möglichkeit besteht etwa darin, für einen späteren Termin ein förmliches Abnahmeverfahren zu verlangen. Nimmt der Besteller den Bau über einen Zeitraum von 6 Tagen ohne erläuternden Kommentar in Gebrauch, so kann der Auftragnehmer dies nur als konkludente Billigung des Werks, also als Abnahme auffassen. Dieses Ergebnis stützt sich auf die Auslegung des Verhaltens des Auftraggebers und findet seine rechtliche Grundlage in den §§ 133, 157 BGB. Der § 12 Nr.5 Abs.2 VOB/B bringt lediglich ein Anwendungsbeispiel für diese Gesetzesbestimmungen und hat demnach mit Fiktion und Vermutung nichts gemein (1).

Für das AGBG bedeutet das: Da der § 11 Nr.15 AGBG sich allein an Beweislastregeln wendet, liegt der § 12 Nr.5 Abs.2 VOB/B außerhalb dieser Gesetzesnorm. Ferner ergibt auch der § 10 Nr.5 AGBG kein Hindernis. Letzterer erfaßt nur Erklärungsfiktionen und läßt den §§ 133, 157 BGB entsprechende Auslegungsbedingungen unbeachtet (2). Des § 23 Abs.2 Nr.5 AGBG hätte es insoweit mithin nicht bedurft (3); es ist daher ohne Belang, ob die Parteien die VOB zur "Vertragsgrundlage" i.S. dieses Rechtssatzes gemacht haben.

ccc) Der § 9 AGBG als Prüfungsmaßstab

Endlich gerät noch der § 9 AGBG als denkbarer Nich-

1) So auch BGH, WM 1985, 288(289); Staudinger/Schlosser § 23 AGBG Rdnr.27; Graf von Westphalen in Löwe/Graf von Westphalen/Trinkner Bd.III Kap. 35.5 Rdnr.13 f.; Stübing, NJW 1978, S.1608.
2) Vgl. Soergel/Stein § 10 AGBG Rdnr.51; Münchener Komm./Kötz § 10 AGBG Rdnr.27; M.Wolf in Wolf/Horn/Lindacher § 10 Nr.5 Rdnr.6; Koch/Stübing § 10 Nr.5 Rdnr.9.
3) So schon Stübing, NJW 1978, S.1608.

tigkeitsgrund ins Blickfeld. Einige Autoren argumentieren, der § 23 Abs.2 Nr.5 AGBG bezeichne die Generalklausel nicht als auf die VOB unanwendbar, weswegen sie bedenkenlos zum Tragen kommen könne (1). Der § 12 Nr.5 Abs.2 VOB/B deckt sich jedoch mit den §§ 133, 157 BGB. Eine vom Gesetz abweichende unangemessene Benachteiligung des Bestellers ist damit von vornherein ausgeschlossen. Die Bauvertragsbedingung hält dem AGBG stand.

cc) Die Wirksamkeit des § 12 Nr.5 Abs.2 VOB/B als Bestandteil des Versicherungsvertrages

Auch im Rahmen der Bauleistungsversicherung gibt der § 12 Nr.5 Abs.2 VOB/B nur wieder, was bereits das BGB vorsieht. Da die Abnahme zudem ein bereits vollständig erbrachtes Werk – also das Ende der Bauphase – voraussetzt, entspringt die in der Vertragsnorm niedergelegte Begrenzung der Versicherungszeit der Natur der Bauleistungsversicherung; dafür streitet auch, daß mit der Abnahme der Bauunternehmer seinen Besitz an dem Objekt (vgl. oben S. 345) und damit sein Sachinteresse (vgl. dazu oben S.96 ff., 104) verliert, wodurch die Grundlage für eine Sachversicherung entfällt. Folglich werden die §§ 8 Nr.1 Abs.1 S.1 ABU, 12 Nr.5 Abs.2 VOB/B dem AGBG gerecht (2).

---

1) So z.B. Recken, BauR 1978, S.419 f..

2) Die dargelegten Gedanken rechtfertigen im übrigen, das Ende der Versicherungszeit in der Bauleistungsversicherung grundsätzlich anhand des Rechtsinstituts der Abnahme zu bestimmen. Damit gestattet das AGBG den AVB zumindest, auf die "normalen" Formen der Abnahme – wie etwa die ausdrücklich erklärte, die technische (vgl. § 12 Nr.4 VOB/B) und die hier in Rede stehende konkludente Abnahme – zurückzugreifen.

dd) Die Wirksamkeit des § 12 Nr.5 Abs.1 VOB/B als Bestandteil des Bauvertrages

aaa) Die §§ 10 Nr.5 und 11 Nr.15 AGBG als Prüfungsmaßstab

Der Abs.1 des § 12 Nr.5 VOB/B könnte gegen § 10 Nr. 5 AGBG bzw. gegen § 11 Nr.15 AGBG verstoßen. Auch hier richtet sich nach der Rechtsnatur des Vertragspunktes, welche der beiden Gesetzesvorschriften – wenn überhaupt – eingreift. Die h.M. geht von einer unwiderleglichen Vermutung der Abnahme aus (1). Andere ordnen die Klausel den Fiktionen zu (2). Eine dritte Gruppe spricht von einem "vertypten Tatbestand, an den die Rechtsfolgen der Abnahme geknüpft werden" (3).

Die Lösung des angeschnittenen Problems kann auf den bereits erarbeiteten dogmatischen Grundlagen aufbauen (vgl. oben S.351 f.). Der Abs.2 des § 12 Nr.5 VOB/B bedingt mit der Nutzung des Werks ein positives Tun des Bauherrn. Hingegen wird im Falle des § 12 Nr.5 Abs.1 VOB/B der Hersteller tätig, indem er die Beendigung des Bauprojekts mitteilt, während die Reaktion des Auftraggebers aus einem bloßen Schweigen besteht. Diese Regelung will nicht den Zweifel beseitigen, ob und wie der Erklärungsadressat sich verhalten hat. Folglich ist für die Annahme einer Vermutung kein Raum und der § 11 Nr.

---

1) So Riedl in Heiermann/Riedl/Rusam/Schwaab VOB/B § 12 Rdnr.26; Brandt, BauR 1972, S.71 i.V.m. FN 14; RGRK/Glanzmann § 640 Rdnr.30.
2) So Graf von Westphalen in Löwe/Graf von Westphalen/Trinkner Bd.III Kap. 35.5 Rdnr.13.
3) So Nicklisch in Nicklisch/Weick § 12 Rdnr.73.

15 AGBG scheidet als Prüfungsmaßstab aus.

Zu Überlegen bleibt die Anwendbarkeit des § 10 Nr.5 AGBG. Nach der allgemeinen Zivilrechtslehre kann ein Schweigen grundsätzlich nicht mit einer rechtserheblichen Erklärung gleichgesetzt werden (1). Eine andere Entscheidung rechtfertigt sich nur bei Hinzutreten spezieller Umstände. So können die Parteien übereinkommen, daß in konkreten Fallkonstellationen das Fehlen einer Rechtsäußerung als Zustimmung gelten soll (2). Der § 12 Nr.5 Abs. 1 VOB/B enthält eine solche Übereinkunft. In der Wissenschaft sind mehrere Theorien entwickelt worden, wie das "Schweigen mit vereinbarter Rechtswirkung" dogmatisch zu begreifen ist. Laut einer vereinzelt vertretenen Meinung werde eine in Wahrheit gar nicht existente Erklärung fingiert (3). Die ganz überwiegende Auffassung bestreitet das. Das Unterlassen stelle hier ausnahmsweise ein echtes Symbol dar. Damit sei eine rechtlich relevante Willenskundgabe wirklich gegeben (4).

Da sich der § 10 Nr.5 AGBG nach seiner in Klammern gesetzten Überschrift nur auf "fingierte Erklärungen" bezieht, muß die soeben skizzierte h.M. Bedenken wecken, ob auch Klauseln wie der Abs. 1 des § 12 Nr.5 VOB/B eingeschlossen sind. Koch/ Stübing behaupten, die Gesetzesnorm sei nicht berührt, wenn eine Vertragskondition einer Untätigkeit eine bestimmte Aussagekraft beilege (5). Nun intendiert der § 10 Nr.5 AGBG, den Verbraucher vor dem "Überrumpelungseffekt" (6) aus "unterstellten"

---

1) Vgl. Palandt/Heinrichs Einf v § 116 Rdnr.7.

2) Vgl. Münchener Komm./Kramer § 151 Rdnr.4; Soergel/Hefermehl Vor § 116 Rdnr.33.

3) So Bickel, NJW 1972, S.609; wohl auch E.Wolf AT S.359.

4) So Palandt/Heinrichs Einf v § 116 Rdnr.7; Larenz AT § 19 IV a; Flume II § 5, 2 a.

5) Vgl. Koch/Stübing § 10 Nr.5 Rdnr.9.

6) Vgl. Brandner in Ulmer/Brandner/Hensen, 5.Auflage, § 10 Nr.5 Rdnr.2.

Äußerungen zu bewahren (1). Diesem Sinn entspricht, dem Rechtssatz ein möglichst weites Anwendungsfeld zu sichern. Es kann nicht maßgebend sein, ob man das "Schweigen mit vereinbarter Rechtswirkung" als ein reales Zeichen oder lediglich als Fiktion wertet. Andernfalls würde die Bedeutung des Tatbestandsmerkmals "fingierte" überschätzt. Deshalb unterfällt der § 12 Nr.5 Abs.1 VOB/B dem § 10 Nr.5 AGBG. Dabei wird das von lit.b) des gesetzlichen Rechtssatzes eingeführte Wirksamkeitserfordernis verletzt, weil die Klausel dem Bauunternehmer nicht auferlegt, die Rechtsfolge eines etwaigen Schweigens zu offenbaren. Die daraus an sich resultierende Nichtigkeit der VOB-Norm könnte allerdings durch § 23 Abs.2 Nr.5 AGBG vereitelt werden.

bbb) Der Ausschlußtatbestand des § 23 Abs.2 Nr.5 AGBG

aaaa) Meinungsstand

Der Wortlaut des § 23 Abs.2 Nr.5 AGBG erklärt den § 10 Nr.5 AGBG für unanwendbar, soweit die VOB Vertragsgrundlage ist. Diese Festlegung scheint eindeutig. Nun will eine starke Ansicht in der Literatur den Ausschlußtatbestand restriktiv auslegen. Der § 23 AGBG privilegiere nur den Abs.2, nicht aber auch den Abs.1 des § 12 Nr.5 VOB/B. Der Gesetzgeber habe in den Materialien zum AGBG die Vorschrift damit begründet, daß der Hersteller das die Erklärungsfrist in Gang setzende Geschehnis nicht kenne und deshalb seiner Erläuterungspflicht aus § 10 Nr.5 lit.b) AGBG nicht nachkommen könne (2).

1) Vgl. Staudinger/Schlosser § 10 Nr.5 AGBG Rdnr.1.
2) Vgl. bereits oben S.350 i.V.m. FN 1.

Dieser Gedankengang habe erkennbar allein den Fall der Ingebrauchnahme der Bauleistung durch den Besteller im Auge. Löse dagegen der Unternehmer mittels einer Nachricht über den Abschluß der Arbeiten die Frist selbst aus, so sei er durchaus in der Lage, seinem Vertragsgegner die Folgen eines Verschweigens auseinanderzusetzen. Insofern werde der § 12 Nr.5 Abs.1 VOB/B zu Unrecht von der Herrschaft des § 10 Nr.5 AGBG entbunden. Dies begegne - vor allem wegen Art.3 GG - verfassungsrechtlicher Kritik. Den einzig gangbaren Ausweg sehen einige Autoren in der eingangs geschilderten, am Gesetzeszweck orientierten einschränkenden Auslegung des § 23 Abs.2 Nr.5 AGBG (1).

Den soeben dargelegten Thesen vermag sich die mehrheitliche Auffassung nicht anzuschließen. Der § 23 AGBG untersage eine Anwendung des § 10 Nr.5 AGBG auch auf den Abs.1 des § 12 Nr.5 VOB/B. Das lasse sich zum einen aus dem klaren Wortlaut des Gesetzes ablesen (2). Zum anderen biete die VOB ein insgesamt ausgewogenes Normengefüge, das in bestimmten Bereichen auch die Position des Auftraggebers stärke und eine rasche Klärung der Rechtslage erreichen wolle. Infolgedessen bleibe der Art.3 GG unangetastet (3). Die unvollständige Begründung des Gesetzgebers schade nicht, weil dieser unmöglich sämtliche Auswirkungen der Besserstellung beschreiben könne (4).

---

1) So M.Wolf in Wolf/Horn/Lindacher § 23 Rdnr.244; Peters, NJW 1983, S.800; sympathisierend Münchener Komm./Kötz § 10 AGBG Rdnr.32 f..
2) Vgl. Staudinger/Schlosser § 23 AGBG Rdnr.27; Graf von Westphalen in Löwe/Graf von Westphalen/Trinkner Bd.II § 23 Abs.2 Nr.5 Rdnr.4.
3) So Ulmer in Ulmer/Brandner/Hensen § 23 Rdnr.45; Locher, NJW 1977, S.1802 f..
4) Vgl. Denzinger, BB 1981, S.1124.

bbbb) Stellungnahme

Die Stellungnahme hat von dem in § 23 Abs.2 Nr.5 AGBG gewählten Wortlaut auszugehen. Danach fehlt jeder Anhalt dafür, daß die Norm allein den § 12 Nr.5 Abs.2 VOB/B meint. Diesen Befund darf man nicht durch den Aspekt der generellen Kontrollwürdigkeit von AGB überspielen. Es fragt sich jedoch, ob die Gesetzesbestimmung grundlos ein allzu weites Anwendungsgebiet zeitigt und daher den Art.3 GG übergeht. Wäre dem so, müßte die von Teilen der Mindermeinung vorgeschlagene verfassungskonforme Auslegung diskutiert werden.

Der Art.3 Abs.1 GG bezeichnet alle Menschen als "vor dem Gesetz" gleich. Der Rechtssatz bindet nach heute ganz h.M. nicht nur die gesetzesanwendenden Gewalten, sondern auch den Gesetzgeber selbst (1) und weist ihn an, ausgerichtet am Gedanken der Gerechtigkeit wesentlich Gleiches gleich und wesentlich Ungleiches ungleich zu reglementieren (2). Werden für zwei Lebensbereiche unterschiedliche Vorgaben geschaffen, so muß dies aus der Natur der Sache folgen oder sich durch sonstige einleuchtende und vernünftige Erwägungen rechtfertigen. Der Zweck des Gesetzes braucht dabei nicht anhand der Materialien ermittelt zu werden und kann auch aus dem Normtext selbst hervorgehen (3). Die Verfassungswidrigkeit eines Gesetzes gründet sich nicht auf die subjektive Willkür der Legislative. Vielmehr ist allein von Gewicht, inwieweit objektiv betrachtet Faktoren vorliegen, die die Differenzierung

1) Vgl. BVerfGE 1, 14(52);
Gubelt in v.Münch Art.3 GG Rdnr.8;
Stein, Staatsrecht § 26 vor I.
2) Vgl. BVerfGE 3, 58(135);
Gubelt in v.Münch Art.3 GG Rdnr.10.
3) Vgl. Dürig in Maunz/Dürig/Herzog Art.3 GG Rdnr.318; Gubelt in v.Münch Art.3 GG Rdnr.14.

tragen (1).

Der § 23 Abs.2 Nr.5 AGBG bezieht sich nach seiner Formulierung auf sämtliche in der Verdingungsordnung angesiedelten "fingierten" Erklärungen (vgl. oben S.359). Die hier im Vergleich zu den Fiktionen in anderen Formularwerken normierte größere Resistenz der VOB gegenüber den Erfordernissen des AGBG bedarf eines sachgerechten Differenzierungskriteriums. Nun sieht sich die Bauwirtschaft in gesteigertem Maße unbeeinflußbaren äußeren Komponenten (z.B. der Witterung) ausgesetzt. Daher ist den Parteien eines Bauvertrags ganz besonders an einem verläßlichen und raschen praktischen Vollzug des Rechtsgeschäfts gelegen. Ein wirksames Mittel zur Realisierung dieses Ziels bildet die Vereinbarung "fingierter" Erklärungen, weil letztere bei Verschweigen die Rechtslage endgültig klären, so daß der Belastete innerhalb der benannten Zeiträume aktiv werden muß. Handelt es sich darüber hinaus um ein Vertragsmuster, welches - wie die VOB - von Vertretern beider Seiten verhandelt worden ist, so erscheint ein gerechter Interessenausgleich eher gewährleistet als bei einseitig aufgestellten AGB. Die Gefahr einer treuwidrigen Benachteiligung einer Partei kann mithin geringer veranschlagt werden. Aus diesen Gründen ist es nachvollziehbar, daß das AGBG für die Rechtsbeständigkeit aller in der VOB aufgeführter Fälle "beredten Schweigens" sorgt. Dies greift den Art.3 Abs.1 GG nicht an. Die von der h.M. verfochtene wortgetreue Interpretation des § 23 Abs.2 Nr.5 AGBG verdient den Vorzug. Demnach sperrt der § 10 Nr.5 AGBG nicht die Wirksamkeit des § 12 Nr.5 Abs.1 VOB/B, sofern der konkrete Einzelvertrag die Verdingungsordnung zur "Vertragsgrundlage" hat.

---

1) Vgl. BVerfGE 48, 227(237);
Gubelt in v.Münch Art.3 GG Rdnr.10.

cccc) Die VOB als "Vertragsgrundlage"

Aufgrund der Maßgeblichkeit des § 23 Abs.2 Nr.5 AGBG ist festzustellen, wann die VOB die "Vertragsgrundlage" einer Bauvereinbarung bildet. Der Gehalt des zitierten Gesetzesmerkmals wird unterschiedlich umrissen. Einer Auffassung in der Literatur zufolge verlangt die Vorschrift nicht, daß die Parteien die gesamte VOB übernehmen. Denn der Teil A des Klauselwerks könne schon nach seinem Inhalt nicht in das Schuldverhältnis eingehen. Außerdem bezögen sich die Rechtssätze des AGBG immer nur auf einzelne konkrete Vertragsbedingungen und niemals auf ein Formularwerk als Ganzes. Demzufolge wirke der § 23 AGBG bereits dann, wenn lediglich die Abnahmeregelung des § 12 VOB/B verwandt werde (1). Eine ähnliche Lösung trägt Recken vor, der die Einbeziehung der Abnahme- und Gewährleistungsnormen der Verdingungsordnung für notwendig erachtet (2).

Die heute ganz überwiegende Theorie sieht die Ausgewogenheit der Gesamt-VOB als Motiv für die Privilegierung des § 23 AGBG an. Daher müßten sich die Beteiligten ohne einschneidende Änderungen auf das ganze Konditionsmuster geeinigt haben (3). Etwaige Abweichungen schadeten nicht, wenn die Rechtsstellung des Verbrauchers dadurch keine Verschlechterung erfahre (4).

1) So Dietlein/Rebmann § 23 Rdnr.11; Heiermann, DB 1977, S.1737 f..
2) Vgl. Recken, BauR 1978, S.419.
3) So OLG Nürnberg, BB 1985, 1881(1882); Staudinger/Schlosser § 23 AGBG Rdnr.28; Palandt/Heinrichs § 10 AGBG Rdnr.30; N.Horn in Wolf/Horn/Lindacher § 23 Rdnr.245; Locher, Privates Baurecht Rdnr.84.
4) Vgl. Graf von Westphalen in Löwe/Graf von Westphalen/Trinkner Bd.II § 23 Abs.2 Nr.5 Rdnr.5; Staudinger/Schlosser § 23 AGBG Rdnr.28; Locher, Privates Baurecht Rdnr.84.

Der Begriff "Grundlage" ist mit einer Basis oder einem Fundament gleichzusetzen (1). Um dieser Definition gerecht zu werden, muß das Gesamtgefüge der VOB den Bauvertrag ausmachen. Die Beschränkung auf spezielle Punkte des Klauselwerks genügt nicht. Die vorherrschende Interpretation des von § 23 Abs. 2 Nr.5 AGBG aufgestellten Tatbestandsmerkmals "Vertragsgrundlage" überzeugt somit.

ccc) Der § 9 AGBG als Prüfungsmaßstab

Der § 23 Abs.2 Nr.5 AGBG verbietet zwar die Anwendung des § 10 Nr.5 AGBG, läßt aber den § 9 AGBG unerwähnt. Daraus haben einige Autoren den Schluß gezogen, die Generalklausel könne sehr wohl zur Nichtigkeit des § 12 Nr.5 Abs.1 VOB/B führen. Der Gesetzgeber habe mit der Ausschaltung des § 10 Nr.5 AGBG nur anerkannt, daß berechtigte Belange auf seiten des Unternehmers an einer Abnahme durch Verschweigen grundsätzlich denkbar seien. Dies erfordere eine Prüfung in jedem Einzelfall, weshalb der § 9 AGBG als Korrektiv erhalten bleiben müsse (2).

Dem verschließen sich große Teile der Wissenschaft. Der § 23 AGBG heiße die besagte Klausel erkennbar gut. Diese gesetzgeberische Entscheidung dürfe nicht mittels § 9 AGBG untergraben werden (3).

Die Verfasser des AGBG haben den § 10 AGBG als eine

1) Vgl. auch Duden Bd.10 unter Stichwort "Grundlage" (S.314).
2) So Coester-Waltjen in Schlosser/Coester-Waltjen/Graba § 10 Nr.5 Rdnr.22;
Recken, BauR 1978, S.419 f..
3) So Staudinger/Schlosser § 23 AGBG Rdnr.30;
Locher, NJW 1977, S.1803 f.;
wohl auch Hensen in Ulmer/Brandner/ Hensen Anh. §§ 9-11 Rdnr.907.

"lediglich beispielhafte Aufzählung von Anwendungsfällen des § 9" (1) konzipiert und dies durch Einfügung des Wortes "insbesondere" in den Text der erstgenannten Regelung verdeutlicht. Diese konkretisiert die Generalklausel und ergibt damit eine "lex specialis" (2). Indem das Gesetz dem Eingreifen der tatbestandlich erfüllten Sondernorm entgegentritt, stellt es die Wirksamkeit des § 12 Nr.5 Abs.1 VOB/B sicher und trifft die maßgebenden Wertungen selbst. Die "lex generalis" hat das zu respektieren. Aufgrund des § 23 Abs.2 Nr.5 AGBG ist die Geschäftsbedingung also generell wirksam, wenn die Parteien die VOB/B als Vertragsgrundlage erkoren haben; andernfalls scheitert die Vertragsnorm an § 10 Nr.5 AGBG. Für den § 9 AGBG bleibt kein Raum.

ee) Die Wirksamkeit des § 12 Nr.5 Abs.1 VOB/B als Bestandteil des Versicherungsvertrages

aaa) Der § 10 Nr.5 AGBG als Prüfungsmaßstab

Anders stellt sich die rechtliche Situation dar, wenn der § 12 Nr.5 Abs.1 VOB/B über § 8 Nr.3 Abs.1 ABU in die Gestalt einer Allgemeinen Versicherungsbedingung schlüpft. Im Rahmen der Bauleistungsversicherung ist die VOB in keinem Fall "Vertragsgrundlage" i.S. des § 23 Abs.2 Nr.5 AGBG. Folglich entfällt dieses Bedenken gegen eine Anwendung des

---

1) Vgl. Bericht des Rechtsausschusses, BT-Drucksachen 7/5422, S.6.

2) Vgl. Graf von Westphalen in Löwe/Graf von Westphalen/Trinkner Bd.II Einleitung zu den §§ 10 und 11 Rdnr.5, 6; Brandner in Ulmer/Brandner/Hensen § 9 Rdnr.8.

§ 10 Nr.5 AGBG. Die Norm gilt jedoch allein für fingierte Erklärungen "des Vertragspartners des Verwenders". Dabei erfaßt sie nur Erklärungen gegenüber dem Verwender selbst, weil sonst unverständlich bliebe, wie diesen die Hinweispflicht des lit. b) des Rechtssatzes treffen kann; ferner bezieht sich einzig der § 11 Nr.16 AGBG auch auf an Dritte gerichtete Willenskundgaben.

Bei den ABU tritt immer der Versicherer als Verwender auf, und sein Vertragspartner ist grundsätzlich der Bauunternehmer. Da der § 12 VOB/B keine rechtliche Äußerung des Herstellers zum Gegenstand hat und des weiteren der Versicherer nicht den Adressaten der Abnahme bildet, scheidet eine auf § 10 Nr.5 AGBG fußende Nichtigkeit aus tatbestandlichen Gründen aus.

bbb) Der § 9 AGBG als Prüfungsmaßstab

Abschließend wendet sich der Blick auf § 9 AGBG. Basiert der Bauvertrag für das Objekt auf der VOB/B, so fällt der von § 8 Nr.3 ABU i.V.m. § 12 Nr.5 VOB/B festgelegte Ablauf der Gefahrtragung mit der werkrechtlichen Abnahme zusammen. Das Ende der Haftung folgt hier aus dem Charakter der Bauleistungsversicherung (vgl. oben S.354) und gibt keinen Anlaß zur Kritik.

Komplizierter wird die Rechtslage, falls die Partner der Werkübereinkunft die VOB und damit deren § 12 Nr.5 Abs.1 außer Acht gelassen haben. Auch dann behält der Verweis des § 8 ABU auf den § 12 Nr.5 VOB/B seine Gültigkeit (vgl. oben S.347 f.). Demnach kann es passieren, daß nach den AVB die Arbeit als abgenommen gilt und damit die Einstandspflicht des Bauleistungsversicherers endet, obwohl der Bauherr noch keine bauvertraglich relevante Abnahme durchgeführt hat. Diese Deckungslücke könnte im Hinblick auf § 9 Abs.2 Nr.2 AGBG Zweifel hervorrufen. Jedoch vermag der versicherte Unternehmer selbst ohne Schwierigkeit die zum Ablauf des Versicherungsverhältnisses führende Fiktionswirkung zu zerstören, indem er den Besteller zur ausdrücklichen Erklärung der Abnahme anhält; ein solches Begehren entzieht dem § 12 Nr.5 VOB/B den Boden (vgl. oben S.348 f.), so daß die Bauleistung auch versicherungsvertraglich nicht als abgenommen gewertet werden kann. Dieser keinerlei Anstrengungen verursachende Eigenschutz ist dem Versicherten durchaus zumutbar (dazu oben S.188). Im Ergebnis zeigen sich die §§ 8 Nr.3 Abs.1 ABU, 12 Nr.5 Abs.1 VOB/B auch dem § 9 AGBG gegenüber als resistent.

ff) Der aus § 8 Nr.3 Abs.1 S.2 ABU folgende Hinweiszwang

Gemäß § 8 Nr.3 Abs.1 S.2 ABU muß der versicherte Unternehmer seinen Auftraggeber unverzüglich darüber informieren, daß er die Bauleistung fertiggestellt hat. Diese Bestimmung hängt eng mit dem § 12 Nr.5 Abs.1 VOB/B zusammen, weil die dort vorgesehene 12-Tage-Frist für eine "fiktive" Abnahme ohne die Nachricht nicht zu laufen beginnt. Die Versicherungsbedingungen lassen aber eine Sanktion für den Fall einer Untätigkeit vermissen. Teile im Schrifttum halten den Versicherer bei solchen Schäden für leistungsfrei, die im Falle einer rechtzeitigen Mitteilung dem Bauherrn angelastet worden wären (1). Andere behaupten den Fortbestand des Versicherungsschutzes (2).

Die Lösung dieser Frage muß auf die Rechtsnatur der untersuchten Klausel Bedacht nehmen. Das Fehlen einer Rechtsfolge indiziert die Qualifikation als Rechtspflicht, da es keine "sanktionslosen Obliegenheiten" gibt (vgl. S.217 f.). Zudem enthält

1) Vgl. Martin, VW 1974, S.1054.
2) So Rehm, 1.Auflage, S.60.

der Wortlaut der AVB die Wendung "ist verpflichtet". Deshalb besteht eine Verbindlichkeit des Versicherungsnehmers. Der Versicherer kann von seinem Vertragsgegner Schadensersatz beanspruchen, sofern ein normkonformes Verhalten des letzteren die Leistungspflicht schon vor Eintritt des Versicherungsfalls beendet hätte. Diese Forderung zielt auf Freistellung von der Haftung und führt im Ergebnis dazu, daß das Versicherungsunternehmen keine Entschädigung zahlen muß.

Da der Unternehmer problemlos neben der Mitteilung über den Bauabschluß auch ein Abnahmeverlangen erheben kann und dieses den in § 12 Nr.5 Abs.1 VOB/B normierten Ablauf des Versicherungsverhältnisses hemmt (vgl. oben S.364), begründet der § 8 Nr.3 Abs.1 S.2 ABU selbst dann keinen unangemessenen Nachteil i.S. des § 9 AGBG, wenn der Bauvertrag allein nach BGB zu beurteilen ist und damit eine "fiktive" Abnahme nicht kennt. Im übrigen tangiert die ABU-Norm wegen ihrer Eigenschaft als Verbindlichkeit die mitversicherten Subunternehmer (1) nicht. Denn das im gesamten Zivilrecht zu beachtende Verbot des Vertrags zu Lasten Dritter untersagt, am Zustandekommen der Vereinbarung unbeteiligte Personen irgendwelchen Pflichten auszusetzen (vgl. oben S.215).

3) Allgemeine Beendigungsgründe

a) Das Rücktrittsrecht aus § 38 Abs.1 S.1 VVG bei Ausbleiben der Prämie

Der § 38 Abs.1 S.1 VVG berechtigt den Versicherer

---

1) Zu deren Deckung durch die ABU oben S.26 ff..

zurückzutreten, sofern der Versicherungsnehmer die Erst- bzw. Einmalprämie nicht rechtzeitig entrichtet hat. Bei einem Versicherungsfall während des Zahlungsverzugs entbindet zudem der § 38 Abs.2 VVG das Unternehmen von der Haftung. Allerdings beginnt nach § 7 ABU die Deckung der Bauleistungsversicherung grundsätzlich in dem vereinbarten Zeitpunkt. Diese Klausel bedingt den § 38 Abs.2 VVG wirksam ab (vgl. oben S.324 f.); zweifelhaft erscheint das rechtliche Schicksal des Abs.1 der Gesetzesbestimmung.

Die heutige Zivilrechtslehre erkennt im Rücktritt ein Gestaltungsrecht, das die Primärverbindlichkeiten aufhebt und in bezug auf die bereits erbrachten Leistungen ein Rückgewährschuldverhältnis begründet (1). Auch bei einem Dauerschuldverhältnis wie der Versicherung zwingt dieses Rechtsinstitut, den in der Vergangenheit erfüllten Vertragsteil rückabzuwickeln (2). Faktisch stände der Versicherer damit so, als wäre er nie einstandspflichtig geworden. Diese Konsequenz sähe sich im Widerspruch zum Regelungszweck des § 7 ABU, weil letzterer den Anfang des Versicherungsschutzes vom Zeitpunkt der Prämienzahlung unabhängig machen will (3). Deshalb setzt die Geschäftsbedingung das auf § 38 Abs.1 S.1 VVG basierende Rücktrittsrecht ebenfalls außer Kraft. Als Äquivalent gelangt ein Kündigungsrecht analog § 39 Abs.3 VVG zur Anwendung (4); damit wird das Versicherungsverhältnis lediglich für die Zukunft beendet und die in der Vergangenheit schon entstandenen Rechte und Pflichten bleiben existent.

---

1) Vgl. Münchener Komm./Janßen Vor § 346 Rdnr.31; Larenz I § 26 a; Esser/E.Schmidt § 19 III.

2) Vgl. Larenz I § 26 d (S.416).

3) Vgl. Martin, VersR 1971, S.191 zu den mit § 7 ABU inhaltsgleichen §§ 6 Nr.1 AVB Bauunternehmer, 5 Nr.1 AVB Wohngebäude.

4) So auch Rehm S.63.

b) Das Rücktrittsrecht des Versicherers bei Mißachtung der vorvertraglichen Anzeigepflichten des Versicherungsnehmers

Zeigt der Versicherungsnehmer vor Vertragsschluß die ihm bekannten gefahrrelevanten Umstände nicht an, so folgt aus den §§ 16 ff.VVG ein Rücktrittsrecht des Versicherers. Diese gesetzliche Normen haben ein sehr oft betrügerisches Verhalten des Konsumenten zum Gegenstand. Mit Rücksicht darauf ist der Versicherer hier schutzwürdig, so daß der § 7 ABU insoweit keinen abändernden Charakter trägt und das allgemeine, im VVG geregelte Recht zum Zuge kommt.

c) Das Kündigungsrecht nach einem Versicherungsfall (§ 8 Nr.4 ABU)

Der § 8 Nr.4 Abs.1 ABU räumt sowohl dem Versicherer als auch dem Versicherungsnehmer die Möglichkeit der Kündigung ein, sobald sich ein Versicherungsfall ereignet hat. Diese Bestimmung findet gesetzliche Parallelen bei der Feuer- (vgl. § 96 VVG) und der Hagelversicherung (vgl. § 113 VVG). Unter einem Versicherungsfall i.S. dieser Klausel ist ein Sachschaden an einem versicherten Interesse aufgrund einer versicherten Gefahr innerhalb der Versicherungszeit am Versicherungsort zu verstehen (1). Unerheblich bleibt; ob die Ersatzpflicht infolge einer Obliegenheitsverletzung des Versicherungsnehmers oder eines Selbstbehalts entfällt. Dagegen schließt ein schweres Verschulden i.S. des § 61 VVG bzw. der Klausel 50 zu § 2 Nr.1 ABU die Annahme ei-

1) Vgl. auch Martin in Prölss/Martin § 96 Anm.2 A.

nes "Versicherungsfalls" aus, weil diese Vorschriften zu den Risikobeschränkungen rechnen (1).

Bis 1984 war die Kündigung insofern erschwert, als ein "entschädigungspflichtiger" Versicherungsfall gegeben sein (vgl. § 8 Nr.4 S.1, 1.Halbs.ABU a.F.) und der Versicherungsnehmer darüber hinaus das Schadensereignis vorher anzeigen mußte (vgl. § 8 Nr.4 S.1, 2.Halbs.ABU a.F.). Diese Erweiterung der in §§ 96, 113 VVG festgeschriebenen Voraussetzungen für die Vertragsbeendigung ließen wegen des § 9 AGBG Zweifel an der Wirksamkeit aufkommen (2). Die jetzt geltende Neufassung der Versicherungsbedingungen hat das aber bereinigt.

Die Kündigung muß schriftlich erklärt werden (vgl. § 8 Nr.4 Abs.2 S.1 ABU). Dieses Erfordernis bewegt sich im Einklang mit den Vorgaben des § 11 Nr.16 AGBG. Die Urkunde muß dem anderen Teil spätestens einen Monat nach Abschluß der Verhandlungen über die Entschädigung zugegangen sein (vgl. § 8 Nr.4 Abs.2 S.2 ABU; ebenso § 96 Abs.2 S.1 VVG); die Verhandlungen sind insbesondere dann beendet, wenn der Versicherer seine Leistungspflicht akzeptiert oder die Regulierung endgültig abgelehnt hat (3). Die Kündigung wird einen Monat nach ihrem Zugang wirksam (vgl. § 8 Nr.4 Abs.3 S.1 ABU; ebenso § 96 Abs.2 S.2 VVG); kündigt der Versicherungsnehmer, so kann er allerdings einen anderen Zeitpunkt festlegen (vgl. § 8 Nr.4 Abs.3 S.2 ABU; ebenso § 96 Abs.2 S.3 VVG). Eine Ansicht spricht dem Versicherer die Befugnis zu, die Kündigungsfrist zu verlängern, weil dies dem anderen Teil nur zum Vorteil gereiche (4). Dieser Weg ist jedoch aufgrund des ein-

---

1) Zum Ganzen Martin in Prölss/Martin § 96 Anm.2 A.

2) Das AG Nördlingen, VersR 1983, 721 erkannte die früheren AVB als gesetzeskonform an; a.A. Martin in Prölss/Martin § 96 Anm.1 C a aa.

3) Vgl. Martin in Prölss/Martin § 96 Anm.2 C.

4) So Meyer-Kahlen, VP 1976, S.128 i.V.m. FN 6, 7 zur Parallelvorschrift in § 9 Ziff.2 Nr.2 Abs.2 AHB.

deutigen Wortlauts der Klausel nicht gangbar. Insoweit vermag allein ein einverständlicher Aufhebungsvertrag Abhilfe zu schaffen.

d) Weitere Gründe für die Beendigung des Versicherungsverhältnisses

Der Versicherer kann laut § 24 Abs.1 S.1 VVG bei einer nach Vertragsschluß vom Versicherungsnehmer herbeigeführten oder veranlaßten erheblichen Erhöhung der Schadensgefahr fristlos kündigen; vergrößert sich das Risiko unabhängig vom Willen des Kunden, so erlaubt der § 27 Abs.1 S.1 VVG eine Kündigung mit einmonatiger Frist. Aus § 70 Abs.1 S.1 VVG ergibt sich eine Kündigungsmöglichkeit des Versicherers für den Fall, daß der Versicherungsnehmer die ihm gehörende versicherte Sache veräußert hat; diese Vorschrift ist analog anzuwenden, wenn das versicherte Sachinteresse des Bauunternehmers nicht das Eigentum, sondern nur den Besitz an dem Werk beinhaltet (1) und die Sachherrschaft dann - z.B. wegen eines Erwerbs des Baubetriebs durch einen Dritten - einer anderen Person überträgt (2). Im übrigen besteht entsprechend den für Dauerschuldverhältnisse allgemein geltenden Grundsätzen auf beiden Seiten ein Recht zur außerordentlichen Kündigung aus wichtigem Grund (3); ein Beispiel bildet der Vermögensverfall des Versicherers (4), wobei der Konkurs das Versicherungsverhältnis sogar kraft Gesetzes enden läßt (vgl. § 13 VVG).

---

1) Vgl. dazu oben S.89 ff., 96 ff., 104.
2) Vgl. auch Martin in Prölss/Martin § 69 Anm.1 E b.
3) Vgl. H.Möller in Bruck/Möller Bd.I § 1 Anm.46.
4) Vgl. BGHZ 1, 334(337);
Prölss in Prölss/Martin § 13 Anm.8;
Hofmann S.63.

4) Zusammenfassung

Der Versicherungsschutz endet grundsätzlich in dem vereinbarten Zeitpunkt (vgl. § 8 Nr.1 ABU). Der Versicherer hat den Bauunternehmer auf den drohenden Ablauf hinzuweisen (vgl. § 8 Nr.2 S.2 ABU); ein Antrag des Versicherungsnehmers auf Verlängerung des Vertrages muß angenommen werden, falls der Inhalt des Schuldverhältnisses identisch bleiben soll und das Schadensrisiko sich nicht erheblich vergrößert hat.

Bereits eher als zu dem vereinbarten Zeitpunkt läuft die Haftung aus, wenn zuvor eine werkrechtliche Abnahme der Bauleistung durch den Auftraggeber erfolgt (vgl. § 8 Nr.3 Abs.1 S.1 ABU). Die Abnahme setzt sich begrifflich zusammen aus der Billigung und der Übergabe des Werks. Sie kann in verschiedenen Formen vor sich gehen. Von besonderer Bedeutung ist die "fiktive" Abnahme i.S. des § 12 Nr.5 VOB/B; diese Geschäftsbedingung wird über § 8 Nr.3 Abs.1 S.1 ABU auch in das Versicherungsverhältnis eingebaut. Weder der Abs.1 noch der Abs.2 des § 12 Nr.5 VOB/B verstoßen gegen die §§ 9 ff. AGBG; dabei kommt es nicht darauf an, ob die Klausel Teil des Bau- oder des Versicherungsvertrages ist.

Sonstige Beendigungsgründe resultieren aus den gesetzlichen Rücktritts- und Kündigungsregeln. Allerdings hindert der § 7 ABU die Anwendung des § 38 Abs.1 S.1 VVG; anstelle dieses Rechts zum Rücktritt besteht eines zur Kündigung über § 39 Abs.3 VVG analog.

C) Die ABN

Die ABN regeln die Versicherungszeit grundsätzlich in gleicher Weise wie die ABU. Die Haftung des Versicherers beginnt zu dem vereinbarten Datum (vgl. § 7 ABN). Die im Rahmen der ABU herausgearbeiteten Prinzipien bezüglich des Versicherungsschutzes vor Zahlung der Prämie sowie der Möglichkeiten und Grenzen der Rückwärtsversicherung (vgl. oben S.324 ff., 326 ff.) kommen auch hier zum Tragen.

Das Ende der Versicherung richtet sich im Grundsatz ebenfalls nach dem vertraglich festgelegten Zeitpunkt (vgl. § 8 Nr.1 ABN); der Versicherer hat rechtzeitig eine Ablaufanfrage zu stellen (vgl. § 8 Nr.2 ABN) (1). Besonderheiten bringen die ABN in Nr.3 und 4 des § 8, wobei sie nach der Rechtsstellung von Versicherungsnehmer und mitversichertem Subunternehmer differenzieren. Die Deckung des Versicherungsnehmers - also Bauherr oder Generalunternehmer (vgl. § 3 Nr.1 ABU) - endet danach in jedem Fall mit der Bezugsfertigkeit des Gebäudes (vgl. § 8 Nr.3 Abs.1 S.1 lit.a) ABN) oder mit Ablauf von 6 Tagen seit Beginn der Benutzung (vgl. § 8 Nr.3 Abs.1 S.1 lit.b) ABN) oder mit der behördlichen Gebrauchsabnahme (vgl. § 8 Nr.3 Abs.1 S.1 lit.c) ABN); entscheidend ist das früheste der drei Ereignisse (vgl. § 8 Nr.3 Abs.1 S.2 ABN). Ein Gebäude ist bezugsfertig, sobald alle Bauleistungen abgeschlossen sind (2). Die öffentlich-rechtliche Abnahme der Behörde bildet einen Verwaltungsakt, der feststellt, daß das Bauwerk die Vorgaben der jeweiligen LBauO umsetzt (3). Der Beendigungsgrund des sechstägigen Gebrauchs der Immobilie scheint auf den ersten Blick dem § 12 Nr.5 Abs.2 VOB/B kongruent zu sein. Jedoch meint der § 8 Abs.1 S.1 lit.b)

1) Zum Ganzen oben S.339 ff..
2) Vgl. Platen, Handbuch S.27.
3) Vgl. Scheerbarth S.407 f..

ABN anders als die VOB-Norm nicht den Fall, daß der Auftraggeber ein schon vollständig angefertigtes Objekt nutzt; denn hier greift schon der lit.a) des § 8 Nr.3 ABN ein. Es geht vielmehr um eine vor dem endgültigen Abschluß der Arbeiten einsetzende Nutzung (1). Allerdings muß diese dem ins Auge gefaßten Endzweck des Baus entsprechen, was bei Fehlen wesentlicher Teile undenkbar erscheint. Mithin erfordern alle drei Alternativen des § 8 Nr.3 ABN ein im Großen und Ganzen komplettes Gebäude. Im übrigen währt für etwa noch durchzuführende Restarbeiten die Einstandspflicht des Versicherers fort (vgl. § 8 Nr.3 Abs.3 ABN). Diese versicherungsvertraglichen Regelungen schützen den Versicherten über die gesamte Bauzeit und gehen mit den Wirksamkeitsbedingungen des § 9 AGBG konform.

Das Versicherungsende für die mitversicherten Subunternehmer orientiert sich laut § 8 Nr.4 Abs.1 S.1 ABN an der werkrechtlichen Abnahme. Dabei reicht aus, daß die Bauleistungen "nach dem Bauvertrag als abgenommen gelten" (vgl. § 8 Nr.4 Abs.1 S.1, 2.Alt. ABN). Diese Bestimmung lehnt sich an die in §§ 8 Nr.3 Abs.1 S.1 ABU, 12 Nr.5 VOB/B getroffene Risikobeschränkung an, bezieht sich aber auf die im konkreten Einzelfall gegebene Werkübereinkunft und übernimmt den § 12 Nr.5 VOB/B nicht in das Versicherungsverhältnis. Zeigt der Bauvertrag folglich keine derartige Norm, so kann die Haftung des Versicherungsunternehmens nicht durch eine "fiktive" Abnahme beendet werden. Zum Ausgleich dafür lassen die ABN - anders als die ABU - bereits mit dem Abnahmeverzug des Auftraggebers die Versicherung auslaufen (vgl. § 8 Nr.4 Abs.1 S.1, 3.Alt.ABN). Der Abnahmeverzug führt im Werkvertragsrecht zu einem Übergang der Gefahr auf den Besteller (vgl. § 644 Abs.1 S.2 BGB) und findet seine maßgeblichen Voraussetzungen in den §§ 293 ff.BGB (2). Danach ge-

---

1) Vgl. Platen, Handbuch S.27.

2) Vgl. Erman/Seiler § 644 Rdnr.4.

rät der Betreffende grundsätzlich in Verzug, wenn er das vom Unternehmer vertragsgemäß erstellte Objekt nicht annimmt.

Eng verbunden mit dem Abnahmeverzug ist der § 8 Nr.4 Abs.1 S.2 ABN, welcher den Subunternehmer "verpflichtet", nach den Arbeiten den Auftraggeber umgehend zur Abnahme aufzufordern. Diese Geschäftsbedingung ähnelt äußerlich sehr stark dem § 8 Nr.3 Abs.1 S.2 ABU, weil sie wie dieser keine Sanktion enthält und den Terminus "verpflichtet" aufweist. Analog der dortigen Beurteilung (vgl. oben S.365 f.) ist die ABN-Klausel als Rechtspflicht und nicht als Obliegenheit einzuordnen. Anders als bei den ABU soll die Verbindlichkeit hier aber nicht den Versicherungsnehmer, sondern am Vertragsschluß unbeteiligte Personen erfassen. Dies steht mit dem Verbot des Vertrags zu Lasten Dritter (1) in Konflikt und ist nichtig; die mitversicherten Nachunternehmer dürfen allein mit Obliegenheiten überzogen werden. Den § 8 Nr.4 Abs.1 S.2 ABN zwecks Erhalt seiner Wirksamkeit umzudeuten, ist der Rechtsanwendung verwehrt. Es liegt in der Verantwortung des Versicherers, klare und nach geltendem Recht zulässige Versicherungsbedingungen zu formulieren.

Das in § 8 Nr.5 ABN aufgeführte Kündigungsrecht im Anschluß an einen Versicherungsfall ist dem in § 8 Nr.4 ABU kongruent. Ferner behalten auch die anderen allgemeinen Kündigungs- und Rücktrittsmöglichkeiten der ABU (vgl. oben S.366 ff.) innerhalb der ABN ihre Gültigkeit. Es bedarf insoweit keiner weiteren Erwägungen.

---

1) Vgl. zu diesem oben S.215.

§ 10: Der Versicherungsort

A) Grundsatz

Der Versicherungsort wird in den §§ 4 ABU, 4 ABN konkretisiert. Da beide Vertragsnormen wortwörtlich übereinstimmen, finden die Bedingungswerke eine einheitliche Darstellung.

I) Räumliche Voraussetzung des Versicherungsschutzes

Gemäß §§ 4 Nr.1 ABU, 4 Nr.1 ABN haftet der Versicherer nur, wenn es innerhalb der Baustelle zu dem Versicherungsfall gekommen ist. Bei Beschädigungen der eigentlichen Bauleistung wird diese Voraussetzung wohl ausnahmslos erfüllt, weshalb sich die Klauseln grundsätzlich nur bei den mitversicherten beweglichen Gegenständen wie Bauteilen und Hilfsstoffen auswirken. Die "Baustelle" wird definiert als das zu bebauende Grundstück samt dem Platz für die Baustelleneinrichtung, das gelagerte Material und die Unterkünfte (1). Wie bei der Versicherungszeit (vgl. oben S.318 f.) ist auch bezüglich des Versicherungsorts der Eintritt des Schadenserëignisses maßgeblich, und das Kausalereignis sowie dessen lokale Herkunft bleiben unerheblich.

Die in §§ 4 Nr.1 ABU, 4 Nr.1 ABN statuierte enge Begrenzung des Versicherungsortes auf die Baustelle

---

1) Vgl. Rehm S.55, 143; Riedl in Heiermann/Riedl/Rusam/Schwaab VOB/B § 4 Rdnr.2a; Ingenstau/Korbion VOB/B § 4 Rdnr.8.

gilt jedoch nach den 1986 geschaffenen §§ 4 Nr.2 n.F. ABU, 4 Nr.2 n.F. ABN (1) nicht, sofern versicherte Sachen wegen eines bevorstehenden oder eingetretenen Versicherungsfalls von der Baustelle entfernt worden sind und dann zwar außerhalb derselben, aber in örtlichem und zeitlichem Zusammenhang mit dem skizzierten Vorgang einen Sachschaden erleiden oder abhandenkommen. Diese Regelung erklärt sich aus der Tatsache, daß der Versicherungsnehmer durch § 62 VVG gezwungen sein kann, konkret gefährdete Objekte von dem Versicherungsort zu verbringen, und ein Erlöschen des Deckungsschutzes insoweit unbillig erscheint (2). Infolge dieses Grundgedankens schlagen die zitierten Klauseln immer ein, wenn objektiv betrachtet ein Verbleib der Gegenstände auf dem Bauplatz ihre Beschädigung befürchten läßt und dies den Versicherungsnehmer dazu motiviert, rettend einzugreifen.

Interessant an den §§ 4 Nr.2 ABU, 4 Nr.2 ABN ist, daß sie den Verlust ausdrücklich als versichert bezeichnen, obwohl derselbe von der Risikobeschreibung des § 2 ABU überhaupt nicht und von der des § 2 ABN nur sehr eingeschränkt (vgl. § 2 Nr.2 ABN) umschlossen wird. Angesichts dieses Befundes fragt sich, ob die beiden ersteren Klauseln die angesprochene Schadensart generell mitversichern wollen. Dafür streitet, daß die gesonderte Erwähnung des Abhandenkommens in den Vertragsnormen nur dann nennenswerte Relevanz hat. Andererseits sind Wortlaut und Systematik zu bedenken. Suspendiert wird allein die "Nr.1" der §§ 4 ABU, 4 ABN. Es geht also lediglich um eine Ausdehnung des Versicherungsortes; die Festlegungen bezüglich der gedeckten Gefahren und Schäden bleiben unberührt. Deswegen trägt der Bauleistungsversicherer auch bei Rettungsaktionen der in §§ 4 Nr.2 ABU, 4 Nr.2 ABN beschriebenen Art Verlustschäden nur in dem Maße, wie die §§ 2 ABU, 2 ABN dies vorsehen.

---

1) Vgl. BAV, VA 1987, 178.

2) Vgl. BAV, VA 1987, 174.

II) Gesetzliche Modifikationen durch § 6 VVG

Die Bestimmungen der §§ 4 Nr.1 ABU, 4 Nr.1 ABN könnten den Modifikationen des § 6 VVG unterworfen sein. Diese Gesetzesvorschrift beherrscht - in unterschiedlichem Umfang - Obliegenheiten und subjektive Risikobeschränkungen, wobei die rechtliche Abgrenzung der beiden Kategorien anhand der Vertragsauslegung geschieht (vgl. oben S.228). Dem Wortlaut der AVB zufolge entschädigt der Versicherer den Kunden nur, wenn der Versicherungsfall sich auf der Baustelle vollzogen hat; diese Fassung legt den Schluß nahe, daß Vorgänge außerhalb des besagten Raumes von vornherein nicht versichert sind. Systematisch schließt die Regelung des Versicherungsortes zudem unmittelbar an die gedeckten "Gefahren" (vgl. §§ 2 ABU, 2 ABN) und "Interessen" (vgl. §§ 3 ABU, 3 ABN) an; hätten die Parteien eine Obliegenheit normieren wollen, so wäre eine Regelung im Rahmen der §§ 17 ABU, 17 ABN konsequent gewesen. Aus diesen Gründen sind die §§ 4 ABU, 4 ABN als eine weitere Beschreibung des versicherten Risikos anzusehen.

Damit kommt eine analoge Anwendung des § 6 Abs.1 S.1, Abs.2 VVG in Betracht, sofern der Haftungsausschluß der §§ 4 Nr.1 ABU, 4 Nr.1 ABN auf ein Verhalten des Versicherten zurückgeht (vgl. oben S.231 ff.). Nach einer Auffassung in der Lehre erfüllt ein bloßes Eingrenzen des Versicherungsortes diese Bedingung noch nicht; erst wenn die Art der Aufbewahrung näher spezifiziert sei, müsse der Verbraucher in bestimmter Weise tätig werden (1). Nun zwingt jede Klausel über den Versicherungsort, die versicherten Objekte innerhalb des festgesetzten Raumes zu halten. Das Bestehen weiterer Anforderungen für den Ersatzanspruch wie ein diebstahlsicherer Verschluß intensiviert dies zwar quantita-

---

1) So H.Möller in Bruck/Möller Bd.I § 32 Anm.39 i.V.m. § 6 Anm.13.

tiv, ändert aber nichts am qualitativen Charakter der Vorschrift. Deshalb sind die §§ 4 Nr.1 ABU, 4 Nr.1 ABN Quelle einer verhaltensbezogenen Risikobeschränkung.

Mit Rücksicht auf das aus § 6 Abs.1 S.1 VVG abgeleitete Verschuldenserfordernis sperren die Klauseln demgemäß den Versicherungsschutz, wenn der Versicherte im Zeitpunkt der Beschädigung weiß oder wissen muß, daß die betroffenen Sachen nicht auf der Baustelle lagern. Von einem gewissenhaften Bauunternehmer kann generell die Kenntnis erwartet werden, daß und welche Arbeitsmittel ihren Aufenthaltsort außerhalb der Baustelle haben. Eine Ausnahme ist nur zu erwägen, falls die Gegenstände vom Bauplatz entwendet werden. Der Versicherer entschädigt allerdings grundsätzlich nicht den Verlust (vgl. schon oben S.192 f.), sondern allein etwaige Sachbeschädigungen am Diebesgut. Da dieser Ersatzanspruch den Nachweis des Schadens an der Beute und damit deren Wiederauffinden bedingt, wird der Versicherer sich dem Begehren des Versicherten auch hier regelmäßig verweigern können. Im Ergebnis ist die Wirkung des § 6 Abs.1 S.1 VVG im Rahmen der §§ 4 Nr.1 ABU, 4 Nr.1 ABN sehr gering zu veranschlagen.

Die aus § 6 Abs.2 VVG folgende Grenze für den Anwendungsbereich subjektiver Haftungsausschlüsse greift nur bei solchen Vertragsnormen, die die Schadensgefahr herabsetzen sollen (vgl. oben S.231 f.). Die Bauleistungsversicherung hat in §§ 4 Nr.1 ABU, 4 Nr.1 ABN die Deckung auf den Baustellenbereich konzentriert, um nur die der gedeckten Bauleistung zugehörigen Bauhilfsmittel mitzuversichern. Ohne diese lokale Relation lassen sich die einzelnen unter Versicherungsschutz stehenden Sachen nicht sinnvoll limitieren. Dagegen ist eine besondere Sicherung der Objekte - z.B. gegen Diebstahl - nicht bezweckt; oftmals sind die Materialien an der Baustelle sogar größeren Gefahren und Zugriffsmöglichkeiten ausgesetzt als an anderen Lagerstätten. Deswegen erweist sich der § 6 Abs.2 VVG hier als nicht einschlägig.

III) Die Wirksamkeit der §§ 4 Nr.1, 2 ABU, 4 Nr.1, 2 ABN

Auch die Klauseln der §§ 4 Nr.1 ABU, 4 Nr.1 ABN dürfen den § 9 AGBG nicht verletzen. Die Bauleistung selbst befindet sich immer an der Baustelle, so daß deren Versicherung keine Einschränkung erfährt. Die außerhalb der Baustelle verwahrten Hilfsgeräte und Materialien können zu dem Werk (noch) nicht in Bezug gesetzt werden. Eine diese Gegenstände trotzdem mitversichernde Übereinkunft wäre keine "Bauleistungs"-versicherung mehr, sondern eine Art "Betriebs"-versicherung des Bauunternehmers. Dies liefe der Intention der ABU und ABN zuwider. Außerdem nehmen die AVB in den §§ 4 Nr.2 ABU, 4 Nr.2 ABN auf ausnahmsweise vorhandene Sachzwänge des Versicherungsnehmers Bedacht. Infolgedessen enttäuscht der von diesen geregelte Versicherungsort nicht die schutzwürdigen Erwartungen des Versicherten. Der § 9 AGBG bleibt unbeeinträchtigt.

B) Die Mitversicherung der Transportwege

Den Transport innerhalb einer räumlich zusammenhängenden Baustelle deckt der Bauleistungsversicherer von vornherein (1). Darüberhinaus bieten die §§ 4 Nr.3 ABU, 4 Nr.3 ABN (2) eine Basis für die Mit-

---

1) Vgl. Rehm S.55, 144.
2) Die Nr.3 der §§ 4 ABU, 4 ABN trugen ursprünglich die Nr.2. Ende 1986 wurden jedoch die §§ 4 Nr.2 n.F. ABU, 4 Nr.2 n.F. ABN eingeführt und

versicherung derjenigen Transportwege, die zwischen örtlich voneinander getrennten Teilen einer Baustelle liegen; in diesem engen Umfang ist die Bauleistungs- als Transportversicherung konzipierbar (1).

I) Voraussetzungen der Sondervereinbarung

Die §§ 4 Nr.3 ABU, 4 Nr.3 ABN erfordern eine in mehrere unverbundene Plätze aufgegliederte Baustelle. Eine solche ist gegeben, wenn ein zusammengehörendes Bauprojekt an verschiedenen Orten durchgeführt wird und einen zwischen den einzelnen Bauplätzen ablaufenden Transport von Geräten und Material notwendig macht. Die Einheitlichkeit eines Vorhabens beurteilt sich nach der Verkehrsanschauung. Indizien sind z.B., daß dieselbe Person als Bauherr für die einzelnen Teilbauten auftritt, sämtliche Immobilien dieselbe Funktion haben (z.B. Wohnhäuser) und die Bauausführung sich im wesentlichen gleicht; ebenso genügt die Teilung durch ein fremdes Grundstück (2).

Der Begriff "Transport" beschreibt die Beförderung von Gütern. Dies umfaßt sowohl die Fortbewegung der Objekte als auch die Zeiträume der bloßen Bewegungsbereitschaft (3), also solcher Ruhephasen, die in engem Kontext zu der Beförderung stehen und ihr vorausgehen, sie unterbrechen oder ihr nachfolgen (4).

(Fortsetzung von Fußnote 2 der S.379)
die bisherigen Nr.2 jeweils zur Nr.3 erklärt; vgl. BAV, VA 1987, 175.

1) Vgl. Martin, VW 1974, S.1053.
2) Vgl. Rehm S.55, 143.
3) Vgl. Martin in Prölss/Martin § 129 Anm.1; Enge S.20.
4) Vgl. Bruck, Lehrbuch S.66.

Schwierigkeiten zeigen sich in bezug auf die Tätigkeiten des Be- und Entladens. Nach § 5 Abs.1 ADB beginnt die Binnen-Transportversicherung in dem Zeitpunkt, wo der Frachtführer die zu befördernden Objekte von ihrem Bereitstellungsort entfernt; sie endet, sobald die Sachen an die vom Empfänger als vorläufigen Aufbewahrungsplatz bezeichnete Stelle verbracht worden sind. Die zitierte Versicherungsbedingung bezieht also sowohl das Ver- (1) als auch das Entladen (2) mit ein. Diese Definition gibt zumindest für den deutschen Rechtskreis die herrschende Verkehrsanschauung wieder. Deshalb rechnen auch in der Bauleistungsversicherung die besagten Vorgänge noch zum Transport und bleiben ungedeckt, falls der Versicherte von der in §§ 4 Nr.3 ABU, 4 Nr.3 ABN eingeräumten Möglichkeit keinen Gebrauch gemacht hat. Ein abweichendes Urteil ist nur angezeigt, wenn das Be- bzw. Entladen im Baustellenbereich stattfindet; denn hier liegen bereits die von §§ 4 Nr.1 ABU, 4 Nr.1 ABN aufgestellten Voraussetzungen des Versicherungsschutzes vor, so daß es auf eine etwaige Sondervereinbarung nicht mehr ankommt (3).

II) Der Deckungsumfang der Bauleistungsversicherung als Transportversicherung

Die §§ 4 Nr.3 ABU, 4 Nr.3 ABN halten keine besondere Regelungen über den Leistungsumfang der in der ABU und ABN gewährten Transportversicherung bereit. Demnach richtet sich der Kreis der versicherten Sachen, Personen, Gefahren und Interessen sowie der Versicherungszeit grundsätzlich nach den §§ 1 ff. ABU, 1 ff.ABN. Dies erscheint folgerichtig, weil

---

1) Vgl. Enge S.153.

2) Vgl. Enge S.155.

3) Vgl. Rehm S.55, 144.

auch der Einschluß des Transportrisikos an der Rechtsnatur des Vertragsverhältnisses als Bauleistungsversicherung nichts ändert und daher deren Eigenheiten respektieren muß.

Nun sieht das VVG in den §§ 129 ff. selbst einige Regeln über die Transportversicherung vor. Daraus ergibt sich das Problem, inwieweit von den AVB abweichende gesetzliche Vorschriften die Deckung der Transportgefahren in der Bauleistungsversicherung beeinflussen. Da die §§ 129 ff.VVG durchgängig dispositiv sind (1), muß die Frage mittels Vertragsauslegung beantwortet werden.

Die §§ 130 S.1, 131 Abs.1 VVG schließen eine Entschädigungspflicht des Versicherers aus, sofern der Versicherte, der Absender oder der Empfänger des Beförderungsguts den Schaden vorsätzlich oder fahrlässig verursacht haben. Diese Bestimmungen passen insofern nicht zu den §§ 2 Nr.1 ABU, 2 Nr.1 ABN, als letztere nur bei grober Fahrlässigkeit die Haftung versagen und zudem in Klausel 50 allein das Verschulden des Versicherungsnehmers und seiner Repräsentanten für maßgeblich deklarieren. Die §§ 4 Nr.3 ABU, 4 Nr.3 ABN enthalten nicht den geringsten Hinweis auf eine Übernahme der weitergehenden Risikobeschränkungen des Gesetzes. Auch läßt der allgemein gefaßte Wortlaut der §§ 2 ABU, 2 ABN und der Klausel 50 erkennen, daß deren Regelungsgehalt sich auf alle von der Bauleistungsversicherung gedeckten Gefahren - seien es auch solche aus einem Transport - erstrecken soll. Das gesamte Versicherungsverhältnis trägt einen einheitlichen Charakter (vgl. bereits oben S.381 f.). Angesichts eines derart eindeutigen Befundes erübrigt es sich, die Unanwendbarkeit der §§ 130, 131 VVG ausdrücklich hervorzuheben. Diese bleiben daher außen vor.

Das gleiche gilt für die in § 134 VVG normierte Dauer der Transportversicherung; hier gelten allein die auf die Bedürfnisse der Bauwirtschaft zu-

---

1) Vgl. Hofmann S.188; Enge S.39.

geschnittenen §§ 7, 8 ABU, 7, 8 ABN. Zweifelhaft wird die Rechtslage in bezug auf das von § 145 VVG geschaffene Recht des Versicherers, sich im Schadensfall gegen eine Zahlung in Höhe der Versicherungssumme von allen weiteren Verbindlichkeiten zu befreien (Abandon). In der Bauleistungsversicherung resultiert die Versicherungssumme aus der Addition der Werte der Bauleistung, Baustoffe, Bauteile, Hilfsbauten und Bauhilfsstoffe (vgl. §§ 5 Nr.2 ABU, 5 Nr.2 ABN). Da die vom Unternehmer erbaute Immobilie wohl niemals Gegenstand eines Transports ist und auch kaum jemals sämtliche mitversicherten beweglichen Objekte gleichzeitig befördert werden, überschreiten die nach § 145 VVG bemessenen Ersatzleistungen des Versicherers die entstandenen Schäden regelmäßig bei weitem. Mithin harmoniert das Recht auf das Abandon nicht mit den Besonderheiten der Bauleistungsversicherung und ist deshalb unanwendbar.

Im Ergebnis sind die §§ 130 ff.VVG für die von den ABU und ABN gewährte Transportversicherung ohne Relevanz. Da die Bedingungswerke den Versicherten sogar besserstellen, bietet im übrigen auch der § 9 AGBG keine Handhabe für eine Nichtigkeit. Ebensowenig begründet der Umstand Zweifel an der Rechtsbeständigkeit der §§ 4 Nr.3 ABU, 4 Nr.3 ABN, daß die Transportwege nur im Falle einer Sondervereinbarung mitversichert werden. Denn die Bauleistungsversicherung stellt ihrer Natur nach keine Transportversicherung dar, weshalb eine Deckung der Beförderungsgefahren nicht erwartet werden kann. Demnach sind die §§ 4 ABU, 4 ABN vollen Umfangs wirksam.

6.Kap.: Zusammenfassung der wichtigsten Probleme und Ergebnisse

Die nach den ABU und ABN gewährte Bauleistungsversicherung dient der Versicherung von Bauleistungen – also, wie sich aus der grundsätzlich auch für das Versicherungsrecht maßgeblichen Definition des § 1 VOB/A ablesen läßt, sich noch im Baustadium befindlichen Immobilien (z.B. Gebäuden, Brücken, Straßen) – und gewissen für die Arbeiten benötigten Hilfsinstrumentarien (z.B. Baustoffe, Bauhilfsstoffe) (vgl. § 1 Nr.1 ABU, 1 Nr.1 ABN; oben S.56 ff., 74 ff., 114 ff.); die ABN erstrecken sich dabei allein auf den Gebäudebau (vgl. § 1 Nr.1 ABN; oben S.112 f.). Technisches Hilfsgerät wie Baumaschinen, das in der Bauwesenversicherung alter Prägung noch mitversichert war, fällt seit der mit der Einführung der ABU und ABN verbundenen grundlegenden Reform der Versicherungsart im Jahre 1974 nunmehr allein unter die Maschinen- und nicht mehr unter die Bauversicherung (vgl. §§ 1 Nr.3 ABU, 1 Nr.3 ABN).

Unterschiede zeigen die ABU und ABN bezüglich des Kreises der versicherten Personen. Die Gebäudebauversicherung muß das gesamte Projekt umfassen (vgl. § 5 Nr.1 ABN) und kann nur vom Bauherrn oder von einem Generalunternehmer genommen werden (vgl. § 3 Nr.1 ABN; oben S.43 ff., 52 f.); Bauherr i.S. der ABN ist, wer das Vorhaben im eigenen Namen – sei es auch für fremde Rechnung – in Auftrag gibt und die Gestaltung desselben maßgeblich beherrscht (oben S.46 ff.). Unabhängig von der Person des Versicherungsnehmers genießen sämtliche Baubeteiligten – Bauherr, Generalunternehmer und die Subunternehmer – Deckungsschutz (vgl. § 3 ABN; oben S.43 ff.).

Hingegen wenden sich die ABU grundsätzlich einzig an den Bauunternehmer. Da dieses Klauselwerk auch die nur ausschnittsweise Versicherung von Teilen des gesamten Bauprojekts erlaubt (vgl. § 5 Nr.1 ABU), kann jeder Hersteller – Generalunternehmer, Alleinunternehmer, Nebenunternehmer, Subunternehmer und die Gesellschafter einer Arge – als Versicherungsnehmer auftreten (vgl. § 3 Nr.1 ABU; oben S.21 ff.). Die Interessen der Subunternehmer des Versicherungsnehmers sind mitversichert i.S. der §§ 74 ff.VVG; dies folgt aus dem in § 3 Nr.4 ABU enthaltenen "Rückgriffs-Ausschluß", der entsprechend den methodischen Grundlagen der Auslegung Allgemeiner Geschäftsbedingungen (dazu oben S.30 ff.) aufgrund seines Wortlauts, der Systematik, des Zwecks und der Interessenlage der Parteien als echte Fremdversicherung im technischen Sinne zu interpretieren ist (oben S.32 ff.).

Schwierigkeiten bereitet die Bauleistungsversicherung bezogen auf das Objekt der Versicherung, also bei der Frage, welches Interesse versichert wird. Das Problem geht auf den Umstand zurück, daß der Unternehmer den Bau in aller Regel auf einem ihm nicht gehörenden Grundstück errichtet, weshalb nach §§ 946, 94 BGB ein Dritter – der Grundstückseigentümer (normalerweise der Bauherr) – das dingliche Vollrecht an der Immobilie erwirbt (oben S.74 f.). Eine – vor allem früher verbreitete – Ansicht in der Literatur erkennt mangels Eigentum des Unternehmers nicht in dem Bauwerk als Sache den Gegenstand seiner Versicherung, lehnt also die Konstruktion einer Sachversicherung des Unternehmers ab. Vielmehr – so einige Autoren – drohe ihm werkvertraglich die Pflicht kostenloser Nachbesserung bzw. Neuherstellung, wodurch insoweit eine Passivenversicherung vorliege (oben S.78 f.); andere schätzen die Werklohnforderung des Herstellers als versichert ein (oben S.77 f.).

Die h.M. räumt zwar ein, daß dem Bauunternehmer weder das dingliche Vollrecht noch ein Teilrecht (z.B. Hypothek) an dem Werk zustehe. Er müsse aber im Schadensfalle ohne Anspruch auf eine weitere Gegenleistung den Mangel beseitigen; infolgedessen habe er ein auf obligatorischen Grundlagen - dem Bauvertrag - beruhendes Sach-"ersatz"-interesse. Dies genüge für die Annahme einer Sachversicherung (oben S.75 ff.).

In der Auseinandersetzung mit diesen Thesen erweist sich das Modell des Sachersatzinteresses wegen seines Haftpflichtcharakters als unhaltbar (oben S.92 ff.). Der Sachversicherte muß sich vielmehr in einer "dinglichen Position" - in Betracht kommen vor allem dingliche Sachenrechte - zu dem fraglichen Gut befinden, wofür allerdings ein mit einem Nutzungsinteresse verbundener berechtigter Besitz i.S. des § 854 BGB ausreicht (oben S.94 ff.). Der Bauunternehmer übt den Besitz an der Bauleistung aus und nutzt diesen, um dieselbe zu vollenden und den Werklohn zu verdienen; darauf läßt sich ein Sachinteresse stützen (oben S.96 ff.). Da Wortlaut und Konzeption der Konditionen der Bauleistungsversicherung entsprechend angelegt sind, handelt es sich im Ergebnis tatsächlich um eine Sachversicherung (oben S.100 ff.).

Aufgrund der Natur der Bauleistungs- als Sachversicherung bedingt der Eintritt des Versicherungsfalls einen Sachschaden an den versicherten Sachen (vgl. §§ 2 Nr.1 ABU, 2 Nr.1 ABN). Der Begriff des Sachschadens deckt sich mit dem in den AVB gleichfalls verwandten Terminus der Sach-Beschädigung (oben S.137 ff.) und meint jede - nicht nur eine substanzverletzende - Zustandsveränderung des Objekts, die dessen Wert oder Brauchbarkeit herabsetzt (oben S.127 ff.). Darin nicht einbezogen ist der - von §§ 2 Nr.2 lit.a) ABU, 2 Nr.3 lit.a) ABN zusätzlich ausdrücklich ausgeschlossene - Leistungsmangel. Bei der Abgrenzung von Sachschaden und Leistungsmangel erweist sich das von Thürmann erarbeitete Modell als vorzugswürdig. Danach unterscheiden sich die beiden Rechtskategorien nicht durch die Art der an der Sache eingetretenen Beeinträchtigung, sondern durch die Art des Kausalereignisses für die letztere; entscheidend ist, ob der Baufortschritt von vornherein in eine falsche Richtung gelenkt wird - hier ist ein Mangel gegeben - oder ob ein bereits erreichter Baustand einen Rückschlag erleidet; letzteres bedeutet einen Sachschaden. Die konkrete Lösung entwickelt Thürmann anhand von Fallgruppen; die von der Autorin verfochtenen Ergebnisse erscheinen überwiegend, wenn auch nicht auf ganzer Linie als überzeugend (oben S.148 ff.).

Da die Differenzierung von Sachschaden und Leistungsmangel in der Kausalebene wurzelt, stellt sich das Problem der Ursachenkonkurrenz, wenn Schadens- und Mangelursachen zusammenwirken. In diesem Fall ist von einer Übermacht des Ausschlusses auszugehen, weswegen kein Deckungsschutz besteht (oben S.163 ff.).

"Frißt" ein einmal eingetretener Mangel "weiter", so kann daraus ein versicherter Sachschaden erwachsen (vgl. §§ 9 Nr.3 ABU, 9 Nr.3 ABN). Die Grenzlinie zwischen bloßem Mangel-"plus" und neu entstandenem Sachschaden orientiert sich nicht an der Ursachenebene; vielmehr sind die der Sache anhaftenden Ausgangs- und Folgeeinwirkungen mittels bestimmter Kriterien (z.B. aussehensmäßige, räumliche und zeitliche Gesichtspunkte) wertend und unter Berücksichtigung der Verkehrsauffassung auf ihre Wesenskongruenz zu untersuchen (oben S.169 ff.).

In der Frage, ob die grundsätzliche Beschränkung der Bauleistungsversicherung auf den Ersatz von Sachschäden mit § 9 AGBG im Einklang steht, erhebt sich zunächst das Problem der Anwendbarkeit dieser Gesetzesnorm auf Allgemeine Versicherungsbedingungen. Es erweist sich, daß sämtliche Klauseln in AVB der Kontrolle nach dem AGBG unterliegen; durch Verstöße gegen § 9 AGBG bedingte Vertragslücken sind im Wege einer ergänzenden Vertragsauslegung (vgl. §§ 133, 157 BGB) zu füllen. Die §§ 2 Nr.1 ABU, 2 Nr.1 ABN gehen jedoch mit § 9 AGBG konform; dabei erscheint vor allem auch von Belang, daß die im VVG normierten Sachversicherungen - Feuer-, Hagel- und Tierversicherung - im wesentlichen ebenfalls allein Sachschäden einbeziehen (oben S. 192 ff.).

Hinsichtlich des Komplexes der Schadensursachen statuiert die Bauleistungsversicherung im Prinzip eine Allgefahrendeckung (oben S.197). Allerdings ist der Versicherungsschutz von vornherein auf "unvorhergesehene" Schäden begrenzt (vgl. §§ 2 Nr.1 ABU, 2 Nr.1 ABN); die in Klausel 50 aufgeführte Definition dieses Tatbestandsmerkmals gleicht inhaltlich dem § 61 VVG, so daß den Schaden grob fahrlässig oder vorsätzlich verursachende Verhaltensweisen ungedeckt bleiben (oben S.198 ff.).

Die §§ 2 Nr.3 ff.ABU, 2 Nr.4 ff.ABN schließen einige Schadensursachen von der Gefahrtragung aus. Besondere Bedeutung haben die §§ 2 Nr.3 ABU, 2 Nr.4 ABN, aufgrund derer Verstöße gegen die anerkannten Regeln der Technik bzw. das Unterlassen zumutbarer Schutzmaßnahmen den Versicherer leistungsfrei werden lassen. Der Wortlaut der AVB läßt offen, ob diese Rechtsfolge auch eingreift, wenn Kausalität bzw. Verschulden fehlen. Als Lösungsansatz kommt der für "Obliegenheiten" geltende § 6 VVG in Betracht (oben S.209). Als Obliegenheiten in diesem Sinne erscheinen Verhaltensanforderungen, die der Adressat beobachten muß, um eine allein in seinem Interesse liegende Rechtsfolge zu setzen; es handelt sich nicht um Verbindlichkeiten im technischen Sinne (oben S.210 ff.). Die Qualifikation der §§ 2 Nr.3 ABU, 2 Nr.4 ABN als Obliegenheiten ist allerdings deshalb zweifelhaft, weil sie sich systematisch innerhalb der die "versicherten Gefahren" beschreibenden §§ 2 ABU, 2 ABN finden und daher den Gefahrausschlüssen nahestehen. Letztere nehmen - anders als Obliegenheiten - bestimmte Sachverhalte von vornherein vom Versicherungsschutz aus (oben S. 219). Hängt eine derartige Risikobeschränkung tatbestandlich von einem Verhalten des Versicherten ab, so ergibt sich ein Abgrenzungsproblem zu den

Obliegenheiten. Für dieses existieren keine materiellen Lösungskriterien, weshalb es auf die formelle Vertragsauslegung ankommt (oben S.220 ff.). Der Gefahr der Umgehung der §§ 6, 15a VVG durch Formulierung subjektiver Einstandserfordernisse als Risikoklauseln ist zu wehren, indem der § 6 Abs.1 S.1 VVG bei sämtlichen und der § 6 Abs.2 VVG bei Allgefahrenversicherungen auf Risikoausschlüsse analog angewandt wird; lediglich die Kündigungsregelungen des § 6 Abs.1 S.2, 3 VVG bleiben grundsätzlich außen vor (oben S.229 ff.). Ausgehend von dieser Basis, bilden die §§ 2 Nr.3 ABU, 2 Nr.4 ABN subjektive Gefahrbeschränkungen und werden als solche von § 6 Abs.1 S.1, Abs.2 VVG analog überlagert. Der § 9 AGBG hindert die Wirksamkeit der gesetzlich modifizierten Klauseln nicht (oben S.234 ff.).

Weiterhin von besonderem Gewicht ist der Risikoausschluß für Brand, Blitzschlag und Explosion (vgl. §§ 2 Nr.5 ABU, 2 Nr.6 ABN). Der Sinn dieser Festlegung liegt in dem für das Feuerrisiko in einigen Bundesländern herrschenden Monopol staatlicher Zwangsanstalten (oben S.265 ff.). Dieser Gedanke rechtfertigt den Haftungsausschluß zugunsten des Bauleistungsversicherers indes nicht, weil so Deckungslücken im Verhältnis zur Feuerversicherung entstehen. Außerdem gilt es zu berücksichtigen, daß die Feuerversicherung das Sachinteresse des Bauunternehmers nicht erfaßt und darüber hinaus viele Bundesländer kein Versicherungsmonopol kennen. Deshalb mißachten die §§ 2 Nr.5 ABU, 2 Nr.6 ABN den § 9 AGBG und sind nichtig. Die Bauleistungsversicherung deckt das Feuerrisiko, soweit kein staatlicher Zwangsversicherer für den Schaden einzutreten hat (oben S.279 ff.).

Als Besonderheit enthalten die ABU in §§ 3 Nr. 1 ABU, 7 VOB/B einen konstitutiven Ausschluß für die Schadensgefahren höhere Gewalt und andere unabwendbare, vom Hersteller nicht zu vertretende Umstände (oben S.294 f.). Dieser aus der Inbezugnahme der VOB/B abgeleitete Leistungsfreiraum des Versicherers soll selbst dann zur Anwendung gelangen, wenn der konkrete Bauvertrag nicht auf der VOB/B, sondern auf dem BGB beruht und die besagten Ereignisse daher werkrechtlich der Risikosphäre des Unternehmers und nicht des Bauherrn angehören (oben S.285). Die Regelungstechnik des § 3 Nr.1 ABU, ohne Wiedergabe des maßgeblichen Wortlauts auf die Allgemeinen Geschäftsbedingungen der VOB/B zu verweisen, scheitert wegen § 23 Abs.3 AGBG nicht an § 2 AGBG (oben S.286 ff.). Bei der Kontrolle des § 7 VOB/B anhand des § 9 AGBG ist der ambivalente Charakter der Klausel - einmal als Bauvertragsnorm, einmal - über § 3 Nr.1 ABU - als Versicherungsbedingung - zu beachten. Im Rahmen des Bauvertrags begegnet der § 7 VOB/B keinen Bedenken (oben S.297 ff.), während die von der Norm statuierte Begrenzung des Versicherungsschutzes den versicherten Bauunternehmer unangemessen benachteiligt und somit den § 9 AGBG verletzt; der Deckungsausschluß kann nur Platz greifen, wenn die Bauvertragsparteien die VOB/B wirksam vereinbart haben (oben S.304 ff.).

Die zeitlichen Voraussetzungen für die Haftung des Versicherers richten sich nach der - aus der Haftpflichtversicherung bekannten - Schadensereignistheorie (oben S.313 ff.). Bei "weiterfressenden" Sachschäden kommt es in der Frage der Versicherungszeit darauf an, ob die Folgeerscheinungen noch dem ursprünglichen Schaden zuzurechnen sind oder einen neuen (zweiten) Schaden bilden; die Beurteilung gründet sich auf die gleichen Aspekte, die auch bei der Differenzierung "weiterfressender" Mängel relevant sind (oben S.322 f.).

Die Gefahrtragung des Bauleistungsversicherers beginnt zu dem verabredeten Termin (vgl. §§ 7 ABU, 7 ABN). Diese Bestimmung suspendiert den § 38 VVG, weshalb der Zeitpunkt der Prämienzahlung insoweit keine Bedeutung hat (oben S.324 f.). Ebenso ermöglicht wird der Abschluß einer Rückwärtsversicherung i.S. des § 2 VVG. In diesem Zusammenhang bedingen die §§ 7 ABU, 7 ABN den § 2 Abs.2 S.2, 1.Halbs.VVG so weit wie rechtlich zulässig ab. Mithin ist die

Rückwärtsversicherung nur dann unwirksam, wenn der Versicherungsnehmer schon bei Abgabe seines Angebots um einen bereits eingetretenen Versicherungsfall weiß; unerheblich bleibt, ob er nach Abgabe der Vertragserklärung, aber vor Zustandekommen der Übereinkunft bösgläubig wird. Der Informationsstand des Versicherers hat in keinem Fall Gewicht (oben S.326 ff.).

Das Ende des Versicherungsschutzes bestimmt sich ebenfalls nach dem vertraglich abgesprochenen Zeitpunkt (vgl. §§ 8 Nr.1 ABU, 8 Nr.1 ABN). Die ABU legen alternativ dazu die werkrechtliche Abnahme als Haftungsende fest (vgl. § 8 Nr.3 ABU). Dieses Rechtsinstitut ist zweigliedrig konstruiert, bestehend aus der Billigung des Werks als im wesentlichen vertragsgemäß und seiner körperlichen Entgegennahme (oben S.342 ff.). Die sogenannte "fiktive" Abnahme i.S. des § 12 Nr.5 VOB/B wird genau wie der § 7 VOB/B in das Versicherungsverhältnis transponiert; es gelten grundsätzlich die gleichen formell-rechtlichen Erwägungen wie für den Risikoausschluß der §§ 3 Nr.1 ABU, 7 VOB/B (oben S.347 f. i.V.m. FN 1 der S.348). Auch der § 12 Nr.5 VOB/B offenbart einen zweigeteilten Charakter als Komponente des Bauvertrags und des Versicherungsvertrags. Im Rahmen des Bauvertrags stellt § 23 Abs.2 Nr.5 AGBG, der nicht gegen die Verfassung verstößt (oben S.357 ff.), die Rechtsbeständigkeit der Klausel sicher (oben S.350 ff., 355 ff.). Bezogen auf den Versicherungsvertrag schlägt der § 23 Abs.2 Nr.5 AGBG zwar tatbestandlich nicht ein, aber dennoch zeigt sich keine unangemessene Benachteiligung des Kunden (oben S.354, 363 ff.).

Der Versicherungsort beschränkt sich grundsätzlich auf die Baustelle (vgl. §§ 4 Nr.1 ABU, 4 Nr.1 ABN); eine Ausnahme gilt nur, wenn versicherte Objekte zu deren Rettung vom Bauplatz verbracht werden (vgl. §§ 4 Nr.2 ABU, 4 Nr.2 ABN). Rechtlich interessant, aber praktisch nahezu ohne Auswirkung ist, daß die Regelung des Versicherungsortes eine verhaltensbezogene Risikoklausel darstellt und so von § 6 Abs.1 S.1 VVG analog modifiziert wird (oben S.377 ff.). Bei räumlich getrennten Bauplätzen kann die Bauleistungs- als Transportversicherung konzipiert werden; die §§ 129 ff.VVG beeinflussen das Schuldverhältnis jedoch auch dann nicht (oben S.379 ff.).

VERSICHERUNGSRECHTLICHE STUDIEN

Herausgegeben von Prof. Dr. Gerrit Winter

Printed by
CPI books GmbH, Leck

FSC
www.fsc.org
MIX
Papier | Fördert gute Waldnutzung
FSC® C083411

Kolibri 360 GmbH
Ferdinand-Jühlke-Straße 7
99095 Erfurt, Deutschland
produktsicherheit@kolibri360.de